AF551285

Alexander Heinz

Faltpolyeder

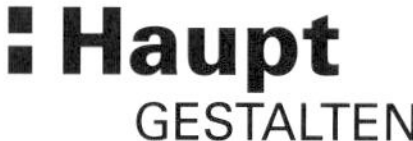

GINKGO BILOBA

Dieses Baums Blatt, der von Osten
Meinem Garten anvertraut
Gibt geheimen Sinn zu kosten
Wie's den Wissenden erbaut.

Ist es Ein lebendig Wesen,
Das sich in sich selbst getrennt?
Sind es zwei, die sich erlesen,
Dass man sie als Eines kennt?

Solche Frage zu erwidern
Fand ich wohl den rechten Sinn;
Fühlst Du nicht an meinen Liedern,
Dass ich eins und doppelt bin?

JOHANN WOLFGANG VON GOETHE

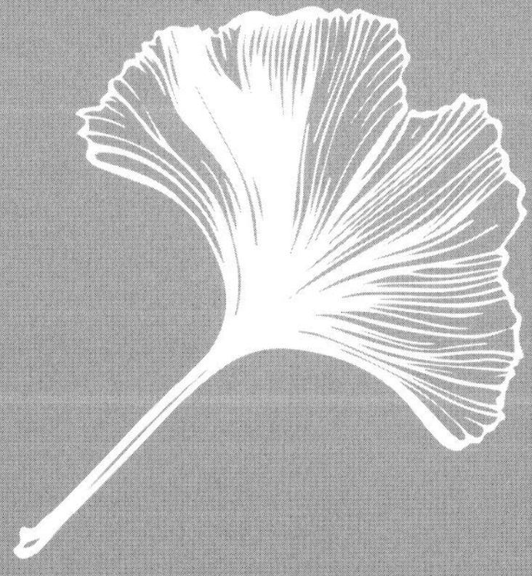

Alexander Heinz

FALTPOLYEDER

Papierfalten zwischen Kunst und Geometrie

Haupt Verlag

Inhalt

Vorwort

Zu meinen Fixpunkten als Professor für Geometrie an der Universität für angewandte Kunst Wien gehören seit Jahren die Teilnahme an und ein Vortrag auf der Internationalen Konferenz für Geometrie in Strobl am Wolfgangsee. Diese Tagung ist eine zentrale Informations- und Kommunikationsdrehscheibe für im Fachbereich Geometrie tätige Lehrpersonen und Studierende. Dort trifft man immer bekannte Gesichter und natürlich viele Vortragende, die die doch etwas anstrengende Reise in das wunderschöne Seengebiet an der Grenze zwischen Salzburg und Oberösterreich gerne auf sich nehmen, um sich von der dort spürbaren Begeisterung für alles, was mit Geometrie zu tun hat, immer wieder aufs Neue mitreißen zu lassen. Eines dieser bekannten Gesichter ist Alexander Heinz, der dort regelmäßig Vorträge hält, seine Faltpolyeder vor- und ausstellt und in Workshops zeigt, wie man zu den erhofften Ergebnissen kommt.

Auf einer Busfahrt von Salzburg nach Strobl – umgeben von seinen Koffern und Paketen, in denen die Modelle verpackt waren – erzählte er mir einmal, dass er mit seinen Faltpolyedern den Phänomena-Preis der *Deutschen Gesellschaft für Geometrie und Grafik* für das schönste Modell gewonnen hat, eigentlich aber für seine gesamte Arbeitsweise. Und er meinte: „Du sitzt an einer sehr interessanten Schnittstelle zwischen Mathematik und Kunst. Aus dieser Perspektive hast du einen besonderen Blick auf die Geometrie und bekommst viel Erfahrung über die Wechselwirkung von zwei sehr unterschiedlichen Fachbereichen. Für mich ist Kunst der Drang nach Neuem und danach, dies zu untersuchen, um es zu verstehen. Kunst und Wissenschaft – beide sind so gesehen zwei Seiten einer Medaille." „Ja", sagte ich, „so sehe ich das auch! Geometrie als Einheit von Wissenschaft, Kunst und Handwerk zu sehen, ist ein schönes Anliegen. Die Fachbereiche Kunst und Geometrie waren nach einer wundervollen Koexistenz in der Renaissance ohnehin zu lange getrennt."

Früheste Funde von den Britischen Inseln zeugen davon, dass Polyeder-Formen den Menschen schon seit ein paar Tausend Jahren begleiten – in immer neuen Darstellungsformen, die stets auf das Raumbewusstsein der jeweiligen Zeit schließen lassen. Wie die Faltmodelle von Alexander Heinz zeigen, können wir auch heute noch Neues an ihnen entdecken.

In der Polyeder-Geometrie lassen sich unterschiedliche Aspekte zusammenführen. Sie spielt eine tragende Rolle in der Chemie (beim Aufbau von Molekülstrukturen), der Kristallografie (für die Klassifizierung der Kristallformen) und natürlich in der Geometrie. Manche Krankheitserreger haben Ikosaeder- oder Dodekaeder-Form und alle Ballformen sowie -designs gehen letztendlich auf die platonischen Körper zurück. Dies zeigt sich bei den prähistorischen Steinkugeln (Carved Stone Balls) von den Britischen Inseln, die als Quasivorläufer unserer heutigen Ballform gelten können.

Und auch die Architektur von Spielgeräten (wie etwa Klettergerüsten), Dachkonstruktionen oder Kuppelbauten sowie von Radoms (engl.: *radar domes*) beruhen auf Polyeder-Formen. Polyeder liefern räumliche Abbilder mathematischer Zahlenverhältnisse – mit einer ihnen eigenen ästhetischen Formensprache, die auch jenseits wissenschaftlicher Fachbereiche verstanden wird.

Das vorliegende Buch ist ein Beispiel dafür, wie sich Kunst, Handwerk und Mathematik zu einer einfachen und zugleich universellen Einheit formen lassen. Es kommt dem menschlichen Bedürfnis nach staunenswerter Mathematik entgegen und setzt so gut wie keine Kenntnisse voraus. Bei den Faltpolyedern von Alexander Heinz werden im Grunde lediglich regelmäßige Flächen symmetrisch gefaltet und zusammengesteckt. Doch das ist alles andere als trivial: Aus einfachsten Beobachtungen sowie dem Abzählen von Ecken, Kanten und Flächen ergeben sich verborgene zahlenmäßige und räumliche Bezüge, durch die wir unser räumliches Vorstellungsvermögen und Handeln entwickeln und vertiefen. Wir sind daran gewöhnt, uns Polyeder aus Flächen zusammengesetzt zu denken. Doch bei den Modellen in diesem Buch müssen wir in unserer Betrachtungsweise von den Ecken ausgehen. Das erfordert ein ständiges aktives *Mitdenken*. Insofern ist das Buch von Alexander Heinz gleichermaßen eine Anleitung, um gewohnte Denkstrukturen neu zu begreifen.

FALTPOLYEDER ist allein schon wegen seines ansprechenden Layouts ein Genuss, aber dieses Buch sollte vor allem wegen der vielen Details und der systematischen Behandlung des Themas in keiner Bibliothek fehlen. Platons Akademie (die von Platon im antiken Athen gegründete Philosophenschule) durften der Überlieferung nach nur jene betreten, die der Geometrie kundig waren. Sie galt als Grundlage für jede weiterführende Wissenschaft. Und im Mittelalter wurde Geometrie als eine der sieben freien Künste (lat.: *artes liberales*) gelehrt. Zur Ausbildung zukünftiger Regenten gehörten, so dachte man, auch geometrische Kenntnisse, denn wer ein Volk regieren will, der sollte auch präzise räumlich denken und handeln können. Heute steht jedem von uns die Beschäftigung mit der Geometrie offen. Auch in diesem Sinne sind dem Buch von Alexander Heinz zahlreiche Leser zu wünschen, die Freude am Bau von Faltmodellen und an der Geometrie haben.

Georg Glaeser

Professor für Mathematik und Geometrie an der Universität für angewandte Kunst Wien

Faltpolyeder: eine west-östliche Verbindung

Zwei verschiedene Themen sind in diesem Buch zu einem verbunden: die regulären und halbregulären Polyeder-Formen sowie das einfache Modellieren mit dem Werkstoff Papier. Die Polyeder (dt.: Vielflächner oder Vielflache) und ihre Geometrie lassen sich in der westlichen Kulturtradition etwa 5000 Jahre zurückverfolgen. Die Umsetzung in *FALTPOLYEDER* erfolgt mit dem Werkstoff Papier in der einfachsten Weise des Papier-Faltens (Origami) und -Zusammensteckens, das aus einer etwa 3000 Jahre alten östlichen Kulturtradition hervorgegangen ist. In diesem Buch profitieren beide wechselseitig voneinander. An den von alters her bekannten Formen der Geometrie lässt sich noch immer etwas Neues entdecken – wie auch die Origami-Technik ständig weiterentwickelt werden kann.

Modulare Bauweise

Für die ungeübte Vorstellung ist der Schritt von der zweiten Dimension (der Ebene) zur dritten (räumlichen) Dimension zunächst eine Hürde. Mit der Origami-Methode lässt sich diese spielerisch überwinden. Das fertige Polyeder-Modell ist dann sowohl räumlich als auch ästhetisch mehr als die Summe seiner Einzelteile. Alle Modelle in *FALTPOLYEDER* sind einheitlich umgesetzt: Die Mitte der einzelnen Faltblätter wird durch symmetrales (symmetrisches) Falten zum Kreuzungspunkt (siehe Seite 9, Abb. links). Er ist jeweils der Mittelpunkt eines Moduls, das aus zwei unterschiedlich gefalteten Grundeinheiten (siehe Ross und Reiter, Seite 30) besteht. Jedes Polyeder-Modell ist aus mehreren solcher Grundeinheiten zusammengesetzt. In diesem Buch werden Polyeder ausschließlich aus regulären Polygonen (aus gleichseitigen Dreiecken, Quadraten und Pentagonen sowie aus Sechs-, Acht- und Zehnecken) gebildet. Am Bau des ersten Modells, eines Oktaeders (siehe auch Seite 38), wird die modulare Technik schnell anschaulich: Verbindet man einzelne (Eck-)Module, so erhält man eine Kante des Polyeders (siehe Seite 9, Abb. rechts), das gerade entstehen soll. Dieser Vorgang wird so oft wiederholt, bis alle Module über die Kanten miteinander verbunden sind. Die Kanten schließen sich ringförmig (oder per Ringschluss) zu den Polygonen, die das jeweilige Polyeder bilden. Für das Oktaeder wurden quadratische Ausgangsflächen symmetral gefaltet, zu sogenannten Ross-und-Reiter-Modulen (siehe Seite 30) zusammengeführt und dann zu dreieckigen Ringschlüssen zusammengesteckt (siehe Seite 9, Abb. rechts): Es ist ein Oktaeder mit acht dreieckigen Seiten entstanden.

Von der Grundfläche zum Polyeder-Modell

In der Regel sind die Ausgangsflächen des Faltpapiers und die Polyeder-Flächen, die dann am fertigen Modell zu sehen sind, nicht identisch. Somit ergibt sich die Notwendigkeit, beim Begriff „Fläche“ zu unterscheiden zwischen der jeweiligen Ausgangsfläche des Faltpapiers und der Fläche, die aus dem Ringschluss der Eckmodule am Polyeder-Modell entsteht. Für ein Würfel-Modell

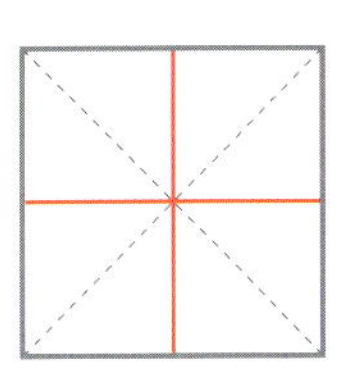

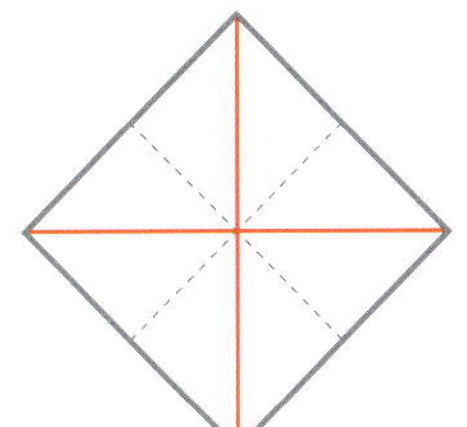

Schematische Darstellung der Grundflächen (eines Ross-und-Reiter-Moduls) für das Oktaeder-Modell

3 3
3 3

60° 60°
60° 60°

Jedes Oktaeder-Modul bildet eine vierkantige Modellecke: Hier kommen vier Dreiecke (3) à 60° zusammen (schematisch dargestellt).

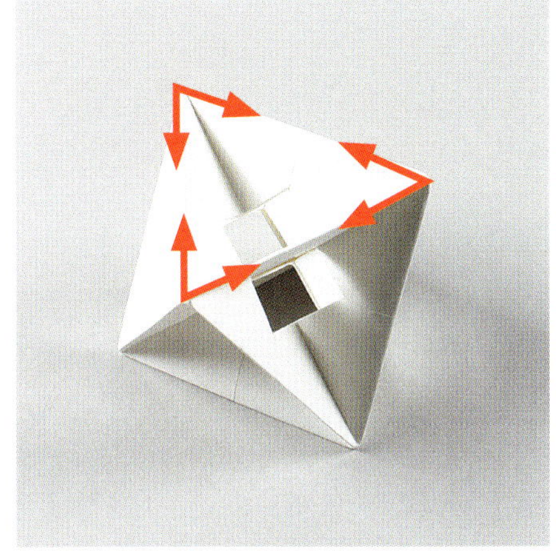

Mehrere Ross-und-Reiter-Module werden ineinandergesteckt und bilden so geschlossene (eckig-)ringförmige Verbindungen.

(siehe Seite 76) benötigt man beispielsweise einen viergliedrigen Ringschluss (eine ringförmige Verbindung über vier Kanten), um die quadratischen Würfel-Flächen zu erhalten. Für die Ecken, an denen jeweils drei Kanten zusammenstoßen, sind im Sinne des hier umgesetzten Prinzips dreieckige Ausgangsflächen erforderlich. Das Verhältnis von Ausgangsfläche und Form des Ringschlusses offenbart, wie wir noch sehen werden, grundlegende zahlenmäßige Beziehungen an den Polyedern. Jedes Polyeder hat einen Dualpartner, wie sich gut am Beispiel von Würfel und Oktaeder zeigen lässt: Ein Würfel hat acht Ecken und sechs Flächen, beim Oktaeder ist es genau umgekehrt. Vor diesem Hintergrund bekommt das Modellieren von Polyedern aus Eckmodulen einen besonderen Reiz und einen tieferen Sinn.

Reguläre und halbreguläre Faltpolyeder

Das Oktaeder war der Ausgangspunkt einer langjährigen Entwicklungsreihe, deren Anreiz und zugleich Ziel darin bestand, alle regulären und halbregulären Polyeder in derselben Technik umzusetzen. Der Name der einzelnen Modelle bezieht sich jeweils auf die entstandene Polyeder-Form. Die Ergebnisse sind als weiße Modellreihe umgesetzt, die alle in einer einheitlichen Größe bzw. (als geschlossene Polyeder-Form) mit gleichem Volumen ausgeführt sind. Die Größenangaben für die einzelnen Modelle (siehe Tabelle, Seite 32) sind dabei lediglich Näherungswerte, mit denen sich alle Modelle ohne mühsames Berechnen umsetzen lassen. Die Grundformen für jedes Modell wurden entsprechend individuell angepasst. Vor allem die letzten Polyeder der weißen Modellreihe erfordern viel Geduld, Fingerspitzengefühl und Erfahrung. Es empfiehlt sich, zunächst die vorgegebene Reihenfolge der einzelnen Faltpolyeder einzuhalten. Beginnen Sie am besten mit den einfachen Formen und wagen sich mit zunehmender Erfahrung an schwierigere Modelle. Um Ihnen den Einstieg zu erleichtern, wurde die weiße Modellreihe durch Schritt-für-Schritt-Anleitungen farbiger Modelle ergänzt. Alle wichtigen Hinweise für die praktische Arbeit finden Sie im Kapitel „Einführung in die praktische Umsetzung" ab Seite 22.

Erweiterte Polyeder-Formen

Einfacher als ein großer Teil der anspruchsvollen regulären und halbregulären Modelle sind die Formen in den Kapiteln J, K, L und M (siehe Seite 120 ff.). Hier werden einige der regulären und halbregulären Modelle abgewandelt und erweitert. Diese neuen Formen folgen den gleichen Konstruktionsprinzipien. Darüber hinaus sind weitere, freiere Formen möglich, deren Anleitung einer eigenen Darstellung vorbehalten bleibt.

Kulturgeschichtlicher Hintergrund

Platonische Körper (siehe Glossar, Seite 176) sind, wie alle Elemente der Geometrie, zunächst einmal nichts als Ideen. Ohne ein materielles Modell, das diese Idee veranschaulicht, kann man nicht konkret angeben, wie groß etwa ein Würfel ist, wie dick seine Wände sind oder ob er massiv oder ein Hohlkörper ist. Beschreiben lässt sich nur, welche Formen seine Seitenflächen haben, unter welchen Winkeln seine Kanten an den Ecken zusammenlaufen und wie viele Flächen, Kanten und Ecken er hat. So gab es im Laufe der Jahrhunderte ganz unterschiedliche Darstellungen des Würfels. Jede von ihnen betont jedoch nur einzelne Gesichtspunkte, die wiederum etwas über das Raumverständnis der jeweiligen Zeit offenbaren.

Carved Stone Balls

Carved Stone Balls (siehe Seite 11, Abb. links) sind tennisballgroße prähistorische Steinkugeln, die auf den Britischen Inseln gefunden wurden. Ihr Alter kann nur annähernd datiert werden auf ca. 2000 bis 3000 Jahre vor unserer Zeitrechnung. Ein großer Teil der etwa 400 Exemplare aus den unterschiedlichsten Steinarten wurde in der Nähe von Aberdeen in Schottland entdeckt. Außerhalb Schottlands fanden sich weitere Exemplare in England, Irland, Wales und in der Bretagne, also jeweils in Regionen, die für ihre prähistorischen Steinsetzungen (Menhire) bekannt sind.
Die Carved Stone Balls liegen in verschiedenen Formen vor, und ihre Bearbeitung ist unterschiedlich fein ausgeprägt. Neben vielen anderen Formen sind darunter auch Steinkugeln, die den Symmetrien aller fünf platonischen Körper entsprechen. Man könnte sie auch als „sphärisch gerundete Körper“ bezeichnen, die Ähnlichkeiten mit den heutzutage sehr weit ausdifferenzierten Ballformen aus dem Sport haben. Die prähistorische Verwendung der Carved Stone Balls gibt der Wissenschaft bis heute Rätsel auf und liegt noch immer im Dunkeln. Obgleich diese Formen oft sehr gründlich bearbeitet wurden, zeigen kleine Ungenauigkeiten, dass sie offensichtlich von Hand gemacht sind. Ihre Ausführung ist im Detail nicht ganz so exakt wie Steinmetzarbeiten, die etwa zeitgleich in Ägypten entstanden sind.

Frank Teichmann (1937–2006), ein studierter Ägyptologe und Archäologe sowie Autor mehrerer Bücher über verschiedene Kulturepochen, hat die Megalithkultur aufgrund der landschaftlichen Gliederung, des Klimas sowie der Ackerbaumethoden der einzelnen Regionen und auch in Bezug auf die astronomische Ausrichtung der Steinsetzungen als eine „Kultur der Bewegung“ bezeichnet. Dies scheint sich auch in der Kugelform der Carved Stone Balls wiederzufinden: Wenn geometrische Körper rollen sollen, müssen sie auf rundliche Formen übertragen werden.

Blume des Lebens

Etwa zeitgleich zur Entstehung der Carved Stone Balls entfaltet sich die reich dokumentierte ägyptische Kultur, die im Gegensatz

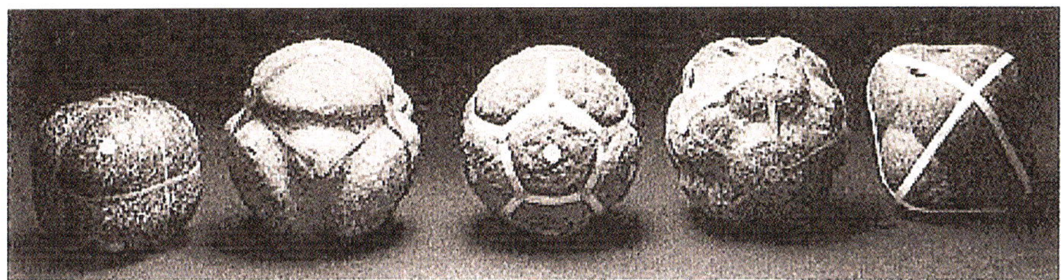
Carved Stone Balls

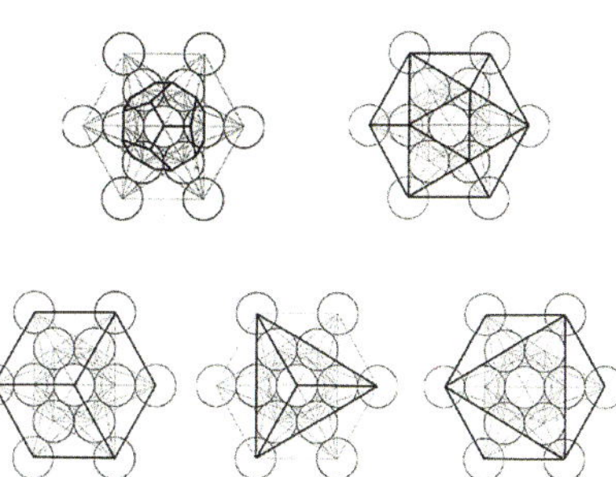
Blume des Lebens/Metatron

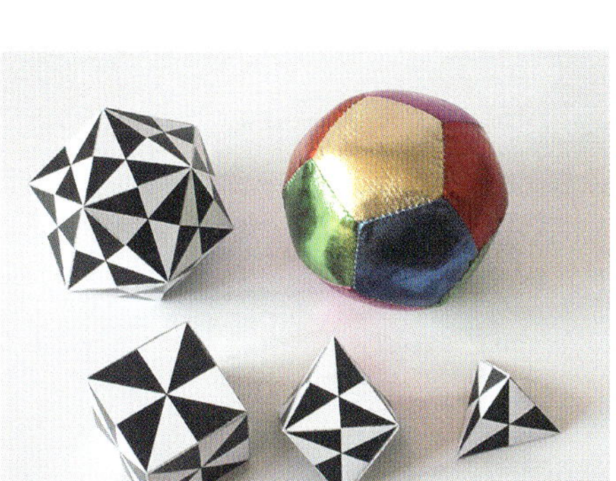
Reguläre Polyeder, nach der Beschreibung von Platon umgesetzt

zur westeuropäischen Steinzeitkultur geprägt ist von Gleichmaß, Unwandelbarkeit, Exaktheit und Perfektion. Eingeweihte schirmten ihr Wissen hermetisch von der Öffentlichkeit ab. Die Fläche oder Wand ist in vielerlei Hinsicht charakteristisch für diese Kultur. Es gibt eine Darstellungsweise der platonischen Körper, die dem statisch wirkenden, noch der Fläche anhaftenden, aber im Übergang zur Dreidimensionalität begriffenen Charakter der ägyptischen Kultur entspricht: Um einen Kreis herum scharen sich weitere sechs Kreise. Verbindet man die Kreismittelpunkte oder andere markante Konstruktionspunkte, so lassen sich alle platonischen Körper in dieses Muster hinein projizieren. In esoterischen Kreisen wird diese Darstellung als Symbol der kosmischen Ordnung angesehen. Ihr wird eine energetisierende, harmonisierende und schützende Wirkung nachgesagt. Als sogenannte Blume des Lebens (siehe Abb. rechts) oder Würfel des Metatron (siehe Literaturangaben, Drunvalo Melchizedek, Seite 178) wird sie vage ägyptischen Quellen zugewiesen. Es braucht nicht viel Fantasie für die Annahme, dass der griechische Philosoph Platon (um 428 – 347 v. Chr.) die von ihm erstmals schriftlich festgehaltenen Kenntnisse über die fünf regulären Polyeder von Pythagoras übernommen haben muss. Pythagoras (um 570 – 510 v. Chr., siehe Literaturangaben, Edouard Schuré, Seite 179), der als einer der wichtigsten Begründer der griechischen Geometrie gilt, hatte sich als junger Mann nach Ägypten begeben, um sich ausbilden zu lassen, und verbrachte dort etwa 22 Jahre.

Platonische Körper

Die platonischen Körper (siehe Abb. Mitte) werden auch als „Pythagoräische Weltenkörper" bezeichnet. Wie das Beispiel aus dem „Timaios" – dem nach 360 v. Chr. in Dialogform verfassten Spätwerk Platons – zeigt, verstand man unter den platonischen Körpern weit mehr als geometrische Gebilde: Sie galten aus philosophischer und spiritueller Sicht als grundlegende Anschauungselemente für kosmische und göttliche Qualitäten. So lässt Platon im „Timaios"-Dialog den Sokrates vortragen, dass Gott die vier Elemente und den Kosmos aus den fünf vollkommenen platonischen Körpern erschaffen haben muss. In seiner Beschreibung der Weltbeschaffenheit entwickelt Platon eine aufwendige Konstruktion der regulären Polyeder aus zwei Arten von „schönsten" Dreiecken. Die vier Elemente – das Feste, das Flüssige, das Flüchtige und das Feurige – werden in Beziehung gesetzt zu vier der fünf regulären Polyeder (Würfel, Ikosaeder, Oktaeder und Tetraeder). Darüber hinaus verweist Platon auf ein fünftes, allumfassendes Element. Doch die analoge Beschreibung des Dodekaeders bleibt aus. In einem anderen philosophischen Dialog („Phaidon", um 389 – 375 v. Chr.) lässt Platon Sokrates aussprechen, dass die Erde in einer „verklärten Betrachtung" ein Aussehen habe, das „zwölfteiligen Lederbällen" gleiche.

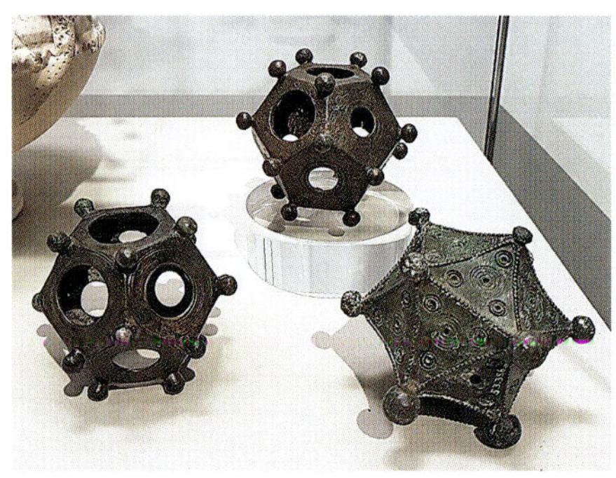

Dodekaeder und Ikosaeder um die Zeitenwende

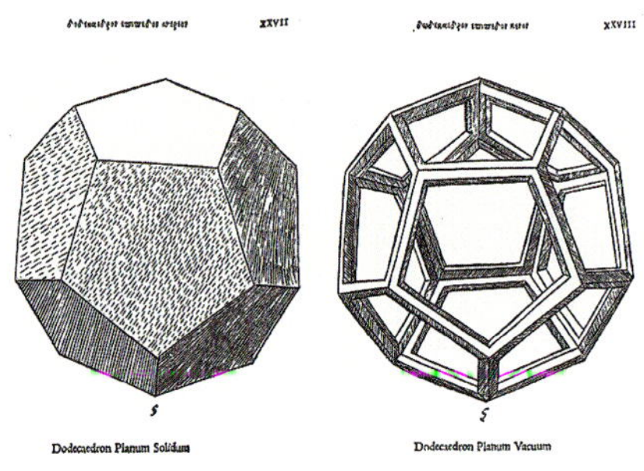

Dodekaeder, illustriert von Leonardo da Vinci

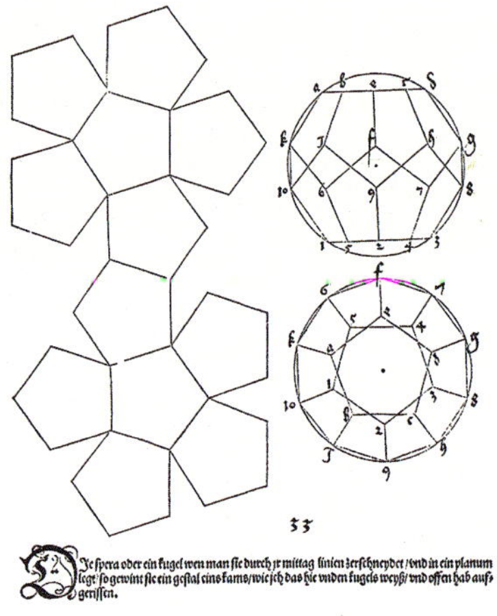

Dodekaeder-Abwicklung von Albrecht Dürer

Archimedische Körper

Der griechische Mathematiker Pappos von Alexandria (um 320 n. Chr.) gab an, dass der Gelehrte Archimedes (um 287–212 v. Chr.) die Reihe der fünfzehn halbregulären („archimedischen") Körper vollständig beschrieben hatte. Diese lassen sich jeweils aus zwei oder drei verschiedenen regulären Polygonen zusammenfügen. Der griechische Mathematiker Euklid (360–280 v. Chr.) behandelte in seinen „Elementen", einer umfassenden systematischen Abhandlung zur Arithmetik und Geometrie, alle archimedischen Körper (siehe Glossar, Seite 176). Die geometrischen Errungenschaften der Griechen überdauerten im arabischen Kulturraum die Zeit, in der Europa nichts mehr bzw. noch nicht wieder etwas mit Geometrie anzufangen wusste und zeitweise auch die Kirche etwas dagegen hatte. Manches antike Werk musste daher erst aus dem Arabischen rückübersetzt werden.

Dodekaeder und Ikosaeder zur Zeitenwende

Um die Zeitenwende waren nur zwei materielle Formen der hier beschriebenen Polyeder bekannt: ein Dodekaeder mit runden, Durchblick gewährenden Löchern und kugelartigen, knospenähnlichen Aufsätzen an den Ecken. Eine weitere Form aus dieser Zeit ist ein Ikosaeder mit leicht konkav gewölbten, geschlossenen Flächen und ebenfalls kugelartig verzierten Ecken. Über einen sinnvollen Verwendungszweck dieser aus Bronze ausgeführten Formen wird auch heute noch rege diskutiert (siehe Abb. links).

Illustrationen von Leonardo da Vinci

Die Renaissance (dt.: Wiedergeburt) belebte schließlich auch die antiken Auffassungen über die Geometrie wieder neu. Der Mathematiker Luca Pacioli (um 1445–1517) und Leonardo da Vinci (1452–1519) gaben als Verfasser und Illustrator von „Divina proportione" in kongenialer Zusammenarbeit 1509 ein erstes Lehrbuch der Mathematik in italienischer Sprache heraus. Es enthält alle platonischen Körper sowie einige der archimedischen und weitere Sternkörper. Darin ist jedes Raumgebilde zweimal abgebildet, zuerst als geschlossener Körper und auf der nächsten Seite als offenes Stabgebilde (siehe Abb. Mitte).

Abwicklungen von Albrecht Dürer

Wenige Jahre später erschien 1525 mit „Underweysung der messung mit dem zirckel und richtscheyt in Linien ebnen unnd gantzen corporen" ein erstes mathematisches Lehrbuch in deutscher Sprache. Albrecht Dürer (1471–1528), durch Reisen mit den Kenntnissen der italienischen Kollegen vertraut, nahm die platonischen und auch einige archimedische Körper in dieses Buch auf. Zum Zweck des einfacheren Nachbaus sind darin alle Modelle in der Abwicklung (siehe Abb. rechts sowie Glossar, Seite 177) abgebildet. Kurze Zeit später bildete der Nürnberger Goldschmied und Kupferstecher Wenzel Jamnitzer (um 1507–1585) zahlreiche Polyeder-Modelle in seiner 1568 erschienen Schrift „Perspectiva corporum regularium" ab.

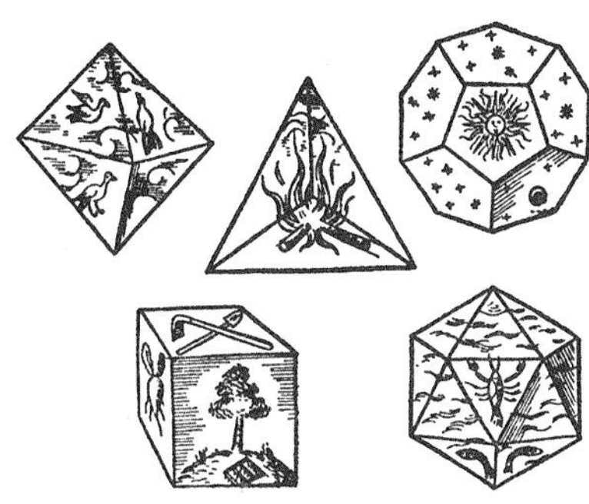

Keplers Darstellung der fünf regelmäßigen Körper (später im zweiten Buch der «Weltharmonik»)

Kepler greift bei seiner Darstellung der fünf regulären Polyeder Platons Zuordnung kosmischer Elemente auf.

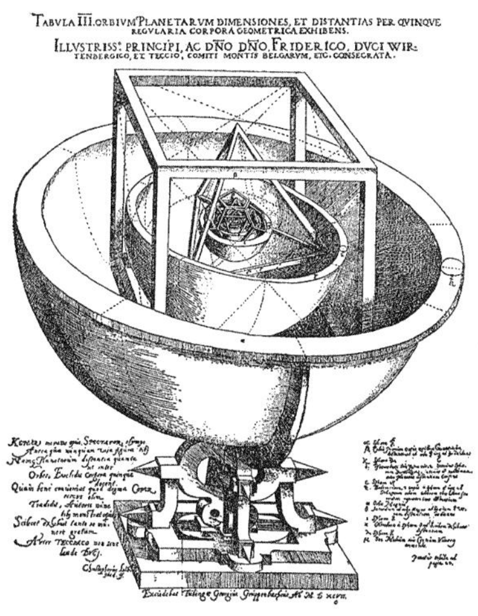

Modell des Universums aus Keplers «Mysterium Cosmographicum» (die äußere Sphäre ist die des Saturn)

Platonische Körper als Abstandhalter der Planeten in Keplers „Mysterium Cosmographicum“

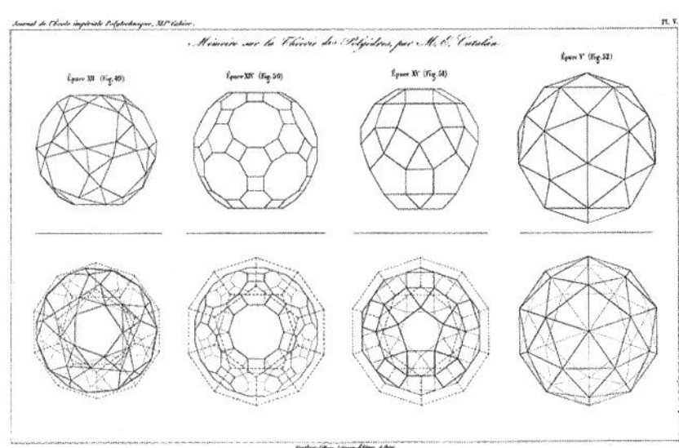

Catalanische Körper wurden rund 2000 Jahre nach den archimedischen Körpern vollständig beschrieben.

Keplers platonische Körper

Der Astronom Johannes Kepler (1571–1630) stand an der Schwelle zur Neuzeit. Für die antiken Ideen der harmonischen Ordnung konnte er sich zeitlebens begeistern. Seine Illustration (siehe Abb. links) zeigt die regulären Polyeder, wie von Platon beschrieben, mit den Attributen der kosmischen Elemente. Daneben entdeckte er Sternformen der platonischen Körper. Das Sterntetraeder wird auch als „Keplerstern“ (oder „Sternkörper zum Oktaeder“) bezeichnet.

„Mysterium Cosmographicum“ (1597)

Als Astronom mit einem Sinn für naturwissenschaftliche Messungen und als Mensch mit der Sehnsucht nach einer philosophischen und religiösen Weltordnung versuchte Kepler, die Ursache für die Abstände der Planetenbahnen um die Sonne geometrisch zu ergründen. Mitten in einer Mathematikstunde, die er in Graz zu unterrichten hatte, kam ihm die Idee, Gott könnten die platonischen Körper als Abstandhalter gedient haben, zwischen denen die Planeten auf Kugeln (Sphären) ihre kreisähnlichen Bahnen ziehen (siehe Abb. Mitte).
Die Merkursphäre ist nach Kepler von einem Oktaeder umgeben, gefolgt von der Venussphäre (Ikosaeder), der Erdsphäre (Dodekaeder), der Marssphäre (Tetraeder), der Jupitersphäre (Würfel) und schließlich der Saturnsphäre. Später durchgeführte exakte Messungen weichen von Keplers Modell ab, doch immerhin gelang ihm damit eine recht gute Annäherung an die Wirklichkeit. Damals waren die Planeten jenseits des Saturn noch nicht bekannt. Der Abstand zwischen Sonne und Merkur kann mit Keplers Modell jedoch nicht erklärt werden kann.

Neuzeit

Der Umgang mit der Geometrie war von unmittelbar sinnlich-anschaulichen Vorstellungen geprägt, bis mit der Abstraktion Mitte des 19. Jahrhunderts eine gänzlich neue Weltanschauung aufkam. Aus den aus der Anschauung gewonnenen Erkenntnissen wurden nun gedanklich-logische Schlüsse gezogen, auf denen unser modernes naturwissenschaftliches Weltbild aufbaut. Die sinnliche Beobachtung scheint jetzt lediglich den Anlass zu liefern, einen Wissenszusammenhang zu untersuchen, dem aber nur noch vertraut werden kann, wenn er aus gedanklich-logischer Sicht widerspruchsfrei ist.

Doch aus der sinnlichen Beobachtung ergibt sich kein Atom, denn Atome kann man nicht sehen oder ertasten. Gleichwohl kann man räumliche Strukturen wissenschaftlich erfassen und klassifizieren. Die genaue Untersuchung von chemischen Prozessen führt zu Gesetzmäßigkeiten, die sich am besten erklären lassen, wenn man die Existenz von Molekülen annimmt und diese in räumlichen Strukturen denkt. Das Periodensystem der Elemente wurde von dem russischen Chemiker Dmitri Iwanowitsch

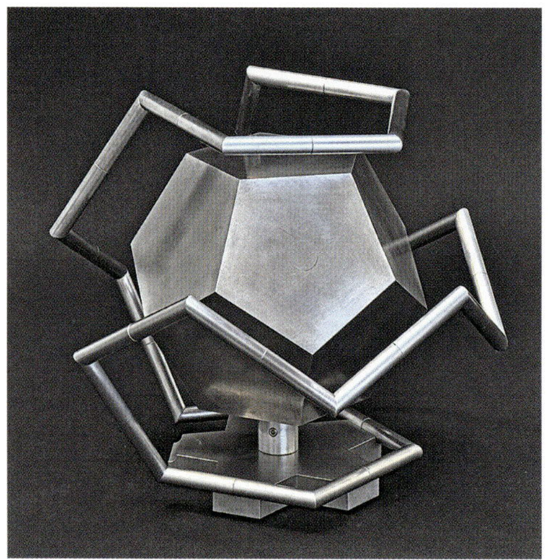

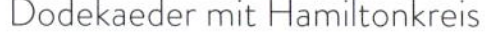

Dodekaeder mit Hamiltonkreis

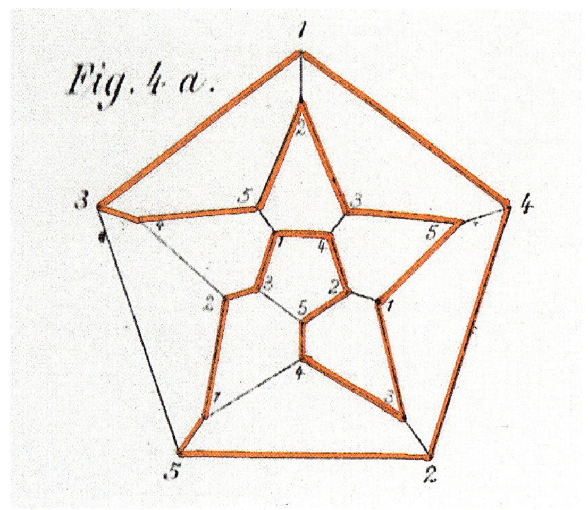

Schlegeldiagramm mit Hamiltonkreis

Mendelejew (1834–1907) und unabhängig davon kurz danach auch von seinem deutschen Fachkollegen Lothar Meyer (1830–1895) entdeckt, der es schließlich 1864 veröffentlichte. Die Klassifizierung der Kristallformen im Mineralreich ist ein gutes Beispiel für räumlich-strukturelle Gedankenmodelle.
Diese neue Möglichkeit abstrakten Denkens zeigte sich ab Mitte des 19. Jahrhunderts auch in der Darstellung der Polyeder. Beispielhaft dafür sind die molekularen Raumstrukturen von Linus Pauling (1901–1994), wie der amerikanische Nobelpreisträger für Chemie in seinem Buch *Die Architektur der Moleküle* veranschaulicht.

Der Schweizer Mathematiker Ludwig Schläfli (1814–1895) arbeitete um 1850 an einer Schrift, in der er räumlich-strukturelle Gesetzmäßigkeiten untersuchte. Er abstrahierte anhand dieser Schrift auch räumliche Polyeder-Formen und stellte sie jeweils als Formeln dar. Das Dodekaeder mit seinen fünfeckigen Flächen und seinen Ecken, an denen stets drei Kanten zusammenkommen, wird von Schläfli als dreidimensionale Form mit geschwungenen Klammern gekennzeichnet als {5, 3}. Zu seinen Lebzeiten wurde ihm seitens der Mathematik für seine Arbeit wenig Verständnis entgegengebracht. Erst posthum erschien seine Schrift „Theorie der vielfachen Kontinuität“. Im historischen Rückblick zeigt sich, dass in ihr wichtige theoretische Grundlagen für noch heute gültige Raumstrukturen gelegt werden.

Den irischen Mathematiker und Physiker William Rowan Hamilton (1805–1865) beschäftigte etwa zur gleichen Zeit die Frage, wie man mittels eines geschlossenen Weges, der nur entlang von Polyeder-Kanten führt, jede Polyeder-Ecke nur ein einziges Mal berühren kann. Für viele Polyeder-Formen finden sich sogar mehrere Möglichkeiten. Solche Wege werden seither als „Hamiltonkreise“ bezeichnet. In der Abbildung oben rechts ist in Orange ein Hamiltonkreis in ein Schlegeldiagramm eingezeichnet. Die Skulptur von Friedhelm Kürpig, vormals Professor für Geometrie an der Hochschule für Bildende Künste in Hamburg, verdeutlicht diesen Zusammenhang sehr anschaulich ebenfalls an einer Dodekaeder-Form (siehe Abb. links).

Nach dem deutschen Mathematiker Victor Schlegel (1843–1905) wurde die zweidimensionale Polyeder-Darstellung benannt, mit der alle Ecken, Kanten und Seitenflächen dargestellt werden können. Dabei ist auch von Vorteil, dass keine Polyeder-Fläche eine andere verdeckt. Die Flächen sind jedoch stark verzerrt.
In dem oben abgebildeten Schlegeldiagramm blickt man scheinbar von der Oberfläche eines Fünfecks in das Innere eines Dodekaeders. Alle elf innen liegenden fünfeckigen Flächen des Dodekaeders werden sichtbar. Und mit dem „Fenster“, durch das man schaut, sind es insgesamt zwölf.

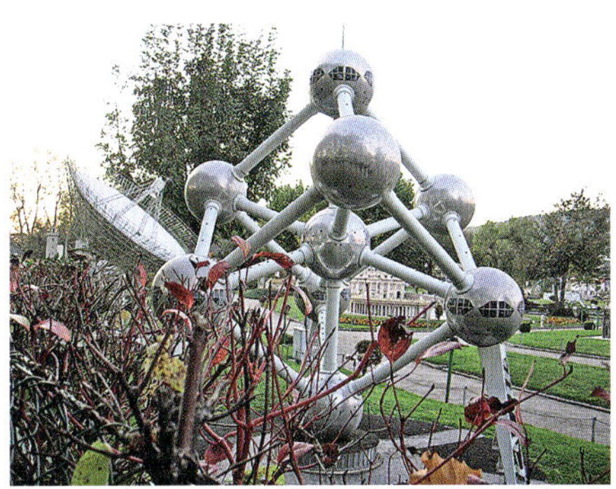

Kleine Nachbildung des Atomiums im Minimundus, Klagenfurt

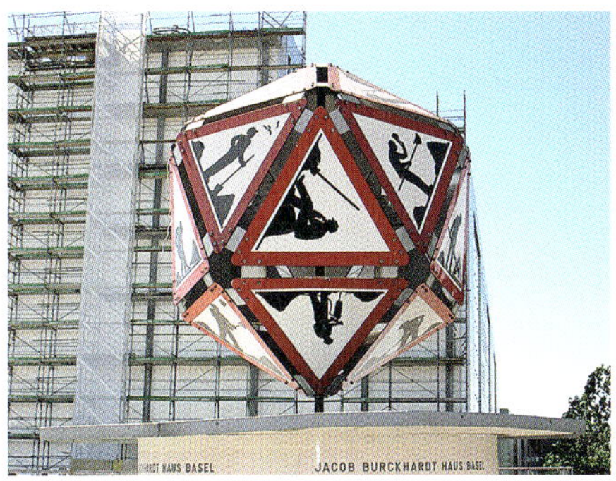

Geometrische Kunst, Basel (in der Nähe des SBB-Bahnhofs)

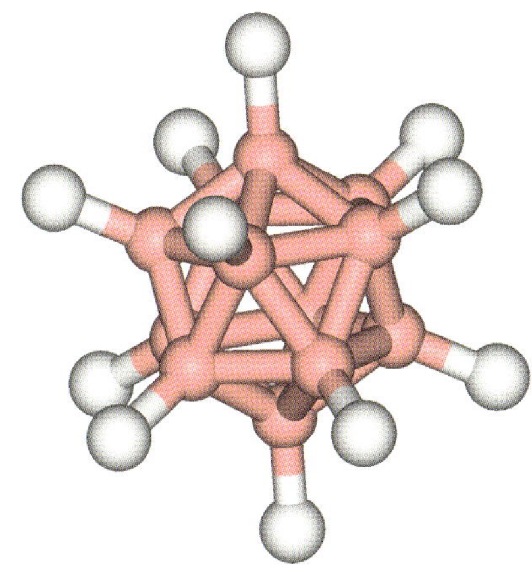

Ikosaeder-Form: Dodekaborat-Anion

Catalanische (oder dual-archimedische) Körper

Diese neuzeitlichen Entdeckungen und die Möglichkeit des abstrakten Denkens bereiteten das Umfeld, in dem es Eugène Charles Catalan (1814–1894) rund 2000 Jahre nach Archimedes gelang, eine zweite Reihe der halbregulären Körper zu entdecken. Jeder archimedische Körper hat eine Dualform. Catalan war der Erste, der alle 13 Dualformen vollständig beschrieben hat. Catalan mathematisiert schließlich die platonischen und archimedischen Körper. Seine Darstellung wimmelt von mathematischen Formeln. Doch am Ende des Journals, in dem seine etwa 70 Seiten umfassende Arbeit 1865 erschien, finden sich auch Abbildungen von den halbregulären Polyedern, die dual (d. h. geometrische „Zwillingsformen"; siehe Seite 13, Abb. rechts und Glossar, „Dualpartner", Seite 177) zu den archimedischen Körpern sind. Durch die Dual-Beziehungen sind sie aufs Engste mit den archimedischen Formen verwandt.

Mit unseren heutigen intellektuellen Fähigkeiten erscheint es uns kaum vorstellbar, dass diese catalanischen Körper erst gute 2000 Jahre nach den archimedischen Körpern vollständig beschrieben werden konnten. Offenbar ist unser heutiges Raumverständnis in theoretischer Hinsicht viel ausgeprägter: Durch mathematische Abstraktion erschließen sich uns heute Raumformen, die sich nicht durch das einfache Aneinanderfügen von regulären Polygonen bilden lassen.

Polyeder-Geometrie im Alltag

Reguläre und halbreguläre Raumformen gehören heutzutage in zahlreichen Lebensbereichen zu unserem Alltag. Die räumlich-strukturellen Eigenschaften der Polyeder werden beispielsweise genutzt, um chemische und kristallografische Strukturen darstellen zu können. Das Atomium in Brüssel fungiert sowohl als Gebäude als auch als übergroßes Anschauungsmittel, um eine aus neun Atomen bestehende, vergrößerte kubische Zelle des Eisen-Kristallmodells darzustellen. Die gesamte moderne Chemie ist ohne räumliche Strukturmodelle gar nicht vorstellbar. Auch die Kristallografie stützt sich in ihrer Systematik auf Polyeder-Formen. Fluorit lässt sich z. B. leicht in eine Oktaeder-Form spalten (siehe Seite 16, Abb. rechts). Und in der Biologie kennt man Krankheitserreger, die die Form von Polyedern haben.

Für die Konstruktion von Dachformen, Klettergerüsten (siehe Seite 16, Abb. Mitte) und Radar-Kuppeln (siehe Seite 17, Abb. rechts) werden geschickt statische Tragkraft und eine effiziente modulare Bauweise kombiniert, die auf gleich großen Flächen oder Stablängen beruht. Berühmt geworden sind die von Richard Buckminster Fuller (1895–1983) technisch umgesetzten geodätischen Kuppelbauten – eine Weiterentwicklung von architektonischen Lösungen, die zuvor schon in Jena beim Bau des 1926 eröffneten Zeiss-Planetariums erprobt wurden. Inzwischen werden komplette Stadiondächer als Knoten-Stab-Tragwerke konstruiert. Mit ihnen kann ein deutlich besseres Verhältnis von Tragkraft zu Eigen-

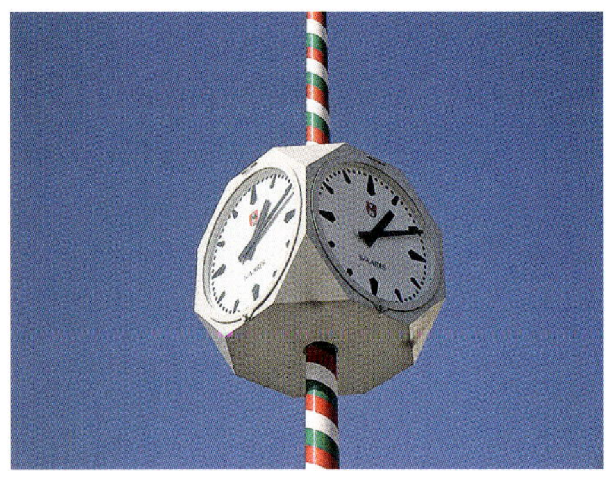

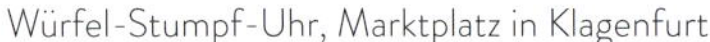

Würfel-Stumpf-Uhr, Marktplatz in Klagenfurt

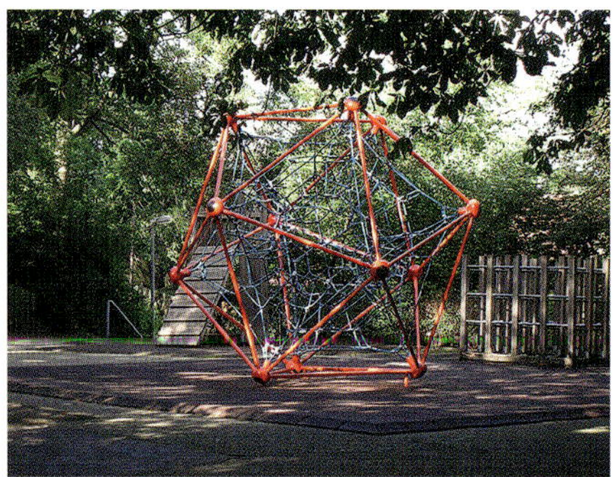

Ikosaeder-Spielgerüst

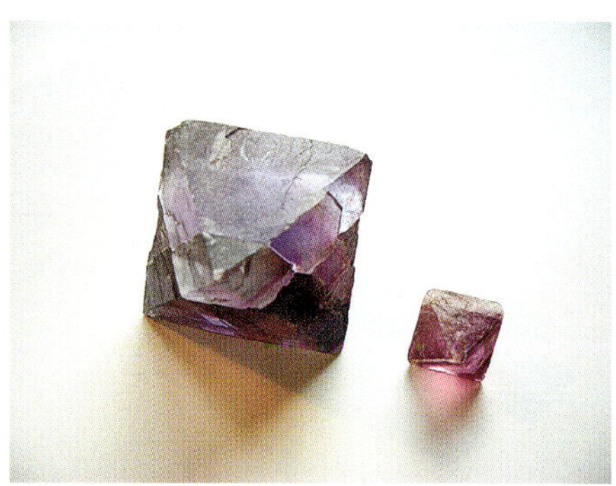

Fluorit-Oktaeder

gewicht erreicht werden als bei einer massiven Ausführung aus Leichtbaustoff. Helmut Emde (1972–1991, Professor an der TU Darmstadt im Fachbereich Architektur, Fachgebiet „Mathematik für Architekten und Geometrische Informationsverarbeitung"), hat die regulären und halbregulären Polyeder-Formen erforscht, um eine geometrische Grundlage für diese Konstruktionsformen zu schaffen (siehe Literaturangaben, Seite 178).

Die unmittelbare ästhetische Wirkung der Polyeder-Form spielt bei Klettergerüsten ebenso eine Rolle wie auch bei Lampenformen oder öffentlichen Uhren. Wer seine Umgebung aufmerksam wahrnimmt, wird schnell fündig werden. In Österreich findet man beispielsweise auf größeren Plätzen oft Uhren in Würfel-Stumpf-Form (siehe Abb. links).

Zur Kugel gerundet, dienen reguläre und halbreguläre Raumformen als Grundlage für das Design von Sportbällen, wie etwa beim Zuschnitt der Einzelteile oder der grafischen Gestaltung aufgedruckter Muster. Welche gestalterische Neuerung uns die Sportartikel-Hersteller auch immer als jeweils neuesten Spielball medienwirksam präsentieren: An den Formen der platonischen Körper als strukturelle Grundlage des Designs kommen sie nicht vorbei (siehe Seite 11, Abb. Mitte).

Die östliche Geschichte des Papiers ...

... ist in ihren Umrissen rasch erzählt: Ts'ai Lun (um 50–118 n. Chr.), Beamter am chinesischen Kaiserhof, beschreibt im Jahr 105 n. Chr. die Papierherstellung – die erste gesicherte Urkunde, die uns erhalten ist. Archäologische Funde belegen, dass es bereits im 2. Jahrhundert v. Chr. Papier gegeben haben muss. Doch erst etwa zur Zeit der ersten Jahrtausendwende gelangte das Wissen um die Papierherstellung durch die Araber nach Europa. In Mitteleuropa entstanden dann kurz vor Beginn des 15. Jahrhunderts die ersten Papiermühlen.

Das einfache Papierfalten reicht wohl so weit zurück wie die Erfindung des Werkstoffs selbst. Einfache Origami-Figuren gehen wahrscheinlich zurück auf zeremonielles Papierfalten, wie es von japanischen Mönchen einst ausgeübt wurde. In den 1960er-Jahren erfreute sich das Origami einer rasch wachsenden Beliebtheit, und es entstanden zahlreiche neue Varianten. Die in *FALTPOLYEDER* vorgestellten Modelle können als ein Sonderzweig des Origami gelten. Aus Modulen zusammengesetzte geometrische Körper werden auch als „modulares oder mathematisches Origami" bezeichnet, eine recht junge Ausrichtung der japanischen Falttechnik.

Kein anderes Material eignet sich so gut zum Polyeder-Falten wie Papier. Das Fasergefüge des Papiers ist gleichmäßig, aber chaotisch: Die einzelnen Papierfasern liegen zufällig durcheinander ohne jedes Regelmaß, wie es etwa den räumlichen Polyeder-Strukturen eigen ist. Im Verhältnis beider zueinander werden auch in dieser Hinsicht Gegensätze verbunden.

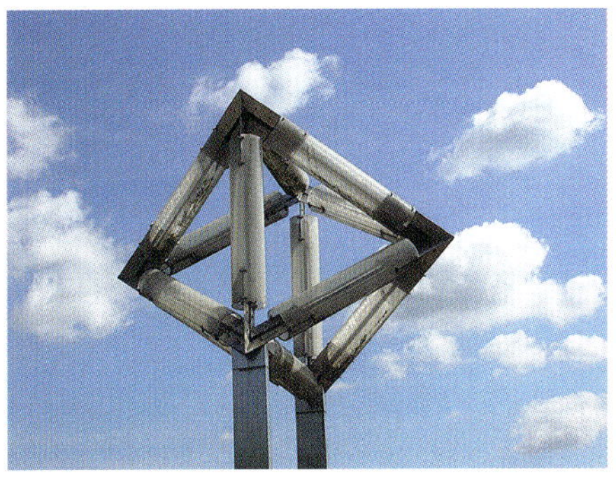

Beleuchtbare Oktaeder-Skulptur in Wetter/Ruhr

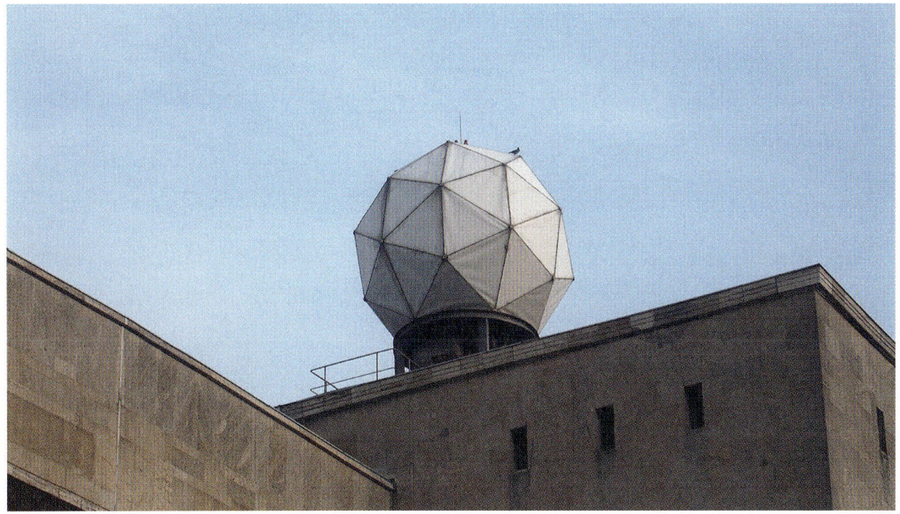

Pyramiden-Dodekaeder-Radar-Kuppel, Berlin-Tempelhof

Papier und Origami	Zeitraum	Polyeder-Geometrie
	3000–2000 v. Chr. (Neolithikum)	Carved Stone Balls
	vermutlich 1550–1070 v. Chr.	Altes Ägypten (Neues Reich): Blume des Lebens
	um 570–510 v. Chr.	„Weltenkörper" nach Pythagoras
	428–347 v. Chr.	Platonische Körper (nach Platon benannt): umfassen 5 reguläre Polyeder
	287–212 v. Chr.	Archimedische Körper (nach Archimedes benannt): umfassen 15 halbreguläre Polyeder
Früheste Datierung von Papier	2. Jh. v. Chr.	
	um die Zeitenwende	Römische Ikosaeder- und Dodekaeder-Formen
Ts'ai Lun (China) beschreibt die Herstellung von Papier.	105 n. Chr.	
Papier gelangt nach Südeuropa.	um 1000 n. Chr.	
Erste Papiermühle Deutschlands in Nürnberg	1390	
	Renaissance: 1509	„Divina proportione" von Luca Pacioli, illustriert von Leonardo da Vinci
	1525	Albrecht Dürers „Underweysung" erscheint
	1568	Wenzel Jamnitzer: „Perspectiva corporum regularium"
	1597	„Mysterium Cosmographicum" von Johannes Kepler
	1865	Catalanische Körper: Eugène Charles Catalan schreibt eine Abhandlung über dual-archimedische Körper
Origami-Boom	1960er-Jahre	

Reguläre und halbreguläre Polyeder

Platonische Körper – reguläre Polyeder

Da Platon sie als erster schriftlich erwähnt hat, werden die regulären Polyeder auch „platonische Körper" genannt (siehe Seite 11, Abb. Mitte). Neben der Kugel gehören die regulären Polyeder (dt.: regelmäßige Vielflache) zu den einfachsten und symmetrischsten Raumgebilden. Unserer Vorstellung fällt es am leichtesten, sie sich aus einer bestimmten Anzahl und Art von Flächen zusammengesetzt zu denken und vorzustellen: das Tetraeder aus vier, das Oktaeder aus acht, das Ikosaeder aus zwanzig Dreiecken. Hinzu kommen der Würfel aus sechs Quadraten und das Dodekaeder aus zwölf Pentagonen (dt.: Fünfecke). Die Bezeichnungen für die Anzahl der Flächen, die griechisch-römische Sprachwurzeln haben, können ebenso gut auf Deutsch ausgedrückt werden als Vierflach, Achtflach, Zwanzigflach, Sechsflach und Zwölfflach. Mit gleicher Berechtigung könnte man diese Raumformen anhand der Anzahl ihrer Ecken beschreiben sowie anhand der Anzahl der Kanten und Flächen, die dort zusammenkommen. Aus obiger Reihe würden daraus: Vierspitz, Sechsspitz, Zwölfspitz, Achtspitz und Zwanzigspitz. Dies würde etwa Chemikern entgegenkommen, die gerne in räumlichen, modularen Strukturen denken. Und auch der in diesem Buch verfolgten Arbeits- und Konstruktionsweise würde dies voll entsprechen. Die Zahl der Kanten ergäbe ebenso eine gute Grundlage für die Benennung der einzelnen Raumformen. Vielleicht sollte man sie am besten allgemein als „Gebilde" bezeichnen, was weder Ecken, noch Kanten und Flächen einseitig bevorzugt und mit dem „Bilden" zusätzlich einen dynamischen Aspekt in die statische Formenwelt einführt. Dessen ungeachtet werden dem allgemeinen Sprachgebrauch entsprechend im Weiteren die Bezeichnungen „Polyeder" verwendet.

Alle platonischen Körper sind auf der folgenden Doppelseite (siehe Seite 20) in der linken Spalte untereinander mit vollständiger Modellbezeichnung abgebildet. Am unteren Blattrand finden Sie zudem den geometrischen Steckbrief der jeweiligen Faltpolyeder-Form mit einer Auflistung ihrer wesentlichen Eigenschaften – wie der Anzahl ihrer Flächen, Ecken und Kanten.

Stutzen platonischer Körper:
Archimedische Körper – halbreguläre Polyeder

Wie bereits beschrieben, gibt es neben den fünf regulären platonischen Körpern noch dreizehn archimedische, nun aber halbreguläre Körper, die man sich aus zwei oder drei unterschiedlichen Flächen zusammengesetzt vorstellen kann. Diese Formen gewinnt man auch, indem man platonische Körper an ihren Ecken, teilweise auch an ihren Kanten stutzt. Daraus ergeben sich der Tetraeder-, Oktaeder-, Ikosaeder-, Würfel- und Dodekaeder-Stumpf. Ferner Kubo-Oktaeder und Ikosi-Dodekaeder sowie deren Stümpfe. Hinzu kommen noch zwei merkwürdig verdrehte Körper, die in zwei chiralen Formen gebildet werden können: Cubus simus und Dodekaedron simum. Die Bezeichnung „chiral" bedeutet, dass es jeweils zwei spiegelverkehrte Varianten einer Form gibt (siehe Glossar, Seite 177).

Alle archimedischen Körper sind auf der folgenden Doppelseite (siehe Seite 20) rechts neben den platonischen Körpern abgebildet.

Zelten platonischer Körper:
Catalanische Körper – halbreguläre Polyeder

Zu jedem archimedischen Körper gehört ein Dualpartner (siehe Glossar, Seite 177). Das ist eine Art umgekehrter Zwillingsbruder. Die catalanischen Formen können mathematisch-geometrisch aus den archimedischen Körpern abgeleitet werden. Daher sind sie auf Seite 21 spiegelbildlich zu den archimedischen Körpern dargestellt. Man kann sie aber auch erhalten, indem man die Flächen-Mitten der platonischen Körper „zeltet", also nach außen hebt. Dabei entstehen die Pyramiden-Formen von Tetraeder, Oktaeder, Ikosaeder, Würfel und Dodekaeder, dazwischen Rhomben-12- und -30-Flach sowie ihre Deltoid-Formen (Deltoid-24- und -60-Flach). Auch bei den catalanischen Körpern finden wir Chiralformen (Pentagon-24- und -60-Flach). Alle catalanischen Formen bestehen aus nur jeweils einer Flächenform.

Zusammenfassung

Es gibt fünf verschiedene reguläre Polyeder (platonische Körper). Dazu kommen dreizehn halbreguläre (archimedische) und weitere dreizehn halbreguläre (catalanische) Körper. Insgesamt sind es also 31 reguläre und halbreguläre Raumformen. Rechnet man die chiralen Varianten dazu – wenn wir Modelle bauen, wollen wir gern beide Variationen zur Anschauung bringen – sind es insgesamt 35 Formen bzw. Modelle. Auch Ikosaeder und Dodekaeder lassen sich als chirale Formen umsetzen. Dies ergibt sich aber nicht zwingend, sondern eher aus einem spielerischen Ansatz aus den Ähnlichkeiten zu den anderen Chiral-Formen, die in der Übersicht aller Polyeder-Formen von Helmut Emde (siehe Seite 177) an den Rändern oberhalb von Dodekaeder und Ikosaeder abgebildet sind. Abweichend von der Rechtschreibung wurden die Namen der halbregulären Polyeder mit Bindestrichen versehen, um geometrische Bezüge hervorzuheben und die einzelnen Formen besser unterscheiden zu können von den regulären Polyedern. Die Nummern neben den einzelnen Abbildungen (siehe Seite 20–21) beziehen sich auf die Reihenfolge, in der die Modelle im Buch angeleitet werden. Diese folgt nicht in erster Linie den geometrischen Ähnlichkeiten, sondern beginnt mit einfachen Modellen und führt schrittweise zu höheren Schwierigkeitsgraden. Modelle mit ähnlicher Bauweise wurden zu Gruppen zusammengefasst. Die für dieses Buch wichtigen geometrischen Grundbegriffe werden auf Seite 176 f. separat erklärt.

Platonische Körper

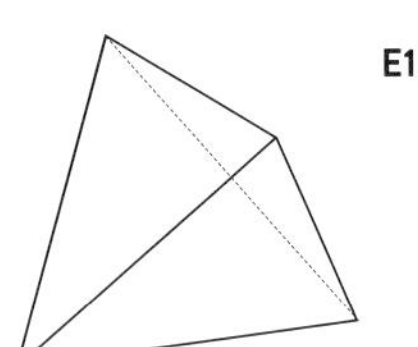

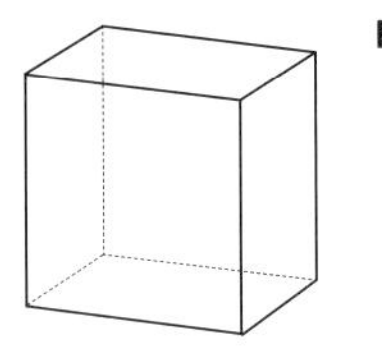

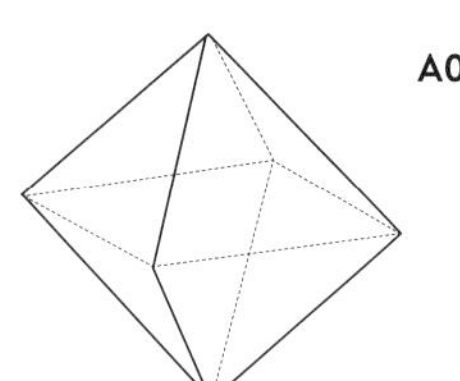

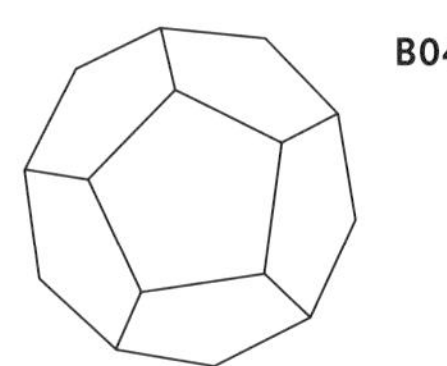

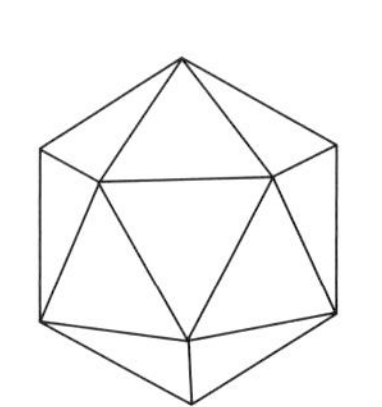

Archimedische Körper

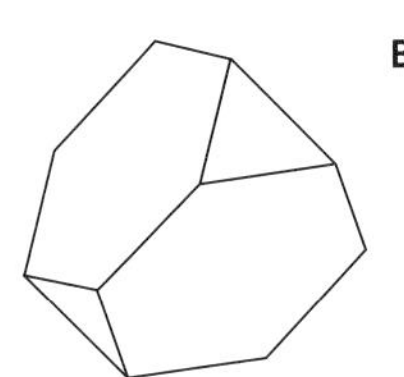

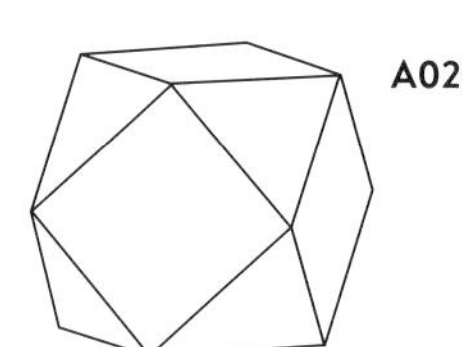

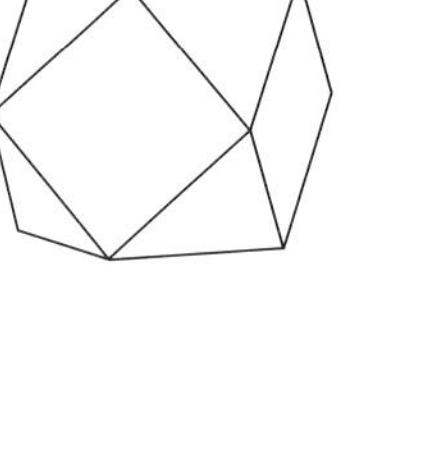

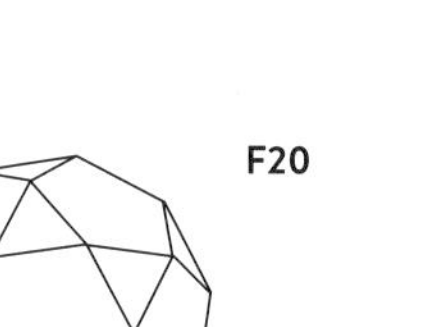

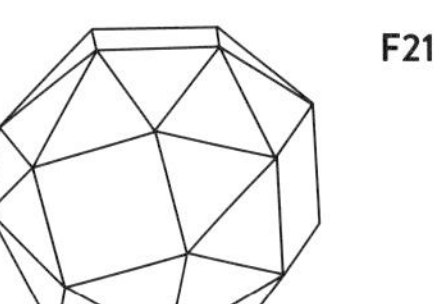

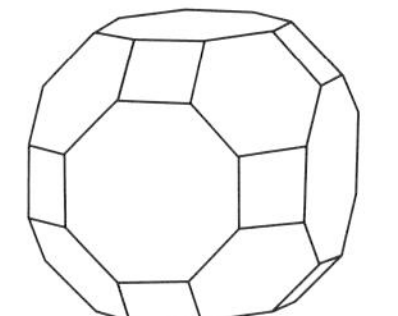

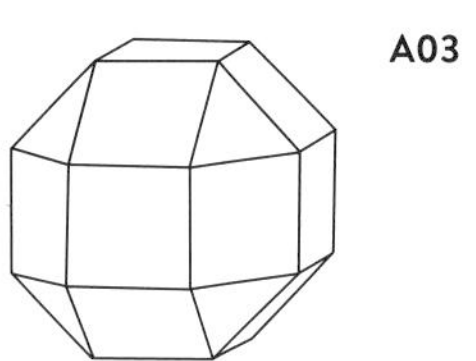

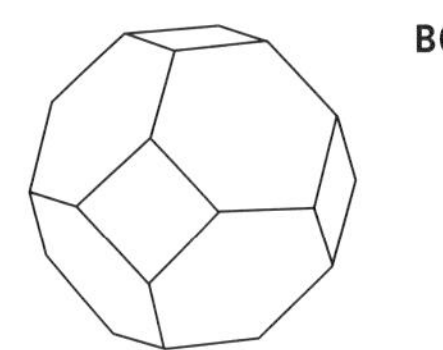

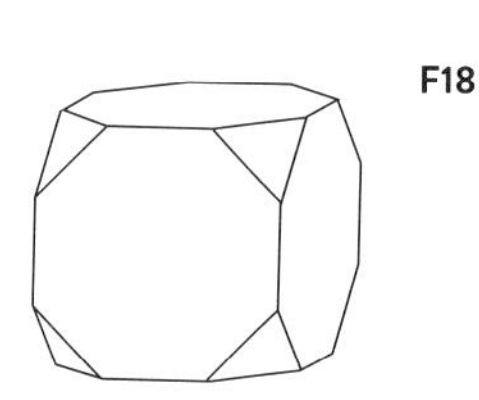

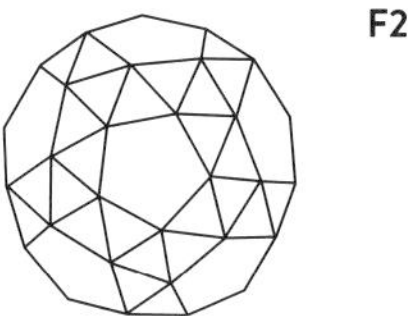

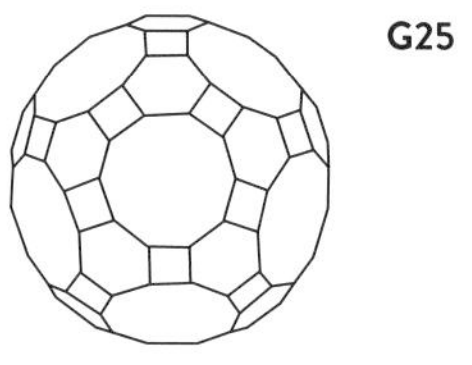

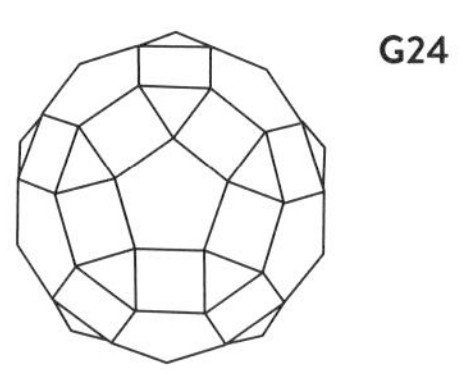

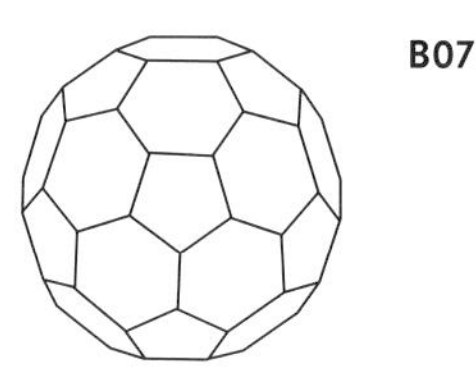

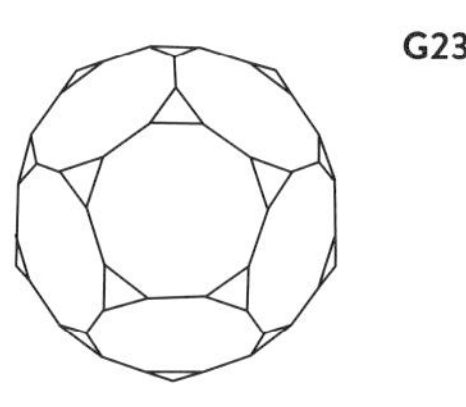

E17 Tetraeder
f 4, e 4, k 6

E16 Würfel
f 6, e 8, k 12

A01 Oktaeder
f 8, e 6, k 12

B04 Dodekaeder
f 12, e 20, k 30

B08 Ikosaeder
f 20, e 12, k 30

B05 Tetraeder-Stumpf
f 8, e 12, k 18

A02 Kubo-Oktaeder
f 14, e 12, k 24

F20 Ikosi-Dodekaeder
f 32, e 30, k 60

F21 Cubus simus
f 38, e 24, k 60

F19 Kubo-Oktaeder-Stumpf
f 26, e 48, k 72

A03 Rhomben-Kubo-Oktaeder
f 26, e 24, k 48

B06 Oktaeder-Stumpf
f 14, e 24, k 36

F18 Würfel-Stumpf
f 14, e 24, k 36

F22 Dodekaedron simum
f 92, e 60, k 150

G25 Ikosi-Dodekaeder-Stumpf
f 62, e 120, k 180

G24 Rhomben-Ikosi-Dodekaeder
f 62, e 60, k 120

B07 Ikosaeder-Stumpf
f 32, e 60, k 90

G23 Dodekaeder-Stumpf
f 32, e 60, k 90

Catalanische Körper

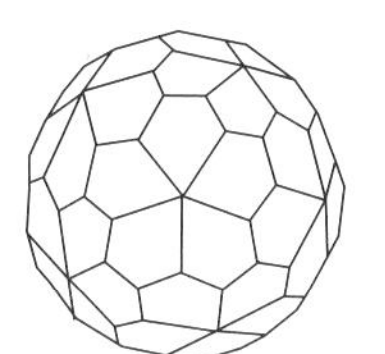
D15

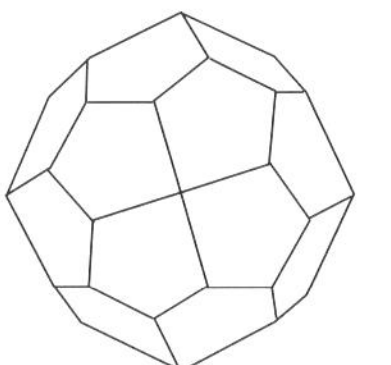
D14

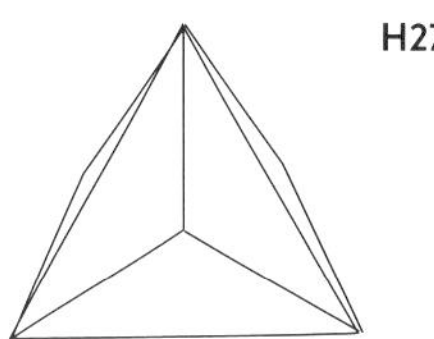
H27

H31

H29

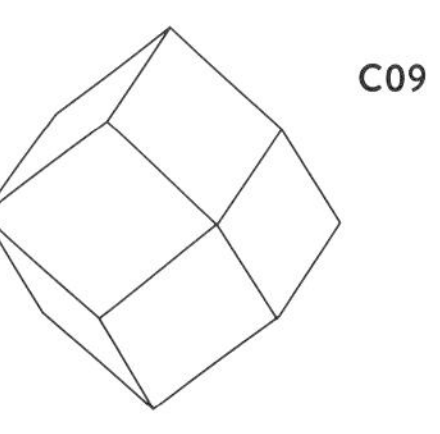
C09

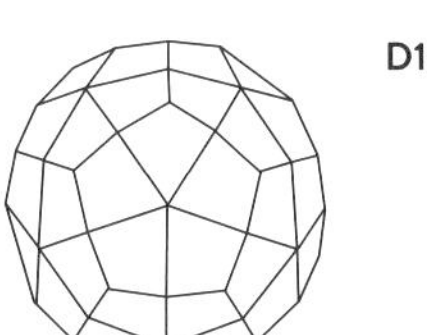
D13

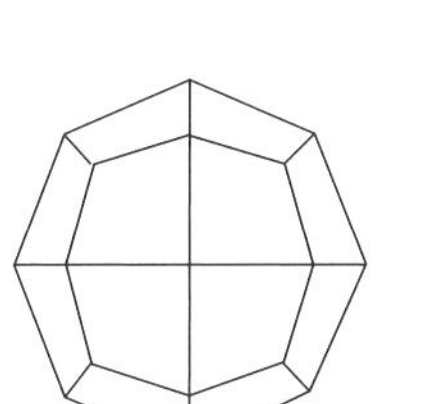
D12

C11

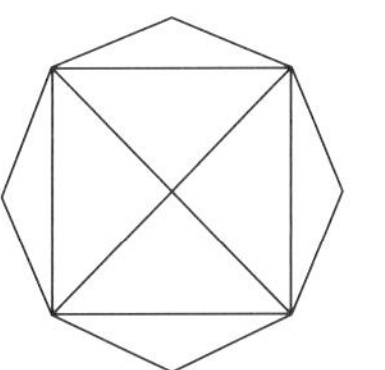
H26

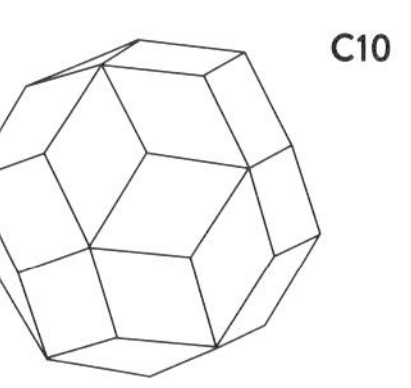
C10

H30

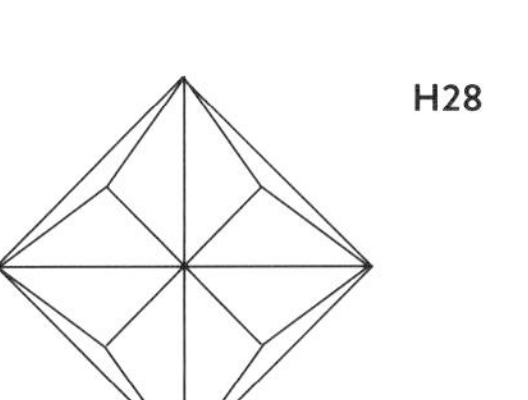
H28

D15 Pentagon-60-Flach
f 60, e 92, k 150

H31 Pyramiden-Ikosaeder 4/6/10
f 120, e 62, k 180

D13 Deltoid-60-Flach
f 60, e 62, k 120

C11 Pyramiden-Dodekaeder
f 60, e 32, k 90

H30 Pyramiden-Ikosaeder 3/10
f 60, e 32, k 90

D14 Pentagon-24-Flach
f 24, e 38, k 60

H29 Pyramiden-Oktaeder 4/6/8
f 48, e 26, k 72

D12 Deltoid-24-Flach
f 24, e 26, k 48

H26 Pyramiden-Würfel
f 24, e 14, k 36

H28 Pyramiden-Oktaeder 3/8
f 24, e 14, k 36

H27 Pyramiden-Tetraeder
f 12, e 8, k 18

C09 Rhomben-12-Flach
f 12, e 14, k 24

C10 Rhomben-30-Flach
f 30, e 32, k 60

Erläuterungen:
Die Nummern hinter dem Buchstaben A,B,C,D,E,F,G,H bezeichnen die Reihenfolge, in der die einzelnen Modelle im Folgenden nacheinander erläutert werden.

Der Buchstabe vor der Nummer bezeichnet die Zugehörigkeit einer Form zu einer Gruppe von Modellen, deren technische Umsetzung im Wesentlichen sehr ähnlich sind.

Diese Gruppen entsprechen den Kapiteln A–H.

Unter der jeweiligen Modellbezeichnung findet sich zudem der geometrische Steckbrief jeder Form. Hier ist angegeben, wie viele Flächen, Ecken und Kanten ein Modell besitzt.

f = Anzahl der Flächen
e = Anzahl der Ecken
k = Anzahl der Kanten

Einführung in die praktische Umsetzung

Papier: Qualität und Farben

Für die in diesem Buch vorgestellten modularen Faltpolyeder eignet sich ein gut geleimtes, glattes und formsteifes Papier mit einer Grammatur von 120 g/m^2 am besten. Es findet häufig Verwendung beim Beziehen von Buchdecken oder als Vorsatz. F.color® glatt, Efalin glatt und Surbalin glatt sind solche Papiersorten. Am Ende des Buches sind einige Anbieter aufgeführt – jeder führt eines dieser Papiere in seinem Sortiment. Es ist bei kleinen Bestellungen mit einem geringen Mindermengenzuschlag zu rechnen. Unter Umständen kann man entsprechendes Papier in einer Druckerei oder Buchbinderei vor Ort bekommen. Alle in *FALTPOLYEDER* abgebildeten Modelle wurden aus F.color gefertigt.

Ein festes, gut geleimtes, formsteifes Universalpapier ist eine einfachere Alternative zu den hochwertigen Buntpapieren. Auch dieses eignet sich für den Bau der Modelle in den angegebenen Größen. Man kann es an seiner glatten Oberfläche erkennen, es fühlt sich deutlich fester an als beispielsweise handelsübliches Kopierpapier. Dieses oder ähnliches Papier wird auch für gute Landkarten verwendet oder für Briefumschläge, die aus Landkarten recyclet wurden. Hier empfiehlt sich ebenso eine Grammatur von etwa 120 g/m^2. Einfaches Kopierpapier ist, wie auch herkömmliches Origami-Papier für diese Art von Modellbau jedoch nicht formsteif genug.

Origami-Papier ist üblicherweise dünner und weicher und eignet sich für den Modellbau, wie er in diesem Buch angeleitet wird, ebenfalls nicht besonders gut. Auch ist mit Rücksicht auf die Formensprache, die mit den Polyeder-Modellen zum Ausdruck kommt, ein neutral gefärbtes Papier einem bedruckten vorzuziehen, idealerweise in Weiß. Ein leicht gelbliches Weiß verleiht den Modellen etwas Wärme. Ein hartes Weiß betont hingegen stärker die Form. Farbige Modelle sind in vielen, auch freien Variationen denkbar. Besonders effektvoll sind Ausführungen, die farblich die drei Raumachsen wiedergeben oder z. B. zwei unterschiedliche Modulformen an einem Modell veranschaulichen. Wer dazu die Möglichkeit hat, wird die verwendeten Farben fein aufeinander abstimmen.

Größe der Grundflächen

Die Größe der einzelnen Grundflächen, d. h. von Ross und Reiter (in jeder Schritt-für-Schritt-Anleitung rechts neben dem Text abgebildet), wurde jeweils so gewählt, dass sie untereinander kombinierbar sind. Auch die C-Modelle sowie die Faltpolyeder in den Kapiteln J, K, L, M lassen sich in diesen Maßen umsetzen. Bei den ersten Modellen, die aus nur einer Art von Grundfläche (z. B. nur aus Dreiecken oder Quadraten) bestehen, können Sie die Größe auch unabhängig von der Kopiervorlage wählen (Modelle A, B sowie F, G und I). Ausnahmen bilden die E-Modelle: Hier sind die dreieckigen Ross- und Reiter-Grundflächen unterschiedlich groß. Werden verschiedene Grundflächen an einem Modell benötigt (z. B. Quadrate in Kombination mit Dreiecken), sollte unbedingt das Größenverhältnis zwischen beiden beachtet werden: Der Übergang zwischen einem Modul und seinem Nachbar-Modul muss stets gleich groß sein. In der Tabelle „Größeder Grundflächen für die einzelnen Polygon-Formen" (siehe Seite 32) finden Sie alle Polyeder-Modelle auf einen Blick.

Kopiervorlagen

Die 1:1-Kopiervorlagen aller in *FALTPOLYEDER* verwendeten Polygon-Formen (Dreiecke, Quadrate, Fünf-, Sechs-, Acht- und Zehnecke) können Sie unter *https://www.haupt.ch/*faltpolyeder/ herunterladen. Der Zuschnitt der Kopiervorlagen wird im Folgenden erklärt. Bei Bedarf lassen sich die Vorlagen auch mit Zoom-Funktion am Kopierer oder am PC beliebig vergrößern und verkleinern. Sollen die einzelnen Grundflächen kombinierbar bleiben, müssen alle Kopiervorlagen um den gleichen Faktor vergrößert oder verkleinert werden.

Besondere Maße für komplexe Modelle

Bei den Modellen C, D, E, H sind nicht alle Ross- und Reiter-Grundflächen gleich groß. Für die erforderliche Größe der Grundflächen orientieren Sie sich am besten wieder an den Größenangaben in der Tabelle „Größe der Grundflächen für die einzelnen Polygon-Formen" (siehe Seite 32). Hier sind die Kantenlängen der Grundflächen für jedes Modell in einer Übersicht aufgelistet. Auch die Kopiervorlagen für die Zentauren-Modelle in den Kapiteln F und G können Sie, wie oben beschrieben, downloaden.

Einheitliche Modellgröße

Es wurde angestrebt, alle Modelle in einer einheitlichen Größe von 1,5 Litern Volumen umzusetzen. Dazu mussten die Maße jeder einzelnen Ausgangsfläche (Polygon-Form) ermittelt werden durch Berechnung, Konstruktion und, wo dies nicht zum Ziel führte, auch durch Ausprobieren. In der Tabelle „Größe der Grundflächen für die einzelnen Polygon-Formen" (siehe Seite 32) sind alle Kantenlängen der Ausgangsmodule in Zentimetern (cm) angegeben und ggf. leicht gerundet. Davon abweichend wurden die Modelle J, K, L, M einheitlich als 1:1-Kopiervorlagen umgesetzt (Download, siehe oben).

Übertragen der Vorlagen und Zuschnitt der Grundflächen

Für den Zuschnitt ist es sinnvoll, mehrere Lagen Papier gleichzeitig zu bearbeiten. Mit etwas Übung können Sie etwa zehn Blatt Papier auf einmal zuschneiden. Dazu werden mehrere Blatt Papier mit einem Heftgerät zusammengefasst. Zuoberst mitgeheftet wird die entsprechende Kopiervorlage. Übertragen Sie mit einer Ahle alle Eckpunkte der Vorlage auf das darunterliegende Papier. Das Vorlagen-Blatt wird anschließend umgeschlagen,

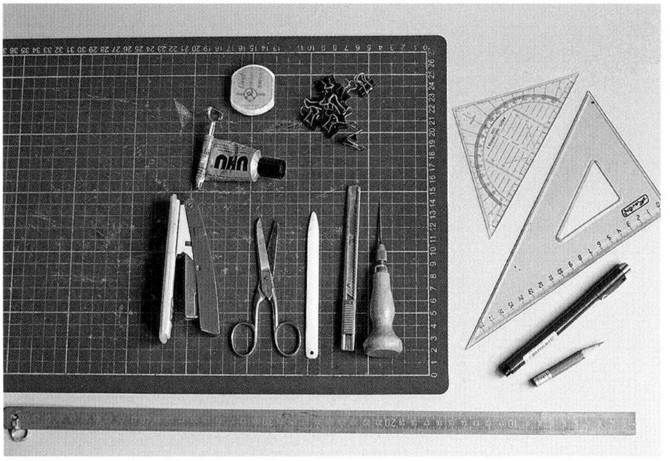

Abb. 1

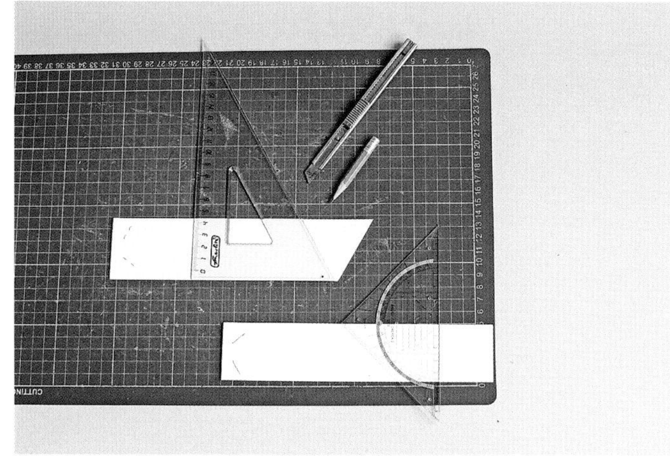

Abb. 2

damit die einzelnen Punkte (Löcher) mit einem Bleistift verbunden werden können (siehe gegenüberliegende Seite, Abb. 4). Wer sein Plastiklineal oder -geodreieck schonen will, schneidet die Polygon-Formen am besten – von Punkt zu Punkt – an einem Stahllineal entlang der gezogenen Bleistiftlinien aus. Eine Schneidematte schont den Arbeitstisch vor Stichen mit der Ahle und Einschnitten mit dem Cutter (siehe Abb. 1). Beim Zuschnitt wird man den gesamten Stapel nicht auf einmal durchschneiden können: Das Messer muss mehrmals am Lineal entlang geführt werden. Achten Sie darauf, den Schnitt immer senkrecht auszuführen. Die Klinge hat meistens eine leichte Fase (bzw. bedingt durch die Schleiffläche eine leichte Abweichung), sodass man das Messer leicht schräg halten muss, um einen senkrechten Schnitt zu erzielen.

Zuschnitt der Quadrate

Für Quadrate ist es einfacher, zunächst längere Streifen zuzuschneiden (siehe Abb. 2). Mit einer Schlagschere (oder Papierschneidemaschine) gelingt dies besser als von Hand. Die Streifen müssen jeweils so breit sein wie die erforderliche Kantenlänge der Quadrate. Von diesen Streifen werden die Quadrate Stück für Stück abgeschnitten. Dazu verwenden Sie am besten in Handarbeit den rechten Winkel.

Zuschnitt der Dreiecke

Für das Zuschneiden von Dreiecken werden wiederum Streifen benötigt. Die erforderliche Breite ist hier die jeweilige Höhe der gewünschten Dreiecke – nicht die Kantenlänge! Die Kantenlängen sind in der Tabelle „Größe der Grundflächen für die einzelnen Polygon-Formen“ auf Seite 32 angegeben. Die Höhe können Sie durch Messen ermitteln. Anschließend können die 60°-Diagonalschnitte mithilfe des spitzwinkligen Zeichendreiecks erfolgen (siehe gegenüberliegende Seite, Abb. 3). Achten Sie darauf, nicht versehentlich mit dem Cutter in das Geodreieck zu schneiden!

Zuschnitt und Knicken der Stützen

Für die Modelle H sowie G25 sind Stützen notwendig, die zwischen Ross und Reiter geschoben werden, um jeweils zwei benachbarte Module von innen zu verbinden und zu stabilisieren. Dafür ist Overhead-Folie gut geeignet. Die 1:1-Kopiervorlagen für die Stützen können Sie ebenfalls im Internet unter https://www.haupt.ch/faltpolyeder/ herunterladen.
Deren Maße können so übertragen werden, wie für die Grundflächen erläutert. Mit der Ahle lassen sich die Stützen gut rillen. Entlang dieser Rillen werden die Stützen bergsinnig geknickt, wie die rote Signatur in den Grafiken angibt. Mit etwas Übung können Sie die Stützen auch frei Hand zuschneiden und rillen.

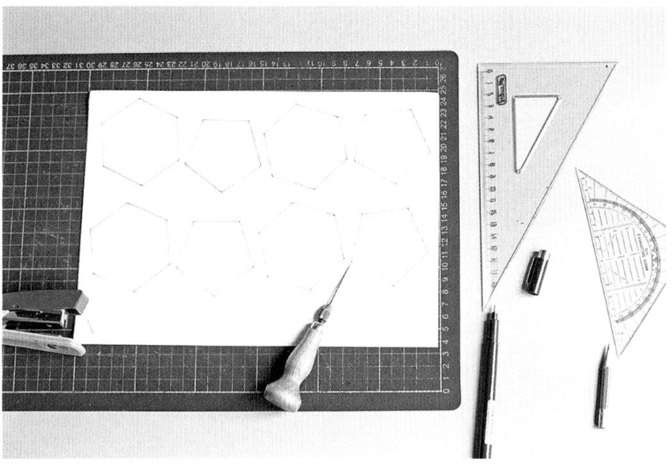

Abb. 3

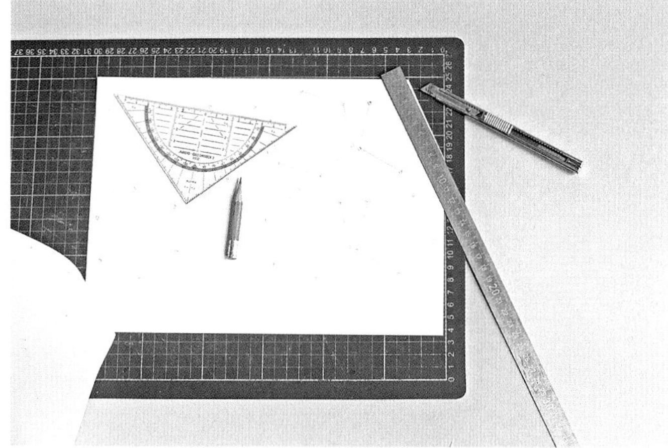

Abb. 4

Einfache Hilfsmittel bei Bedarf: Klebstoff und Klammern
Die Module für die einfachen Modelle A, B, C sowie vereinzelt auch andere Modelle und die Erweiterungen in den Kapiteln J, K, L, M lassen sich bei exakter Ausführung problemlos zu kompletten Modellen zusammenstecken. Aus verschiedenen Gründen kann es jedoch erforderlich sein, die umgefalteten Reiter-Ecken anzukleben oder die Steckverbindungen zweier benachbarter Module mit Klebstoff zu arretieren. Dafür verwenden Sie am besten Klebstoff mit einem synthetischen Lösungsmittel. Kleber auf Wasserbasis ist für diesen Zweck nicht besonders zu empfehlen: Das Verdunsten der wässrigen Lösung kann dazu führen, dass sich das Papier wellt und das Model so seine ebenen Flächen verliert.

Je kleiner die Flächen sind, die miteinander verklebt werden sollen, umso dringender empfiehlt sich die Verwendung von Metallklammern. Dadurch kann der Klebstoff unter Druck austrocknen und aushärten. Klebstoff und Klammern können Sie nach Bedarf verwenden. In den Anleitungen wurde nicht in jedem Fall explizit darauf hingewiesen. Bei Formen, wo Klebstoff und Klammern unerlässlich sind, wird dies auf den Fotos zu der jeweiligen Anleitung ersichtlich.

Falzen und Einschnitte
Die nötigen Falten können per Hand ausgeführt werden oder auch mit dem Falzbein (falzen = falten). Für die meisten Modelle wird ein kleines Falzbein ausreichen. Nehmen Sie sich Ruhe und Zeit für die ersten Ross- und Reiter-Flächen und -Module und achten Sie darauf, jeden Falz (jede Falte) exakt maßhaltig und scharf auszuführen. Damit steht und fällt der erfolgreiche Zusammenbau des gesamten Modells. Dies gilt insbesondere auch für die Zentauren-Module (Kapitel F und G). Hier kommen noch Einschnitte hinzu. Diese müssen ebenfalls exakt ausgeführt werden. Das Zusammenfügen zweier Zentauren-Flächen zu einem Modul verlangt anfangs etwas Geduld und die Bereitschaft auszuprobieren, wie beide genau zusammengehören. Hat man aber einmal die richtige Lösung gefunden, muss diese nur noch für jedes weitere erforderliche Modul wiederholt werden.

Sie brauchen:
- Universalpapier, gut geleimt, 1115–120 g/m² (siehe Seite 22)
- Overhead-Folie für Stützen
- Stechahle (Buchbinder-Ahle) mit dünner Spitze
- Heftgerät
- Schlagschere oder Papierschneidemaschine (falls vorhanden), Cutter, Messer
- Schneidematte
- Stahllineal mit Millimeterskala
- spitzen Bleistift oder Druckbleistift, 0,5 mm
- Schablone
- Geodreieck und spitzwinkliges Zeichendreieck
- Foldback- u. Büroklammern
- lösungsmittelhaltigen Klebstoff

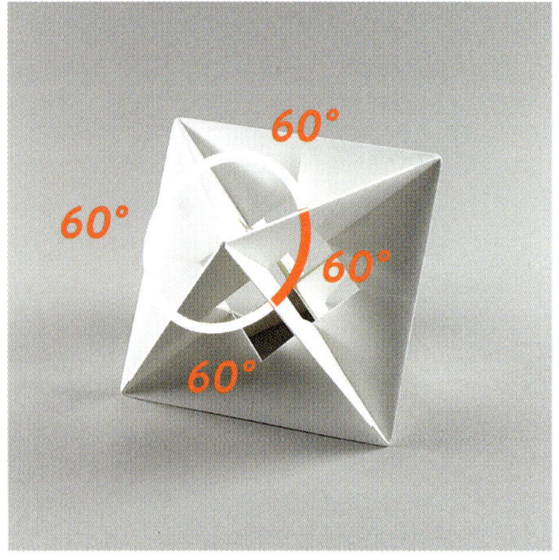

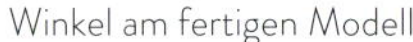
Winkel am fertigen Modell

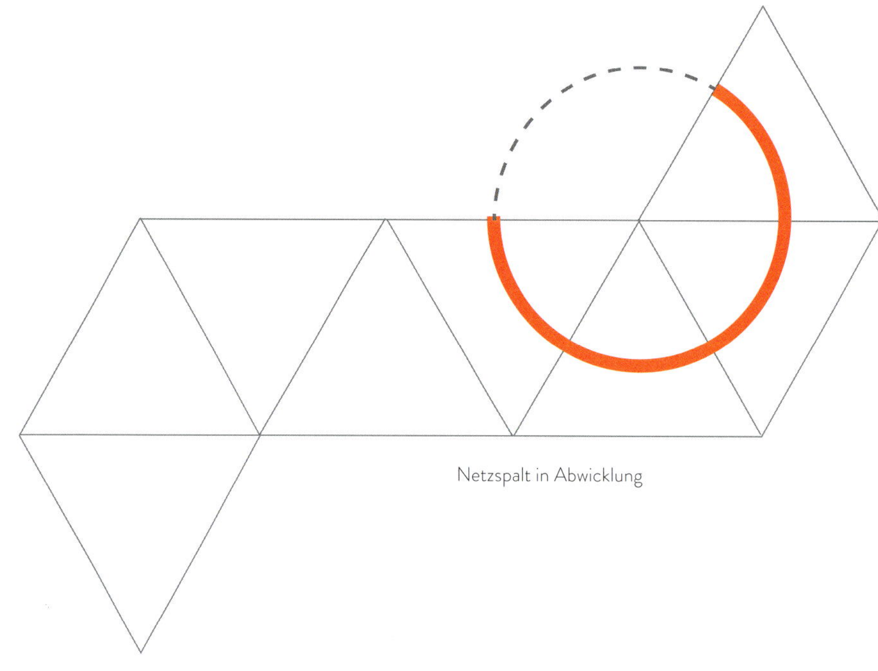
Netzspalt in Abwicklung

Von der Polygon-Mitte zur Polyeder-Ecke
Wie ist es möglich, aus einem ebenen Blatt Papier eine Polyeder-Ecke zu formen? Diese Frage scheint banal, doch erst bei genauem Hinsehen zeigt sich, dass dies höchst bedenkenswert ist. Zunächst muss das Papier aus seiner Lage in der Ebene in den Raum aufgefaltet werden. Dabei wird offensichtlich, dass sich ein Materialüberschuss ergibt. Die folgende Überlegung kann dies veranschaulichen: Wandert man mit dem Zirkel um den Mittelpunkt der Ausgangsfläche einmal im Kreis herum, so durchläuft man volle 360°.

An jeder räumlichen Oktaeder-Ecke stoßen vier Dreiecke zusammen. Bei einer solchen Zirkel-Wanderung durchläuft man für jedes Dreieck 60° (siehe Abb. links und gegenüberliegende Seite, Abb. links), zusammen also 240°. Von den tatsächlich vorhandenen 360° werden 120° nicht gebraucht, sind also übrig.

Netzspalt in Abwicklung
Bei einer Abwicklung des Oktaeders würde man die überschüssigen 120° als „Netzspalt" (siehe Abb. rechts sowie Glossar, Seite 177) bezeichnen. Abgesehen von etwaigen Klebelaschen bei einem aus einzelnen Flächen zusammengeklebten Modell muss das überzählige Papier weggeschnitten werden.
Beim Faltoktaeder (Modell A01, siehe Seite 38) benötigen wir zunächst vier Bergfalten, die die Polyeder-Kanten bilden. Dazwischen haben wir an vier Seiten einen Überschuss von jeweils 30°. Der rechnerische Gesamt-Überschuss von 120° wird aus symmetrischen Gründen auf die vier Seiten aufgeteilt. Mittels Talfalten können die überschüssigen Winkel bzw. kann das überschüssige Material nach innen gefaltet werden.

In den Schritt-für Schritt-Anleitungen veranschaulichen die Ross- und Reiter-Grafiken rechts neben dem Anleitungstext diesen Vorgang bei jedem einzelnen Modell. Wie auf der gegenüberliegenden Seite dargestellt (siehe Abb. rechts), zeigt die Zahl „3" links an, welche Art von Polyeder-Flächen an einer Ecke zusammenstoßen: Bei diesen Beispiel sind es Dreiecke. Auf der rechten Seite der Grafik können Sie ablesen, welche Winkel zwischen zwei benachbarten Kanten am Polyeder-Modell jeweils erforderlich sind: nämlich 60°. Bei der Aufsummierung erhält man – wie oben beschrieben – den jeweiligen Überschuss.

Alle folgenden Modelle werden auf die beschriebene Weise eingeführt und erläutert. Bei der linken Grafik neben der Schritt-für-Schritt-Anleitung kann es sich, je nach Polyeder-Form, um reguläre und unreguläre Polyeder-Flächen handeln. Die Winkel in der rechten Grafik sind u. U. näherungsweise angegeben. Für diesen Zweck reichen diese Angaben aber vollkommen aus. Wer Genaueres erfahren will, wird fündig bei Robert Williams (siehe Literaturangaben, Seite 180).

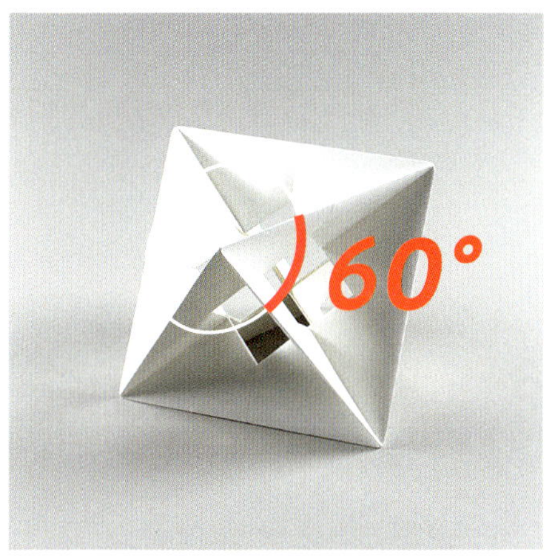

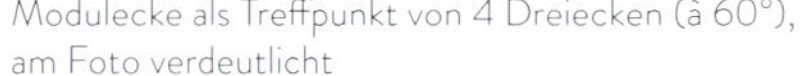

Modulecke als Treffpunkt von 4 Dreiecken (à 60°), am Foto verdeutlicht

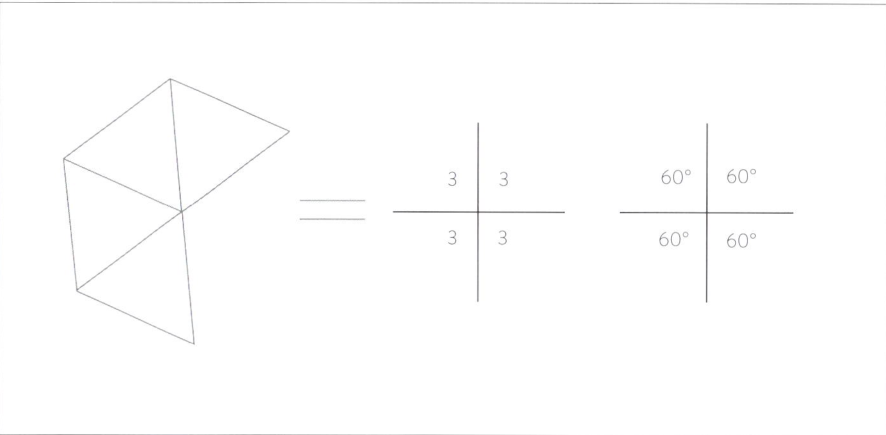

Modulecke als Treffpunkt von 4 Dreiecken (à 60°), schematisch dargestellt

Ross und Reiter bilden ein Modul

Eine Verbindung zwischen zwei Modulen ist nur möglich, weil Teile des einen in den Spalt zwischen Ross und Reiter des Nachbarmoduls geschoben werden können. Jedes Modul besteht aus zwei Blättern. Dessen Äußeres wird um das Innere herumgefaltet. Das obere Blatt „reitet" auf dem unteren, wird daher als „Reiter" bezeichnet, das darunterliegende als „Ross". Der Reiter ist, abgesehen von den um das Ross gefalteten Spitzen, später am Modell sichtbar und bringt zusammen mit den übrigen Reitern die Polyeder-Form zur Anschauung. Das Ross ist hingegen am fertigen Modell nicht mehr sichtbar. Es bildet konstruktiv den Kern bzw. das Gerüst und dient der Verbindung zwischen den einzelnen Modulen, indem die überstehenden Ross-Spitzen eines Moduls jeweils in die schmale Lücke zwischen Ross und Reiter des Nachbarmoduls geschoben werden.

Die Berg- und Talfalten sind bei Ross und Reiter grundverschieden. Sie müssen den Vorgaben entsprechen, die in Bezug auf überzählige Winkelgrade bereits erörtert wurden. Beim Oktaeder verteilt sich die überzählige Winkelsumme gleichmäßig auf die vier Seiten zwischen den Polyeder-Kanten. Dies geben bei jedem Modell, wie oben beschrieben, die Grafiken rechts neben dem Anleitungstext wieder. Doch einzelne Grundflächen können sowohl Ross- als auch Reiter-Funktion haben. In der griechischen Mythologie wurden Mischwesen aus Mensch und Pferd als „Zentauren" bezeichnet. Diese Bezeichnung wird hier sinngemäß übernommen. Wie dies im Einzelnen gemeint ist, erfahren Sie in Kapitel F (siehe Seite 80 ff.), in dem es um Faltpolyeder mit kombinierter Ross- und Reiter-Funktion an einem Blatt geht.

Mehrere Module werden mithilfe der Steckverbindungen der überstehenden Ross-Spitzen ringschlüssig (zu einem geschlossenen Ring) miteinander verbunden. Jeder „Ring" ist dabei eckig: Er hat drei, vier, fünf, sechs, acht oder zehn Ecken und verläuft zwischen den Ecken entlang der Polyeder-Kanten auf geraden Wegen. Zudem umschließt jeder Ring eine Polyeder-Fläche und hat genau eine Ecke gemeinsam mit dem jeweils angrenzenden Modul.

Oberhalb der Grundflächen-Grafiken wird in den Schritt-für-Schritt-Anleitungen schematisch angezeigt, wie viele Ecken der Ring hat, der sich an das Modul anfügt (beim Oktaeder entstehen vier Ringe mit jeweils drei Ecken).

Eine zweite Grafik gibt an, unter welchen Winkeln die Ring-Kanten im Modul zusammenkommen. Beim Oktaeder sind es viermal 60°. In diesem Sinne müssen alle erforderlichen Module an den ersten Ring angeschlossen werden. Beim achtflächigen Oktaeder erhält man insgesamt acht Ringe.

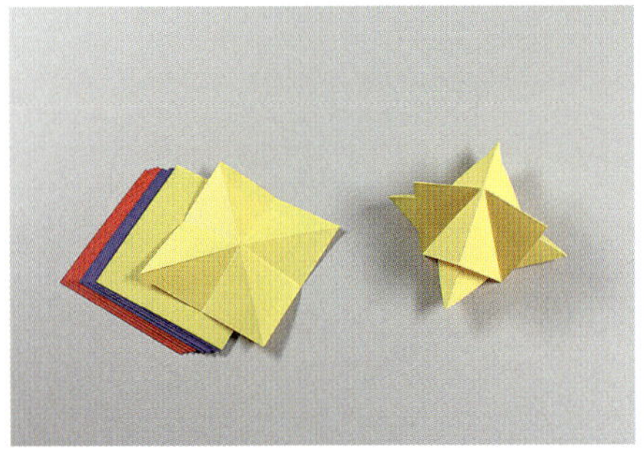
Erste Schritte: Die Grundflächen falten und aus Ross und Reiter ein Modul bilden.

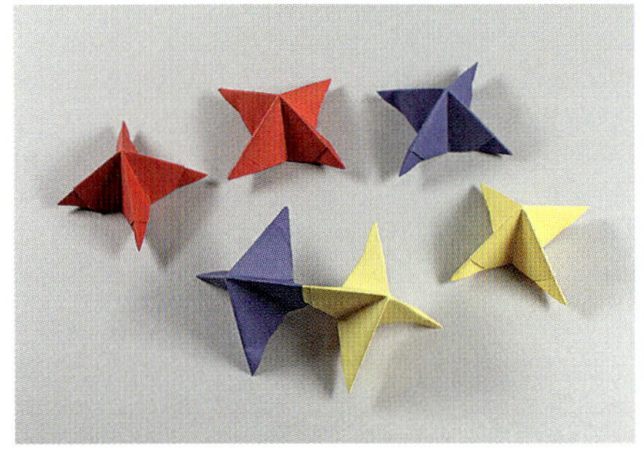
Zwei Module durch Zusammenschieben verbinden.

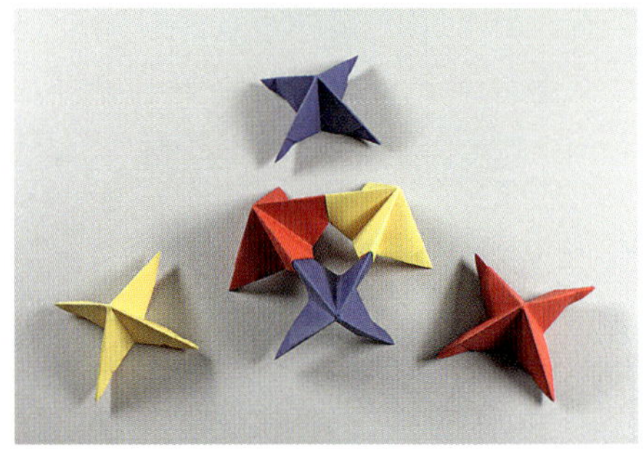
Drei Module zu einem dreizähligen Ringschluss verbinden.

Merke:
Bei den platonischen Modellen (A01, B04, B08, E16, E17) gibt es jeweils nur eine Art von Modul und eine Art von Ringschluss an einem Modell.

Der rhythmische Zusammenbau
Am fertigen Modell kann man das Auge von einer Ecke zur nächsten schweifen lassen. Bei den regulären Modellen ist der Schritt zur am nächsten benachbarten Ecke immer gleich. Bei den halbregulären Modellen ergibt sich stets ein Rhythmus, der für jedes Modell anders ist. Beim Rhomben-12-Flach (Modell C09, siehe Seite 58) beispielsweise folgt auf eine viergliedrige Ecke immer eine dreigliedrige.

Solche Wanderungen mit den Augen von Ecke zu Ecke oder besser noch mit dem Finger folgen also immer einem stets sich wiederholendem Rhythmus, der sich auch über das Abzählen von benachbarten oder aufeinanderfolgenden Modulen erschließt. Hat man diesen erkannt, so fällt die Orientierung beim Zusammenbau leichter. Auch anhand der jeweiligen Fotos von den fertigen Modellen können Sie sich gut orientieren.

Merke:
Bei den catalanischen Modellen gibt es immer zwei oder drei verschiedene Module mit nur einer Art Ringschluss an einem Modell.

Bei den archimedischen Körpern gibt es immer nur eine Art Modul mit zwei oder drei verschiedenen Ringschlüssen an einem Modell.

Um den Einstieg zu erleichtern, werden die ersten einfachen Faltpolyeder zunächst als zwei oder dreifarbige Modelle vorgestellt. An ihnen lassen sich die Grenzen zwischen den Eckmodulen besser ablesen. Sie sind zudem deutlich dekorativer als die weißen Modelle.

Unter Umständen ergeben sich, je nachdem, ob ein Modell zwei- oder dreifarbig ausgeführt wird, für eine Polyeder-Form zwei verschiedene Reihenfolgen beim Zusammensetzen.

Benennung der Polyeder-Modelle:
ein Ordnungssystem aus Buchstaben und Zahlen
Jedes Modell ist in *FALTPOLYEDER* zusätzlich zu seinem geometrischen Namen mit einer Buchstaben-Zahlenkombination gekennzeichnet. Die fortlaufenden Zahlen folgen dem Schwierigkeitsgrad – von den einfachen bis hin zu den kniffligen Modellen. Der Buchstabe davor verweist auf engere Gemeinsamkeiten mehrerer Modelle, die jeweils in einem Kapitel zusammengefasst sind. Die erweiterten Polyeder-Formen (siehe Seite 120 ff.) haben eine eigene Nummerierung.

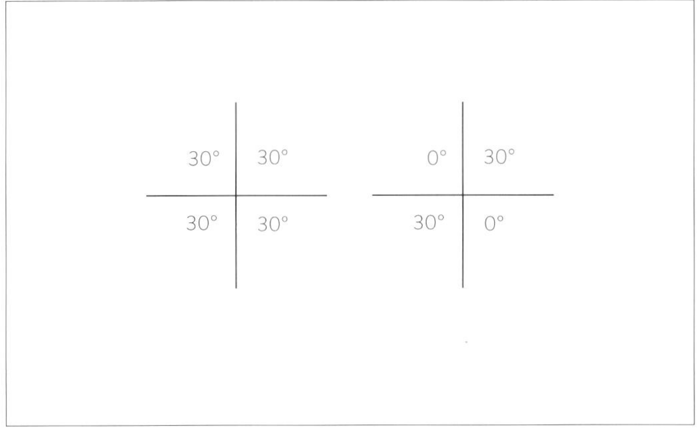

Winkelüberschüsse beim Oktaeder (Grafik links)

Winkelüberschüsse beim Kubo-Oktaeder (Grafik rechts)

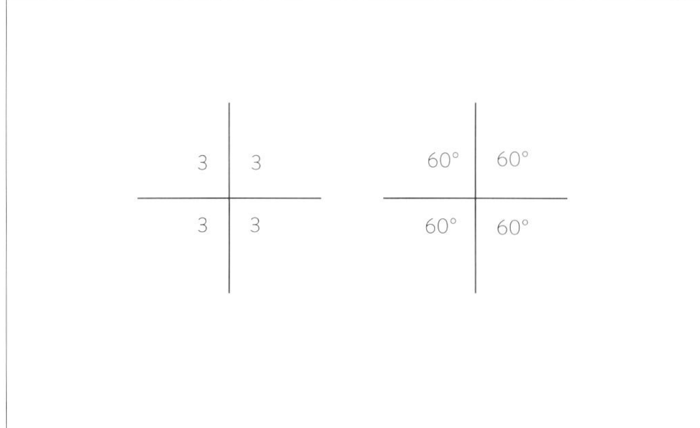

Beim Oktaeder treffen an jedem Modul 4 Dreiecke à 60° aufeinander.

A Modelle aus Quadraten
B Modelle aus Dreiecken oder Fünfecken
C Kombinationen aus Dreiecken, Quadraten, Fünfecken und Sechsecken
D Ross und Reiter in unterschiedlichen Größen
E Zusätzliche Bergfalten und Einwicklungen
F Zentauren – kombinierte Ross-Reiter-Funktion
G Komplexe Zentauren
H Modelle mit Stützen
I Neue Chiralgebilde
J Erweiterungen von Kubo-Oktaeder und Rhomben-Kubo-Oktaeder
K Erweiterte Dodekaeder
L Erweiterungen von Tetraeder-, Oktaeder- und Ikosaeder-Stumpf
M Erweiterungen von Oktaeder, Ikosaeder und Rhomben-12-Flach

Begriffe und grafische Signaturen

Für alle relevanten Details der Faltpolyeder-Modelle wurden durchgehend einheitliche Signaturen verwendet. Bei jedem Modell ist zusätzlich zu der Schritt-für-Schritt-Anleitung rechts neben dem Text grafisch dargestellt, wie viele Kanten an einer Polyeder-Ecke zusammenstoßen und welche Form die Flächen haben, die von den Polyeder-Kanten begrenzt werden. Daneben ist eine weitere Grafik zu sehen, die die erforderlichen Winkel zwischen den Polyeder-Kanten anzeigt.

Darunter sind die Ross- und Reiter-Grundflächen mit den erforderlichen Berg- und Talfalten sowie ggf. auch Einschnitten (Zentauren) abgebildet. Dabei steht links immer der Reiter, rechts das Ross.

——— Blattkante (Ausgangsfläche): schwarze Linie

——— Bergfalten (Polyeder-Kanten): rote Linie

- - - - - Talfalten (dienen in der Regel dazu, überschüssige Winkel nach innen abzuleiten): gestrichelt

═══ Einschnitte (bei Zentauren): doppelte Linie

Polygon-Form

Der Ausgangspunkt ist jeweils eine ebene Fläche oder ein Blatt mit mehreren Ecken (3, 4, 5, 6, 8 oder 10). Diese Grundflächen haben entweder Ross- oder Reiter-Funktion (siehe Seite 30) oder beides zugleich (bei Zentauren). Für die Modelle werden nur reguläre Polygone verwendet, d. h. Polygone mit gleichen Winkeln und Kantenlängen.

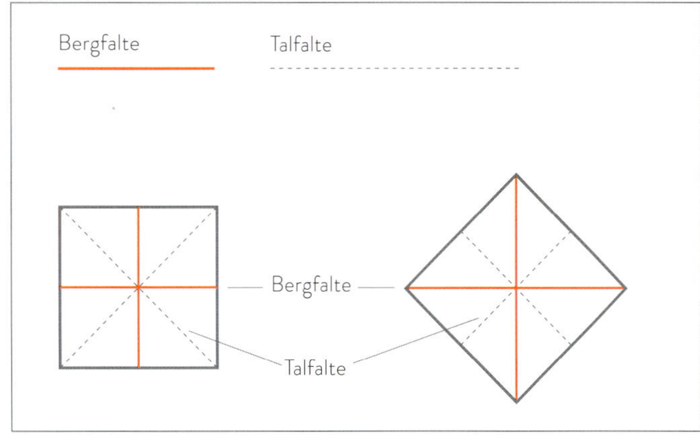

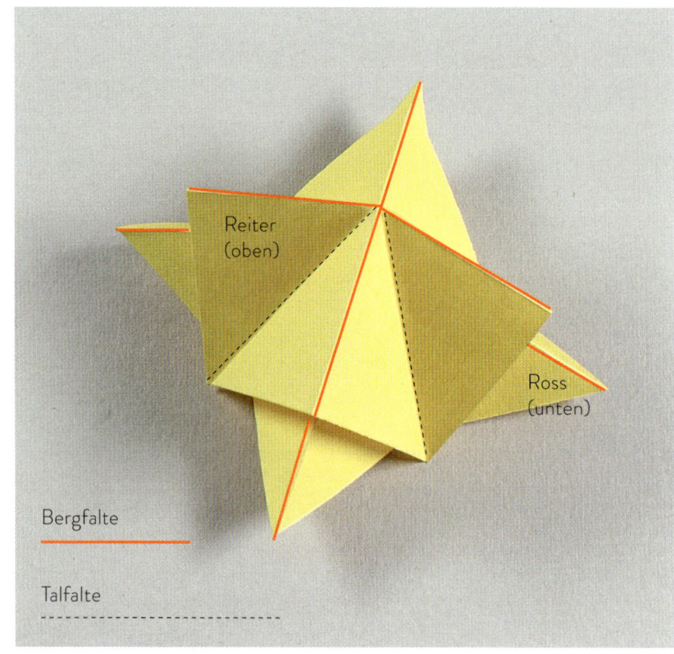

Polyeder-Form
Faltpolyeder sind mehrflächige Raumformen. Reguläre Polyeder: Alle Winkel, Kantenlängen und Polyeder-Flächen sind gleich. Halbreguläre Polyeder: alle restlichen Raumformen. Die erweiterten Polyeder-Formen bilden eine eigene Gruppe.

Piktogramme
Das Ross-Symbol zeigt an, dass diese Fläche bei einem Modul unten liegt. Der Reiter „sitzt" oben auf, überstehende Spitzen werden um das Ross gefaltet (siehe gegenüberliegende Seite, Abb. oben). Bei den Zentauren ist es ähnlich. Genaue Anweisungen dazu finden Sie in den Kapiteln F und G (siehe Seite 80 und 92).

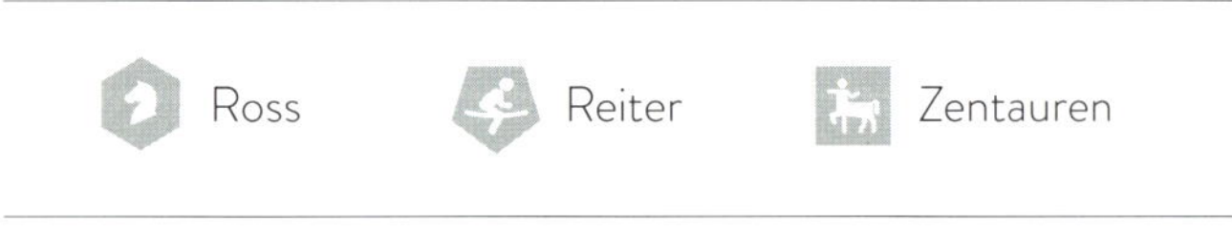

Ross: am Modul/Modell stets innen liegendes polygonales Blatt, dient der Verbindung zwischen zwei Modulen, von außen am Modell nicht sichtbar

Reiter: am Modul/Modell stets außen liegendes polygonales Blatt, dessen Ecken bzw. Spitzen um das Ross-Blatt nach innen gefaltet sind, die restliche Grundfläche ist am Modell sichtbar

Zentauren (zt): polygonales Grundflächen-Blatt mit kombinierter Ross-Reiter-Funktion(siehe Kapitel F, Seite 80 ff.).

Modul: Ross- und Reiterblatt (oder zwei Zentauren) bilden zusammen ein Modul. Je nach Anzahl der überstehenden Ecken bzw. Spitzen, die als Verbindungsstücke zum Nachbarmodul fungieren, gibt es drei-, vier-, fünf-, sechs-, acht- und zehnzählige Module.

Ringschluss: Mehrere Module können zu einem Ring zusammengesteckt bzw. ringschlüssig miteinander verbunden werden. Jeder Ring ist dabei eckig und verläuft zwischen den Ecken entlang der Polyeder-Kanten auf geraden Wegen. Darüber hinaus umschließt jeder Ring eine Polyeder-Fläche. Die Anzahl der Polyeder-Kanten ist rechts neben dem Schritt-für-Schritt-Anleitungstext immer in der linken Grafik angegeben. Beim Oktaeder gibt es nur dreieckige Polyeder-Flächen und daher auch nur dreieckige Ringschlüsse.

Rhythmische Wanderwege: Von jeder Polyeder-Ecke kann man zur nächsten Ecke mit den Augen oder auch mit den Fingern „wandern". Dabei ergeben sich vielfache Wanderwege. Jedes Modell hat seine eigenen Rhythmen. Beim Oktaeder ergibt sich z. B. ein dreiteiliger rhythmischer Wanderweg um eine Polyeder-Fläche oder ein viergliedriger Wanderweg einmal um das gesamte Modell herum.

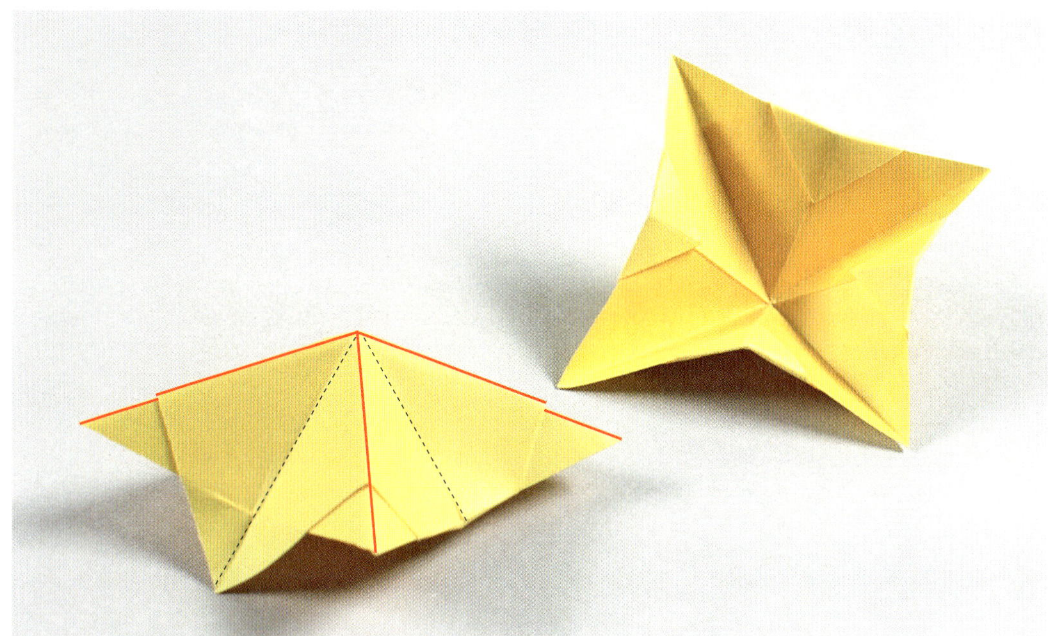

Einfalten der Reiter-Spitzen um die Ross-Kante

Alle Module bzw. Ringschlüsse werden in rhythmisch wiederkehrender Folge zusammengebaut. Jedes Modell hat seinen eigenen Rhythmus. Um diesen zu verstehen, kann man einfach den Polyeder-Kanten an den Modellen folgen (siehe entsprechende Abbildungen bei jedem Modell).

Modell: eine aus mehreren Modulen zusammengesetzte Raumform (Polyeder-Form)

Formen

Die Grundflächen bestehen aus regulären Dreiecken, Vierecken, Fünfecken, Sechsecken, Achtecken oder Zehnecken. Jede Polygon-Form ist regulär, auch wenn dies nicht explizit erwähnt wird. Kein Modell ist aus anderen Formen gefaltet. Die für jedes Modell erforderliche Grundform (bzw. Grundfläche) ist in allen Kapiteln – mit Bergfalten, Talfalten und ggf. Einschnitten versehen – jeweils in den Schritt-für-Schritt-Anleitungen der einzelnen Faltpolyeder abgebildet.

Größe der Grundflächen

Durch die angestrebte einheitliche Größe der Faltpolyeder sowie weitere Gründe sind die Grundflächen bei jeder Polyeder-Form in den Kapiteln A–I unterschiedlich groß. Die Erweiterungs-Modelle J–M haben hingegen einheitliche Größen. Die jeweils erforderlichen Kantenlängen der Grundflächen finden Sie in der nachfolgenden Tabelle „Größe der Grundflächen für die einzelnen Polygon-Formen" (siehe Seite 32):

Beispiel 1: Oktaeder (Modell A01, siehe Seite 38)
Für den Bau eines Oktaeders werden Quadrate mit einer Kantenlänge von 15 cm benötigt (Ross und Reiter sind also gleich groß). In der Tabelle finden Sie die erforderliche Größe der Quadrate in Zeile „A01" sowie in der Spalte „Quadrat".

Beispiel 2: Deltoid-24-Flach (Modell D12, siehe Seite 66)
Für den Bau eines Deltoid-24-Flachs (Zeile „D12") werden Dreiecke benötigt. Die Ross-Dreiecke haben eine Kantenlänge von 6,6 cm (Spalte „Dreieck", „Ross") und die Reiter-Dreiecke haben eine Kantenlänge von 5,8 cm (Spalte „Dreieck", „Reiter"). Die Kantenlänge der Quadrate beträgt für Ross und Reiter 6,0 cm.

Von der Vorlage zur erforderlichen Größe

Alle Polygon-Grafiken sind in den Schritt-für-Schritt-Anleitungen in einheitlicher Größe dargestellt. In den Kopiervorlagen, die Sie für jedes Modell downloaden können (siehe Seite 23), sind die Grundflächen für Ross und Reiter im Verhältnis 1:1 abgebildet. In der nachfolgenden tabellarischen Übersicht sind für die Kapitel A–I alle Kantenlängen der Ausgangsmodule in Zentimetern (cm) angegeben und ggf. leicht gerundet. Davon abweichend wurden die Modelle J–M einheitlich als 1:1-Kopiervorlagen umgesetzt.

Größe der Grundflächen für die einzelnen Polygon-Formen

		Erforderliche Kantenlänge in cm											
		3-Eck		Quadrat		5-Eck		6-Eck		8-Eck		10-Eck	
Nr.	**Polyeder**	**Ross**	**Reiter**	**Ross**	**Reiter**	**Ross**	**Reiter**	**Ross**	**Reiter**	**Ross**	**Reiter**	**Ross**	**Reiter**
A01	Oktaeder			15									
A02	Kubo-Oktaeder			8,6									
A03	Rhomben-Kubo-Oktaeder			5,5									
B04	Dodekaeder	10,3											
B05	Tetraeder-Stumpf	14,2											
B06	Oktaeder-Stumpf	9,5											
B07	Ikosaeder-Stumpf	5,2											
B08	Ikosaeder					6,6							
C09	Rhomben-12-Flach	11,3		9,2									
C10	Rhomben-30-Flach	6,3				4,6							
C11	Pyramiden-Dodekaeder					3,0		3,2					
D12	Deltoid-24-Flach	6,6	5,8	6,0									
D13	Deltoid-60-Flach	3,7		3,1		3,5	3,7						
D14	Pentagon-24-Flach (chiral)	5,9		5,8	6,1								
D15	Pentagon-60-Flach (chiral)	3,3				3,3	3,6						
E16	Würfel	19,9	20,1										
E17	Tetraeder	40,6	41,0										
F18	Würfel-Stumpf			4,8 zt									
F19	Kubo-Oktaeder-Stumpf			3,3 zt									
F20	Ikosi-Dodekaeder					3,5 zt							
F21	Cubus simus (chiral)							3,3 zt					
F22	Dodekaedron simum (chiral)							1,9 zt					
G23	Dodekaeder-Stumpf					1,9 zt							
G24	Rhomben-Ikosi-Dodekaeder							1,9 zt					
G25	Ikosi-Dodekaeder-Stumpf							1,2 zt					
H26	Pyramiden-Würfel			4,8				5,4	5,6				
H27	Pyramiden-Tetraeder	11,7	8,4					11,1					
H28	Pyramiden-Oktaeder 3/8	6,3	4,6							5,8			
H29	Pyramiden-Oktaeder 4/6/8			3,3				3,3		3,5			
H30	Pyramiden-Ikosaeder 3/10	3,3	3,3									2,8	
H31	Pyramiden-Ikosaeder 4/6/10			1,9				1,9				1,9	
I32	Ikosaeder (chiral)							5,1 zt					
I33	Dodekaeder (chiral)	10,3											

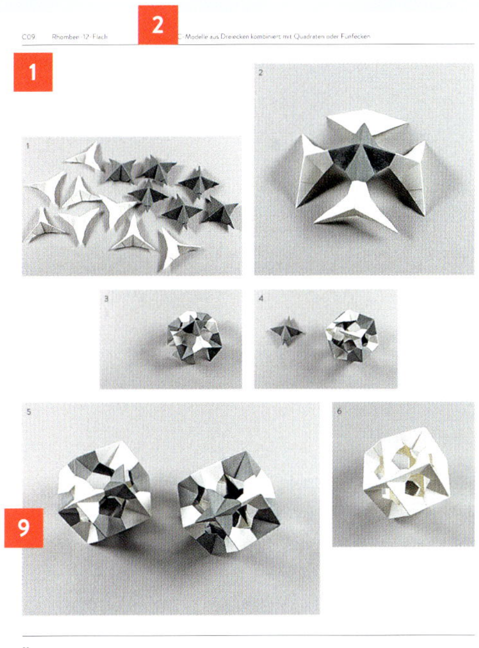

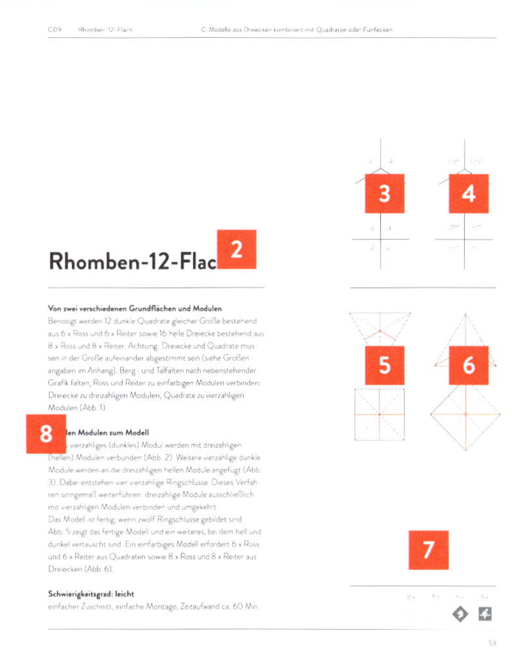

1 **Modell-Nummer**
Buchstabe: Zuordnung zu einer Gruppe (nach technischer Besonderheit, z.B. Modelle aus Dreiecken, Quadraten, Fünfecken und Sechsecken)
Zahl: fortlaufende Modell-Nummer

2 **Modell-Name/ Technische Besonderheit**
Beispiel: C09 Rhomben-12-Flach, gehört zu den C-Modellen

3 **Schema (Modul/Ringschlüsse)**
Modul und benachbarte Ringschlüsse am Beispiel Rhomben-12-Flach (siehe Seite 58): An alle drei- und vierzähligen Module grenzen bei diesem Modell nur vierzählige Ringschlüsse.

4 **Winkel an den Modulen**
Am Beispiel Rhomben-12-Flach:
An dreizähliges Modul grenzen Ringschlüsse im Winkel von ca. 109°.
An vierzähliges Modul grenzen Ringschlüsse im Winkel von ca. 70°.

5 **Reiter-Grundflächen (schematisch)**
Reiter-Grundflächen liegen immer auf Ross-Grundflächen auf und sind als oberer Teil des Moduls sichtbar.

6 **Ross-Grundflächen (schematisch)**
Ross-Grundflächen werden von Reiter-Grundflächen überdeckt und bilden den unteren Teil des Moduls.

7 **Piktogramme**
Reiter liegt in jedem Modul oben.
Ross liegt in jedem Modul unten.
Zentauren werden eingeschnitten und zusammengesteckt.

8 **Schritt-für-Schritt-Anweisungen**
Sinngemäß ausführen, wie am Beispiel des Rhomben-12-Flach erklärt (siehe Seite 59).

9 **Schritt-für-Schritt-Zusammenbau**
Das Modell wie auf den Fotos (siehe Seite 58) der Reihenfolge nach zusammenbauen.

Hinweis zu 5–7: Maßstäbliche Größen der Grundflächen für Ross und Reiter können Sie unter dem Link *https://www.haupt.ch/faltpolyeder/* als 1:1-Kopiervorlagen herunterladen. Sofern für ein Modell nur eine Modul-Art mit gleich großen Ross- und Reiterblättern erforderlich ist, kann es in beliebiger Größe ausgeführt werden.

Faltpolyeder

Alle Polyeder-Modelle wurden in Weiß ausgeführt. Dadurch kann das Licht auf den Flächen spielen: fein abgestufte Grautöne lassen das Faltpolyeder in seiner Räumlichkeit gut hervortreten. Auch starke farbige Reflektionen aus der Umgebung spielen auf den Oberflächen, was sich besonders schön im wechselnden Tageslicht in Fensternähe zeigt.
Einige Modelle werden zusätzlich zwei- oder dreifarbig angeleitet und Schritt für Schritt fotografiert. Die Mehrfarbigkeit eignet sich als Einführung in die Arbeits- und Konstruktionsweise: Wo die Steckverbindungen zwei verschiedenfarbige Module verbinden, ist dies deutlich farblich zu erkennen.
Bei den ersten Faltpolyedern können Sie sich gut an den farbigen Modellen orientieren. An ihnen lassen sich erste Erfahrungen machen, wie die Schritt für Schritt angeleitete Arbeitsweise im Einzelnen zu verstehen ist und im praktischen Tun umgesetzt werden kann.

Im Mittelteil werden die Modelle nur noch in Weiß angeleitet, die vorangegangenen Erfahrungen an den mehrfarbigen Modellen sind eine wertvolle Hilfe. Daher empfiehlt es sich, der hier vorgegebenen Reihenfolge nach die Modelle zu bauen: vom Leichten zum Schweren, vom Einfachen zum Komplexen. Im Kapitel „Erweiterungen der Polyeder-Formen" (siehe Seite 120 ff.) haben die unterschiedlichen Farben je nach Faltart eine besondere Bedeutung.

Ross- und Reiter-Funktion sowie Ringschluss
Einheitlich für alle Modelle sind die Prinzipien von Ross- und Reiter-Funktion, d. h. dem Zusammenstecken von Modulen zum Ringschluss und dem weiteren rhythmischen Zusammenbau. Allerdings werden diese Prinzipien von Modell zu Modell stetig erweitert und variiert, um den jeweiligen geometrischen Konstruktionsbedingungen gerecht zu werden. Modelle mit annähernd gleichen Konstruktionsbedingungen wurden zu Gruppen bzw. zu den folgenden Kapiteln zusammengefasst:

A-Modelle: Leicht zu bewerkstelligende Modelle, für die nur Quadrate benötigt werden. Unterschiede ergeben sich durch die Anzahl der Module sowie durch Weglassen einiger Talfalten. Sie führen zu ersten sich unterscheidenden Raumformen. Geometrisch interessant sind dabei die Ähnlichkeiten der einzelnen Modellformen.
Alle Modelle werden (als geschlossene Polyeder-Form) mit annähernd gleichem Volumen ausgeführt. Dafür sind die Maße der jeweiligen Bauteile ausgelegt. Maßstäbliche Größen der einzelnen Grundflächen können Sie als 1:1-Kopiervorlagen downloaden (siehe Seite 23) oder der Tabelle auf Seite 32 entnehmen. Sofern für ein Modell nur eine Modul-Art mit gleich großen Ross- und Reiterblättern erforderlich ist, kann es in beliebiger Größe ausgeführt werden.

B-Modelle: Ebenfalls leicht zu bewerkstelligende Modelle aus Dreiecken oder Fünfecken. Auch hier führen die Anzahl der Module und teilweises Weglassen von Talfalten zu verschiedenen, einander ähnlichen Raumformen.

C-Modelle: Erste Kombinationen von Dreiecken mit Quadraten, Dreiecken mit Fünfecken und Fünfecken mit Sechsecken ergeben weitere neue Raumformen.

D-Modelle: Für die Maßvorgaben der einzelnen Polyeder-Formen sind gelegentlich Kantenlängen nötig, die nur erreicht werden können, wenn Ross und Reiter aus unterschiedlich großen Ausgangsflächen bestehen.

E-Modelle: Hohe Winkelüberschüsse (siehe Seite 74) erfordern zusätzliche Bergfalten und Einwicklungen.

F-Modelle: Die am Modell erforderlichen Winkel müssen mit den am Modul möglichen Winkeln in Einklang gebracht werden. Dafür bedarf es hier einer besonderen Lösung: Die beiden Grundflächen werden von einer Seite eingeschnitten, sodass sie ineinandergesteckt werden können. Jedes Blatt hat in Anteilen sowohl Ross- als auch Reiter-Funktion. In Anlehnung an die Pferd-Mensch-Wesen in der griechischen Mythologie werden sie in *FALTPOLYEDER* als „Zentauren" bezeichnet.

G-Modelle: Besonders aufwendige Zentauren-Modelle entstehen aus Modulen, deren Blätter zwei oder drei Einschnitte haben. An diese Modelle sollten Sie sich am besten erst wagen, wenn Sie die F-Modelle erfolgreich bewältigt wurden.

H-Modelle: Besonders kleine Überlappungsflächen der Steckverbindungen erfordern zusätzliche Stützen, die zwischen Ross und Reiter gesteckt werden und modulübergreifend (jeweils zwischen zwei benachbarten Modulen) Halt verleihen.

I-Modelle: Eine kleine geometrische Spielerei: Auch Ikosaeder und Dodekaeder können als chirale Modelle aufgefasst und ausgeführt werden. Die bereits vorgestellten Arbeitstechniken kommen dabei zur Anwendung.

Schrittweise ergeben sich höhere Anforderungen an den Bau der einzelnen Modelle. Klebstoff kann in vielen Fällen eine Hilfe sein. Vor allem die G- und H-Modelle bieten große Herausforderungen technischer Art sowie durch die große Anzahl der erforderlichen Bauteile. Es empfiehlt sich daher, immer mit den einfachsten Modellen zu beginnen und mit zunehmender Erfahrung die nächsten Herausforderungen anzugehen. Bei besonders kleinteiligen Modellen kann es eine wirksame Hilfe sein, das Modell aus größeren Ausgangsflächen zu bauen. Eine Verdoppelung der Kantenlänge wird dabei ausreichen.

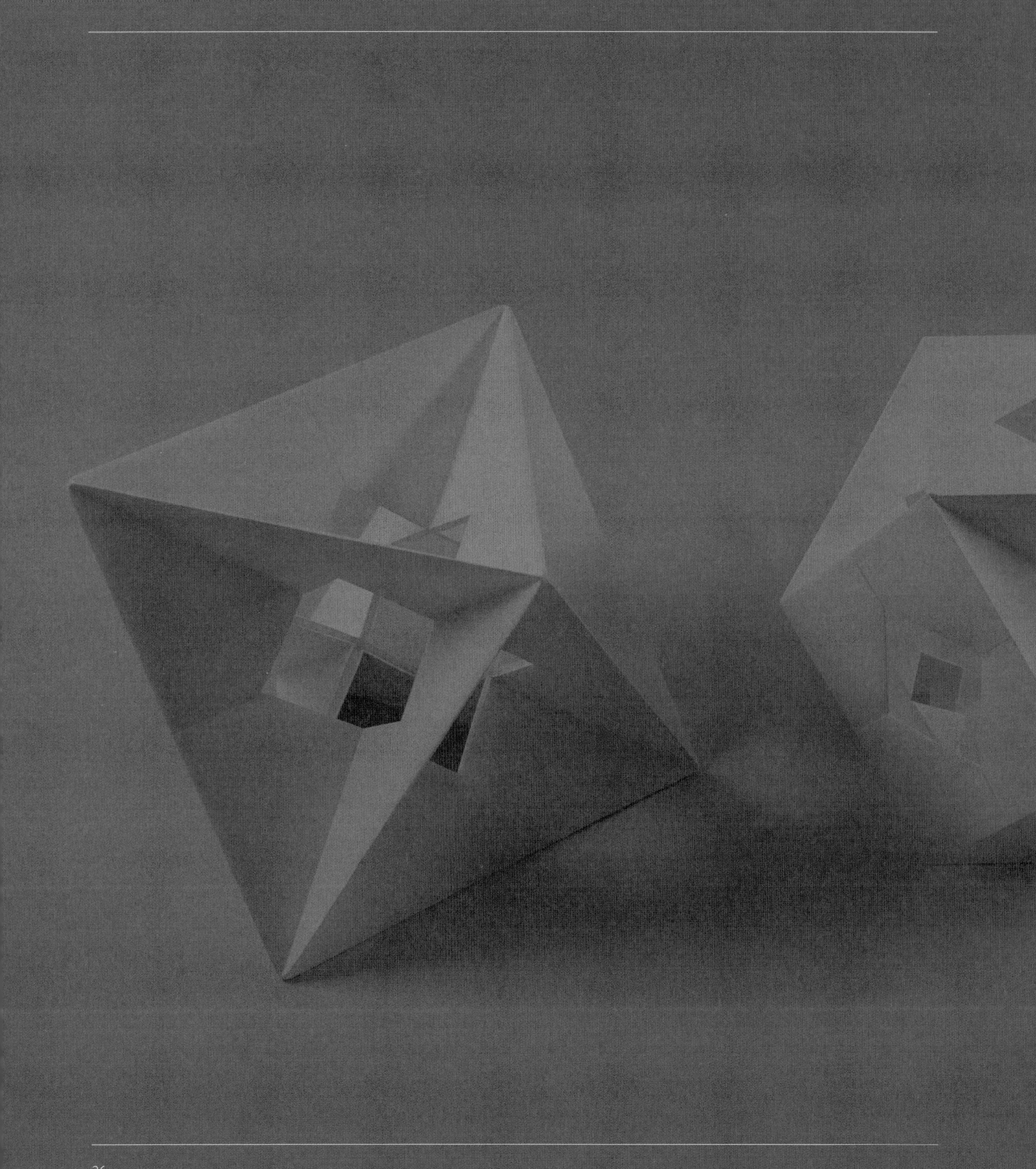

A-Modelle aus Quadraten

Die ersten drei Modelle haben eine Gemeinsamkeit: Ihre Ausgangsform ist ein Quadrat. Sie unterscheiden sich aber in der Anzahl der benötigten Bauteile und der jeweiligen Bergfalten. Doch beides hängt zusammen, denn je weniger Bergfalten es gibt, umso mehr Bauteile werden gebraucht. An den einzelnen Polyeder-Formen werden diese Unterschiede sehr anschaulich deutlich. Und ebenso schnell zeigen sich die Gemeinsamkeiten: Alle drei Modelle haben die gleiche Anzahl von dreizähligen Ringschlüssen (acht Dreiecke).

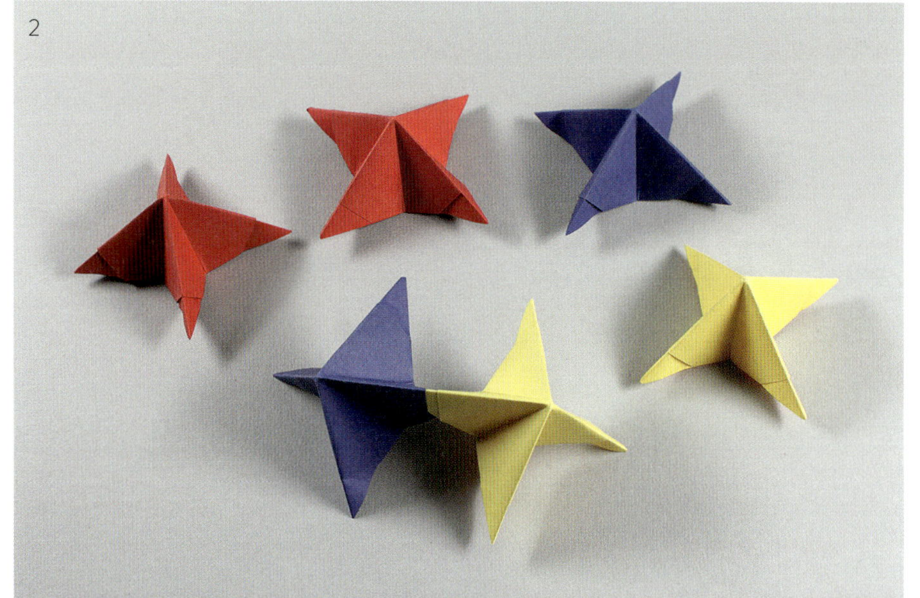
2

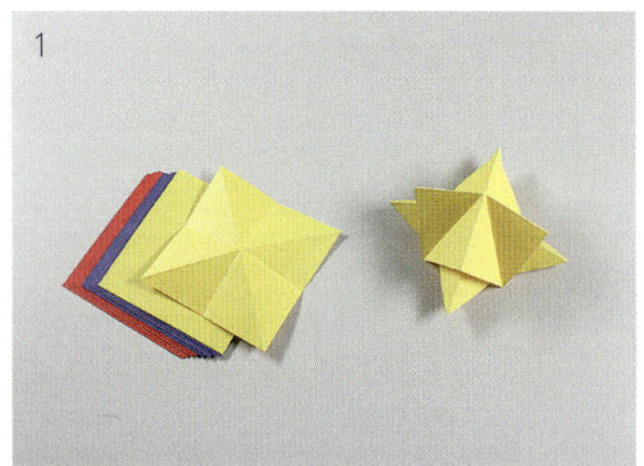
1

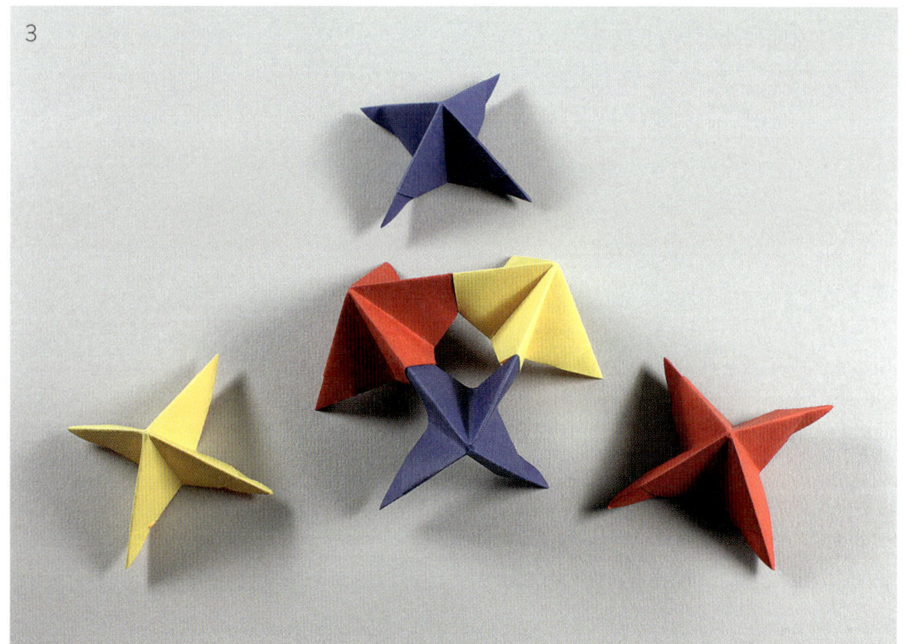
3

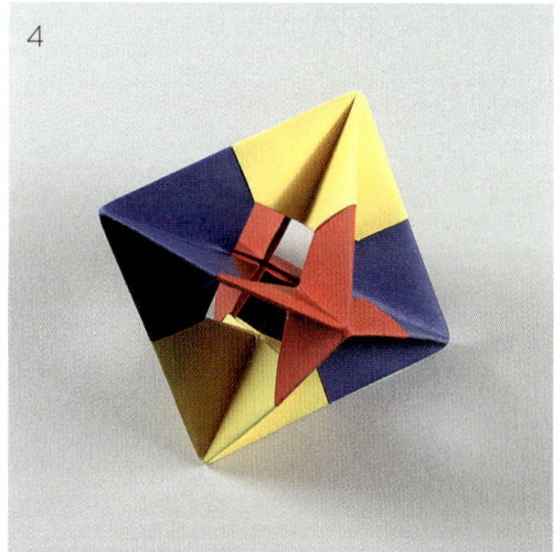
4

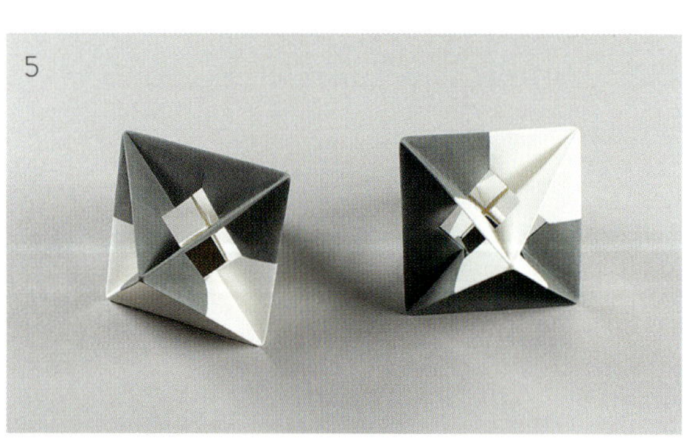
5

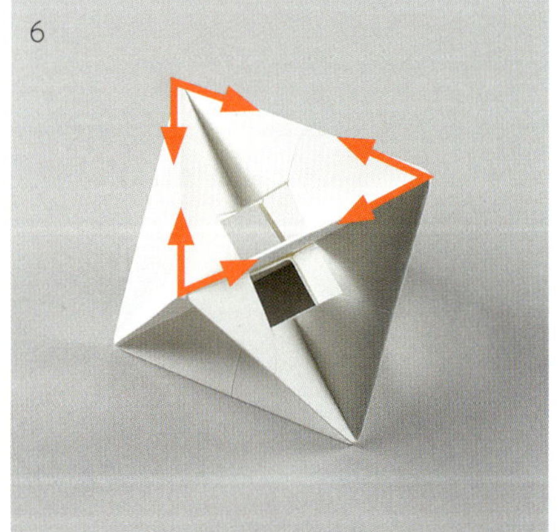
6

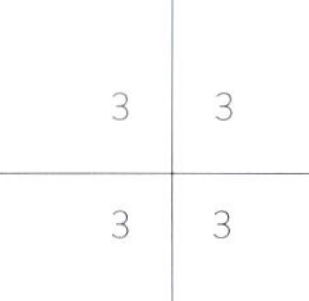

60° 60°
60° 60°

Oktaeder

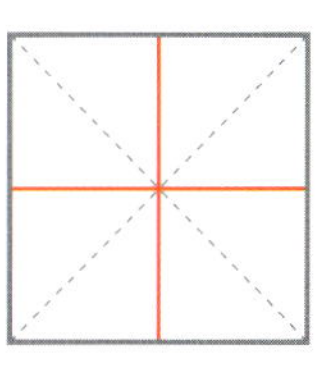

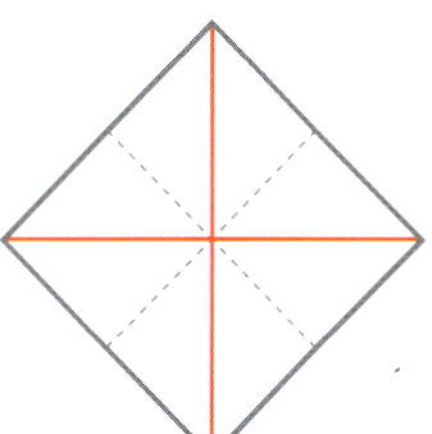

Von der Grundfläche zum Modul
Benötigt werden insgesamt 12 Quadrate in gleicher Größe – 4 in Gelb, 4 in Rot und 4 in Blau (jeweils 2 x Ross und 2 x Reiter). Berg- und Talfalten nach den nebenstehenden Grafiken falten. Anschließend Ross und Reiter zu Modulen verbinden (Abb. 1).

Vom Modul zum Modell
Zwei verschiedenfarbige Module ineinanderschieben (Abb. 2) und das dritte Modul hinzufügen. Alle drei Module werden zu einem dreifarbigen und dreizähligen Ringschluss verbunden (Abb. 3). Ebenso fortfahren und nacheinander drei weitere Module hinzufügen, sodass weitere dreifarbige bzw. dreizählige Ringschlüsse entstehen: Am fertigen Modell sind es insgesamt acht (Abb. 4). Das Oktaeder können Sie auch ein- oder zweifarbig anfertigen. Ebenso können die dreizähligen Ringschlüsse zwei- oder einfarbig sein (Abb. 5 und 6).

Schwierigkeitsgrad: leicht
einfacher Zuschnitt, einfache Montage; Zeitaufwand: ca. 45 Minuten

Tipp für das weitere Vorgehen:
Im Kapitel „Einführung in die praktische Umsetzung“ (siehe Seite 22ff.) werden alle Schritte ausführlich erklärt.

Angaben zu den Größen der Grundflächen (hier: Quadrate) finden Sie für jede einzelne Form in der Tabelle auf Seite 32.

2 x 2 x 2 x 2 x 2 x 2 x

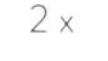
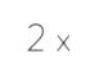

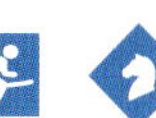

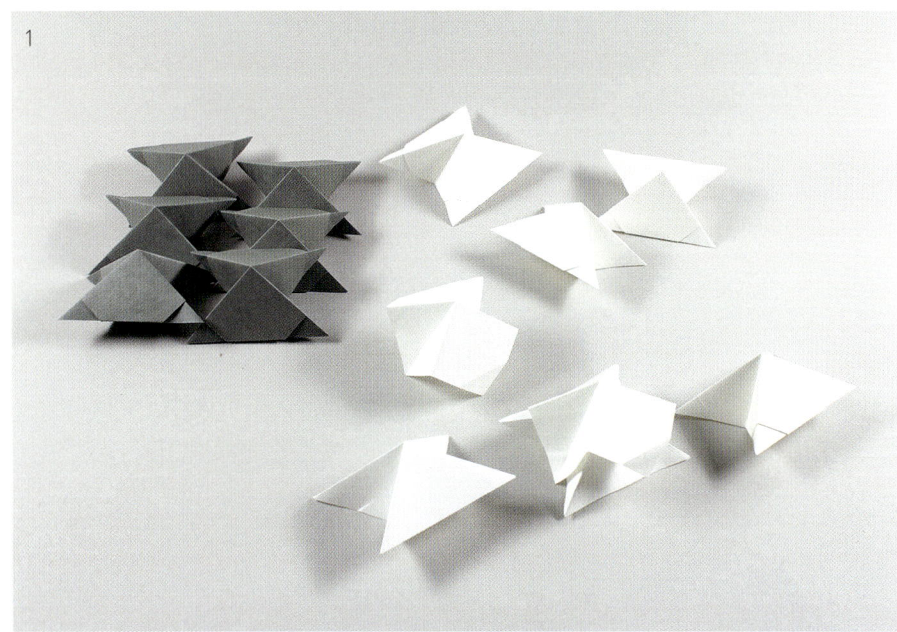
1

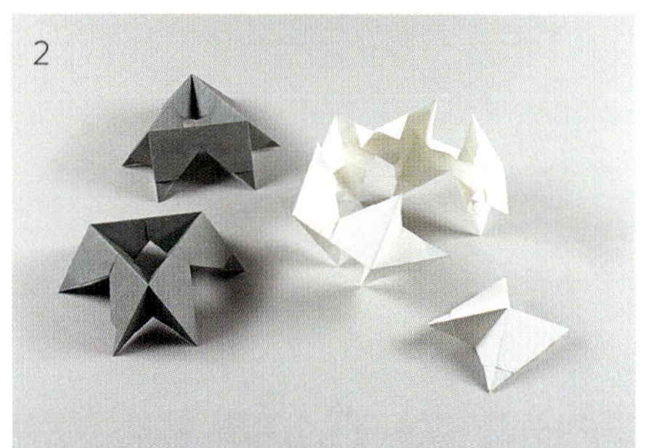
2

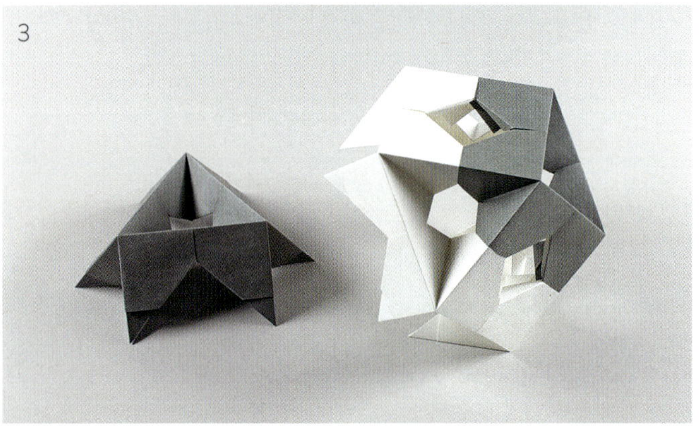
3

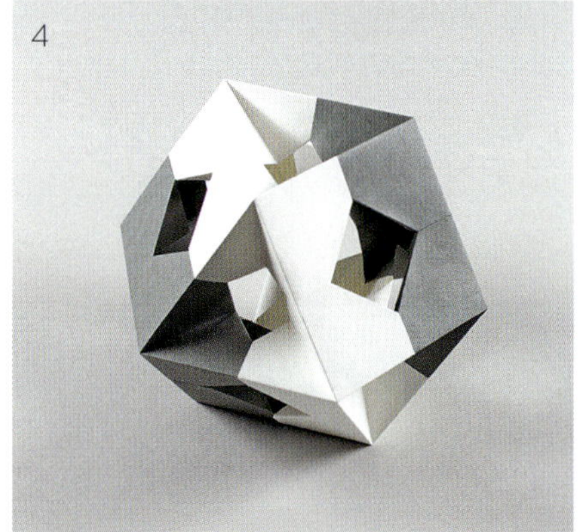
4

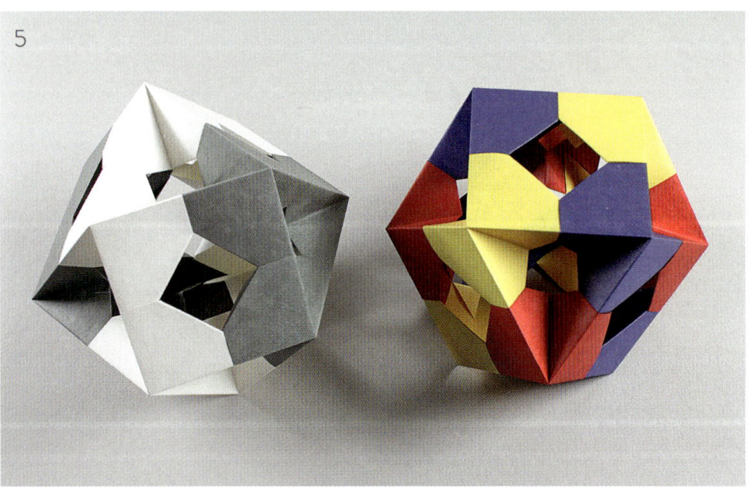
5

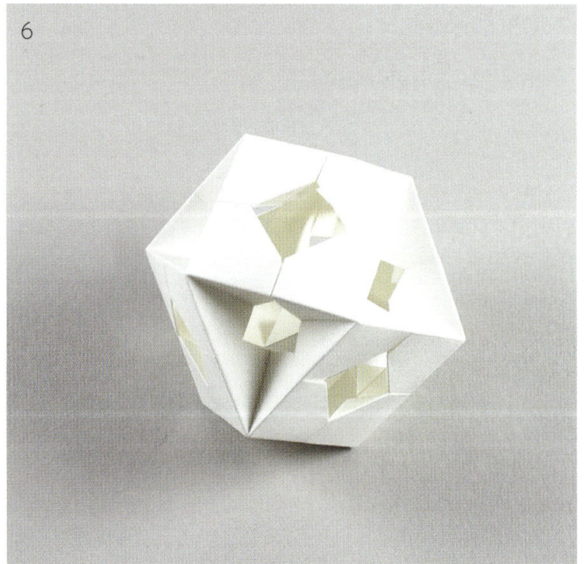
6

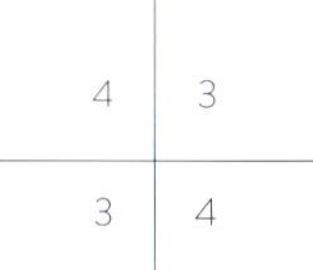

90° 60°
60° 90°

Kubo-Oktaeder

Von der Grundfläche zum Modul
Benötigt werden insgesamt 24 Quadrate in gleicher Größe – 12 in Grau und 12 in Weiß (jeweils 6 x Ross und 6 x Reiter). Berg- und Talfalten nach den nebenstehenden Grafiken falten. Anschließend Ross und Reiter zu Modulen verbinden (Abb. 1).

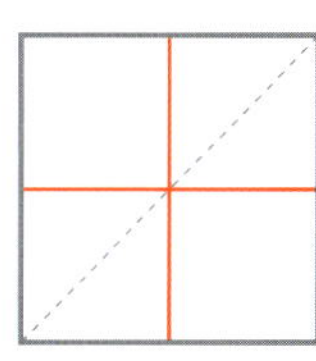

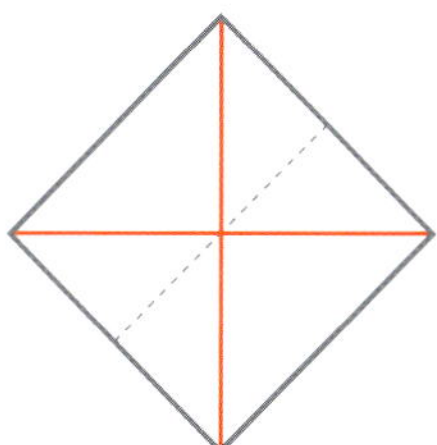

Vom Modul zum Modell
Jeweils drei graue Module zu zwei dreizähligen Ringschlüssen ineinanderschieben (Abb. 2). Die weißen Module wie abgebildet mit den grauen Modulen verbinden. Dabei bilden graue und weiße Module zusammen stets vierzählige Ringschlüsse (Abb. 3). Die weißen Module liegen schließlich wie ein eckiges Band um das fertige Modell und die grauen dreizähligen Ringe wie Polkappen (Abb. 4). Alternativ können Sie das Modell auch dreifarbig umsetzen. Die dreizähligen Ringschlüsse sind dann jeweils dreifarbig, die vierzähligen stets wechselweise zweifarbig (Abb. 5). Abbildung 6 zeigt das einfarbige Kubo-Oktaeder.

Schwierigkeitsgrad: leicht
einfacher Zuschnitt, einfache Montage; Zeitaufwand: ca. 1 Stunde

Was ist mit Ross und Reiter gemeint?
Alle Faltmodelle werden aus Modulen zusammengesetzt. Jedes Modul besteht aus zwei übereinanderliegenden Blättern. Das obere wird als „Reiter" bezeichnet (siehe Abb. links) und das untere als „Ross" (siehe Abb. rechts).

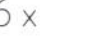

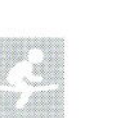

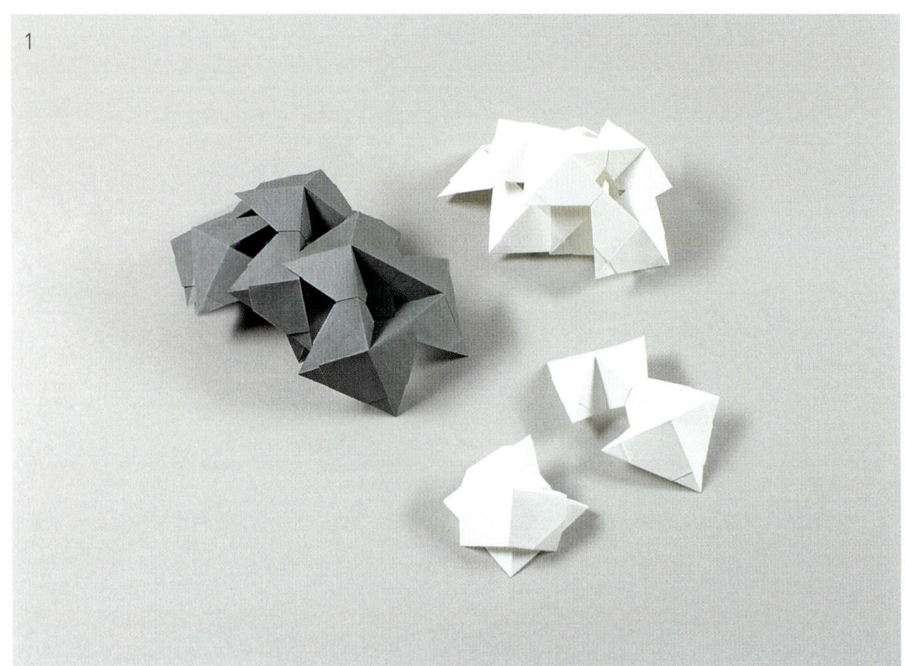
1

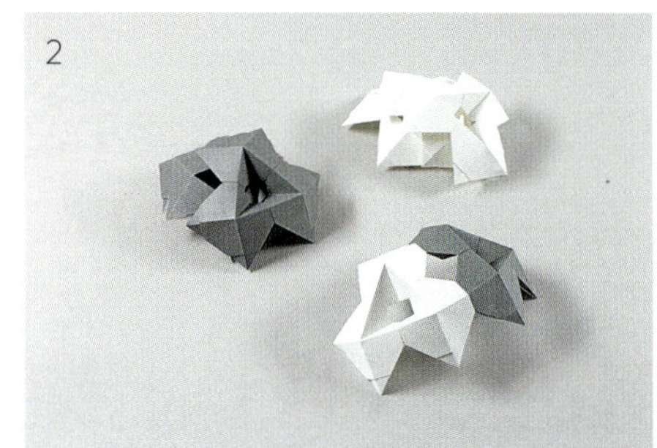
2

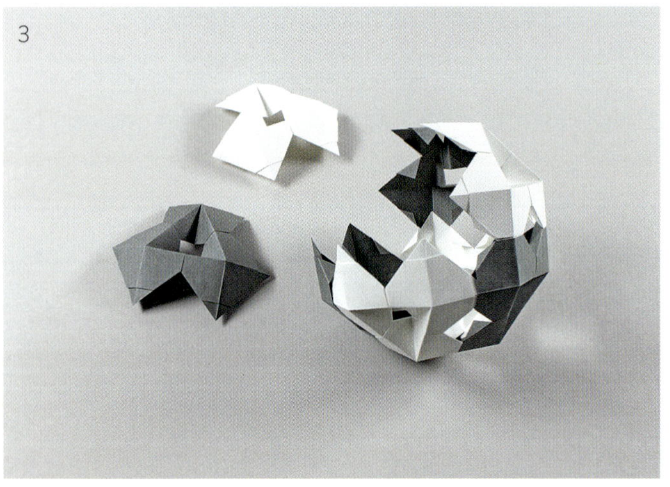
3

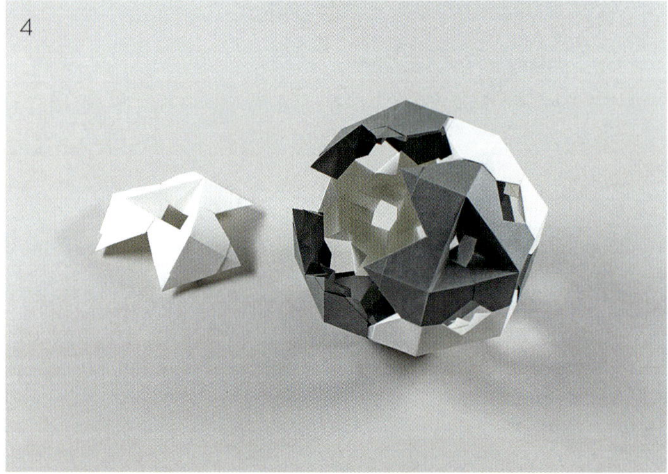
4

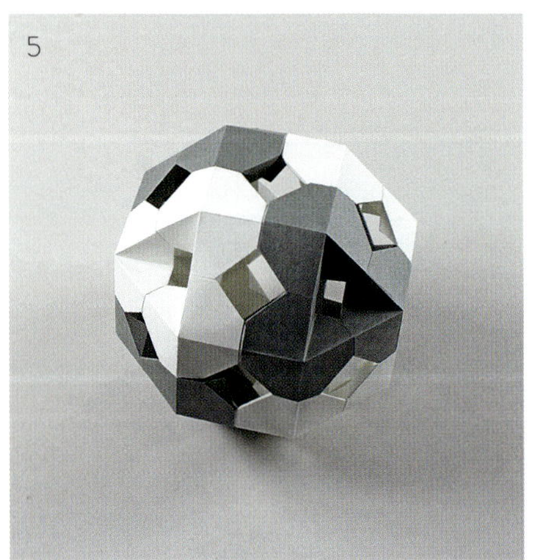
5

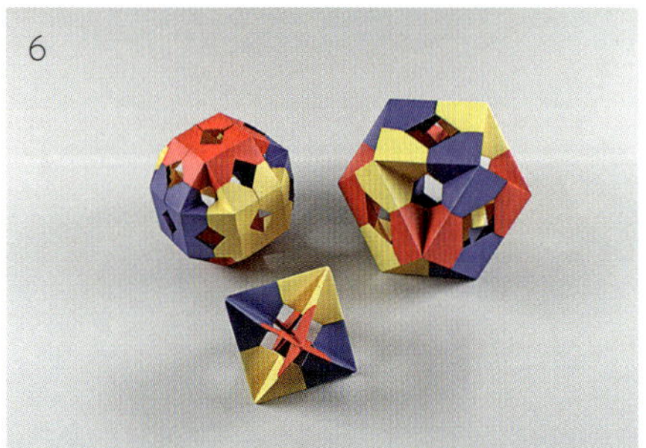
6

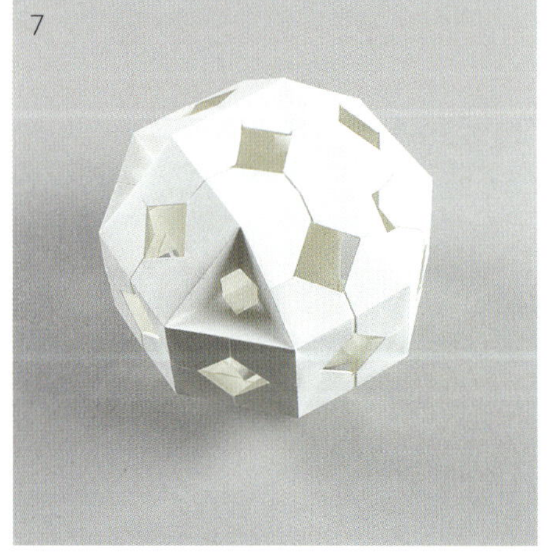
7

Rhomben-Kubo-Oktaeder

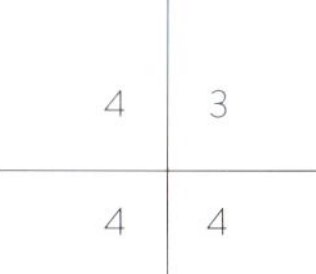

90° 60°
90° 90°

Erste Schritte

Benötigt werden insgesamt 48 Quadrate in gleicher Größe – 24 in Grau und 24 in Weiß (jeweils 12 x Ross und 12 x Reiter). Berg- und Talfalten nach den nebenstehenden Grafiken falten. Anschließend Ross und Reiter zu Modulen verbinden. Dann aus allen grauen und weißen Modulen jeweils dreizählige graue oder weiße Ringe bilden (Abb. 1).

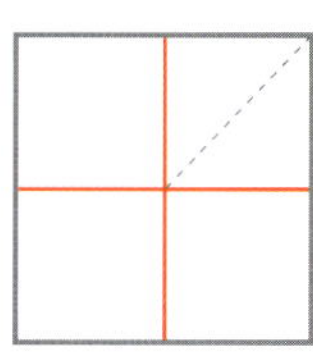

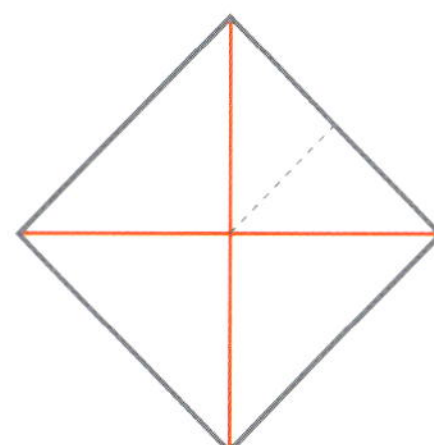

Das Modell zusammenbauen

Die grauen und weißen Ringe zusammenschieben. Dabei entstehen neue zweifarbige vierzählige Ringschlüsse (Abb. 2). Ebenso fortfahren, indem Sie weitere dreizählige Ringe hinzufügen, sodass ein räumliches, Schachbrett ähnliches hell-dunkel-Muster entsteht. (Abb. 3–5).

Wie die vorangegangenen Modelle können Sie auch dieses dreifarbig gestalten. Dafür sind zunächst einfarbige vierzählige Ringschlüsse erforderlich, die Sie dann schrittweise zusammenfügen (Abb. 6). Das einfarbige Rhomben-Kubo-Oktaeder ist in Abb. 7 zu sehen.

Schwierigkeitsgrad: leicht

einfacher Zuschnitt, einfache Montage; Zeitaufwand: ca. 75 Minuten

Hinweis:

Module immer einfarbig zusammenfügen, z.B: weißes Ross + weißer Reiter = weißes Modul.

12 x

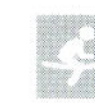

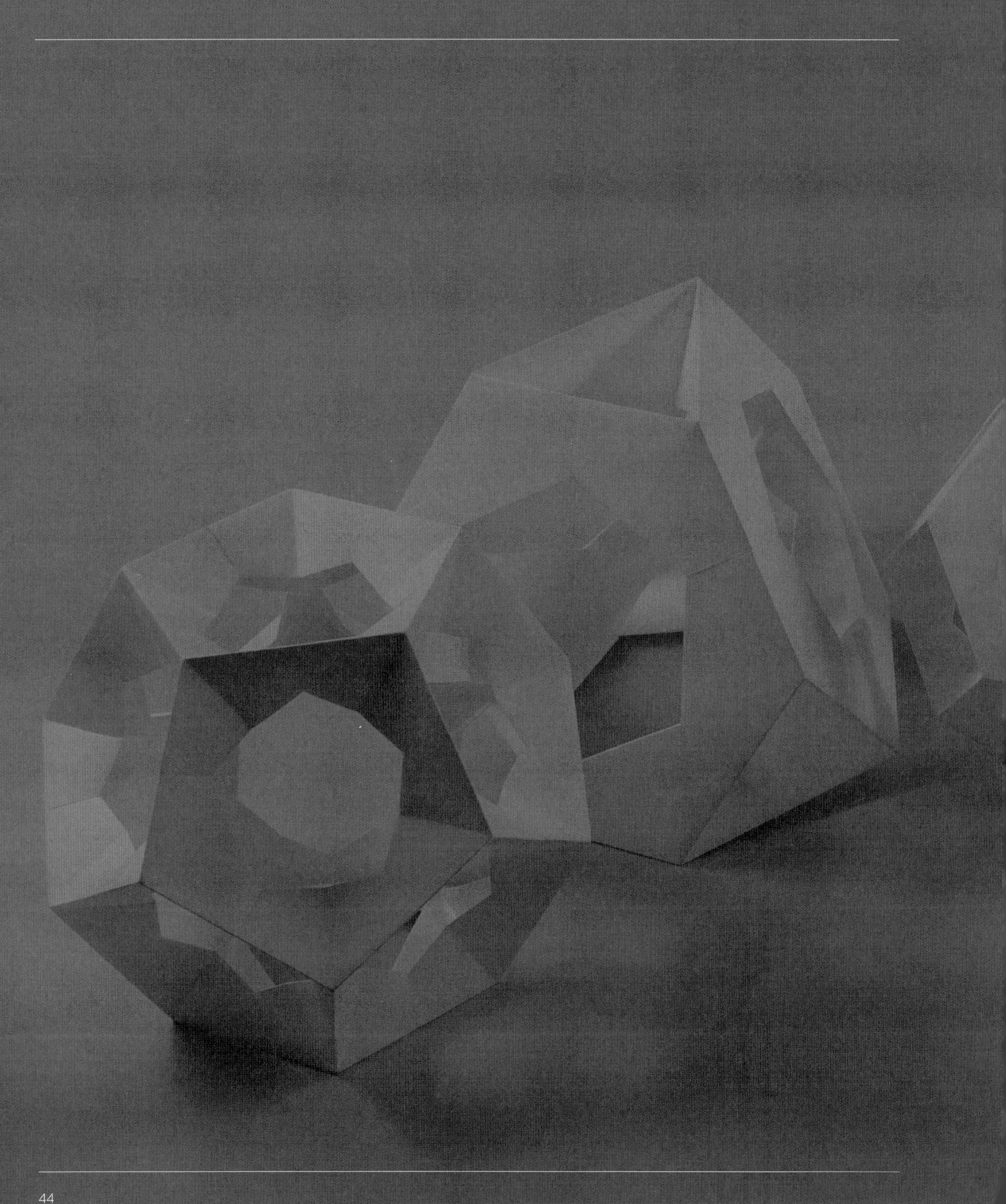

B-Modelle
aus Dreiecken oder Fünfecken

Abweichend von den vorangegangenen Faltpolyedern werden in diesem Kapitel erste Modelle aus Dreiecken vorgestellt. Wenn Sie alle möglichen Talfalten umsetzen, entsteht ein erstes weiteres Modell.

Wird eine Talfalte weggelassen, so können mit diesem Modul drei verschiedene Modelle gebaut werden – je nachdem, ob Sie die Ringschlüsse drei-, vier- oder fünfzählig ausführen. Die Ähnlichkeiten der drei Modelle sind offensichtlich. Ein Modell aus Fünfecken ergänzt diese Reihe.

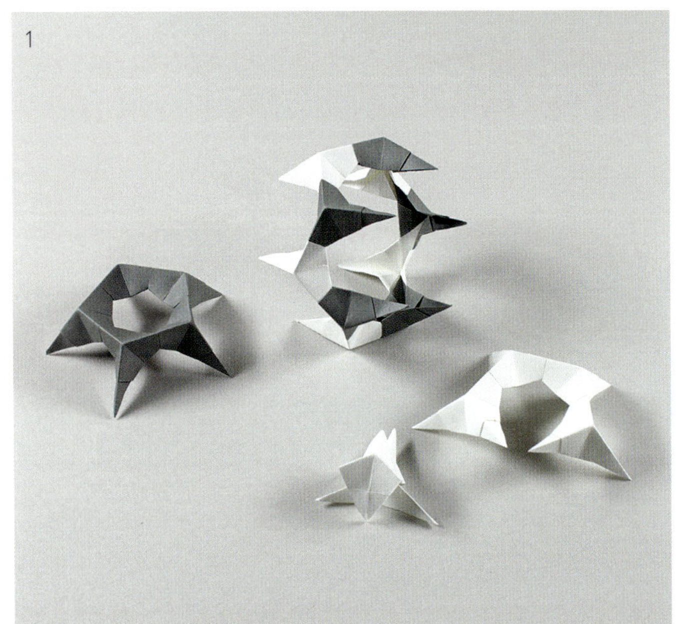
1

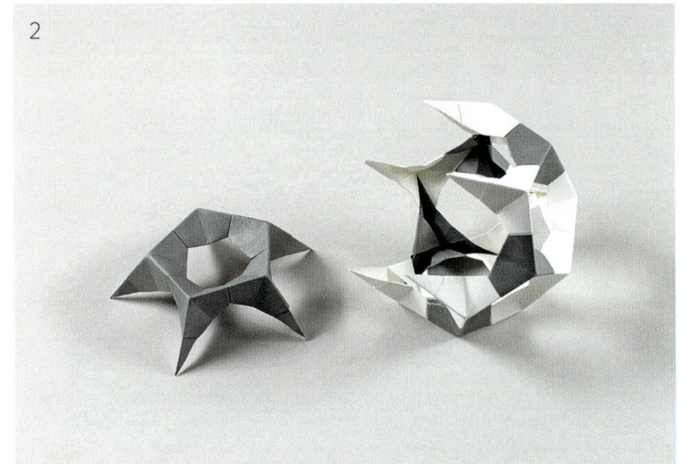
2

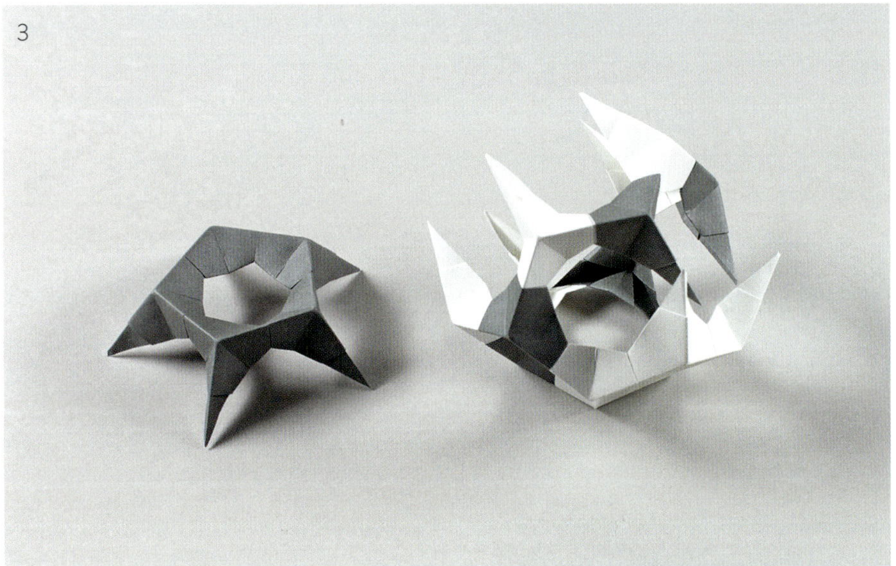
3

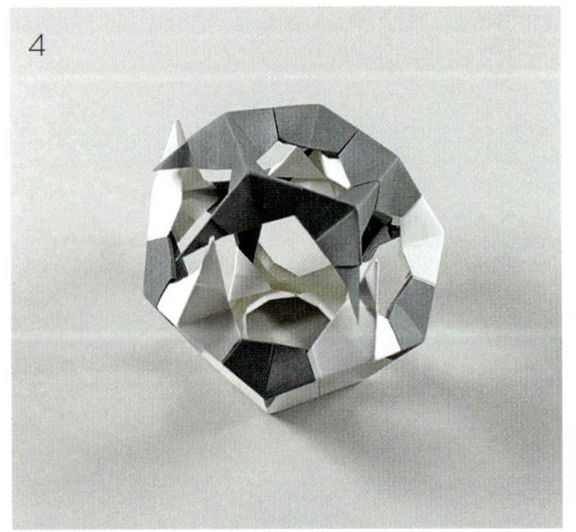
4

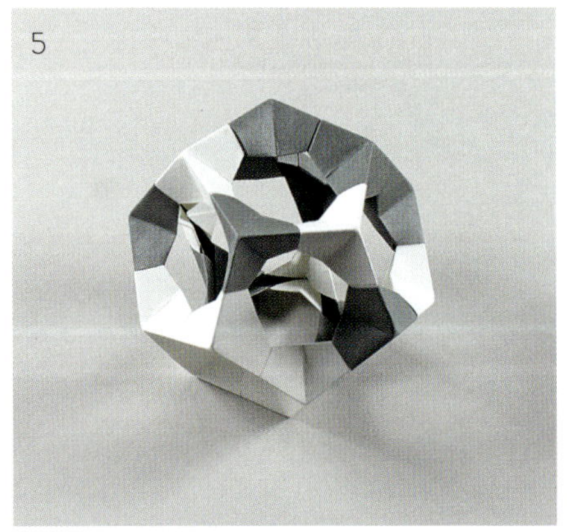
5

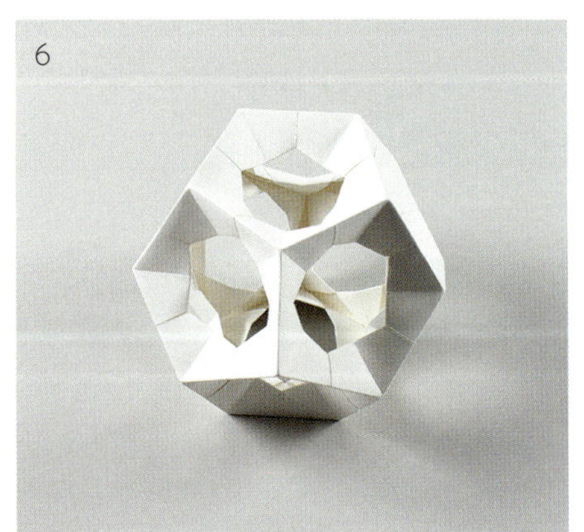
6

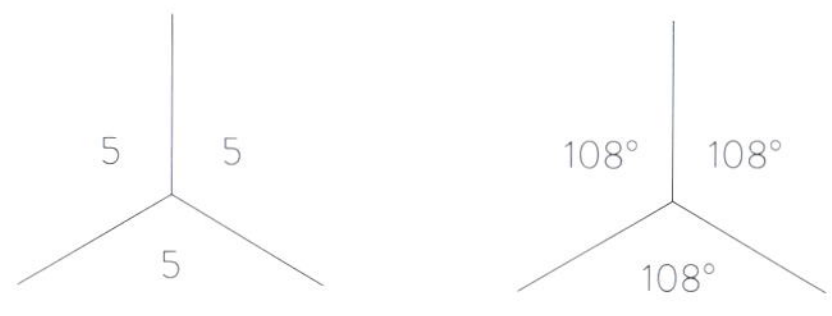

Dodekaeder

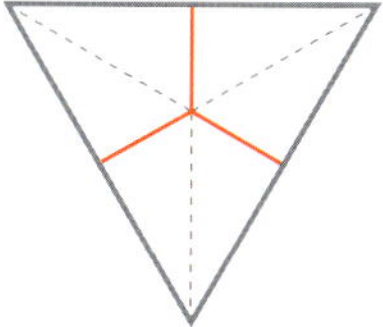

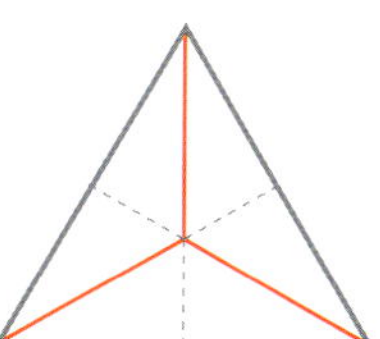

Erste Schritte
Benötigt werden insgesamt 40 Dreiecke in gleicher Größe – 20 in Grau und 20 in Weiß (jeweils 10 x Ross und 10 x Reiter).

Das Modell zusammenbauen
Berg- und Talfalten nach den nebenstehenden Grafiken falten und Ross und Reiter zu Modulen verbinden. Dann die grauen und weißen Module jeweils zu einem fünfzähligen Ring ineinanderschieben (Abb. 1). An den weißen Ring graue Module anfügen und an diese wieder weiße Module. Zum Schluss den grauen fünfzähligen Ring anfügen (Abb. 2–4). Das fertige Modell hat eine dunkle und eine helle Polkappe, dazwischen ein hell-dunkles umlaufendes Band (Abb. 5). Abbildung 6 zeigt das einfarbige Dodekaeder.

Schwierigkeitsgrad: leicht
einfacher Zuschnitt, einfache Montage; Zeitaufwand: ca. 1 Stunde

10 x 10 x 10 x 10 x

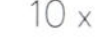

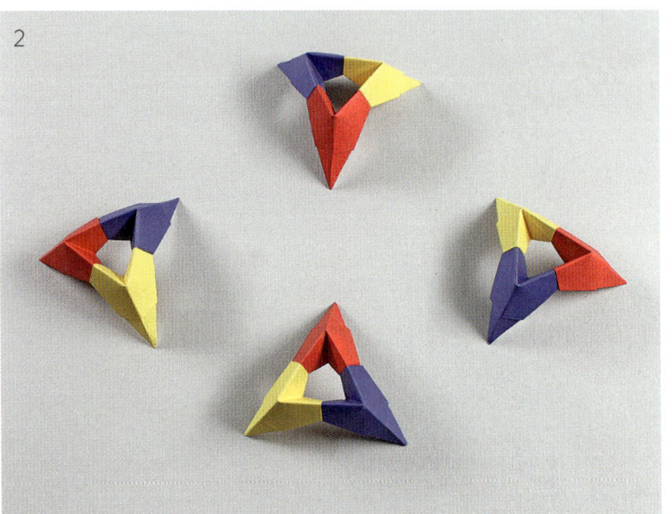

2

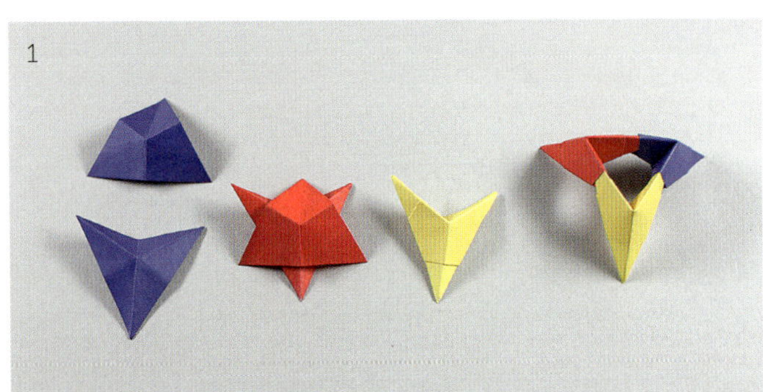

1

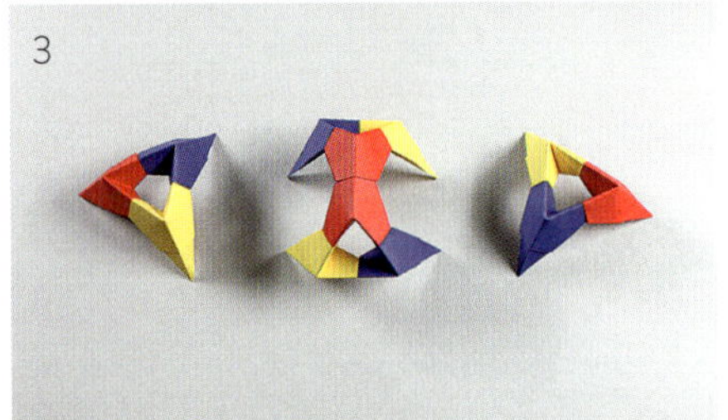

3

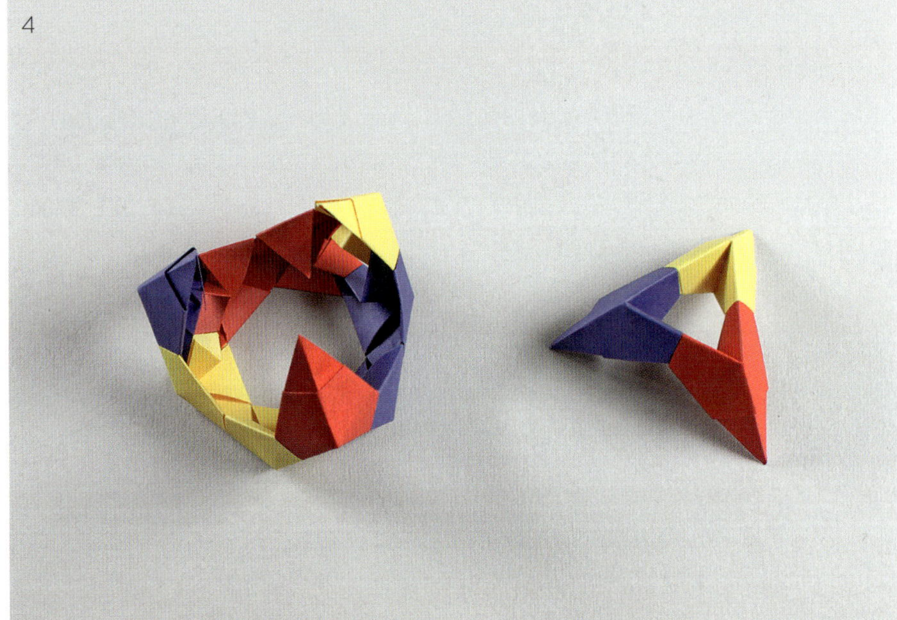

4

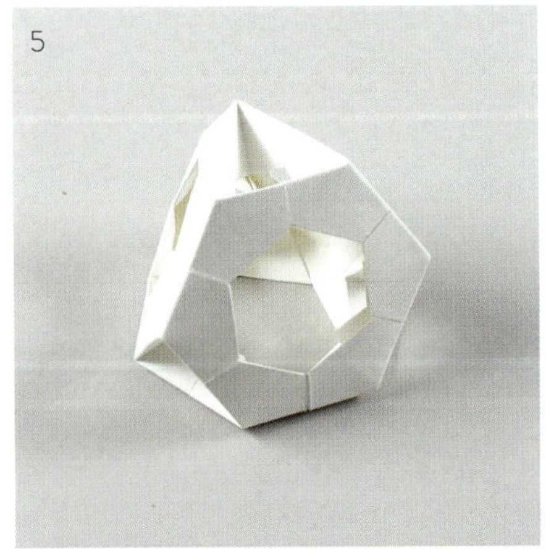

5

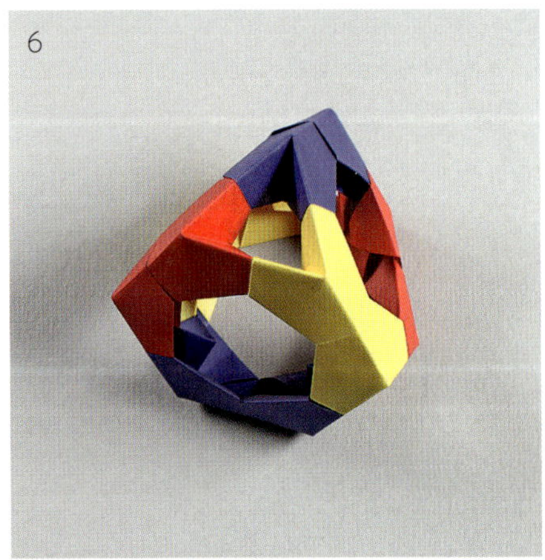

6

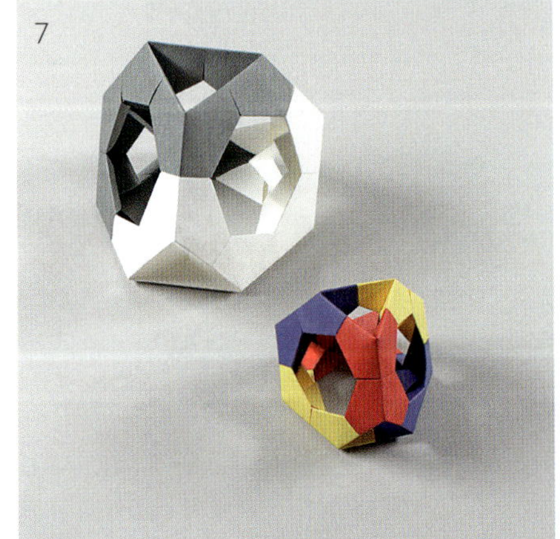

7

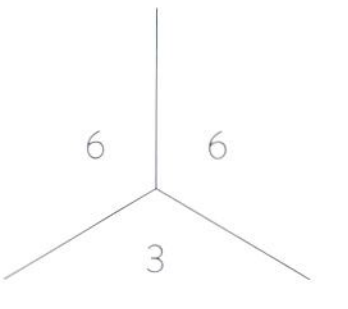

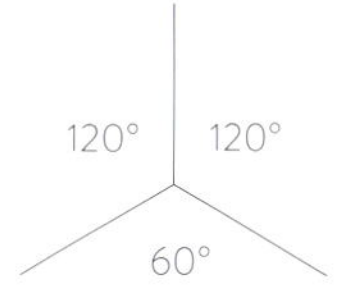

Tetraeder-Stumpf

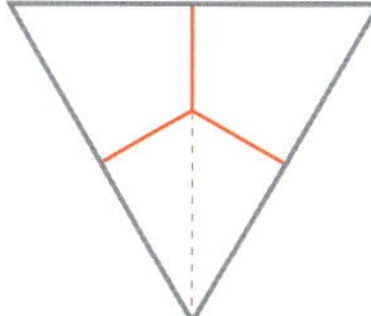

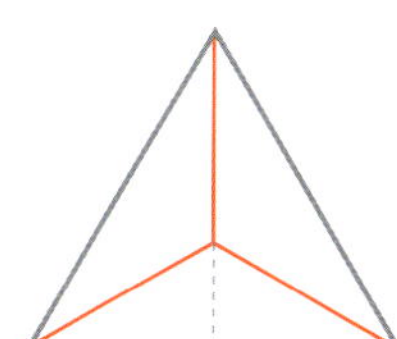

Erste Schritte

Benötigt werden insgesamt 24 Dreiecke in gleicher Größe – 8 in Gelb, 8 in Rot und 8 in Blau (jeweils 4 x Ross und 4 x Reiter). Berg- und Talfalten nach den nebenstehenden Grafiken falten. Dann Ross und Reiter zu einfarbigen Modulen verbinden und dreizählige Ringschlüsse dreifarbig zusammenstecken (Abb. 1, von links nach rechts, sowie Abb. 2).

Das Modell zusammenbauen

Zwei Ringschlüsse jeweils an zwei gleichfarbigen Modulen verbinden (Abb. 3) und den dritten Ringschluss hinzufügen (Abb. 4). Der vierte Ringschluss komplettiert das Modell (Abb. 6). Den Tetraeder-Stumpf können Sie auch zweifarbig umsetzen (Abb. 7). Dazu werden 6 x Ross und 6 x Reiter in Grau benötigt und die gleiche Anzahl in Weiß. Ein einfarbiges Modell (Abb. 5) erfordert 12 x Ross und 12 x Reiter in gleicher Farbe und Größe.

Schwierigkeitsgrad: leicht

einfacher Zuschnitt, einfache Montage; Zeitaufwand: ca. 75 Minuten

Warum sind manche Modelle mehrfarbig?

An farbigen Modellen sieht man auf den ersten Blick, an welchen Stellen die einzelnen Module aneinanderstoßen. Die farbige Umsetzung trägt so zur besseren Übersicht bei. Darüber hinaus können mit Farben besondere Symmetrien hervorgehoben werden.

4 x 4 x 4 x 4 x 4 x 4 x

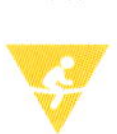
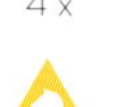

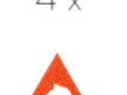
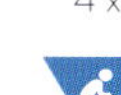
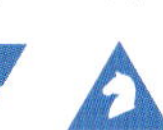

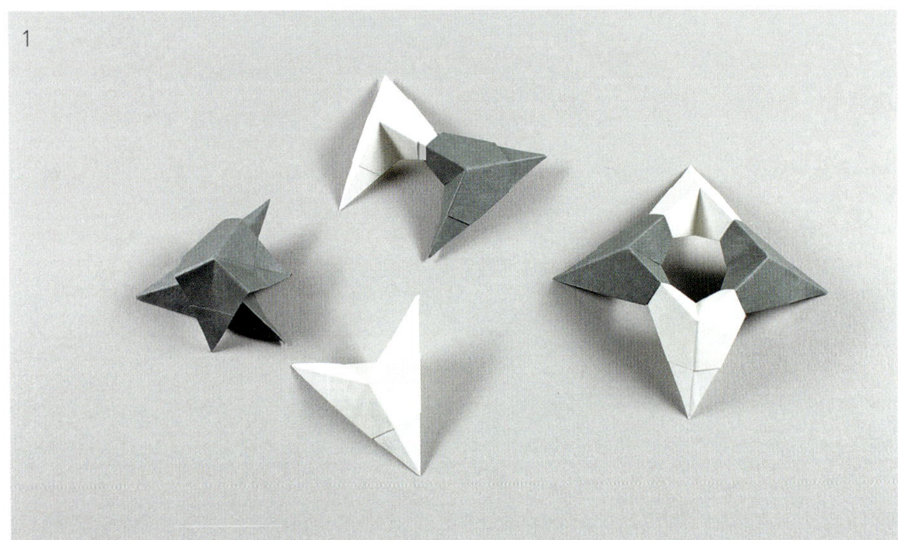
1

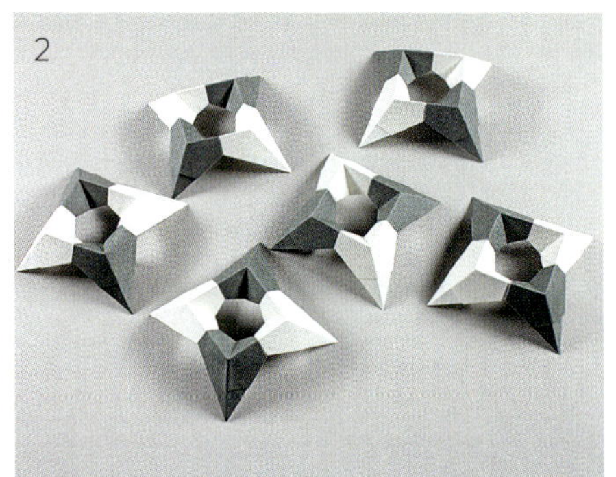
2

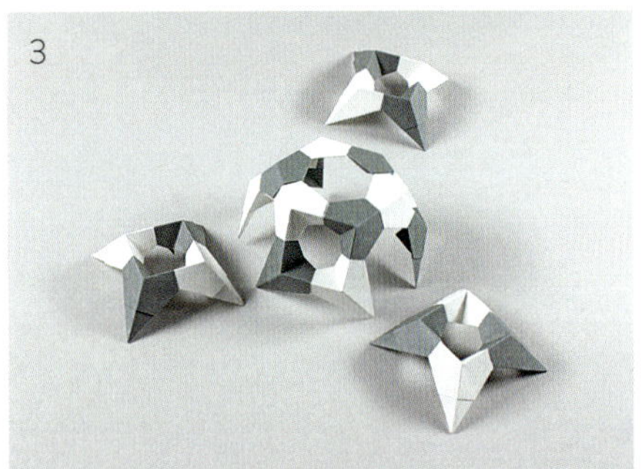
3

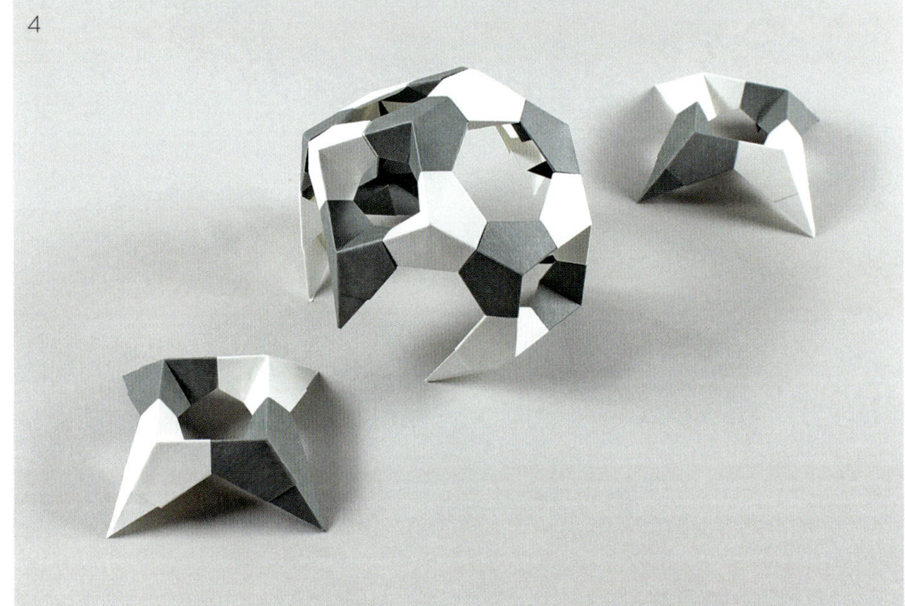
4

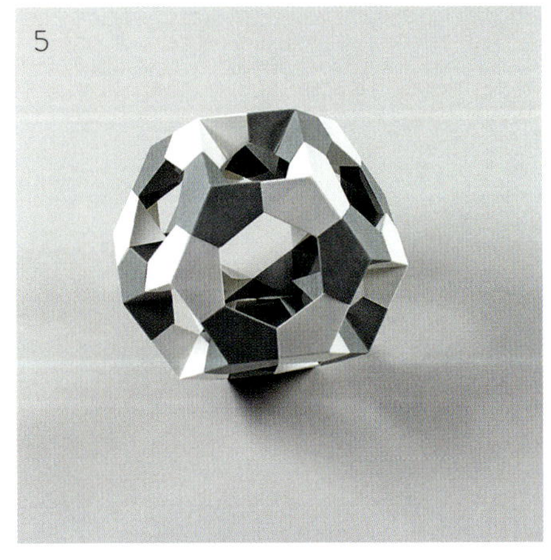
5

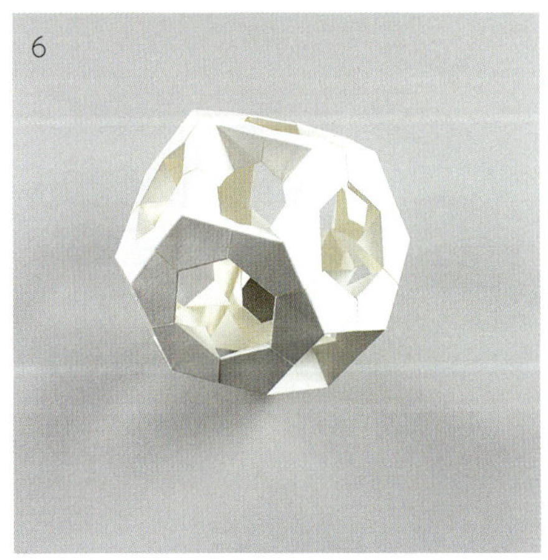
6

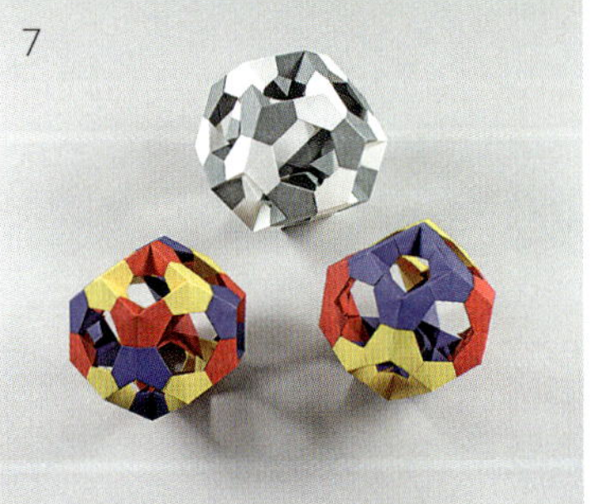
7

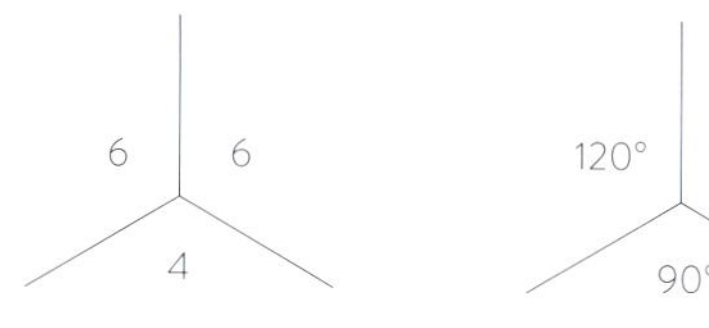

Oktaeder-Stumpf

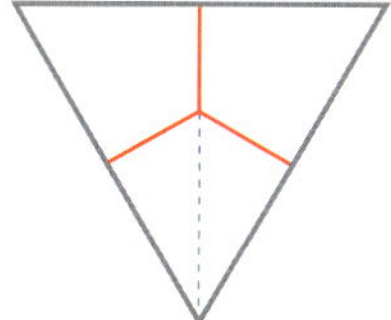

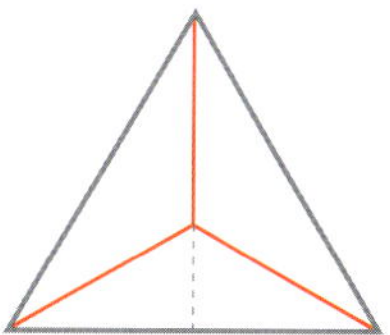

Erste Schritte

Benötigt werden insgesamt 24 graue Dreiecke in gleicher Größe, bestehend aus 12 x Ross und 12 x Reiter, und ebenso viele weiße. Berg- und Talfalten nach den nebenstehenden Grafiken falten. Dann Ross und Reiter zu einfarbigen Modulen verbinden. Alle vierzähligen Ringschlüsse wechselweise zweifarbig zusammenstecken (Abb. 1, von links nach rechts, sowie Abb. 2).

Das Modell zusammenbauen

Zwei Ringschlüsse jeweils an Modulen mit unterschiedlicher Farbe verbinden (Abb. 3). Alle weiteren Ringschlüsse nacheinander anfügen (Abb. 3 und 4), der sechste Ringschluss komplettiert das Modell (Abb. 5).

Den Oktaeder-Stumpf können Sie auch in zwei unterschiedlichen dreifarbigen Versionen umsetzen (Abb. 7). Für jedes Modell werden jeweils 8 x Ross und 8 x Reiter in Gelb, Rot und Blau benötigt. Ein einfarbiges Modell (Abb. 6) erfordert 24 x Ross und 24 x Reiter in gleicher Farbe und Größe.

Schwierigkeitsgrad: leicht

einfacher Zuschnitt, einfache Montage; Zeitaufwand: ca. 75 Minuten

12 x 12 x 12 x 12 x

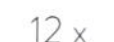

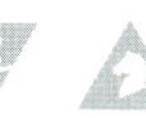

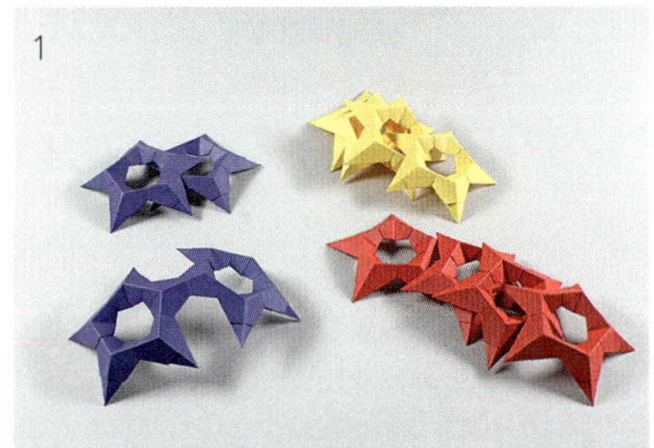
1

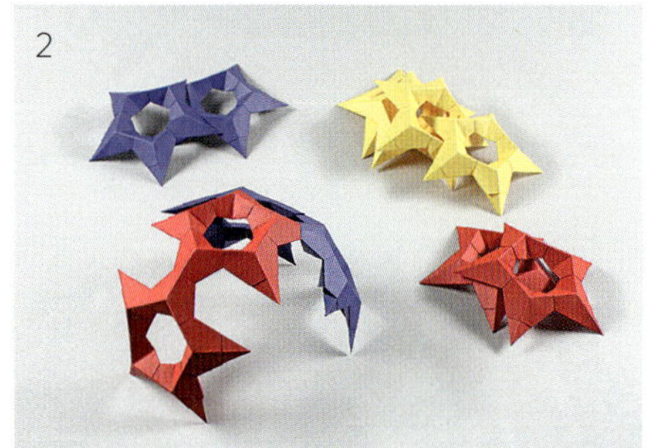
2

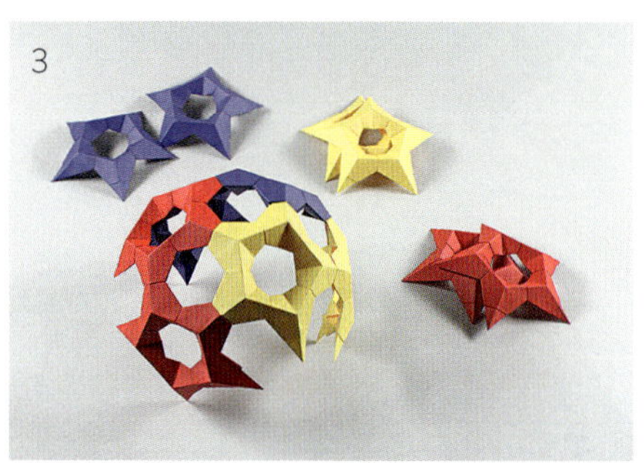
3

4

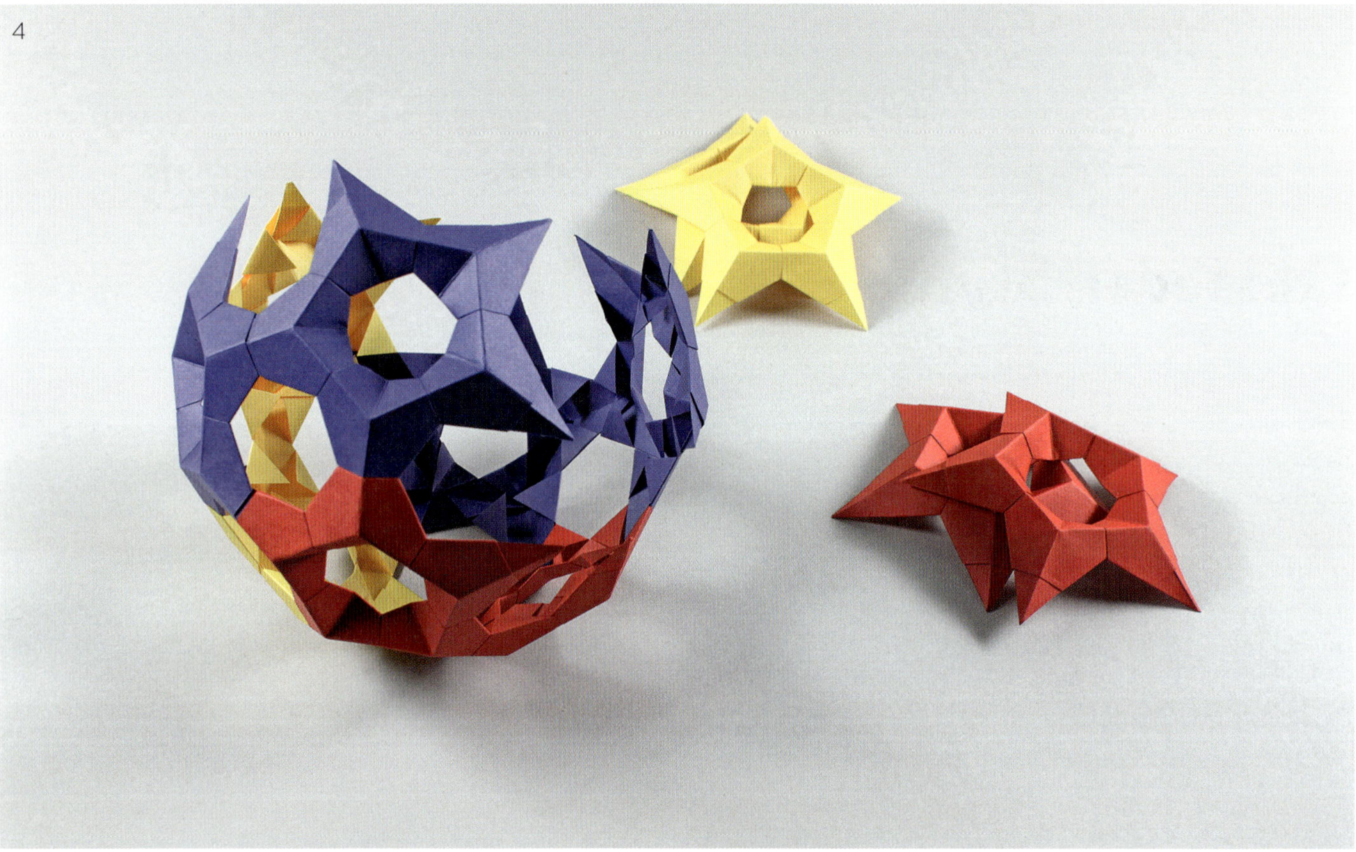

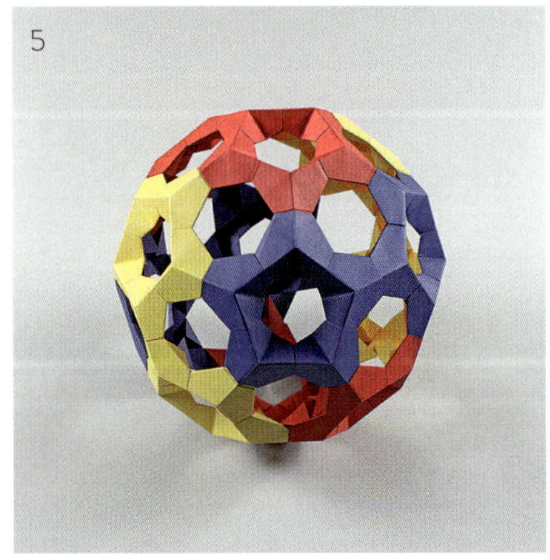
5

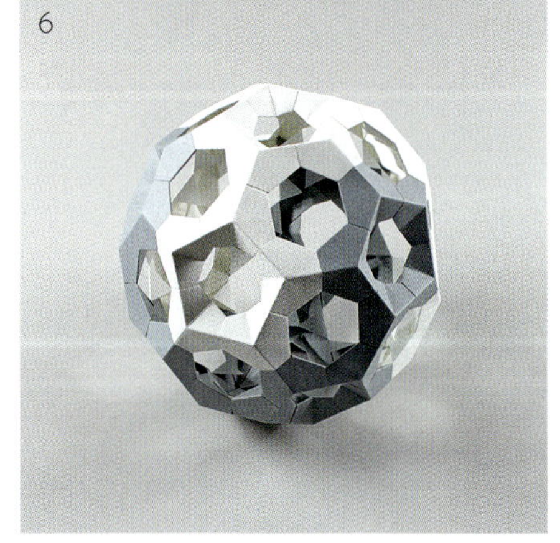
6

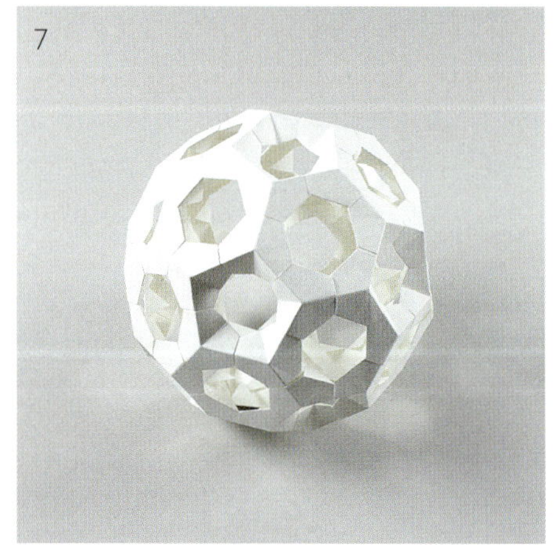
7

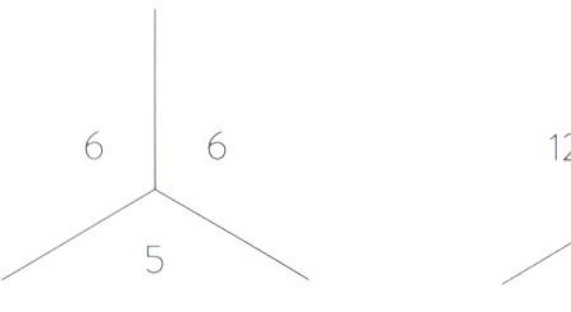

Ikosaeder-Stumpf

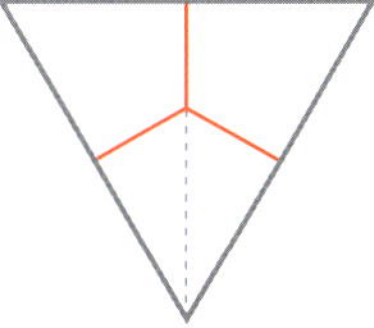

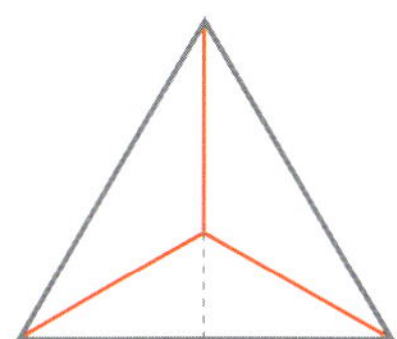

Erste Schritte

Benötigt werden für ein dreifarbiges Modell insgesamt 120 Dreiecke in gleicher Größe – 40 in Gelb, 40 in Rot und 40 in Blau (jeweils 20 x Ross und 20 x Reiter). Berg- und Talfalten nach den nebenstehenden Grafiken falten. Anschließend Ross und Reiter zu einfarbigen Modulen verbinden (siehe die vorangegangenen Modelle B05 und B06, Seite 48 ff.).

Das Modell zusammenbauen

Fünfzählige Ringschlüsse bilden und jeweils zwei gleichfarbige fünfzählige Ringschlüsse miteinander verbinden (Abb. 1 und 2). Dann weitere doppelte Ringschlüsse hinzufügen (Abb. 3–5), bis das Modell vollständig ist.

Den Ikosaeder-Stumpf können Sie auch zweifarbig umsetzen (Abb. 6). Dazu werden 30 x Ross und 30 x Reiter in Grau benötigt und ebenso viele weiße Grundflächen. Ein einfarbiges Modell (Abb. 7) erfordert 60 x Ross und 60 x Reiter in gleicher Farbe und Größe.

Schwierigkeitsgrad: leicht

einfacher Zuschnitt, einfache Montage; Zeitaufwand: ca. 3 Stunden

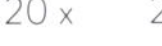

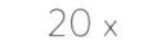

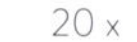

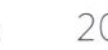

20 x 20 x

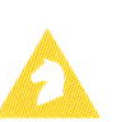

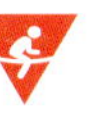

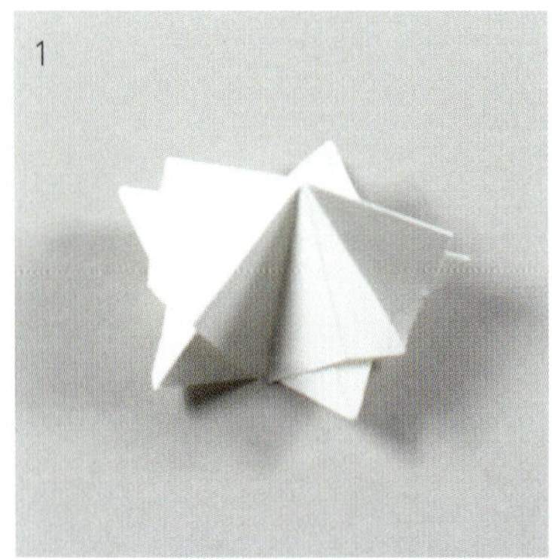
1

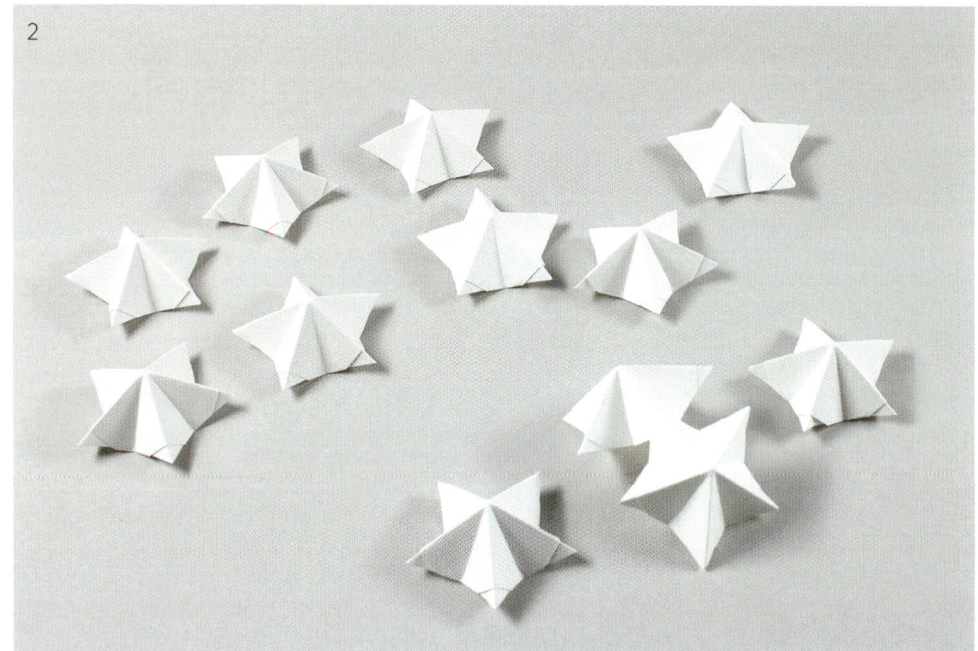
2

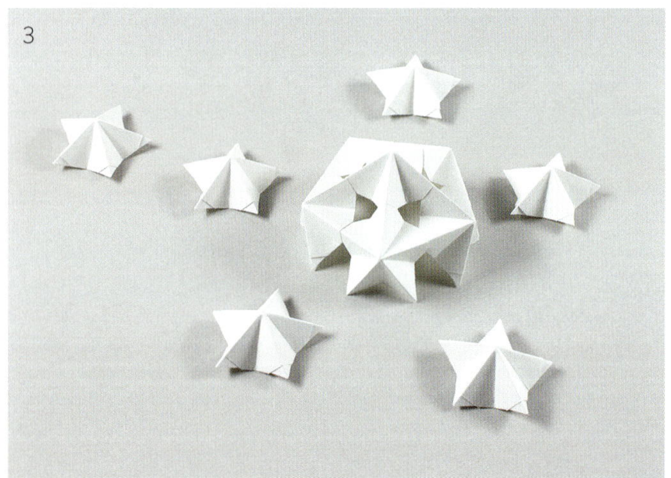
3

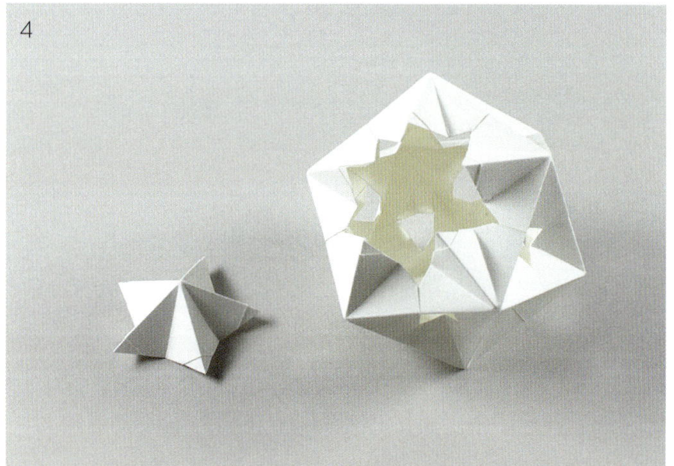
4

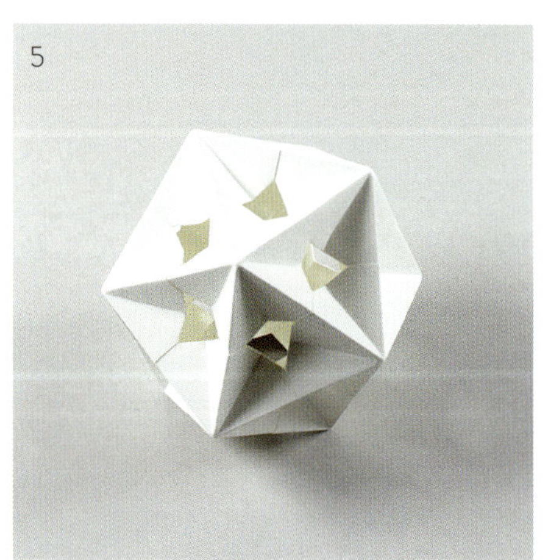
5

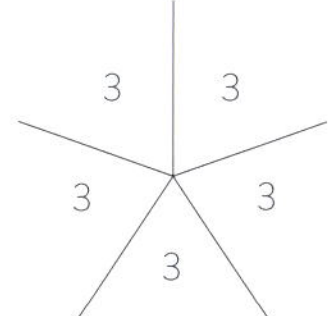

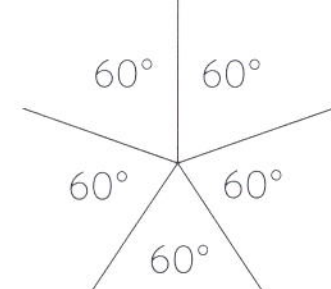

Ikosaeder

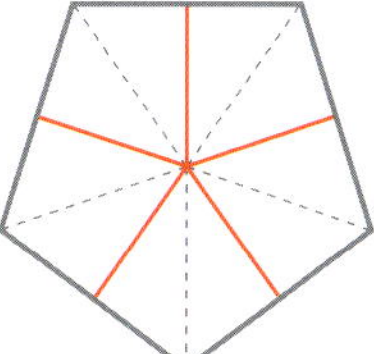

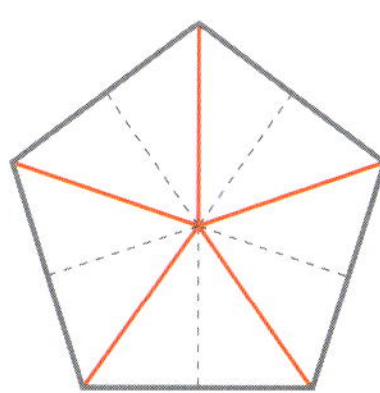

Von der Grundfläche zum Modul

Benötigt werden insgesamt 24 Fünfecke, bestehend aus 12 x Ross und 12 x Reiter in gleicher Größe. Berg- und Talfalten nach den nebenstehenden Grafiken falten. Anschließend Ross und Reiter zu Modulen verbinden (Abb. 1).

Vom Modul zum fertigen Modell

Die ersten drei Module zu einem dreizähligen Ringschluss zusammenfügen (Abb. 2). Dann die restlichen Module nacheinander zu weiteren dreizähligen Ringschlüssen verbinden (Abb. 3 und 4). Zuletzt sind es beim Ikosaeder (= 20-Flach) genau 20 dreizählige Ringschlüsse. Abbildung 5 zeigt das fertige Ikosaeder.

Schwierigkeitsgrad: leicht

einfacher Zuschnitt, einfache Montage; Zeitaufwand: ca. 1 Stunde

12 x 12 x

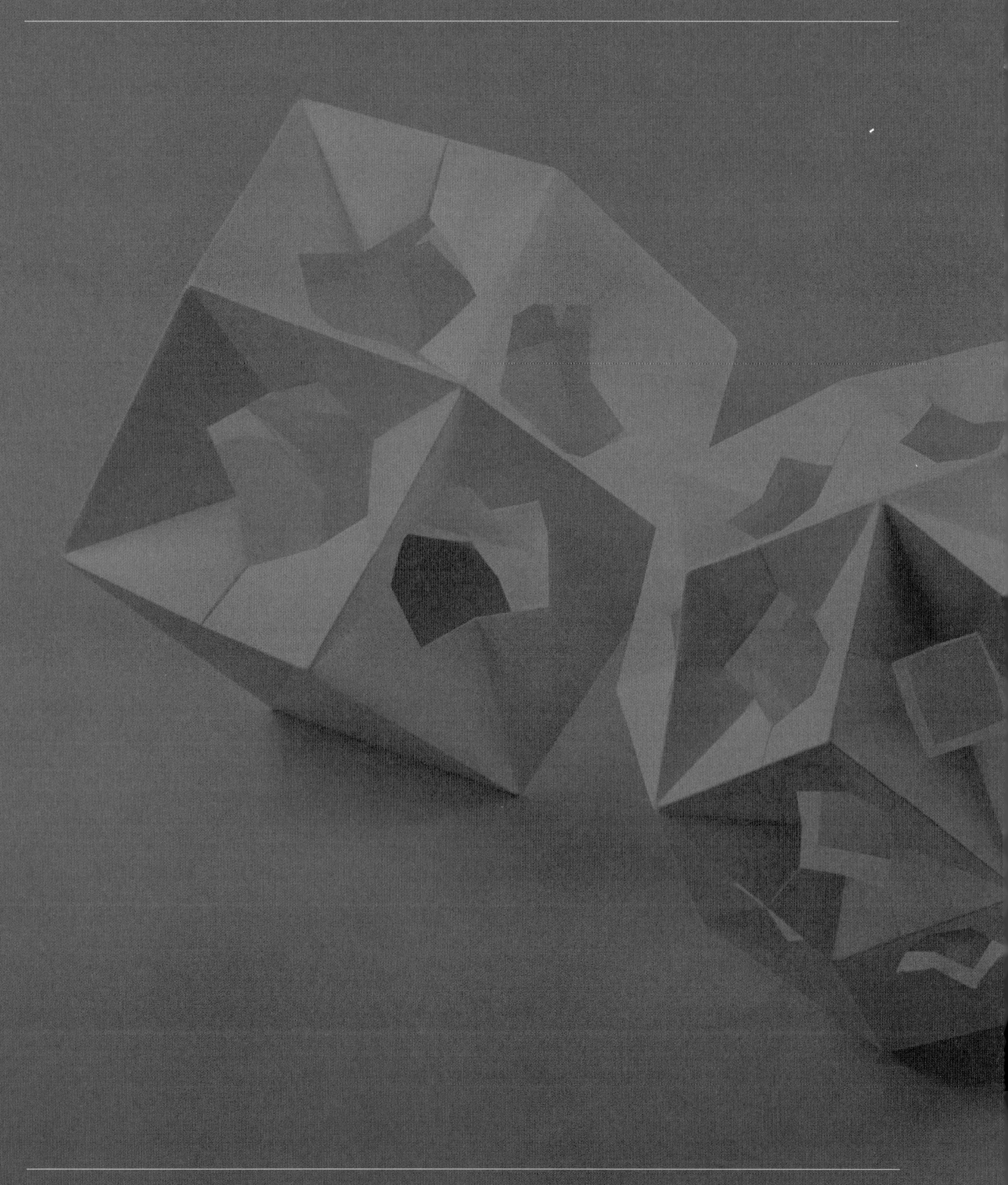

C-Modelle Kombinationen aus Dreiecken, Quadraten, Fünfecken und Sechsecken

Nachdem bisher Modelle vorgestellt wurden, die ausschließlich aus drei-, vier- und fünfeckigen Bauteilen bestehen, kombinieren wir nun verschiedene Bauteile an einem Modell.

Zunächst werden Dreiecke mit Quadraten kombiniert, dann Dreiecke mit Fünfecken. An beiden Modellen finden sich rhombenförmige Ringschlüsse (Rhomben 12-Flach und Rhomben-60-Flach). Und schließlich werden Fünfecke mit einer neuen Form – den Sechsecken – zum Pyramiden-Dodekaeder zusammengebaut. Diese Polyeder-Form ist bekannt von den Radar-Kuppeln, die vielerorts zu sehen sind.

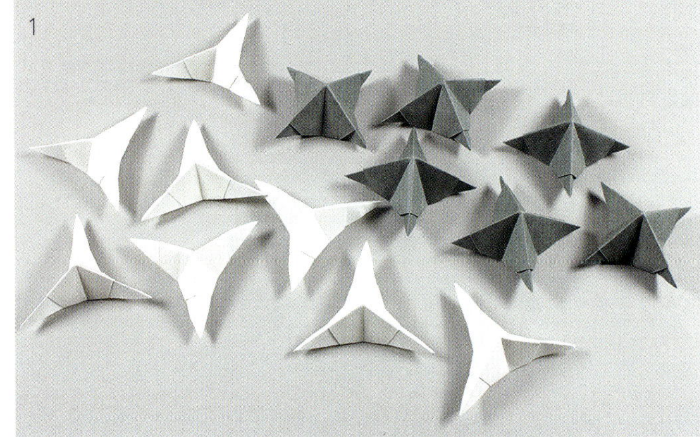
1

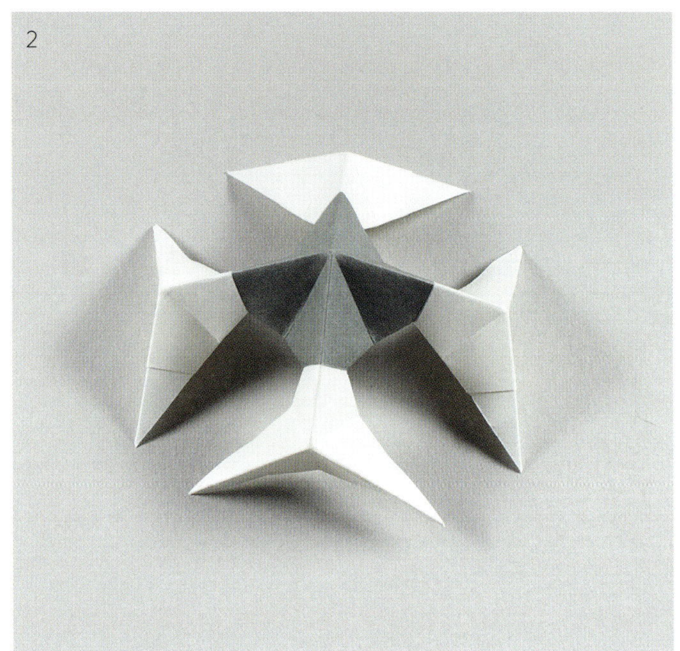
2

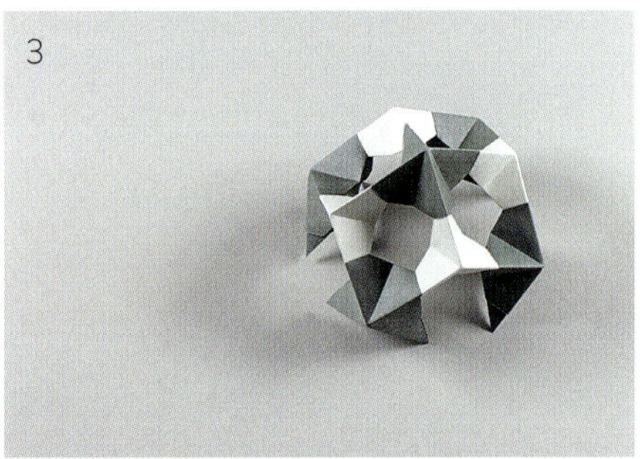
3

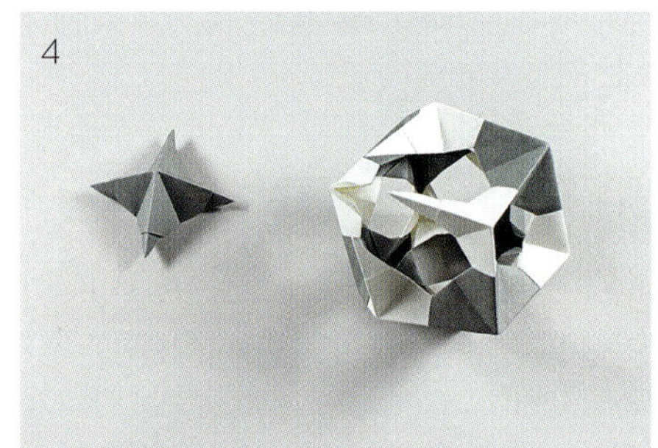
4

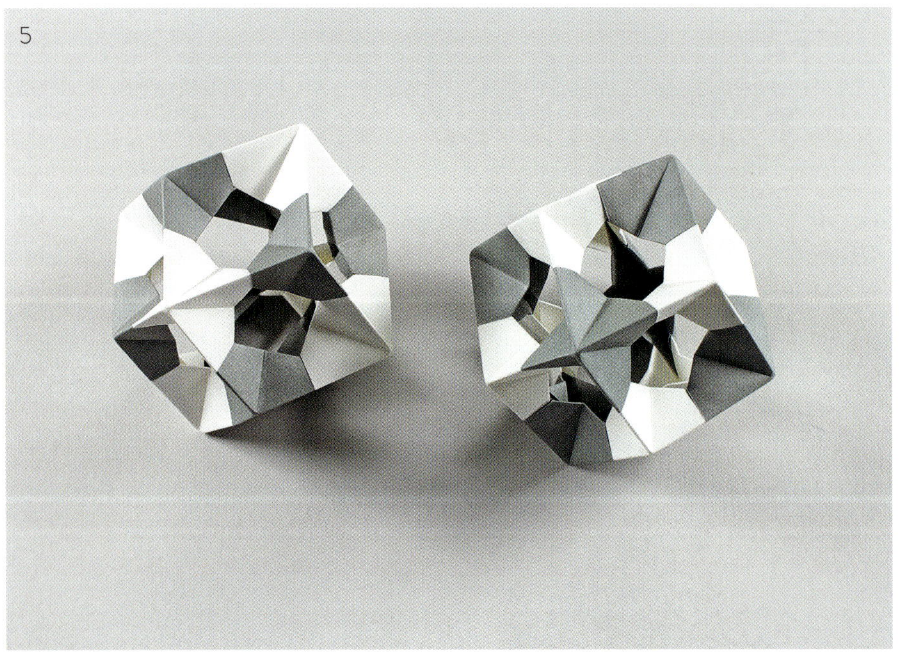
5

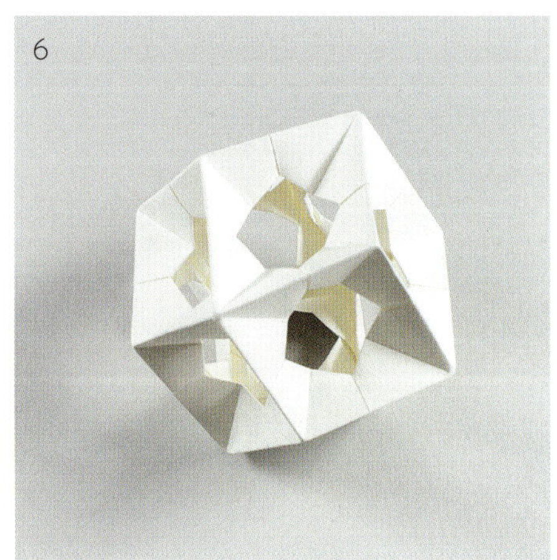
6

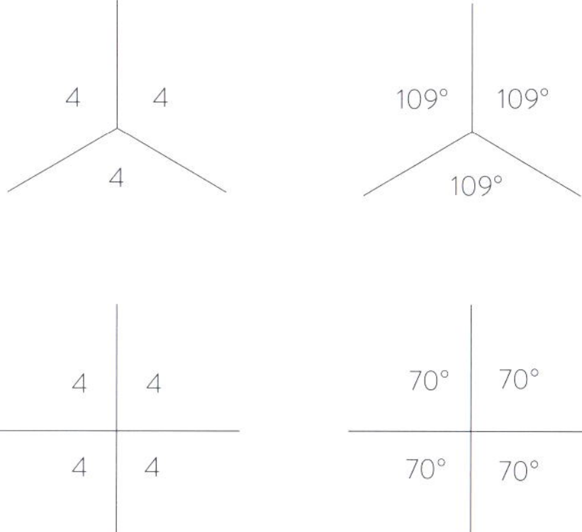

Rhomben-12-Flach

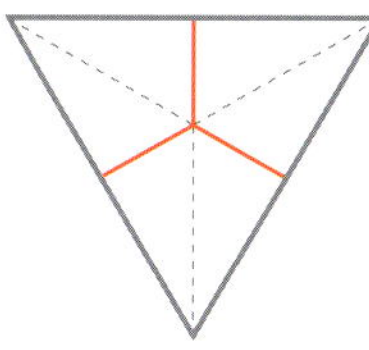
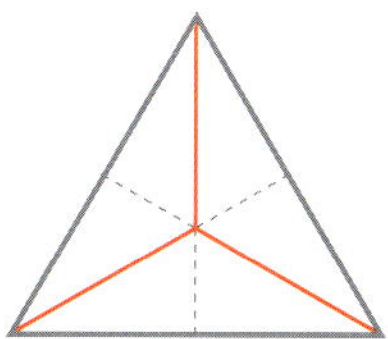
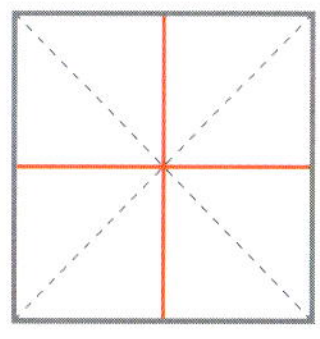
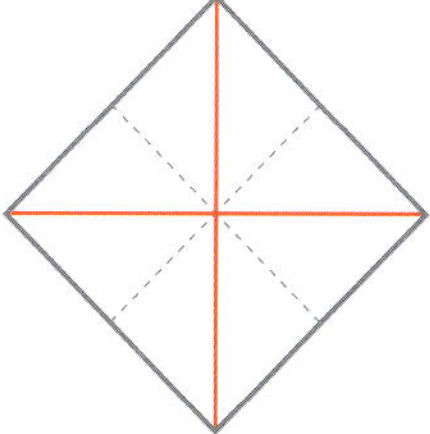

Von den Grundflächen zu den Modulen
Benötigt werden insgesamt 16 weiße Dreiecke (8 x Ross und 8 x Reiter) in gleicher Größe sowie 12 graue Quadrate (6 x Ross und 6 x Reiter). Bitte beachten Sie: Die Dreiecke und Quadrate müssen in der Größe aufeinander abgestimmt sein (siehe Tabelle, Seite 32). Berg- und Talfalten nach den nebenstehenden Grafiken falten. Dann Ross und Reiter zu einfarbigen Modulen verbinden: die Dreiecke jeweils zu dreizähligen Modulen und die Quadrate zu vierzähligen Modulen (Abb. 1).

Von den Modulen zum fertigen Modell
Ein erstes vierzähliges (graues) Modul mit dreizähligen (weißen) Modulen verbinden (Abb. 2). Weitere vierzählige graue Module werden an die dreizähligen weißen Module angefügt (Abb. 3 und 4). Dabei entstehen vier vierzählige Ringschlüsse. Fahren Sie sinngemäß fort, indem Sie dreizählige Module ausschließlich mit vierzähligen Modulen verbinden und umgekehrt.
Das Rhomben-12-Flach ist fertig, wenn zwölf Ringschlüsse entstanden sind. Abbildung 5 zeigt das vollständige Modell und ein weiteres, bei dem hell und dunkel vertauscht sind. Ein einfarbiges Modell (Abb. 6) erfordert 6 x Ross und 6 x Reiter aus Quadraten sowie 8 x Ross und 8 x Reiter aus Dreiecken.

Schwierigkeitsgrad: leicht
einfacher Zuschnitt, einfache Montage; Zeitaufwand: ca. 1 Stunde

8 x 8 x 6 x 6 x

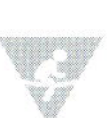
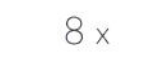

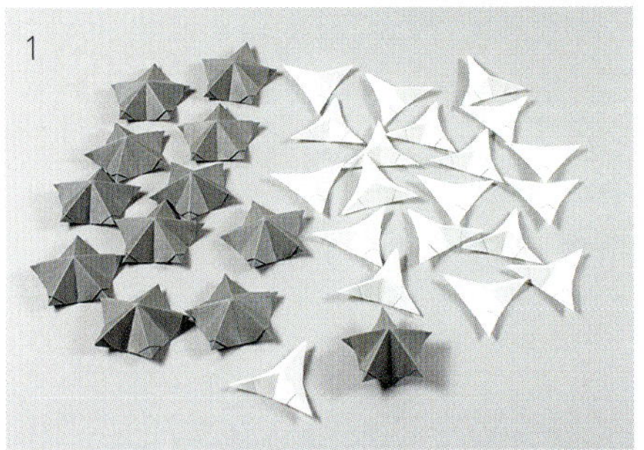
1

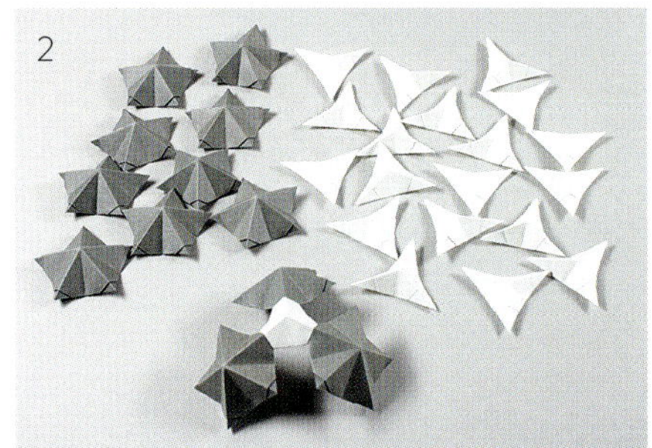
2

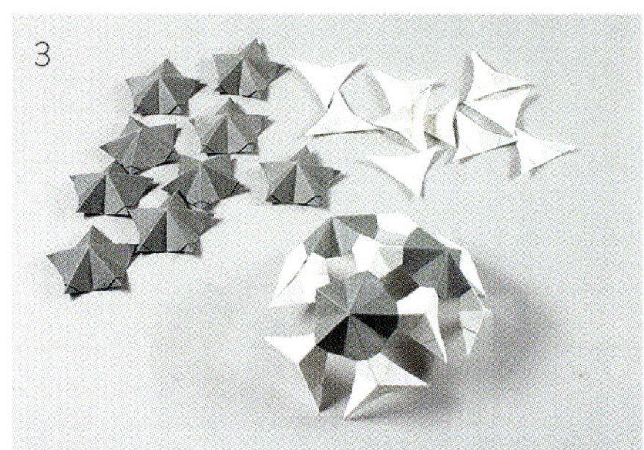
3

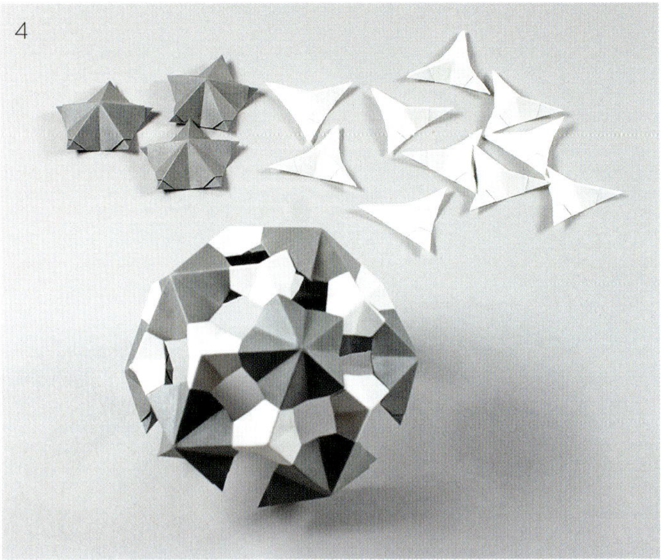
4

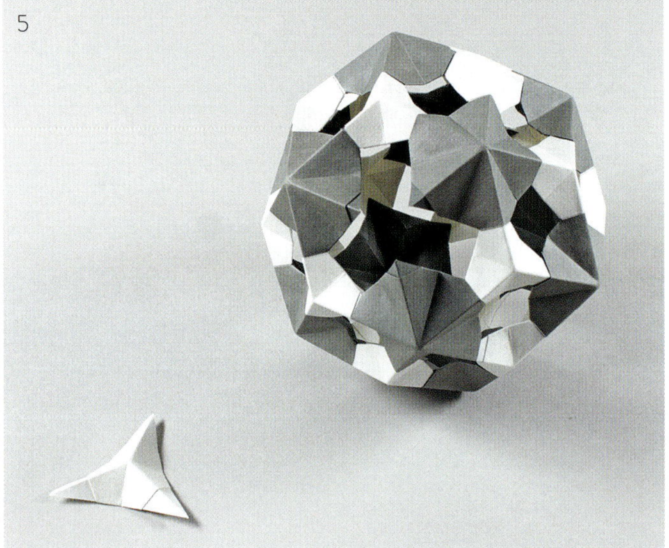
5

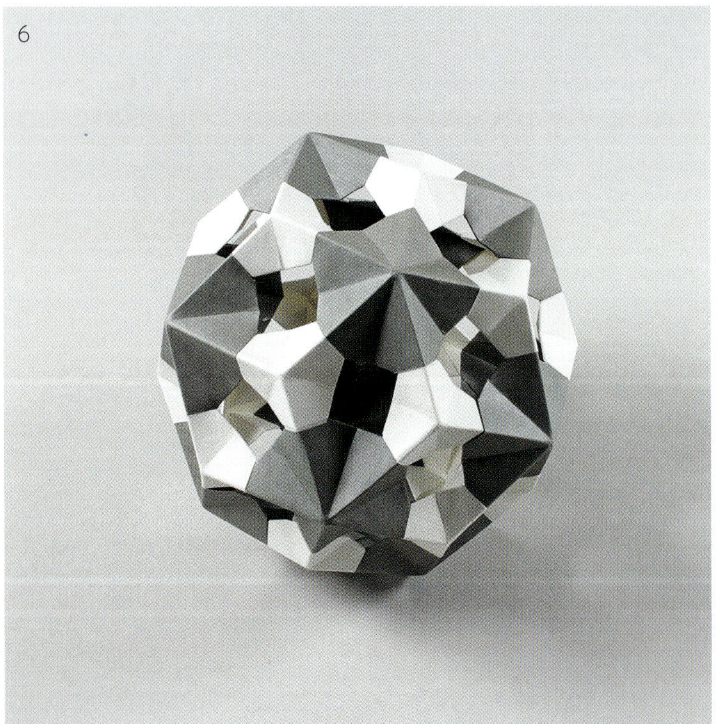
6

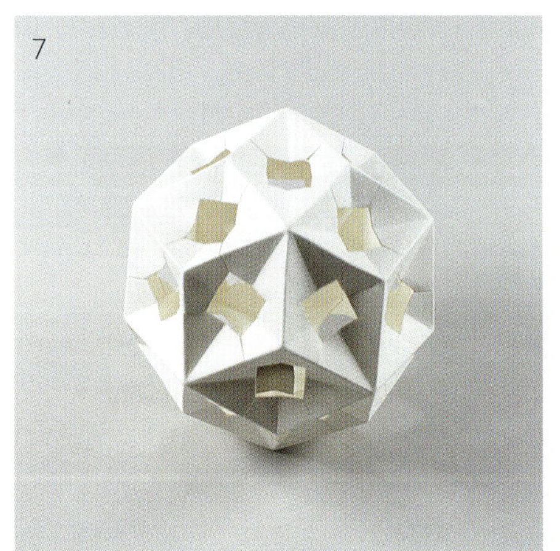
7

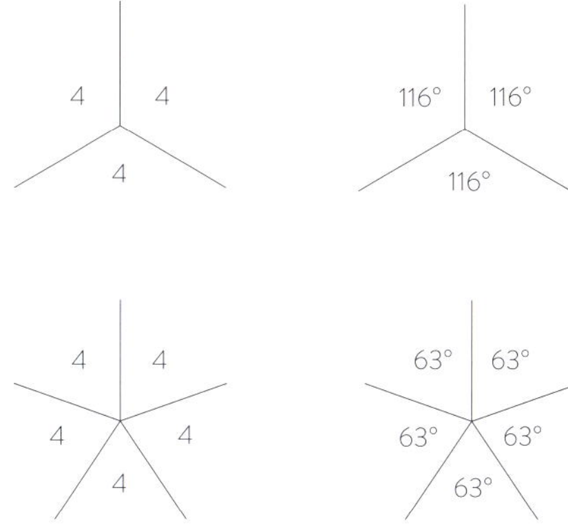

Rhomben-30-Flach

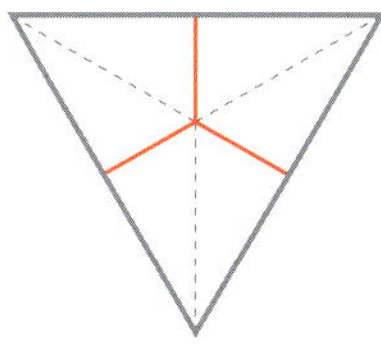
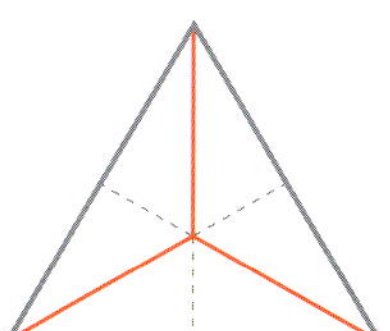
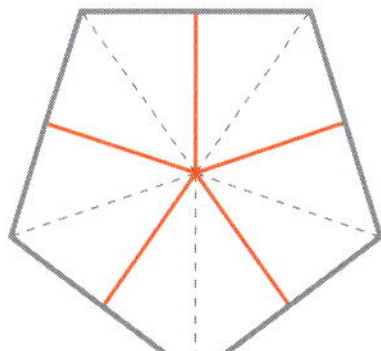
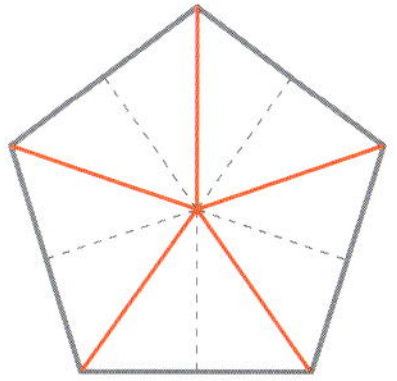

Von den Grundflächen zu den Modulen

Benötigt werden insgesamt 40 weiße Dreiecke (20 x Ross und 20 x Reiter) sowie 24 graue Fünfecke (12 x Ross und 12 x Reiter). Bitte beachten Sie: Die Dreiecke und Fünfecke müssen in der Größe aufeinander abgestimmt sein (siehe Tabelle, Seite 32). Berg- und Talfalten nach den nebenstehenden Grafiken falten. Dann Ross und Reiter zu einfarbigen Modulen verbinden: die Dreiecke jeweils zu dreizähligen Modulen und die Fünfecke zu fünfzähligen Modulen (Abb. 1).

Von den Modulen zum fertigen Modell

Ein erstes dreizähliges (weißes) Modul mit drei fünfzähligen (grauen) Modulen verbinden (Abb. 2). Weitere dreizählige weiße Module werden an die fünfzähligen grauen Module angefügt (Abb. 3). Dabei entstehen vier vierzählige Ringschlüsse (Abb. 4 und 5). Fahren Sie sinngemäß fort, indem Sie dreizählige Module ausschließlich mit fünfzähligen Modulen verbinden und umgekehrt.

Das Rhomben-30-Flach ist fertig, wenn 30 Ringschlüsse entstanden sind (Abb. 6). Abbildung 7 zeigt ein einfarbiges Modell.

Schwierigkeitsgrad: mittel

Zuschnitt: erste Anforderungen; einfache Montage; Zeitaufwand: ca. 2 Stunden

20 x 20 x 12 x 12 x

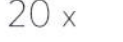
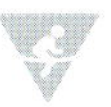
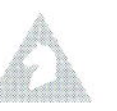

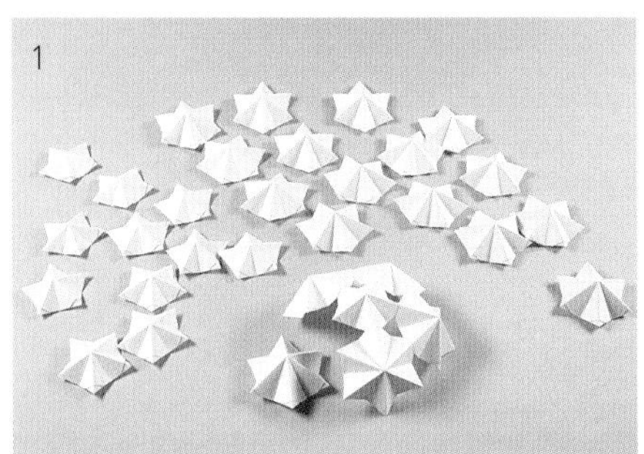
1

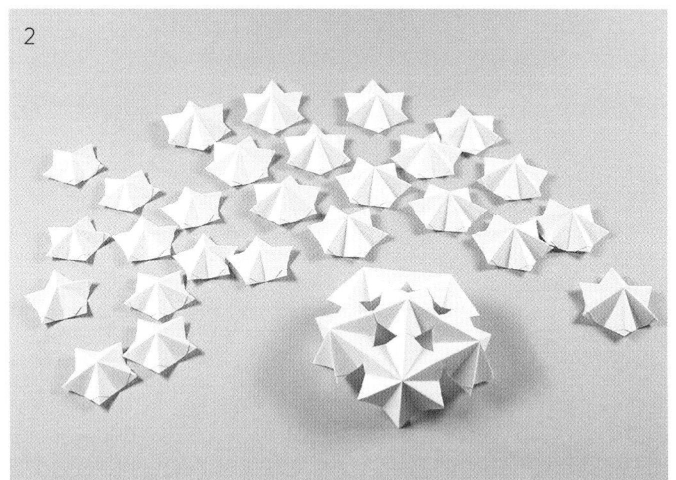
2

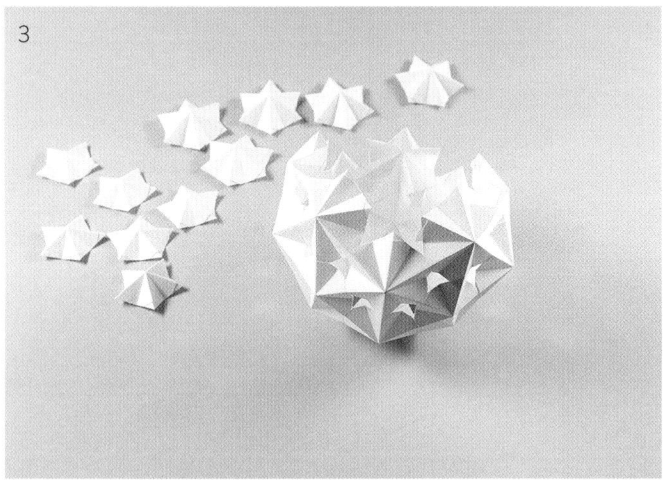
3

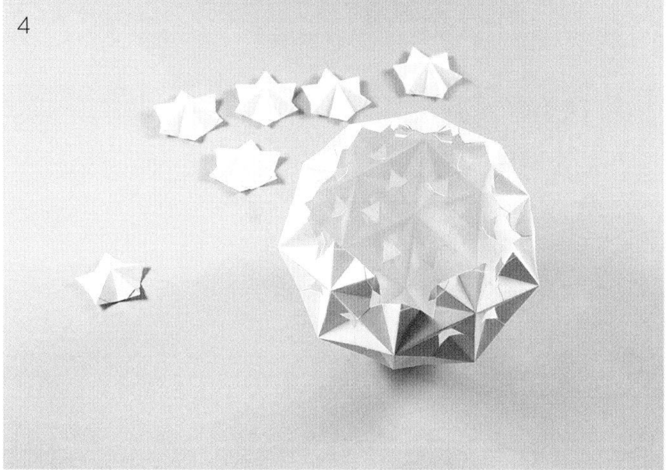
4

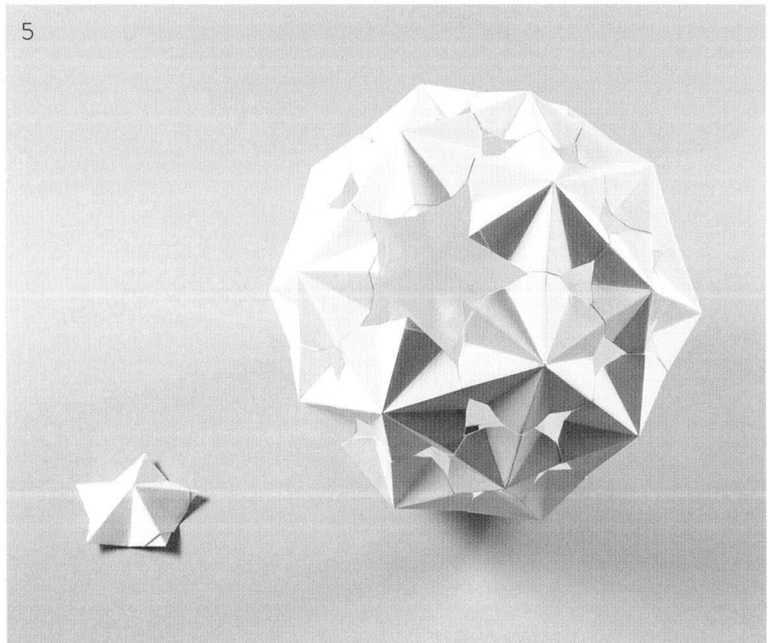
5

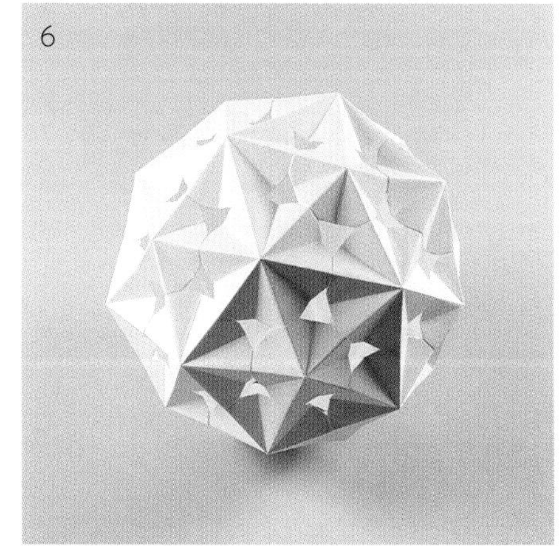
6

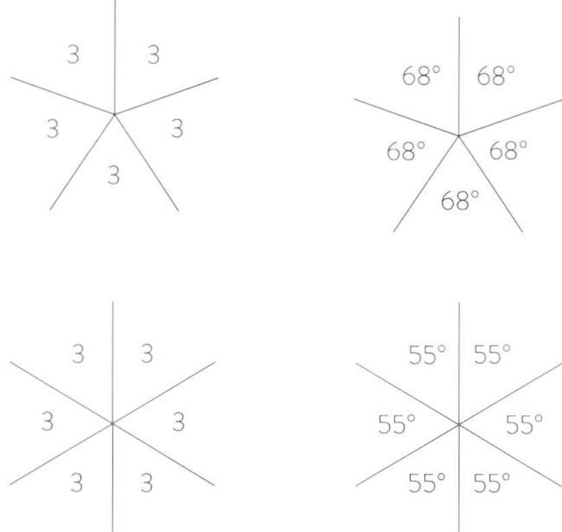

Pyramiden-Dodekaeder

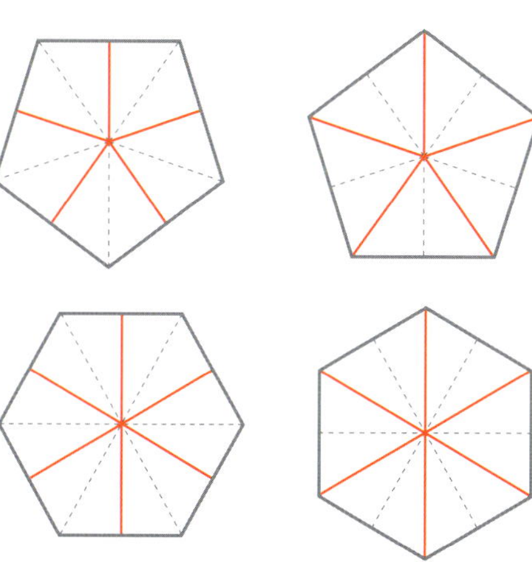

Von den Grundflächen zu den Modulen

Benötigt werden insgesamt 24 Fünfecke in gleicher Größe (12 x Ross und 12 x Reiter) sowie 40 Sechsecke (20 x Ross und 20 x Reiter). Bitte beachten Sie: Die Sechsecke und Fünfecke müssen in der Größe aufeinander abgestimmt sein (siehe Tabelle, Seite 32). Berg- und Talfalten nach den nebenstehenden Grafiken falten. Dann Ross und Reiter zu Modulen verbinden: die Fünfecke zu fünfzähligen Modulen und die Sechsecke zu sechszähligen Modulen (Abb. 1, oben links).

Von den Modulen zum fertigen Modell

Ein erstes fünfzähliges Modul mit fünf sechszähligen Modulen verbinden (Abb. 1, unten rechts). Weitere fünfzählige Module werden an die sechszähligen Module gesteckt (Abb. 2). Fügen Sie sinngemäß nacheinander weitere einzelne Module an. Es entstehen dreizählige Ringschlüsse (Abb. 2).
Beachten Sie dabei folgenden Grundsatz: Fünfzählige Module werden ausschließlich mit sechszähligen Modulen verbunden und sechszählige Module wechselweise mit fünf- und sechszähligen Modulen (Abb. 3–5). Das Pyramiden-Dodekaeder ist fertig (Abb. 6), wenn 60 Ringschlüsse entstanden sind.

Schwierigkeitsgrad: mittel

Zuschnitt: erste Anforderungen; einfache Montage; Zeitaufwand: ca. 3 Stunden

12 x 12 x 20 x 20 x

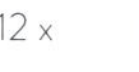
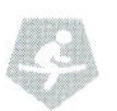

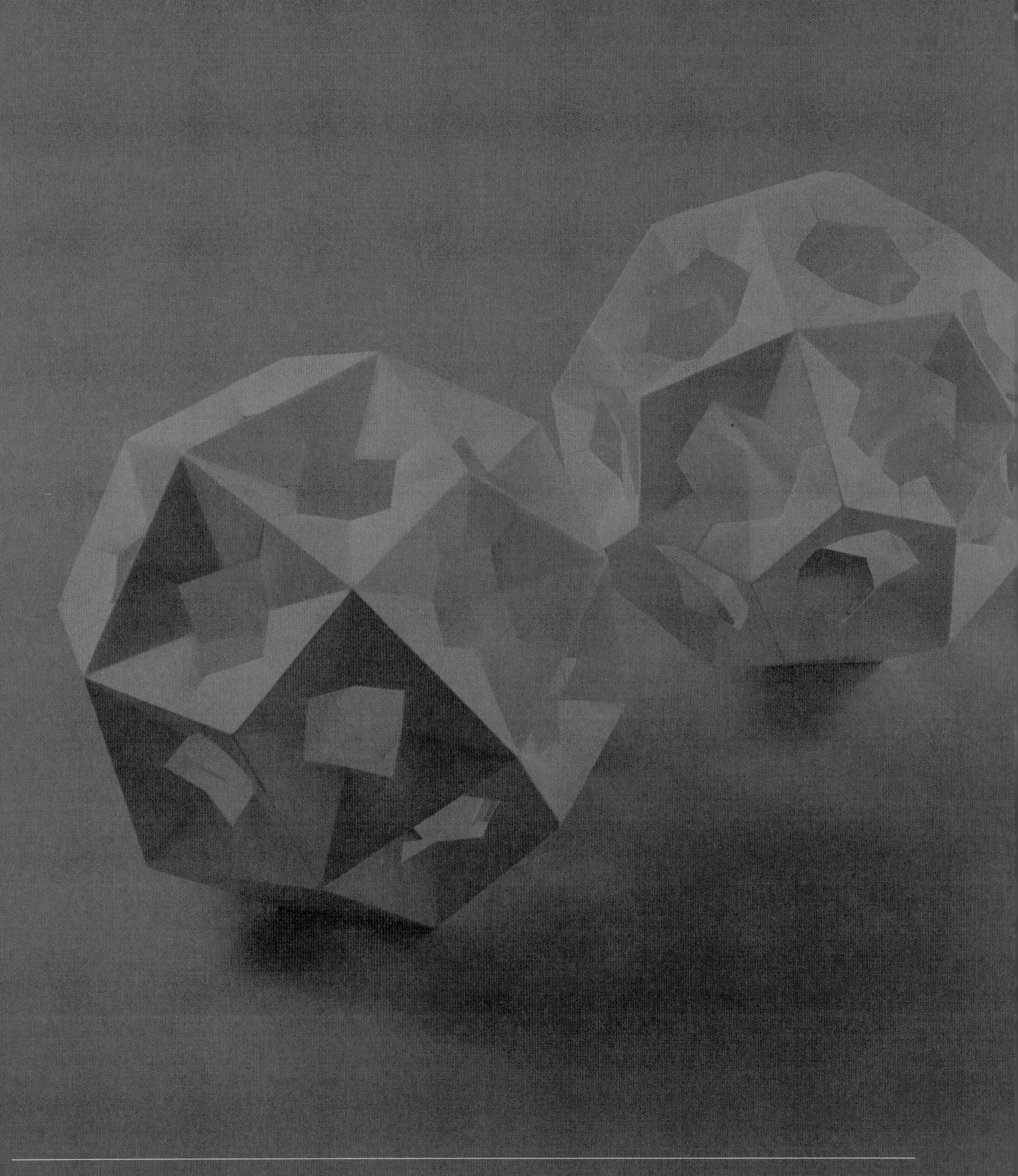

D-Modelle
Ross und Reiter in unterschiedlichen Größen

Werden Ross und Reiter in unterschiedlicher Größe zu einem Modul verbunden, so verändert sich am Modell die Kantenlänge. Ein größerer Reiter vergrößert eine Kante und ein größeres Ross verkleinert sie. Deltoid-24-Flach und Deltoid-60-Flach zeigen große Ähnlichkeiten: Bei diesen Modellen entstehen deltoidförmige Ringschlüsse.
Pentagon-24-Flach und Pentagon-60-Flach haben unregelmäßige fünfzählige Ringschlüsse. Neu ist in diesem Kapitel auch, dass diese beiden Formen in zwei spiegelbildlichen („chiralen") Varianten zusammengebaut werden können.

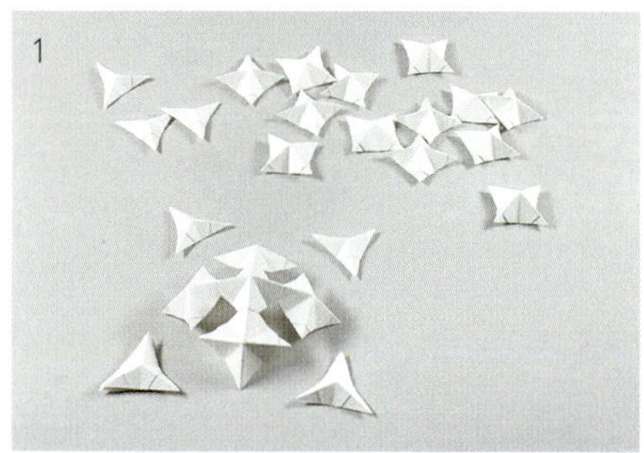
1

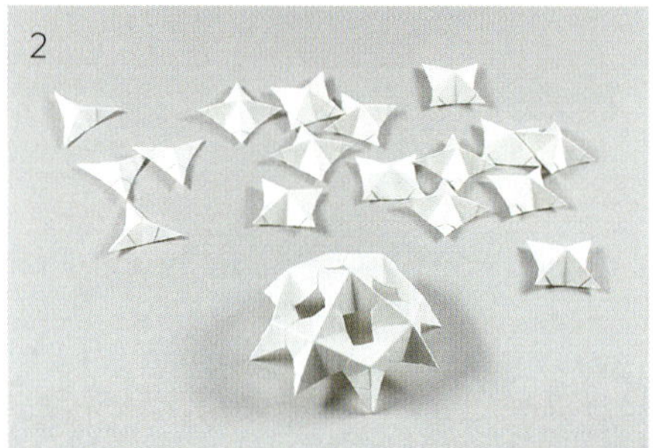
2

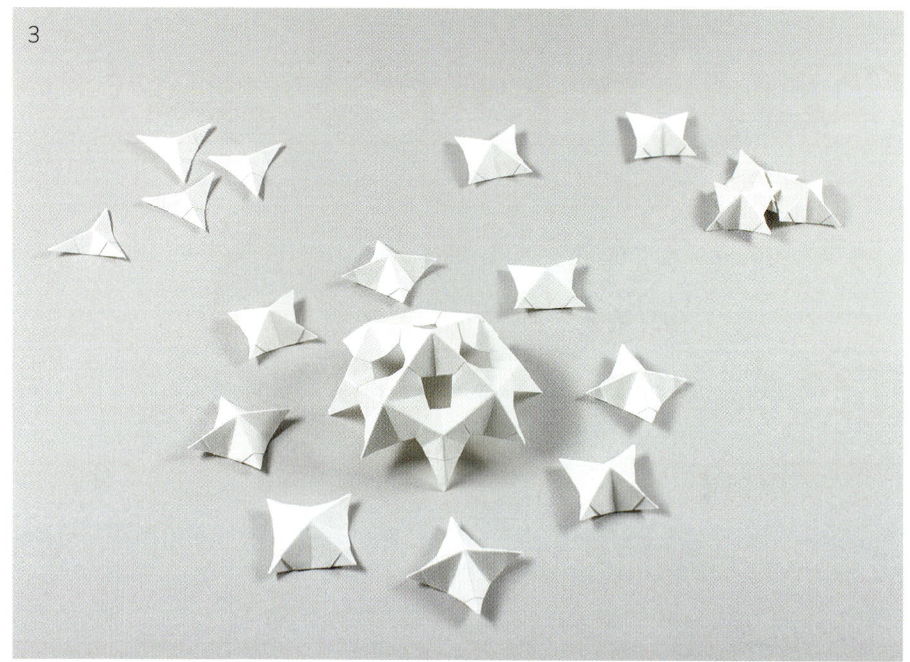
3

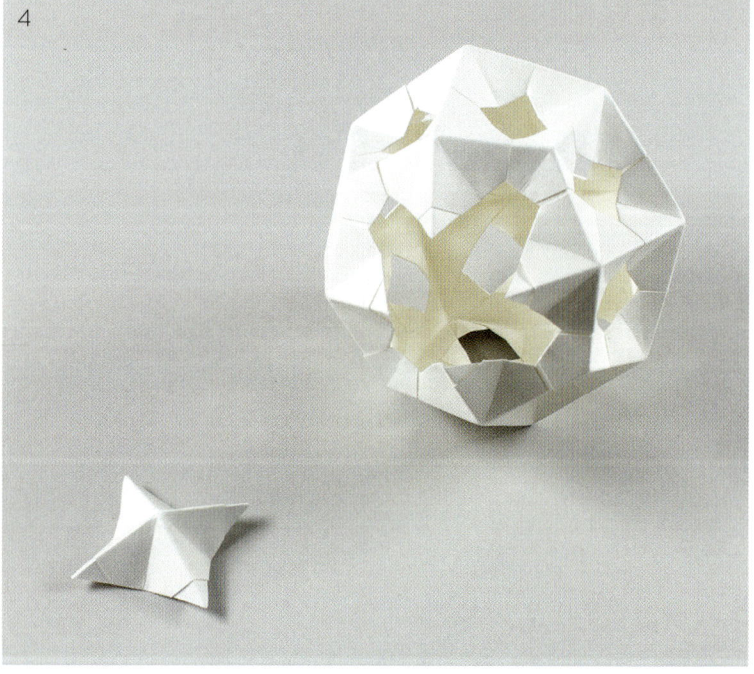
4

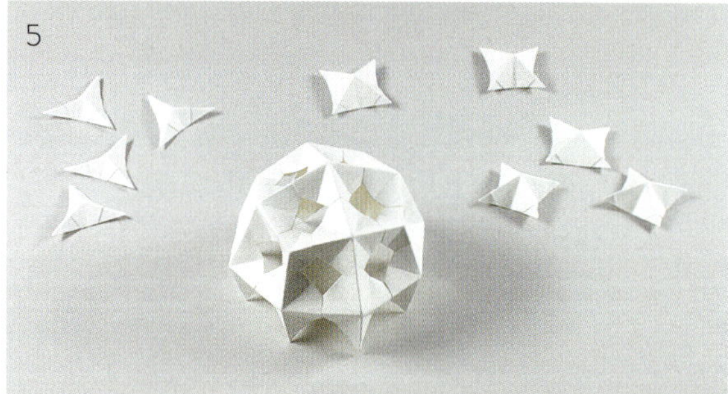
5

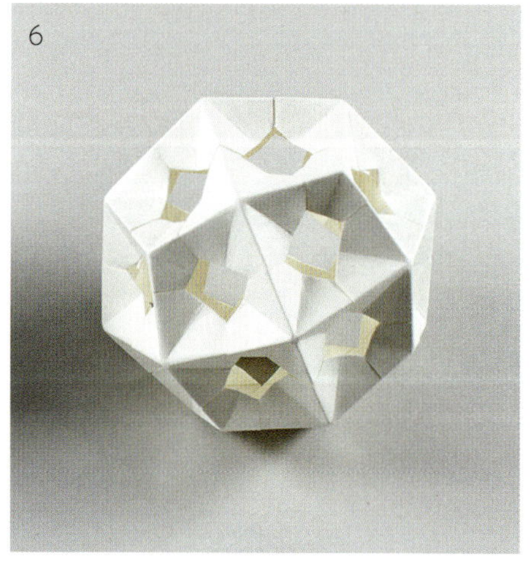
6

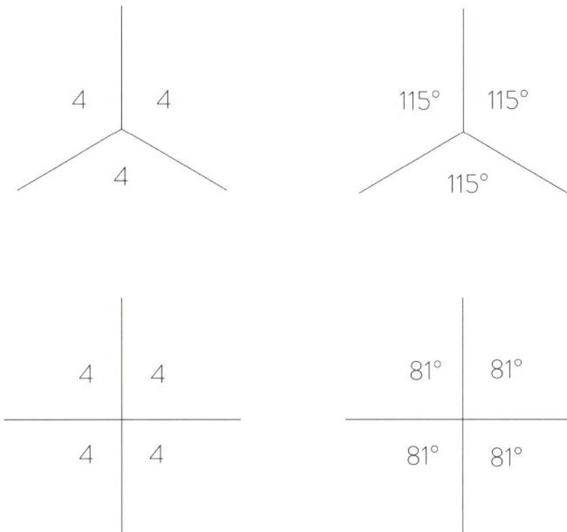

Deltoid-24-Flach

Von den Grundflächen zu den Modulen
Benötigt werden insgesamt 16 Dreiecke in unterschiedlicher Größe, davon 8 x Ross (größer als Reiter) und 8 x Reiter (kleiner als Ross), sowie 36 Quadrate (18 x Ross und 18 x Reiter) in gleicher Größe. Beachten Sie die Größenangaben in der Tabelle auf Seite 32! Berg- und Talfalten nach den nebenstehenden Grafiken falten. Dann Ross und Reiter zu Modulen verbinden (Abb. 1, oben).

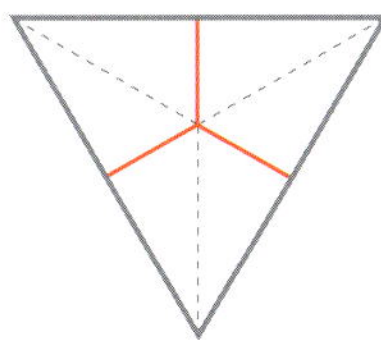
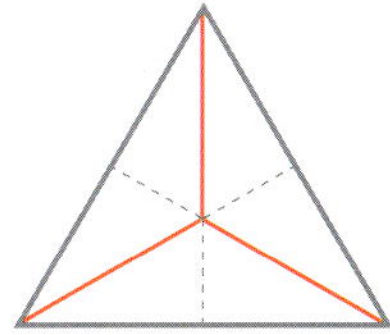
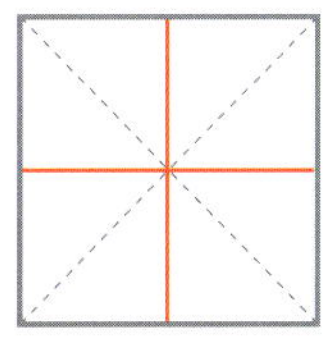
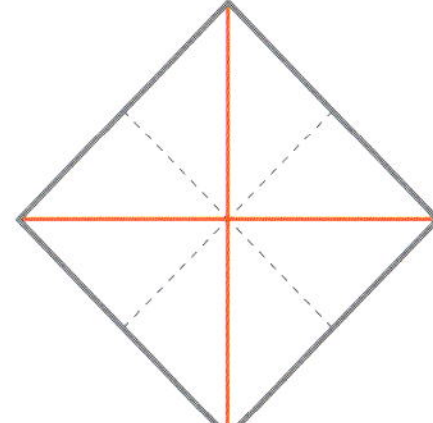

Von den Modulen zum fertigen Modell
Ein erstes dreizähliges Modul mit drei vierzähligen Modulen (Abb. 1, unten) verbinden und weitere vierzählige Module nacheinander anfügen (Abb. 2). Es entstehen vierzählige deltoidförmige Ringschlüsse.
Beachten Sie dabei folgenden Grundsatz: Dreizählige Module werden ausschließlich mit vierzähligen Modulen verbunden. Einige vierzählige Module werden wechselweise mit drei- und vierzähligen Modulen verbunden, andere nur mit vierzähligen (Abb. 3–5). Das Deltoid-24-Flach ist fertig, wenn 24 Ringschlüsse entstanden sind (Abb. 6)

Schwierigkeitsgrad: mittel
Zuschnitt: erste Anforderungen; Montage: erste Anforderungen; Zeitaufwand: ca. 1½ Stunden

8 x 8 x 18 x 18 x

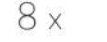
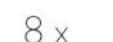

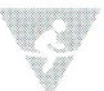

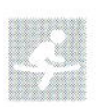

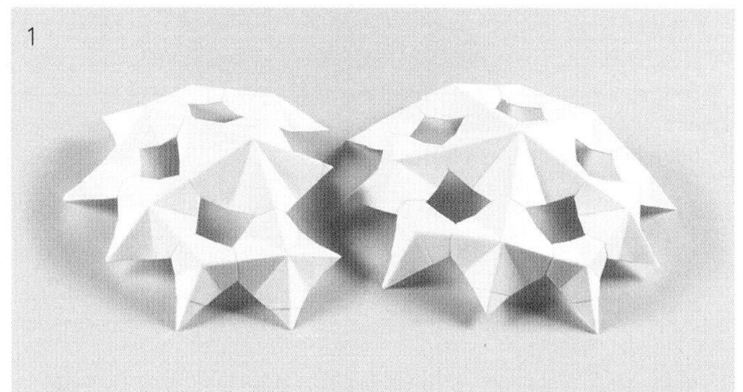
1

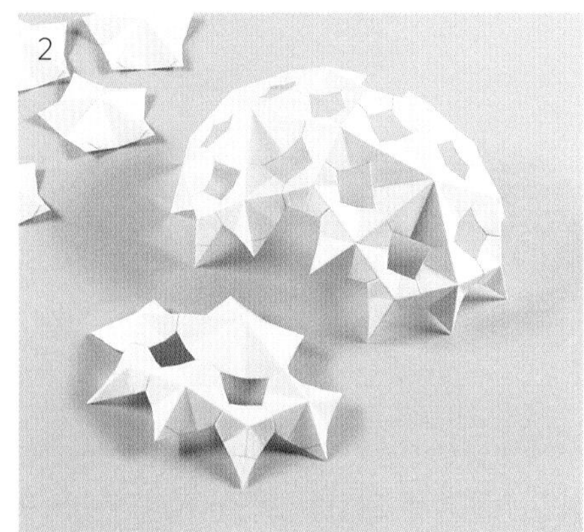
2

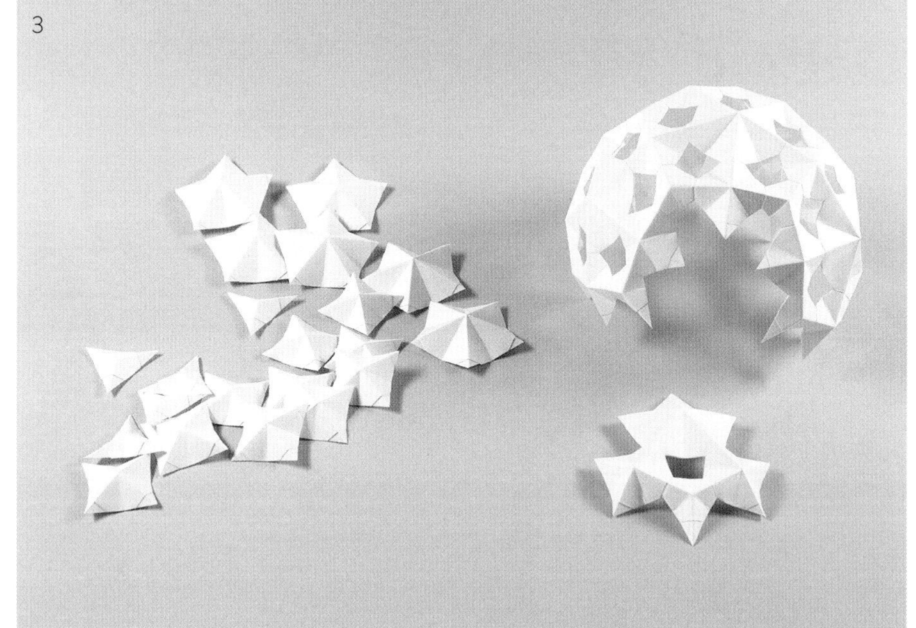
3

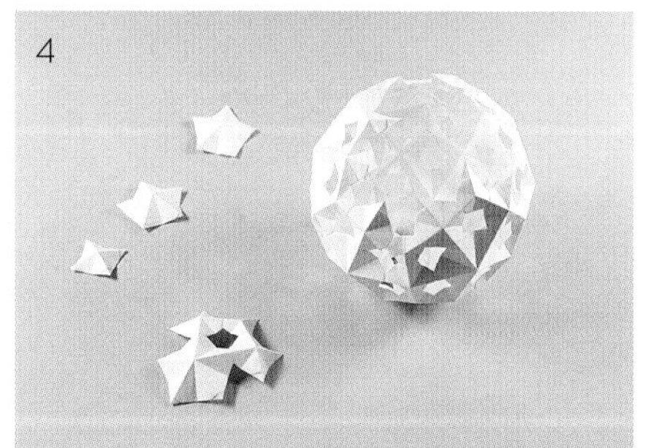
4

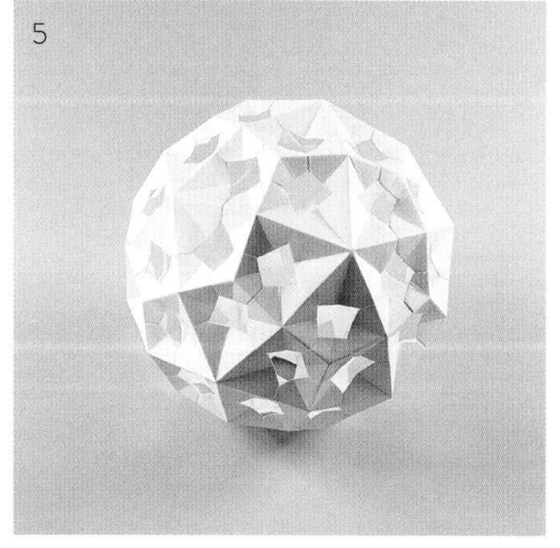
5

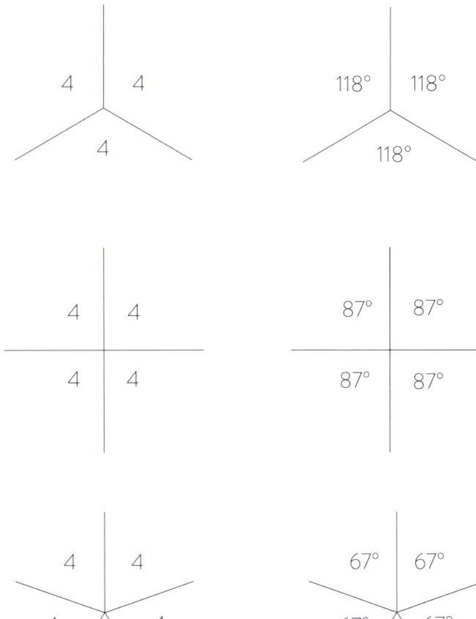

Deltoid-60-Flach

Von den Grundflächen zu den Modulen

Benötigt werden insgesamt 40 Dreiecke in gleicher Größe (20 x Ross und 20 x Reiter), 60 Quadrate in gleicher Größe (30 x Ross und 30 x Reiter) sowie 24 Fünfecke in unterschiedlicher Größe (12 x größeres Ross und 12 x kleinerer Reiter). Beachten Sie die Größenangaben in der Tabelle auf Seite 32! Berg- und Talfalten nach den nebenstehenden Grafiken falten. Dann Ross und Reiter zu Modulen verbinden.

Von den Modulen zum fertigen Modell

An ein erstes fünfzähliges Modul werden fünf vierzählige Module angefügt. Zwischen den vierzähligen Modulen dreizählige Module einfügen (Abb. 1) und das Modell sinngemäß zusammenbauen (Abb. 2–5).

Beachten Sie dabei folgenden Grundsatz: Verbinden Sie jedes fünfzählige Modul ausschließlich mit vierzähligen Modulen und jedes dreizählige Modul nur mit vierzähligen Modulen. Jedes vierzählige Modul wird hingegen wechselweise mit drei- und fünfzähligen Modulen verbunden.

Schwierigkeitsgrad: mittel

Zuschnitt: erste Anforderungen; einfache Montage; Zeitaufwand: ca. 4 Stunden

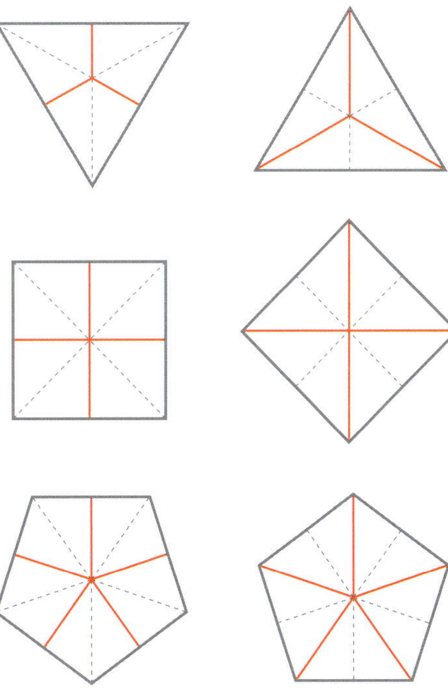

20 x	20 x	30 x	30 x	12 x	12 x

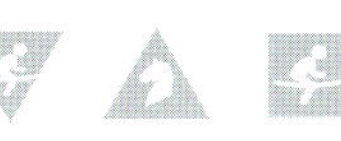
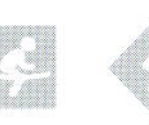
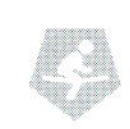

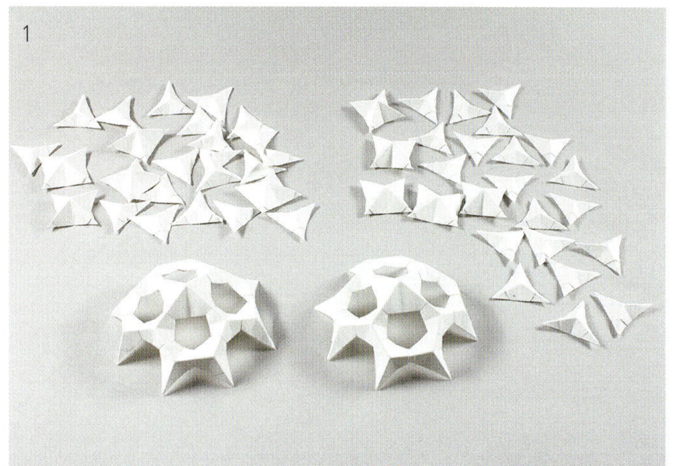
1

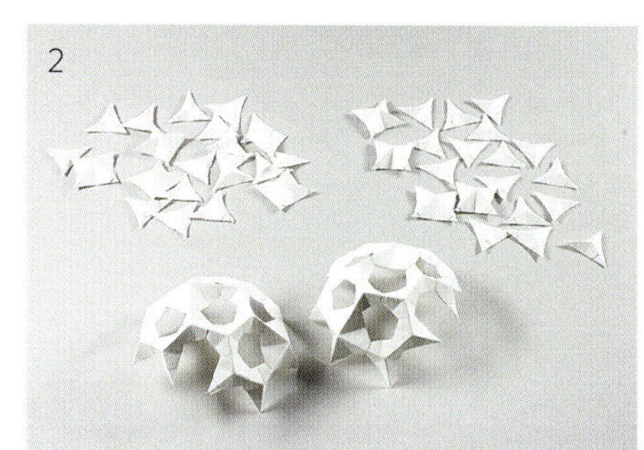
2

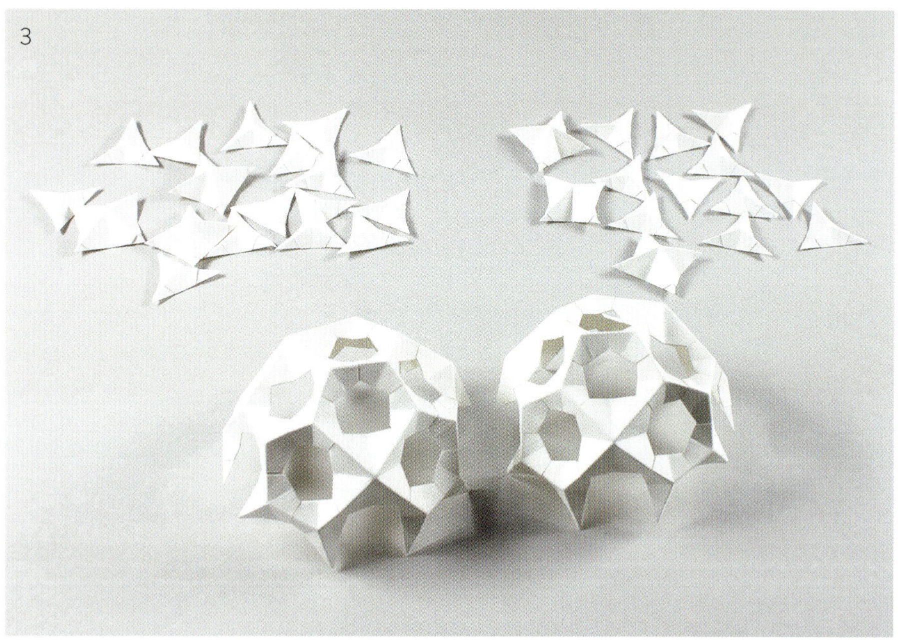
3

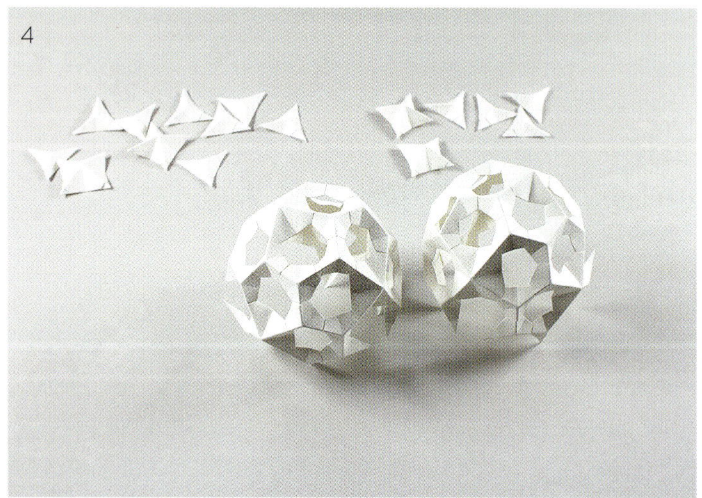
4

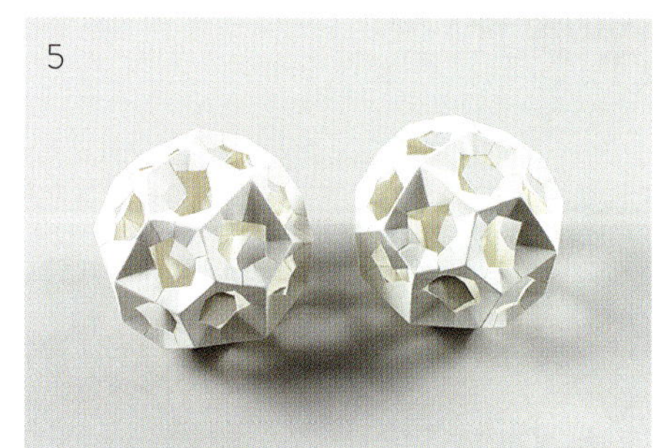
5

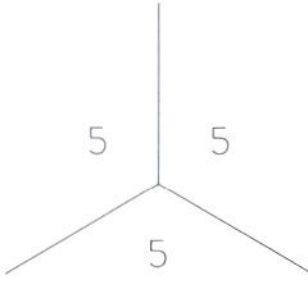

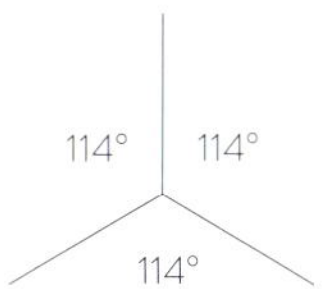

Pentagon-24-Flach
(chiral)

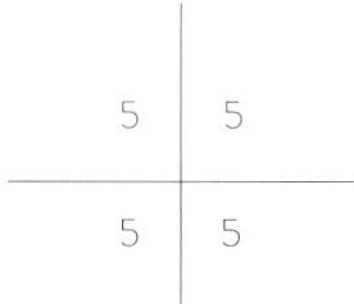

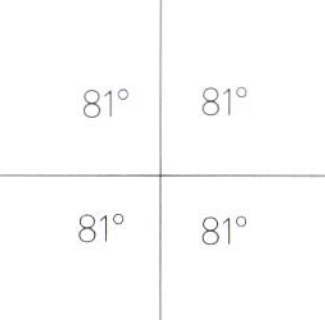

Von den Grundflächen zu den Modulen

Benötigt werden insgesamt 64 Dreiecke in gleicher Größe (32 x Ross und 32 x Reiter) sowie 12 Quadrate in unterschiedlicher Größe (6 x größeres Ross und 6 x kleinerer Reiter). Beachten Sie die Größenangaben in der Tabelle auf Seite 32! Berg- und Talfalten nach den nebenstehenden Grafiken falten. Anschließend Ross und Reiter zu Modulen zusammensetzen.

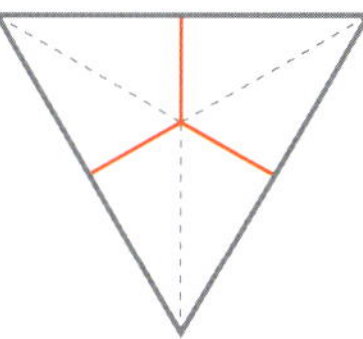

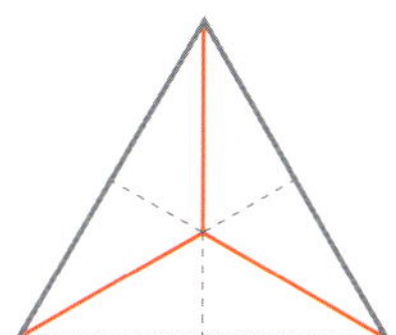

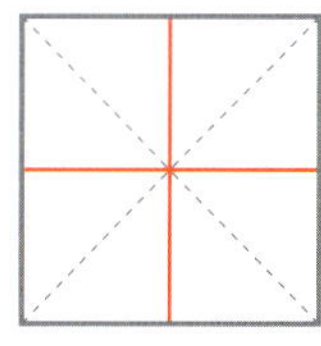

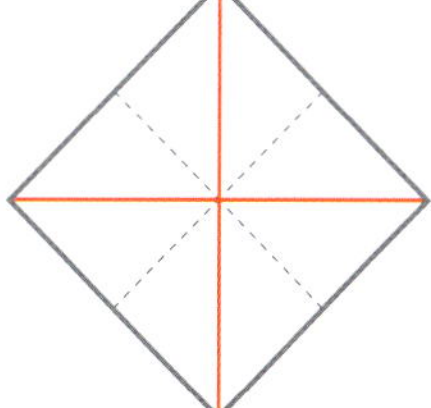

Von den Modulen zum fertigen Modell

Ein erstes quadratisches Modul an vier Seiten mit dreieckigen Modulen verbinden. Dann auf jeder Seite einen fünfzähligen Ringschluss bilden mit weiteren dreizähligen Modulen (Abb. 1). Sinngemäß fortfahren, in dem Sie weitere fünfzählige Ringschlüsse anfügen (Abb. 2–4).
Beachten Sie dabei folgenden Grundsatz: Jeder fünfzählige Ringschluss besteht aus einem quadratischen und vier dreieckigen Modulen.
Von diesem Faltpolyeder sind zwei verschiedene Modelle (Chiralformen) möglich (Abb. 5).

Schwierigkeitsgrad: mittel

Zuschnitt: erste Anforderungen , Montage: erste Anforderungen; Zeitaufwand: ca. 1¾ Stunden pro Modell

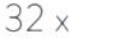

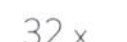

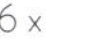

6 x

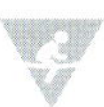

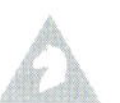

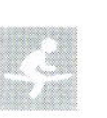

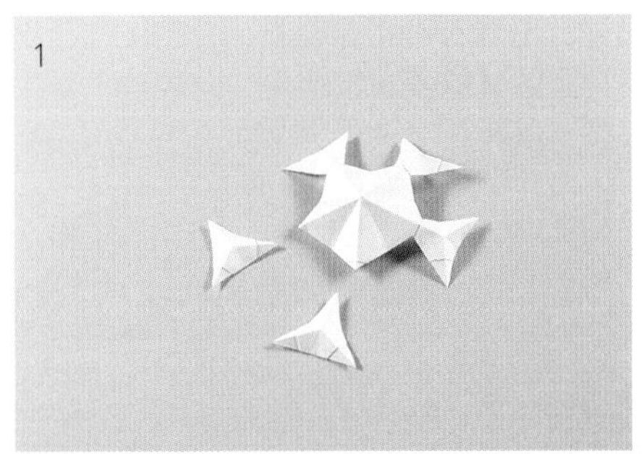
1

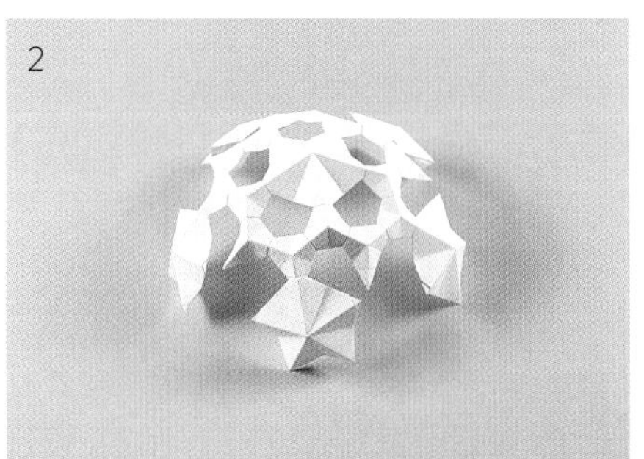
2

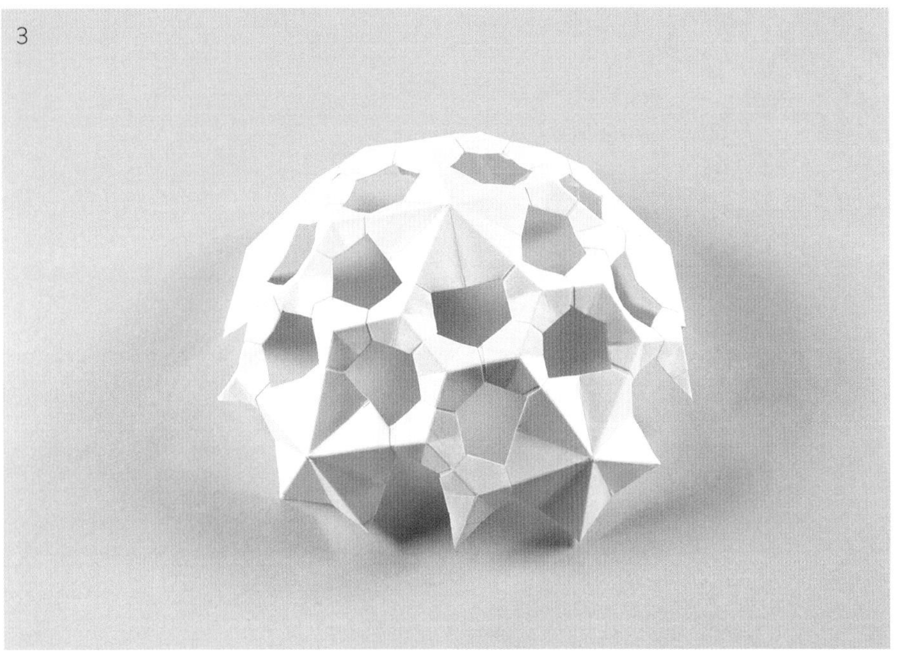
3

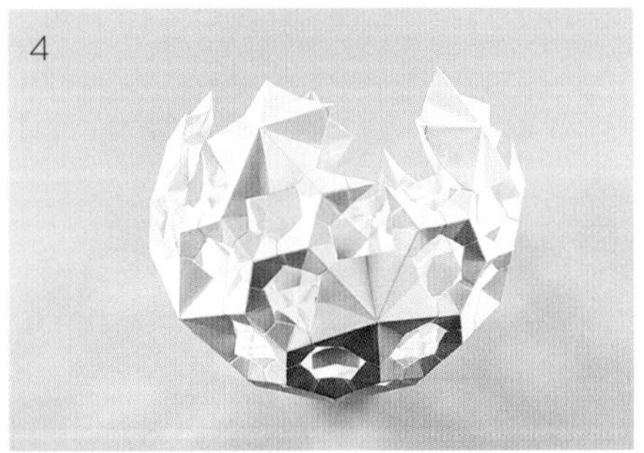
4

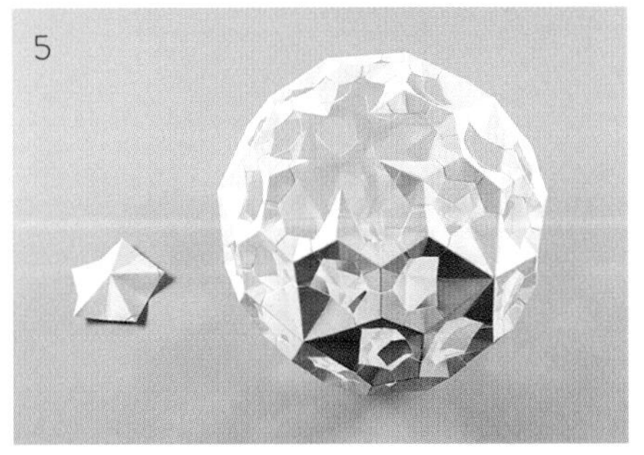
5

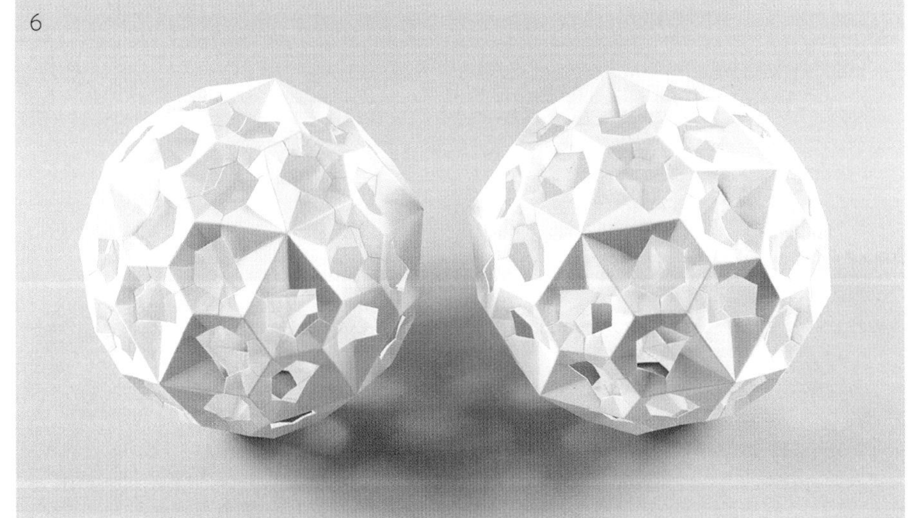
6

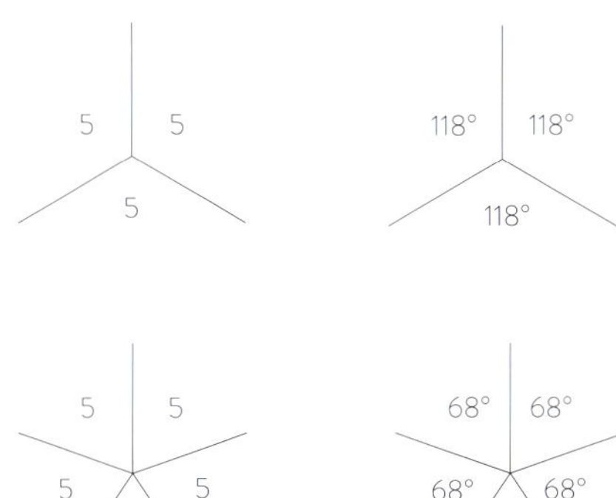

Pentagon-60-Flach
(chiral)

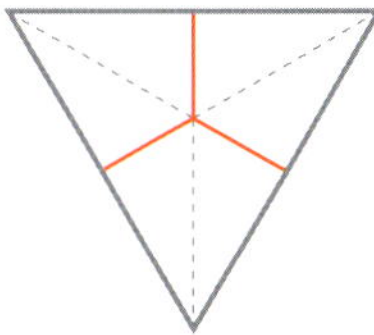

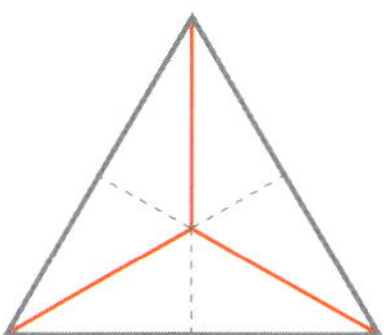

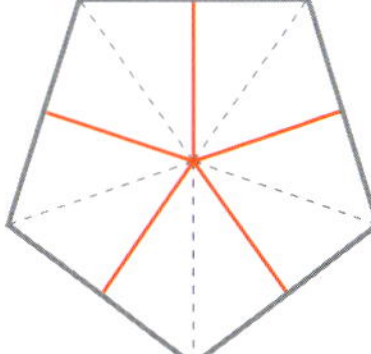

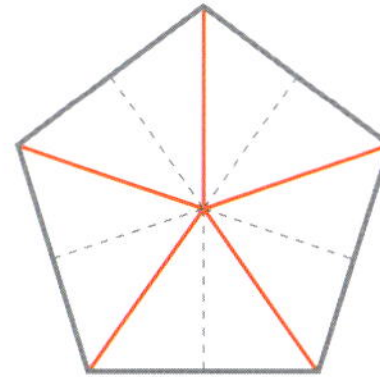

Von den Grundflächen zu den Modulen
Benötigt werden insgesamt 160 Dreiecke in gleicher Größe (80 x Ross und 80 x Reiter) sowie 24 Fünfecke in unterschiedlicher Größe (12 x größeres Ross und 12 x kleinerer Reiter). Beachten Sie die Größenangaben in der Tabelle auf Seite 32! Berg- und Talfalten nach nebenstehenden Grafiken falten. Anschließend Ross und Reiter zu Modulen zusammensetzen.

Von den Modulen zum fertigen Modell
Ein erstes fünfeckiges Modul an fünf Seiten mit dreieckigen Modulen verbinden (Abb. 1). Dann auf jeder Seite einen fünfzähligen Ringschluss mit weiteren dreizähligen Modulen bilden. Sinngemäß fortfahren, indem Sie weitere fünfzählige Ringschlüsse anfügen (Abb. 2 und Abb. 3–5).
Beachten Sie dabei folgenden Grundsatz: Jeder fünfzählige Ringschluss besteht aus einem fünfeckigen und vier dreieckigen Modulen.
Von diesem Faltpolyeder sind zwei verschiedene Modelle (Chiralformen) möglich (Abb. 6).

Schwierigkeitsgrad: mittel
Zuschnitt: erste Anforderungen; Montage: erste Anforderungen: Zeitaufwand: ca. 5½ Stunden pro Modell

80 x 80 x 12 x 12 x

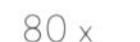
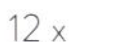

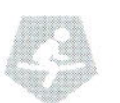

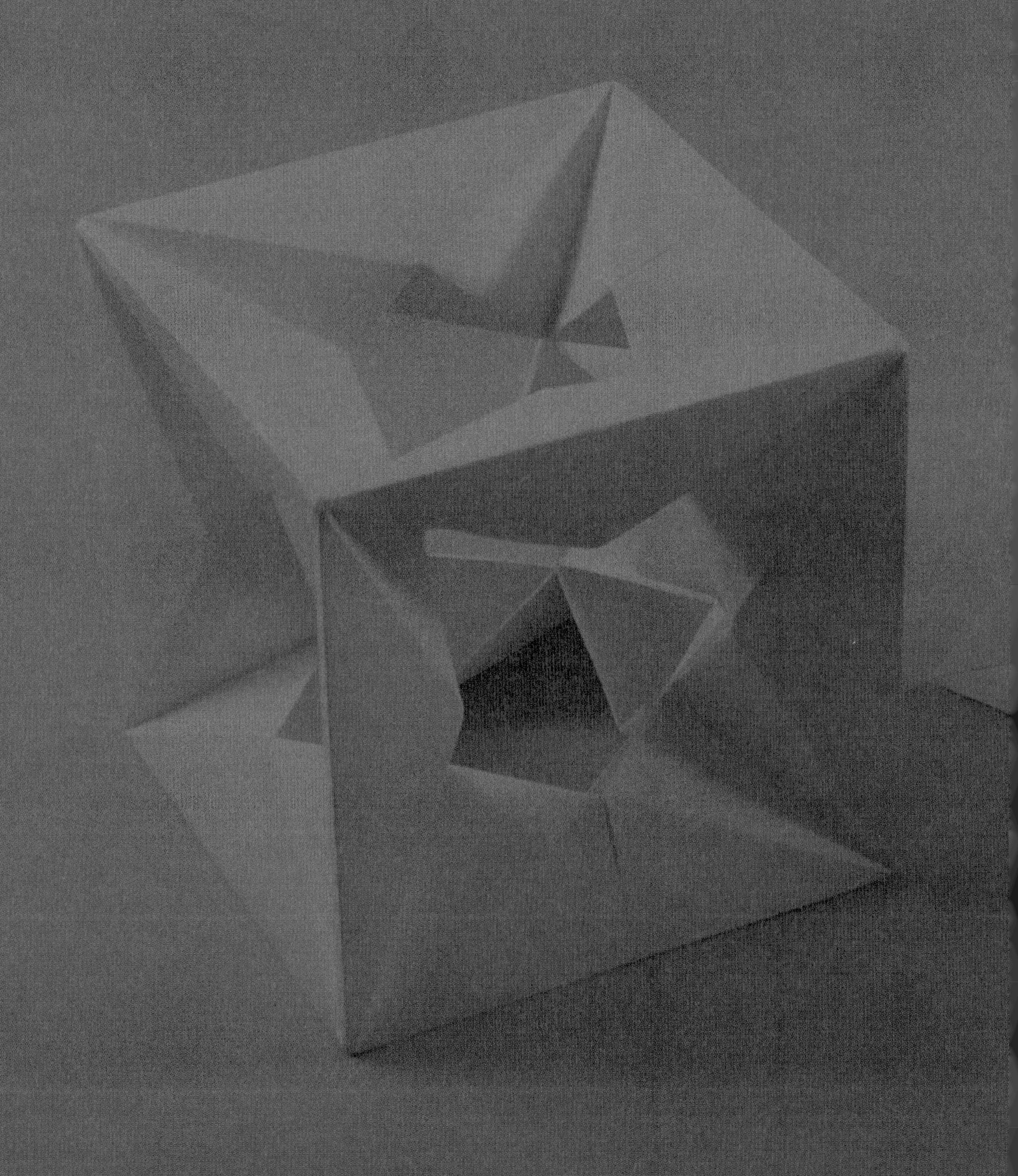

E-Modelle
Zusätzliche Bergfalten und Einwicklungen

Die nächsten beiden Modelle bestehen aus Dreiecken und haben eine Gemeinsamkeit: Ein beträchtlicher Anteil der Modulflächen ist so groß, dass er beim Bau der Modelle stören würde. Um den geometrischen Hintergrund dazu zu verstehen, lesen Sie am besten im Kapitel „Einführung in die praktische Umsetzung“ die Erläuterungen zum Thema „Netzspalt“ (siehe Seite 26).

Eine praktische Lösung besteht darin, mithilfe weiterer Bergfalten viel Fläche in das Innere des Modells zu falten – und beim zweiten Modell (einem Tetraeder) sogar nach innen einzuwickeln.

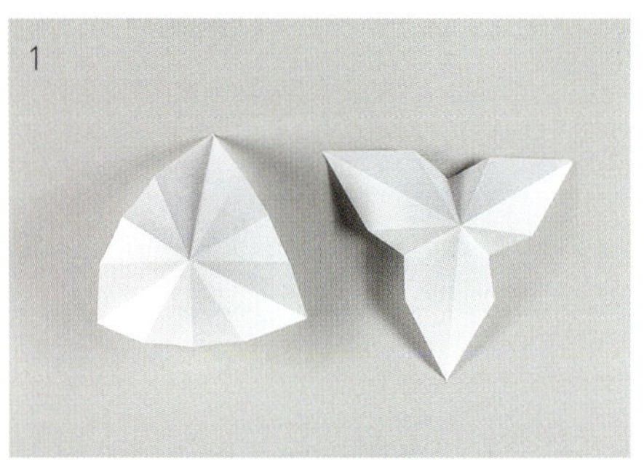
1

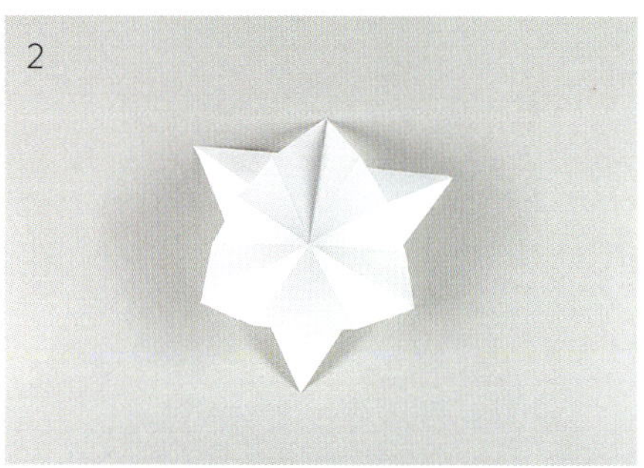
2

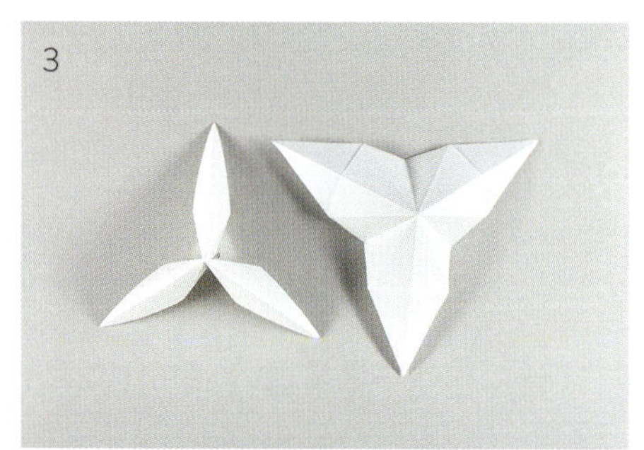
3

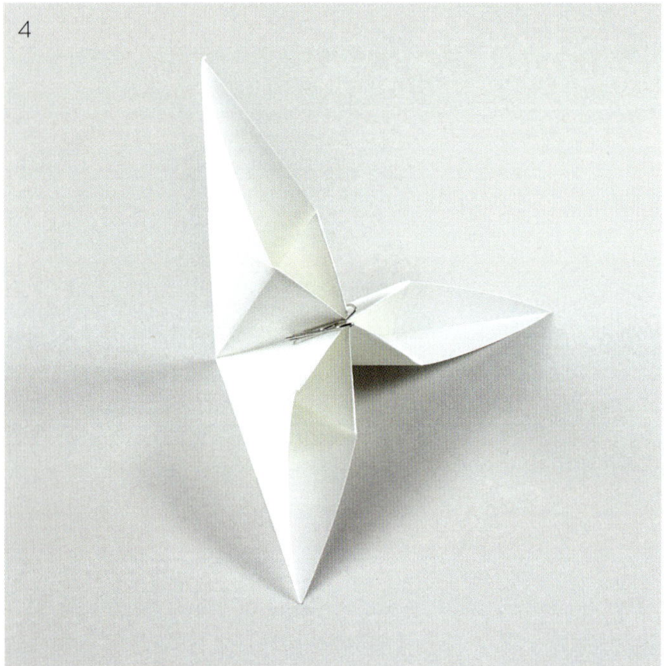
4

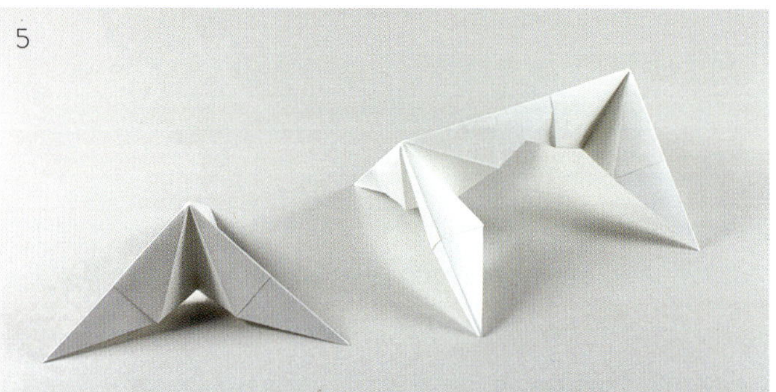
5

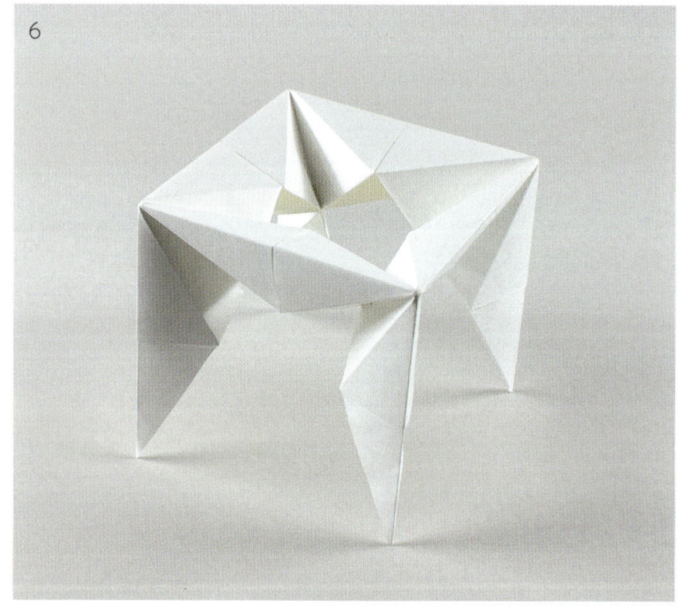
6

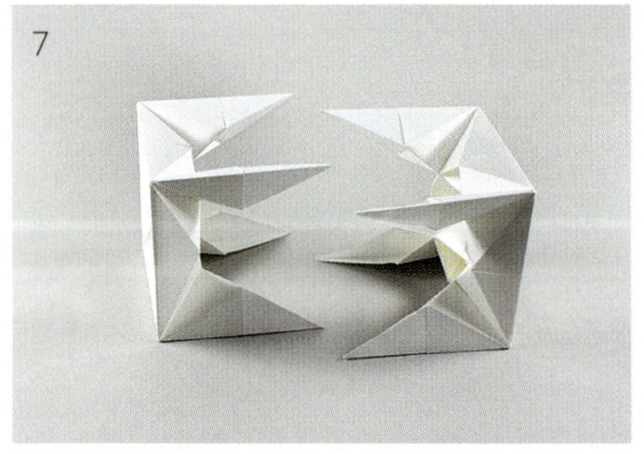
7

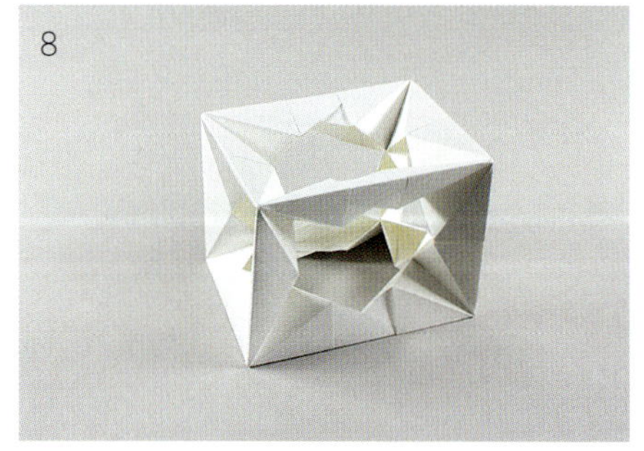
8

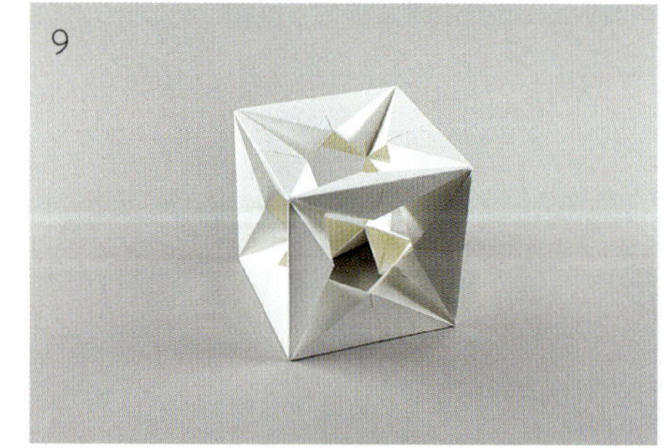
9

Würfel

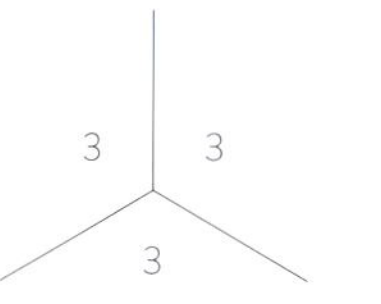

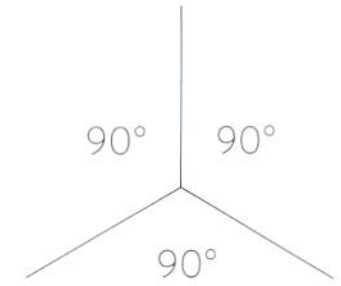

Von den Grundflächen zum Modul

Benötigt werden insgesamt 16 Dreiecke in unterschiedlicher Größe (8 x kleineres Ross und 8 x größerer Reiter). Beachten Sie die Größenangaben in der Tabelle auf Seite 32! Berg- und Talfalten nach nebenstehenden Grafiken falten (Abb. 1). Beachten Sie dabei die zusätzlichen Bergfalten. Ross und Reiter zu Modulen zusammensetzen (Abb. 2–3). Verbinden Sie anschließend die Talfalten jeweils zu dritt mittels Klebstoff in der Mitte (zusammennähen wäre auch möglich, Abb. 4.)

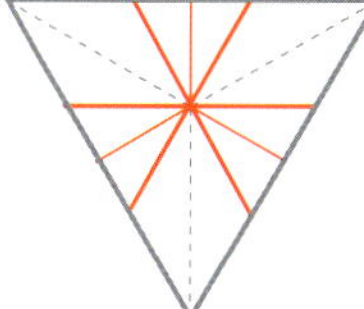

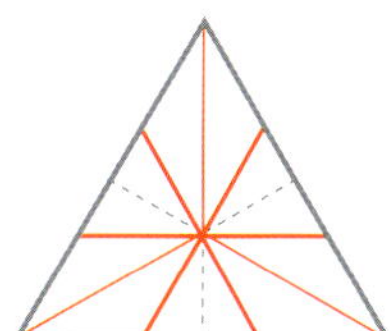

Vom Modul zum fertigen Modell

Ein erstes Modul an einer Seite mit weiteren Modulen verbinden (Abb. 5). Fügen Sie zwei weitere Module an, sodass ein erster vierzähliger Ringschluss entsteht (erste Würfelhälfte, Abb. 6). Die zweite Würfelhälfte ebenso zusammenbauen und beide Hälften zusammenstecken (Abb. 7–9).

Schwierigkeitsgrad: anspruchsvoll

besondere Anforderungen durch zusätzliche Falten und Verklebungen (oder Naht); Zeitaufwand: ca. 1¾ Stunden

Hinweis:

Der Netzspalt (d. h. die überzähligen Winkelflächen) ist beim Würfel und beim Tetraeder besonders groß. Büroklammern helfen beim Zusammenkleben der drei Talfalten (Abb. 4). Beim Würfel werden nur drei Viertel der Fläche gebraucht: von 360° nur 3 x 90° = 270°. Für das Faltmodell ergibt sich somit an jeder Seite ein Winkelüberschuss von 30°. Dieser lässt sich nicht, wie gehabt, durch eine Talfalte nach innen falten. Hier sind zwei zusätzliche Bergfalten notwendig. Die Talfalten werden anschließend immer zu dritt zusammengeklebt.

8 x

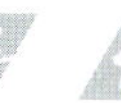

8 x

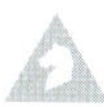

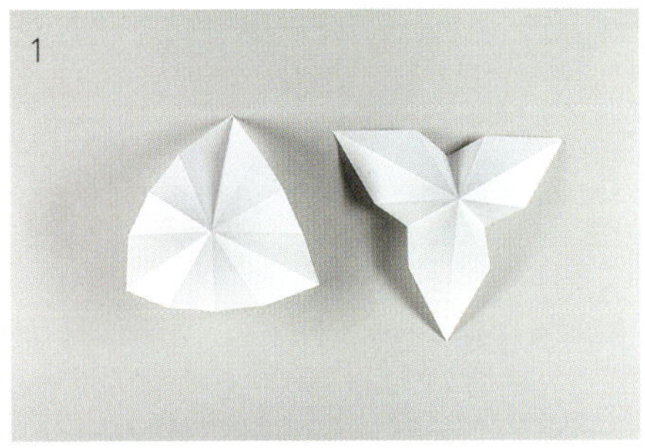
1

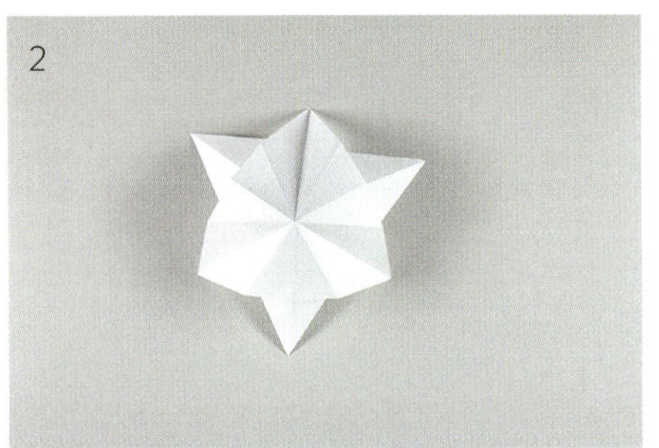
2

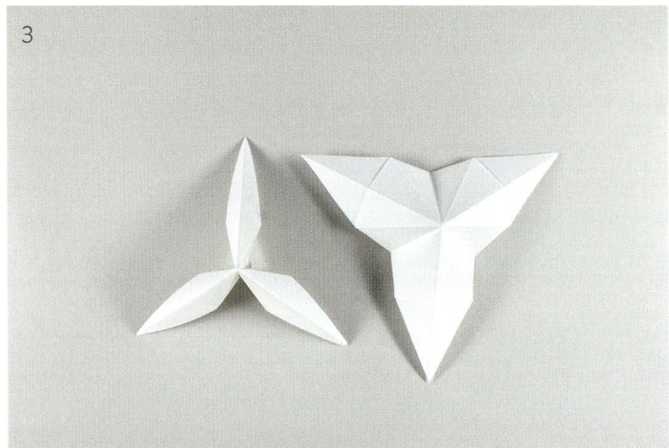
3

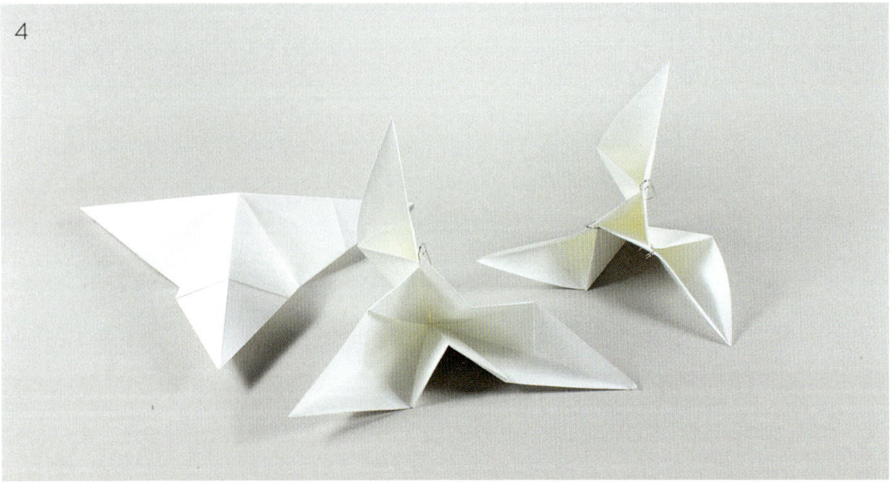
4

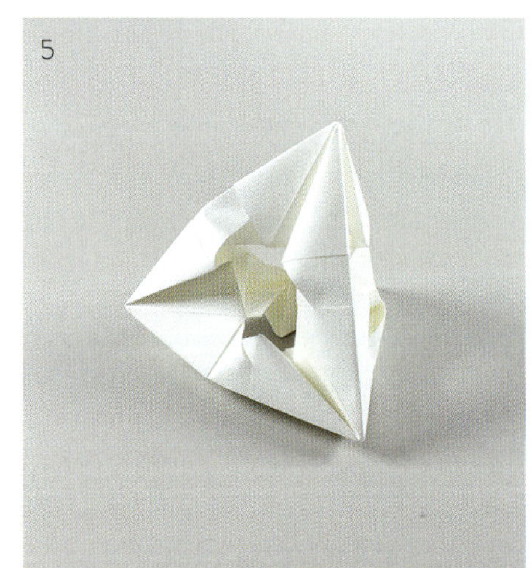
5

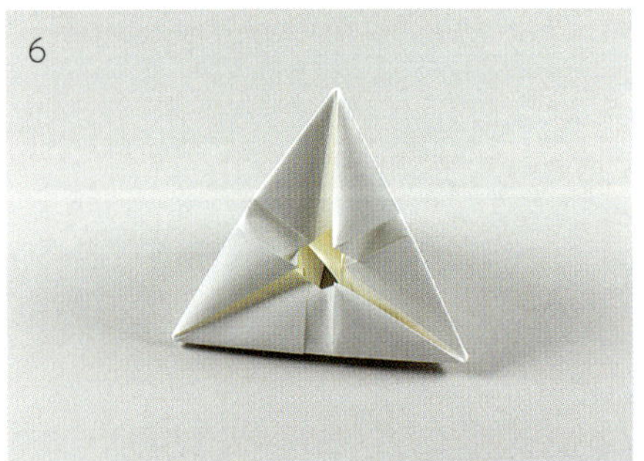
6

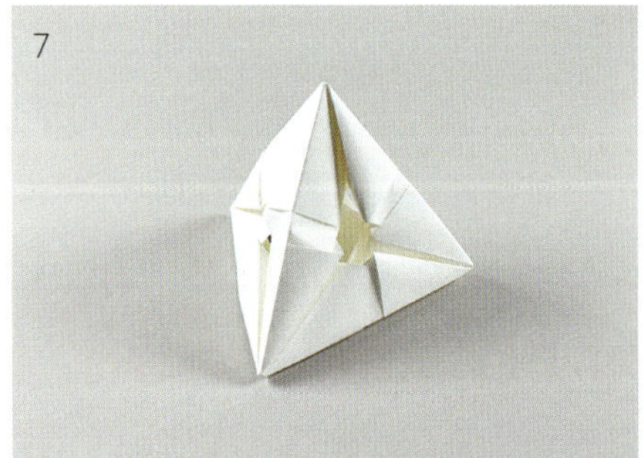
7

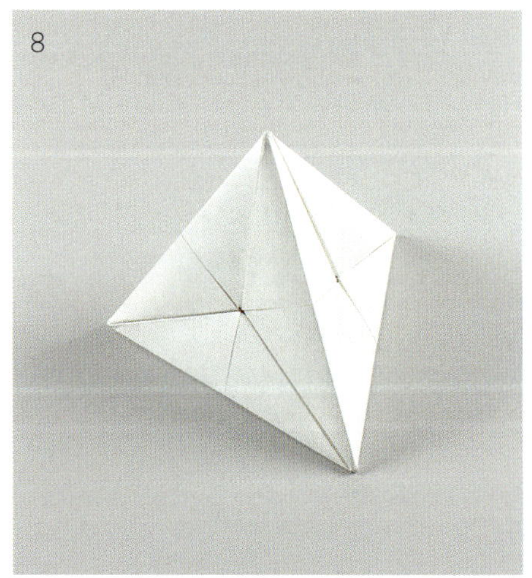
8

Tetraeder

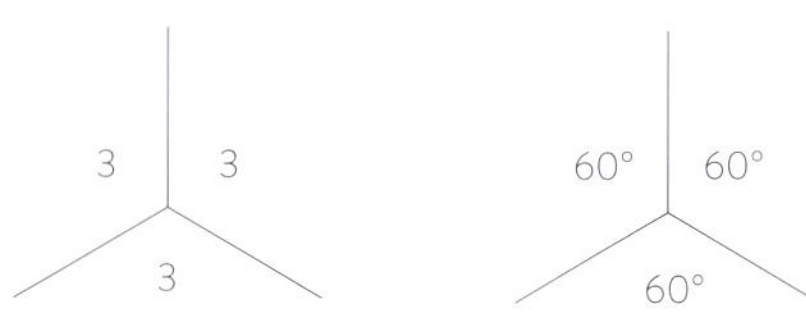

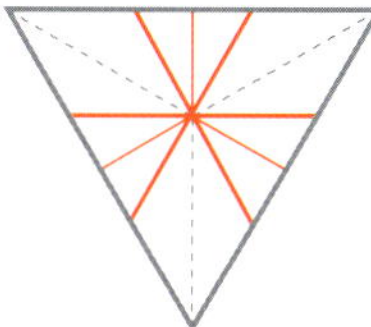

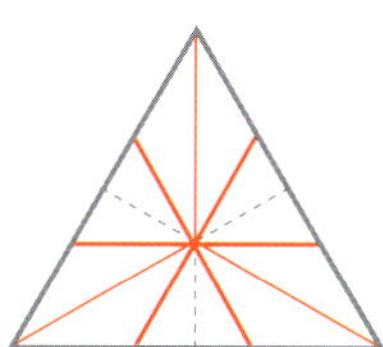

Von den Grundflächen zum Modul

Benötigt werden insgesamt 8 Dreiecke in unterschiedlicher Größe (4 x kleineres Ross und 4 x größerer Reiter). Beachten Sie die Größenangaben in der Tabelle auf Seite 32! Berg- und Talfalten nach nebenstehenden Grafiken falten (Abb. 1). Beachten Sie dabei die zusätzlichen Bergfalten. Ross und Reiter zu Modulen zusammensetzen (Abb. 2–3). Kleben Sie die Talfalten anschließend einzeln in die Rückseiten der zusätzlichen Bergfalten (Abb. 4).

Vom Modul zum fertigen Modell

Ein erstes Modul an einer Seite mit weiterem Modulen verbinden, dabei die Module nur ein kleines Stück zusammenschieben. Fügen Sie weitere Module einzeln an zu insgesamt vier dreizähligen Ringschlüssen (Abb. 5). Erst zum Schluss alle Module abwechselnd in kleinen Schritten zusammenschieben (Abb. 6–8).

Schwierigkeitsgrad: anspruchsvoll

besondere Anforderungen durch zusätzliche Falten, Wickelungen und Verklebungen sowie beim Zusammenbauen; Zeitaufwand: ca. 1½ Stunden

Hinweis:

Beim Tetraeder werden nur 3 x 60° = 180° benötigt, d. h. von 360° sind hier 180° überflüssig. Auf jede der drei Seiten entfallen 60°, die nach innen eingefaltet werden müssen. Die zusätzlichen Bergfalten, die wir bereits beim Würfel angewendet haben, kommen auch hier zum Einsatz. Zudem müssen Faltflächen nach innen eingewickelt und im Inneren des Modells festgeklebt werden.

4 x 4 x

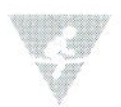

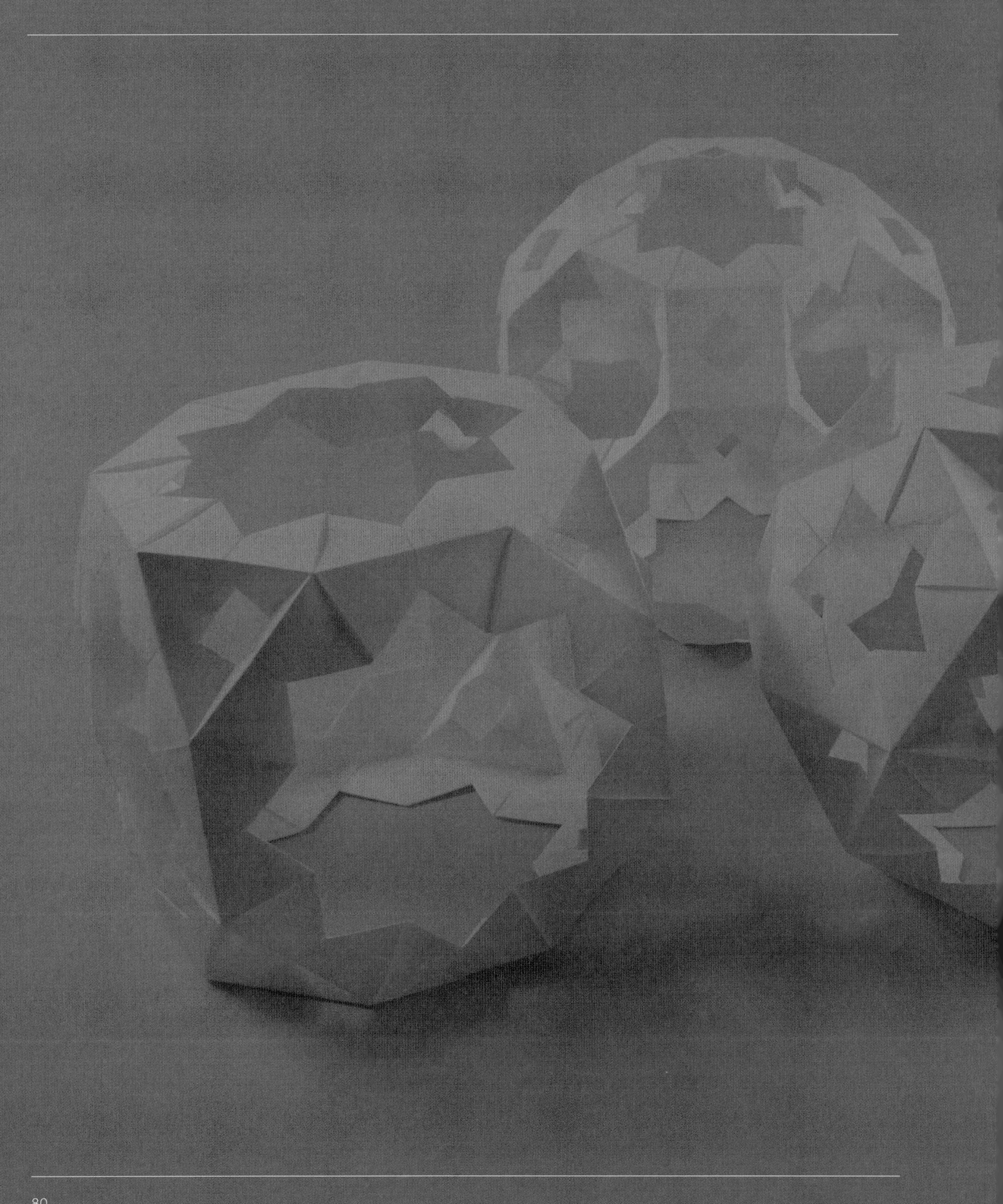

F-Modelle
Zentauren – kombinierte Ross-Reiter-Funktion

Manche Polyeder-Formen erfordern zwischen den Kanten besondere Winkelsummen, die sich nur erreichen lassen, wenn jeweils zwei gleiche quadratische, fünf- oder sechseckige Grundflächen eingeschnitten, zusammengesteckt und – wie jeweils in der Schritt-für-Schritt-Anleitung angegeben – gefaltet werden.

Jede der beiden Grundflächen hat beim gemeinsamen Modul sowohl oben- als auch untenliegende Flächenanteile. Aufgrund ihrer zweifachen Ross- und Reiter-Funktion werden die Blätter – nach dem Pferd-Mensch-Wesen in der griechischen Mythologie – als „Zentauren“ bezeichnet.

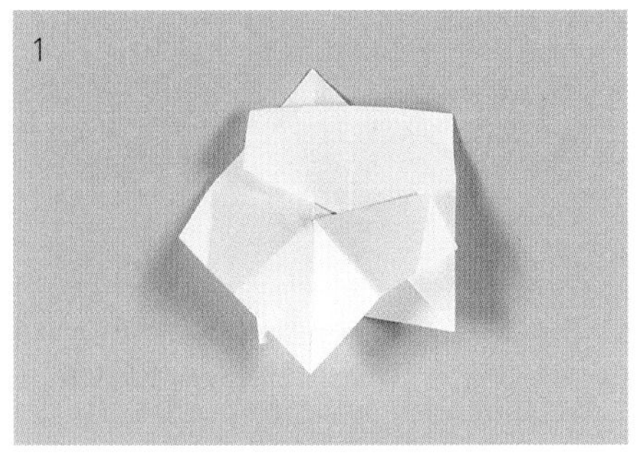
1

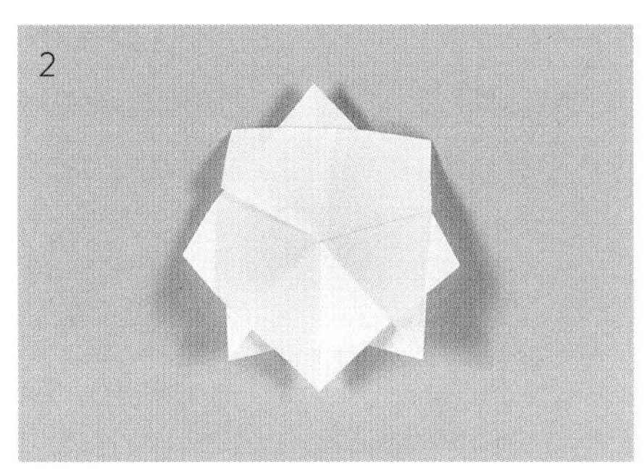
2

3

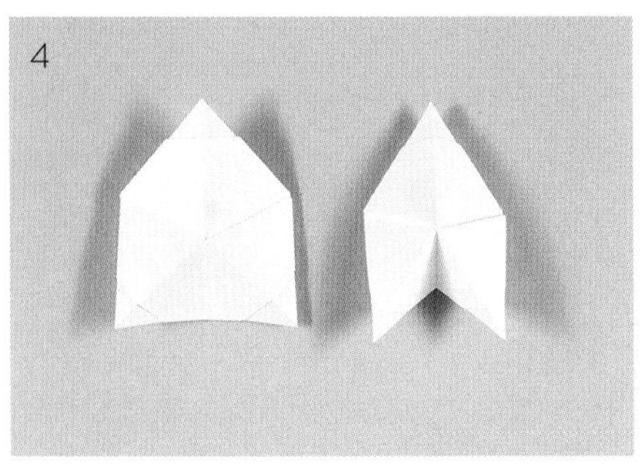
4

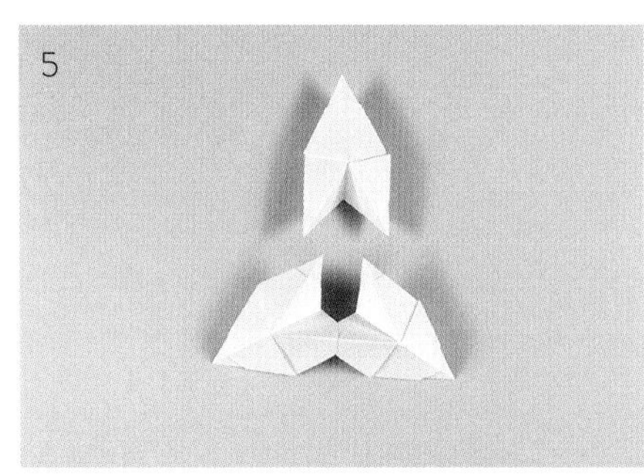
5

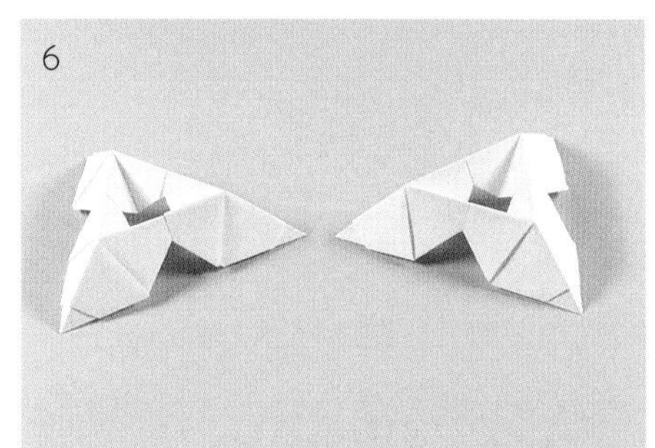
6

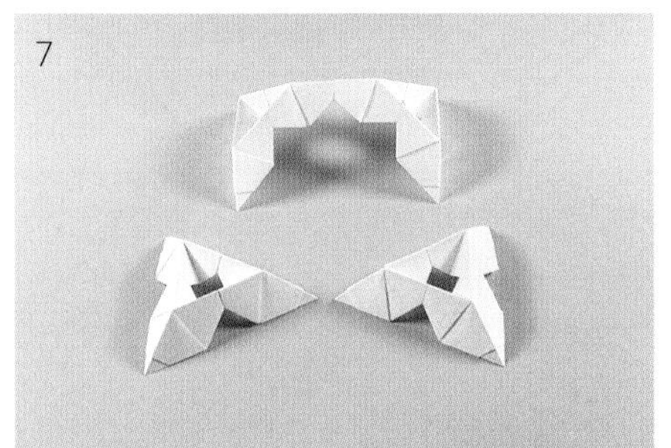
7

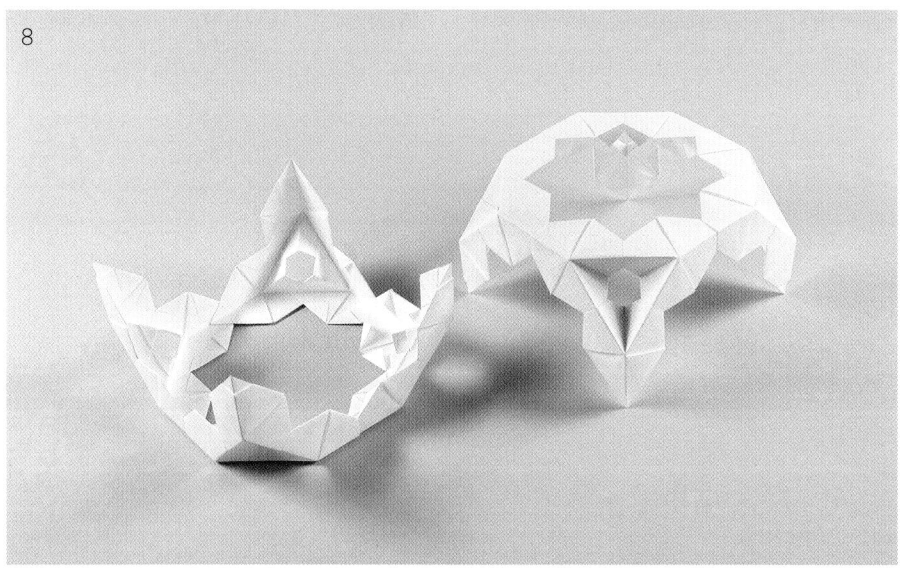
8

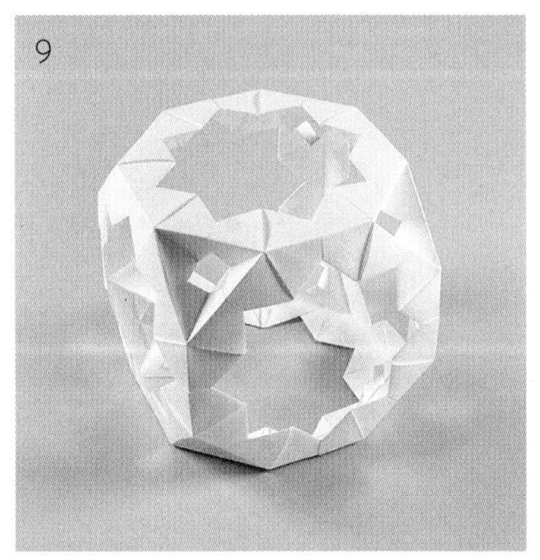
9

Würfel-Stumpf

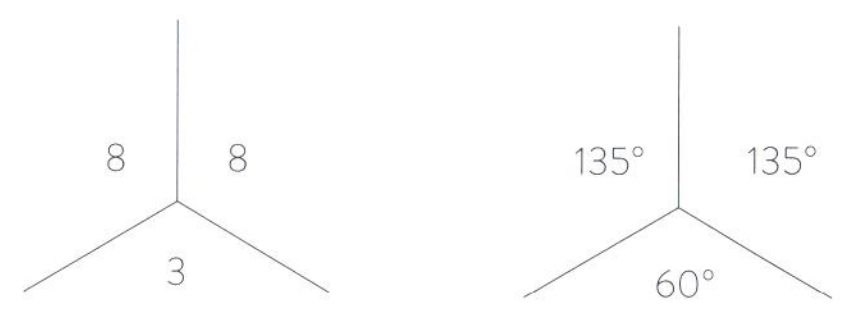

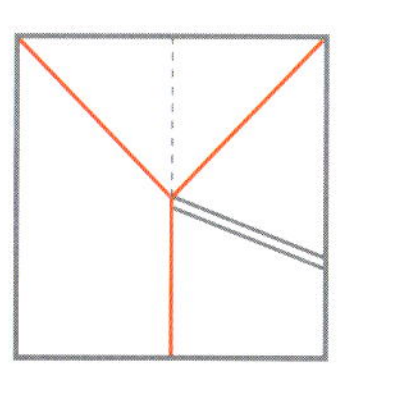

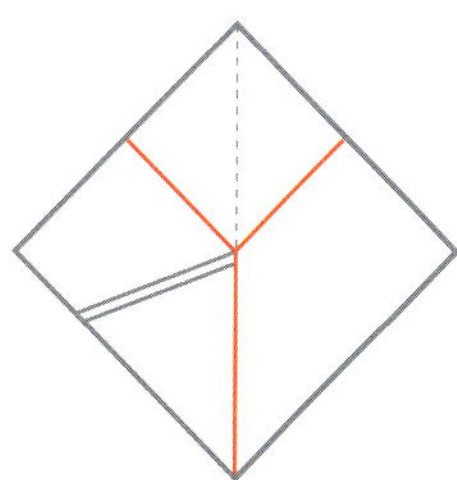

Von den Grundflächen zum Modul
Benötigt werden insgesamt 48 Quadrate in gleicher Größe (24 Zentauren links und 24 Zentauren rechts), die jeweils von einer Seite eingeschnitten werden (siehe die Grafiken rechts und Abb. 1). Berg- und Talfalten nach den nebenstehenden Grafiken falten und, wie abgebildet, links (für Zentaur links) oder rechts (für Zentaur rechts) einschneiden. Setzen Sie jeweils einen Zentaur links und einen Zentaur rechts zu einem Modul zusammen (Abb. 1 und 2). Dann die oberen, überstehenden Ecken unterfalten zum Modul (Abb. 3 und 4).

Vom Modul zum fertigen Modell
Acht dreizählige Ringschlüsse bilden (sie ergeben jeweils ein Achtel des Modells, Abb. 5 und 6). Diese anschließend schrittweise zusammensetzen (Abb. 7–9).

Schwierigkeitsgrad: anspruchsvoll
besondere Anforderungen durch kleinteilige Zentauren-Module, Einschnitte, Verklebungen sowie beim Zusammenbauen; Zeitaufwand: ca. 2½ Stunden

Hinweis:
Instabile Steckverbindungen können Sie mit einer geringen Menge Klebstoff sichern.

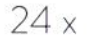

24 x

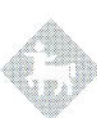

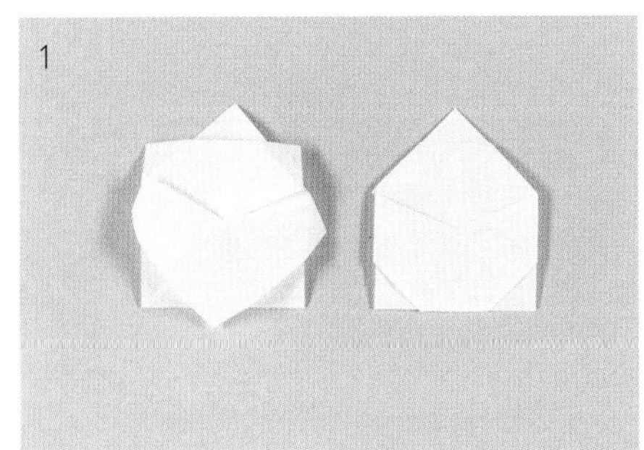
1

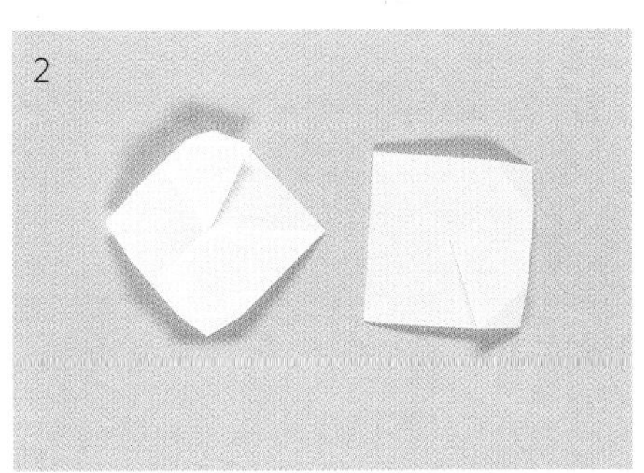
2

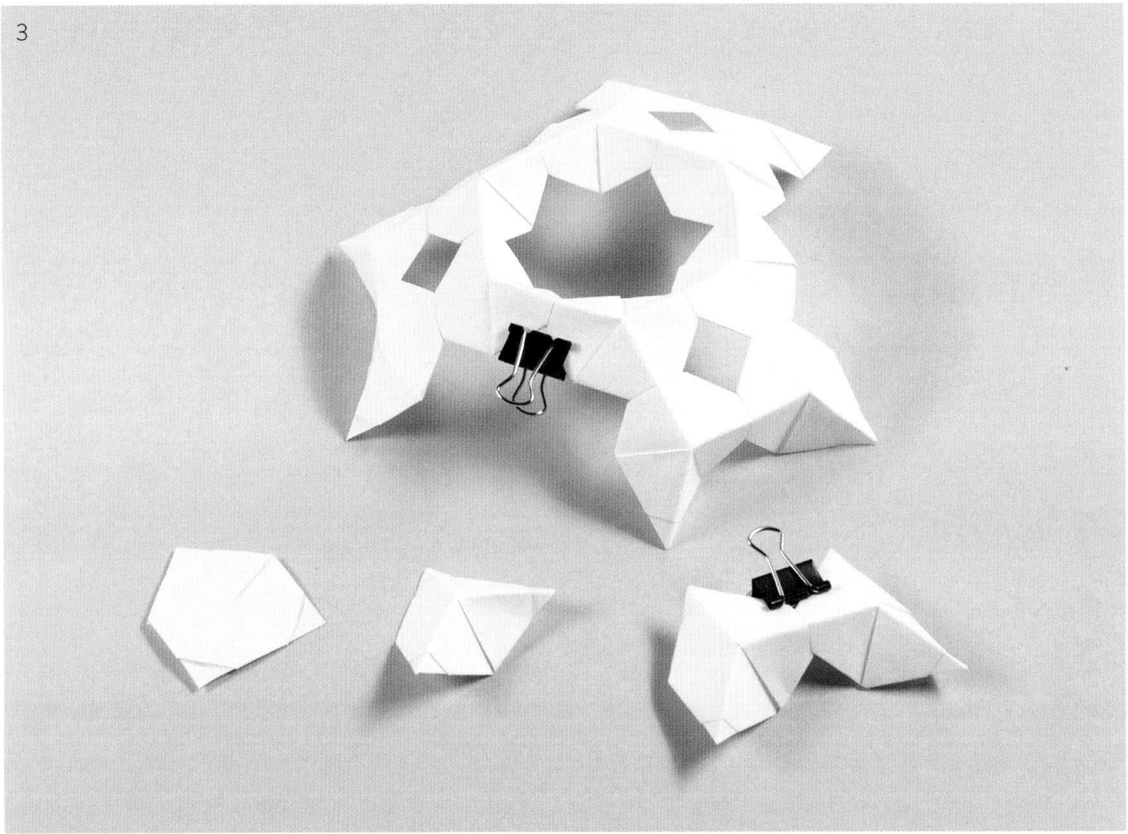
3

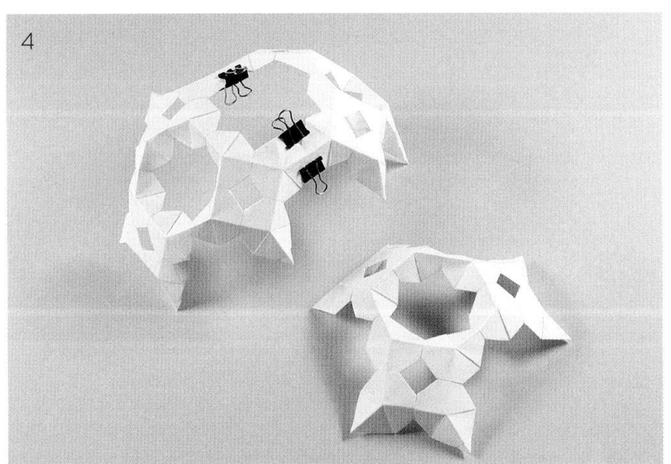
4

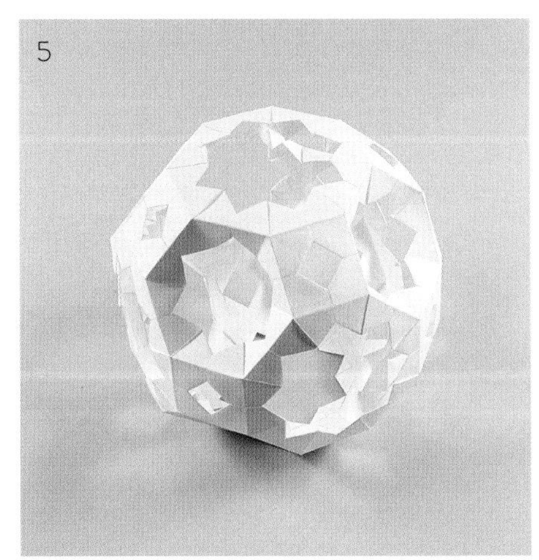
5

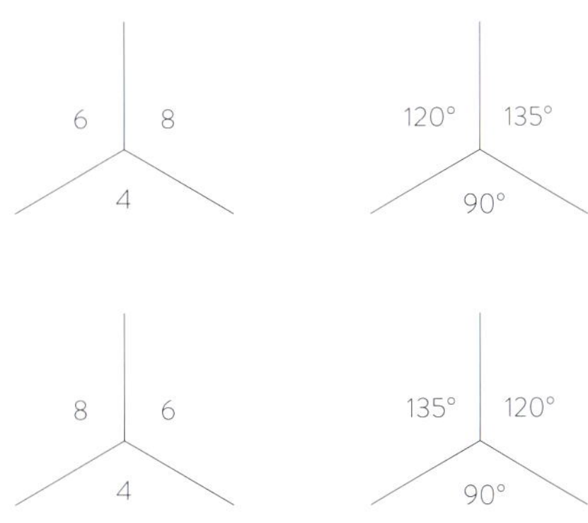

Kubo-Oktaeder-Stumpf

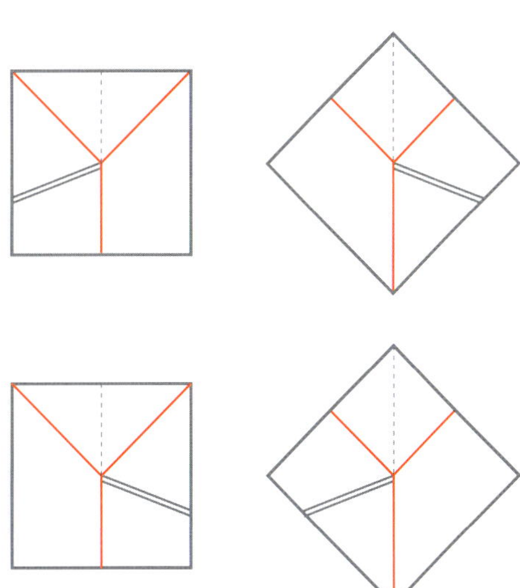

Von den Grundflächen zum Modul

Benötigt werden insgesamt 96 Quadrate in gleicher Größe (2 x 24 Zentauren links und 2 x 24 Zentauren rechts), die jeweils von einer Seite eingeschnitten werden (siehe die Grafiken rechts). Berg- und Talfalten nach den nebenstehenden Grafiken falten und, wie abgebildet, links (für Zentaur links) oder rechts (für Zentaur rechts) einschneiden (Abb. 1 und 2, siehe auch vorangegangenes Modell). Setzen Sie dann jeweils einen Zentaur links und einen Zentaur rechts zu einem Modul zusammen.
Bitte beachten Sie: Sie brauchen jeweils zwei unterschiedliche spiegelbildliche Module, die wechselweise zu viert zusammengeschlossen werden zu vierzähligen Ringschlüssen (diese bilden jeweils ein Zwölftel des Modells).

Vom Modul zum fertigen Modell

Die Ringschlüsse nacheinander verbinden. Verwenden Sie dafür Klebstoff, den Sie – mit Klammern fixiert – gut trocknen lassen (Abb. 3). Dabei ergeben sich wechselseitig neue sechs- und zehnzählige Ringschlüsse. Wie abgebildet, den Kubo-Oktaeder-Stumpf sinngemäß zusammenbauen (Abb. 4 und 5).

Schwierigkeitsgrad: anspruchsvoll

besondere Anforderungen durch kleinteilige Zentauren-Module, Einschnitte, Verklebungen sowie beim Zusammenbauen; Zeitaufwand: ca. 4¾ Stunden

Hinweis:

Für die sechszähligen Ringschlüsse werden vorab keine Talfalten gebildet. Bei der Montage entstehen fast von selbst „runde" Talfalten, wenn das überschüssige Material nach innen gedrückt wird.

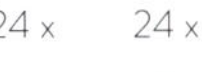

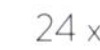

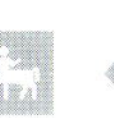

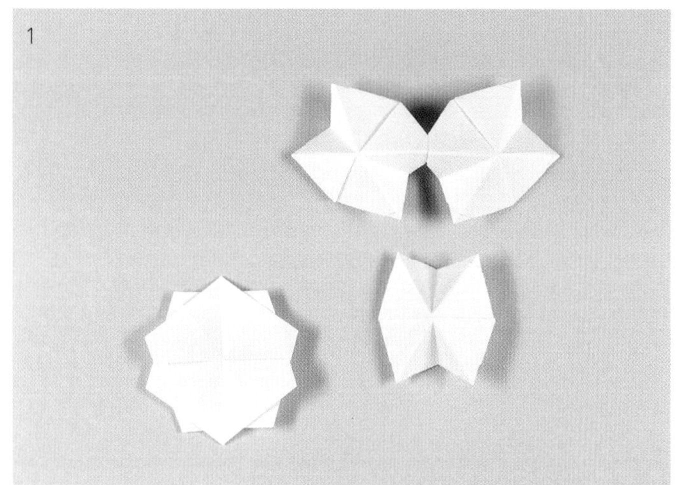
1

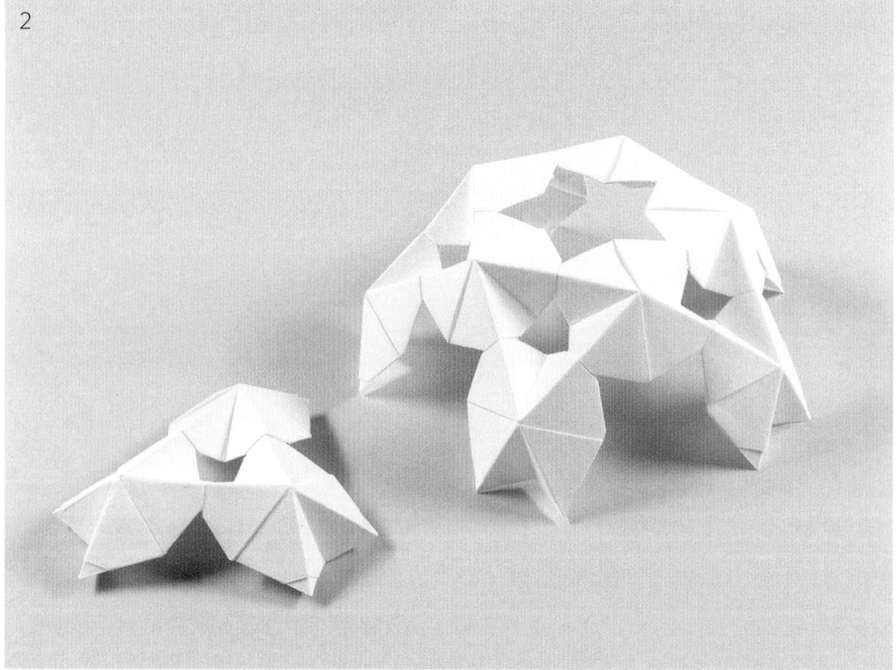
2

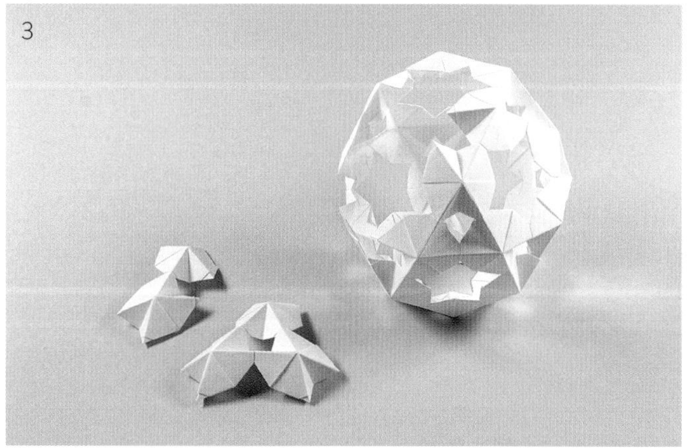
3

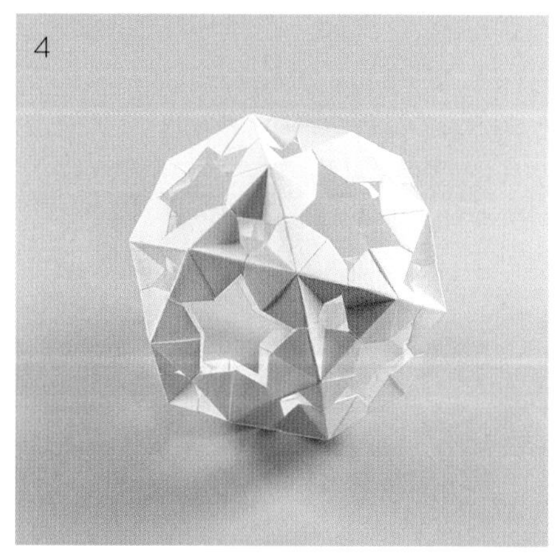
4

5	3
3	5

108°	60°
60°	108°

Ikosi-Dodekaeder

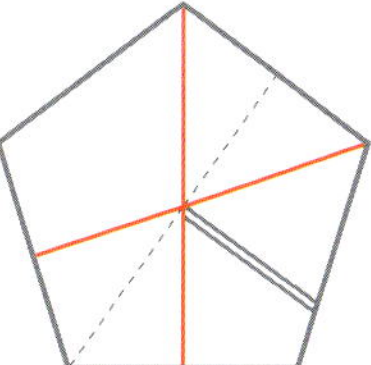

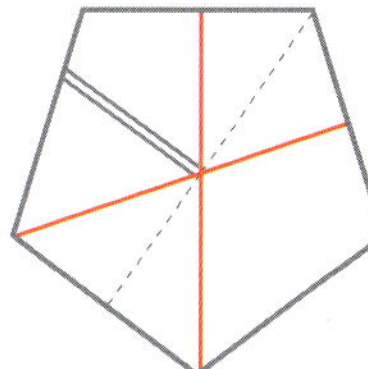

Von den Grundflächen zum Modul
Benötigt werden insgesamt 60 Fünfecke in gleicher Größe (30 Zentauren links und 30 Zentauren rechts), die jeweils von einer Seite eingeschnitten werden (siehe die Grafiken rechts). Berg- und Talfalten nach den nebenstehenden Grafiken falten und, wie abgebildet, links (für Zentaur links) oder rechts (für Zentaur rechts) einschneiden. Setzen Sie dann jeweils einen Zentaur links und einen Zentaur rechts zu einem Modul zusammen (Abb. 1, links).

Vom Modul zum fertigen Modell
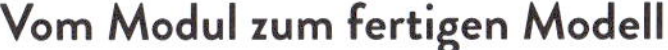
Einen ersten dreizähligen Ringschluss bilden (Abb. 1, rechts). Fügen Sie dann schrittweise weitere Module an. Es entstehen an jeder Modell-Ecke jeweils zwei dreizählige und zwei fünfzählige Ringschlüsse (Abb. 2). Wie abgebildet, das Ikosi-Dodekaeder sinngemäß zusammenbauen (Abb. 3 und 4).

Schwierigkeitsgrad: anspruchsvoll
besondere Anforderungen durch kleinteilige Zentauren-Module, Einschnitte, Verklebungen sowie beim Zusammenbauen; Zeitaufwand: ca. 3¼ Stunden

Hinweis:
Instabile Steckverbindungen können Sie mit einer geringen Menge Klebstoff sichern.

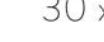

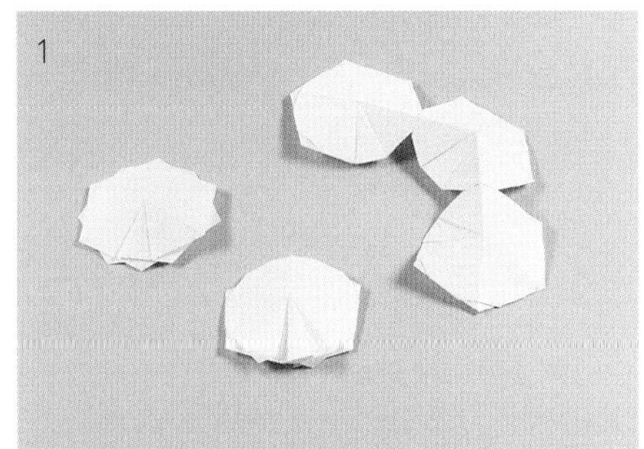
1

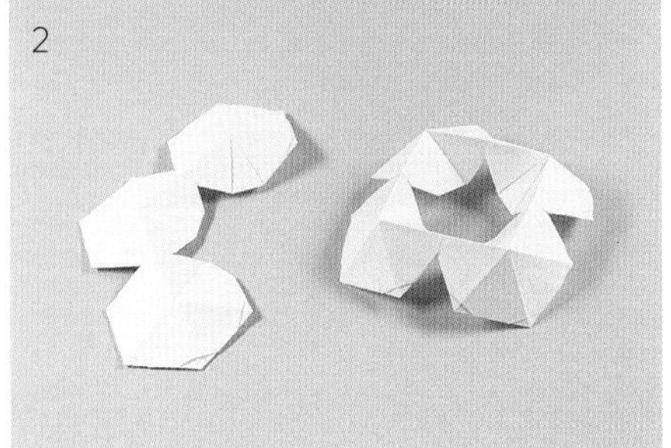
2

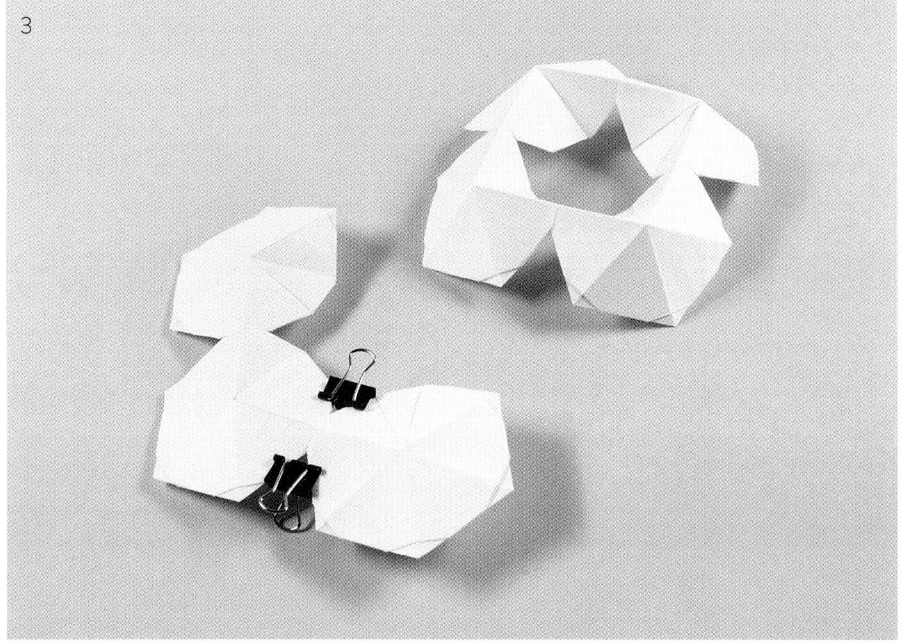
3

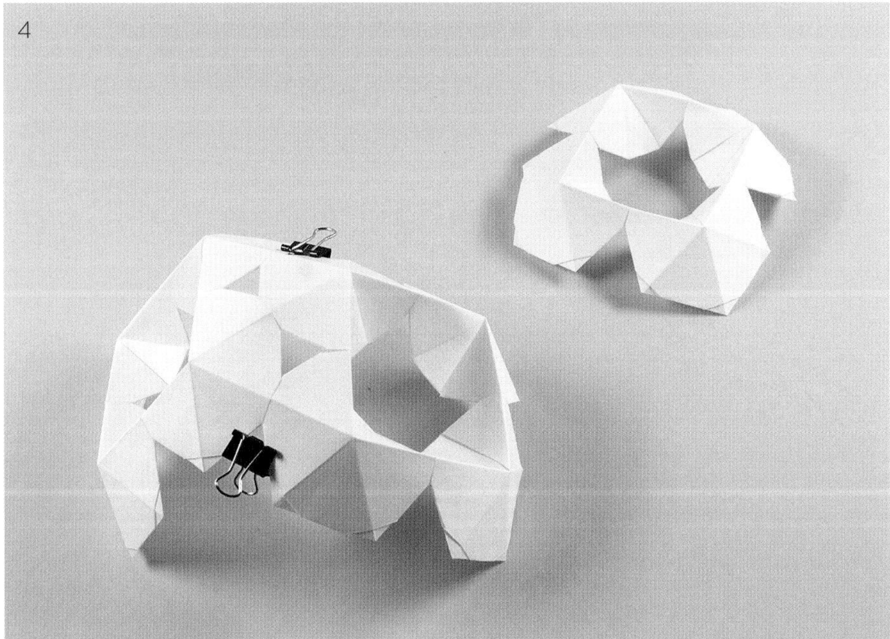
4

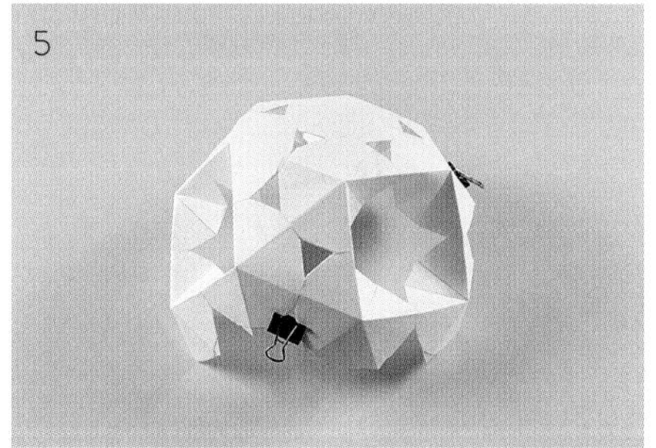
5

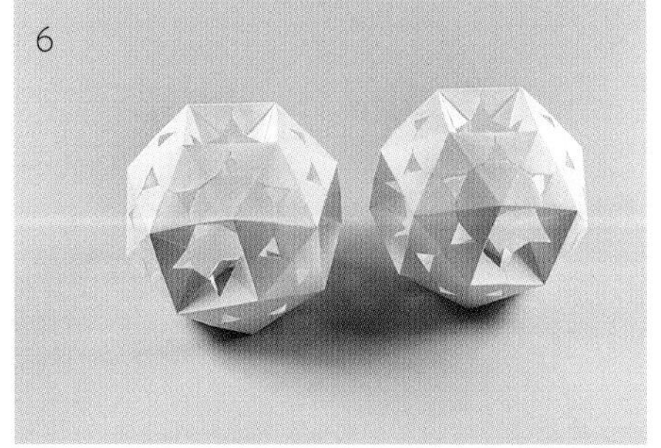
6

Cubus simus
(chiral)

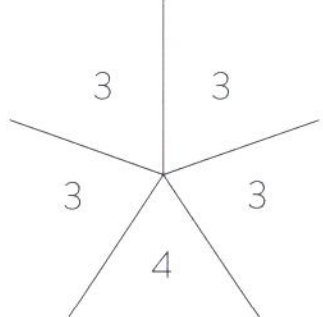

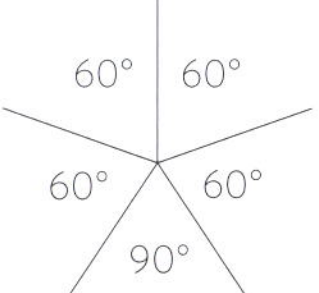

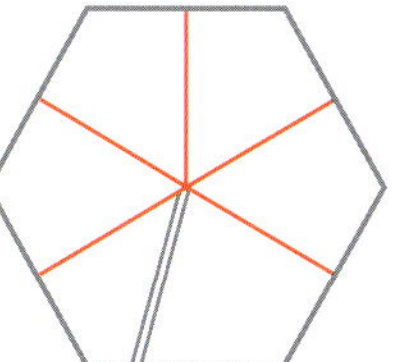

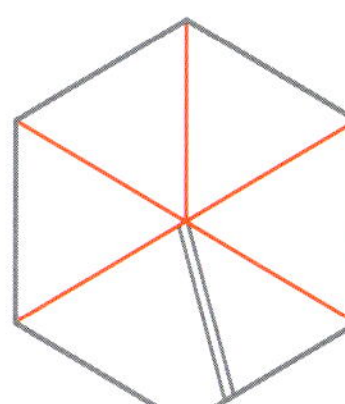

Von den Grundflächen zum Modul
Benötigt werden insgesamt 48 Sechsecke in gleicher Größe (24 Zentauren links und 24 Zentauren rechts), die jeweils von einer Seite eingeschnitten werden (siehe die Grafiken rechts). Berg- und Talfalten nach den nebenstehenden Grafiken falten und, wie abgebildet, links (für Zentaur links) oder rechts (für Zentaur rechts) einschneiden. Setzen Sie dann jeweils einen Zentaur links und einen Zentaur rechts zu einem Modul zusammen (Abb. 1, links und unten).

Vom Modul zum fertigen Modell
Mit den ersten vier Modulen einen ersten vierzähligen Ringschluss bilden (er ergibt ein Sechstel des Modells; Abb. 1, rechts bis Abb. 3). Fügen Sie anschließend schrittweise weitere vierzählige Ringschlüsse zusammen (Abb. 4 und 5). Von Cubus simus sind zwei chirale Varianten möglich (Abb.6; siehe auch die Modelle D14 und D15; Seite 70 ff.).

Schwierigkeitsgrad: anspruchsvoll
besondere Anforderungen durch Einschnitte, kleinteilige Zentauren-Module, Einschnitte, Verklebungen sowie beim Zusammenbauen; Zeitaufwand: ca. 4 Stunden pro Modell

Hinweis:
Für die vierzähligen Ringschlüsse werden vorab keine Talfalten gebildet. Bei der Montage entstehen fast von selbst „runde" Talfalten, wenn das überschüssige Material nach innen gedrückt wird.
Verwenden Sie beim Zusammenstecken benachbarter Module einen Tropfen Klebstoff, und arretieren Sie die Module mit Klammern, bis der Klebstoff getrocknet ist.

24 x 24 x

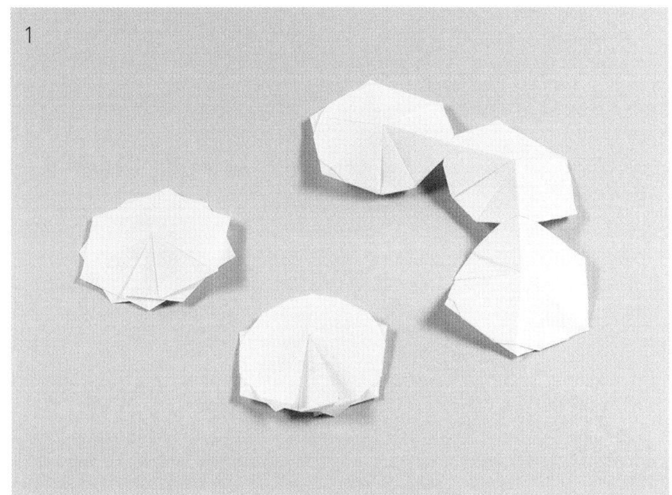
1

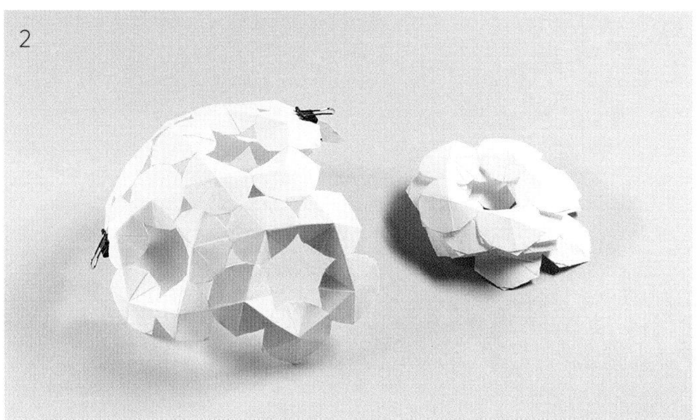
2

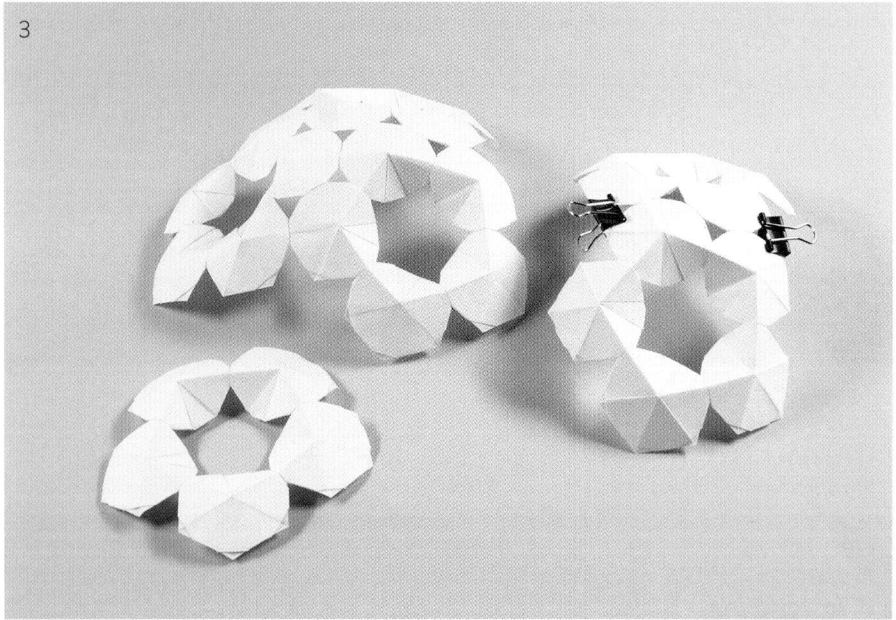
3

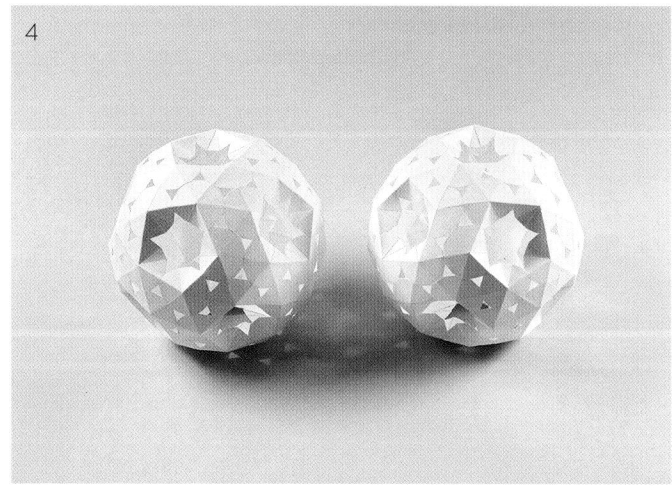
4

Dodekaedron simum
(chiral)

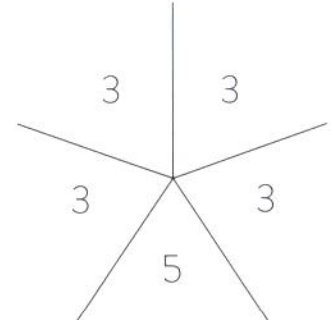

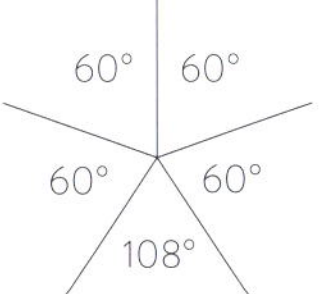

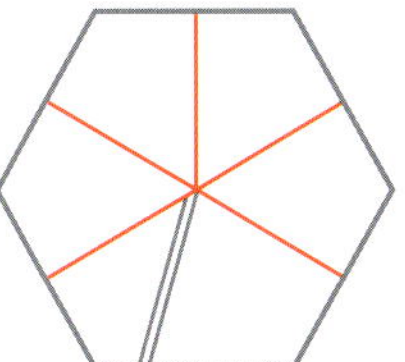

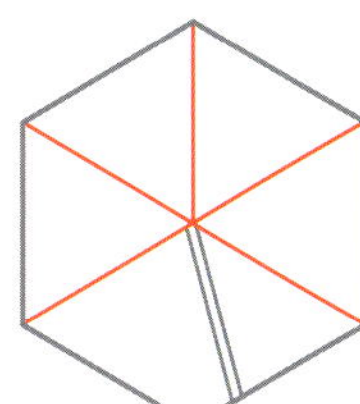

Von den Grundflächen zum Modul
Benötigt werden insgesamt 120 Sechsecke in gleicher Größe (60 Zentauren links und 60 Zentauren rechts), die jeweils von einer Seite eingeschnitten werden (siehe die Grafiken rechts). Berg- und Talfalten nach den nebenstehenden Grafiken falten und, wie abgebildet, links (für Zentaur links) oder rechts (für Zentaur rechts) einschneiden. Setzen Sie dann jeweils einen Zentaur links und einen Zentaur rechts zu einem Modul zusammen (Abb. 1 links).

Vom Modul zum fertigen Modell
Mit den ersten fünf Modulen einen ersten fünfzähligen Ringschluss bilden (er ergibt ein Zwölftel des Modells; Abb. 1, rechts). Fügen Sie anschließend schrittweise weitere fünfzählige Ringschlüsse zusammen (Abb. 2 und 3). Von Dodekaedron simum sind zwei chirale Varianten möglich (Abb.4; siehe auch die Modelle D14, D15 und F21; Seite 70, 72 und 88).

Schwierigkeitsgrad: sehr schwer
besondere Anforderungen durch kleinteilige Zentauren-Module, Einschnitte, Verklebungen sowie beim Zusammenbauen; Zeitaufwand: ca. 6 Stunden pro Modell

Hinweis:
Für die fünfzähligen Ringschlüsse werden vorab keine Talfalten gebildet. Bei der Montage entstehen fast von selbst „runde" Talfalten, wenn das überschüssige Material nach innen gedrückt wird.
Verwenden Sie beim Zusammenstecken benachbarter Module einen Tropfen Klebstoff, und arretieren Sie die Module mit Klammern, bis der Klebstoff getrocknet ist.

60 x
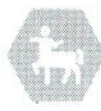
60 x

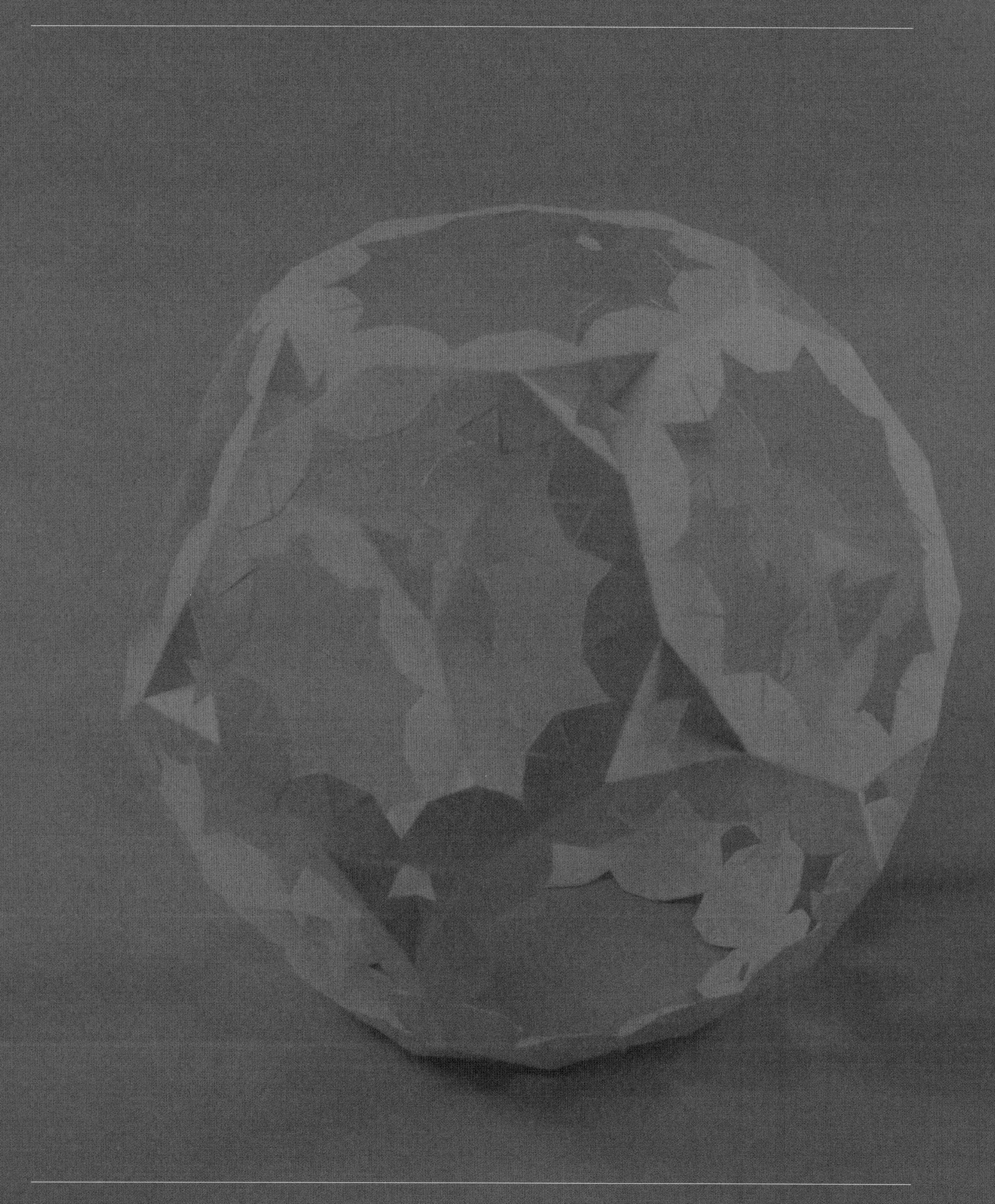

G-Modelle
Komplexe Zentauren

Als Steigerung der Anforderungen werden in diesem Kapitel Modelle vorgestellt, deren Grundflächen zwei- oder dreimal einschnitten sind. Diese Zentauren sind aufwendig zusammenzusetzen. Einige der Modelle sind besonders vielteilig, neben den handwerklichen Anforderungen erfordern sie daher auch deutlich mehr Geduld.

Diese Formen sollten Sie erst beginnen, wenn Sie die Modelle in Kapitel F erfolgreich umgesetzt haben.

1

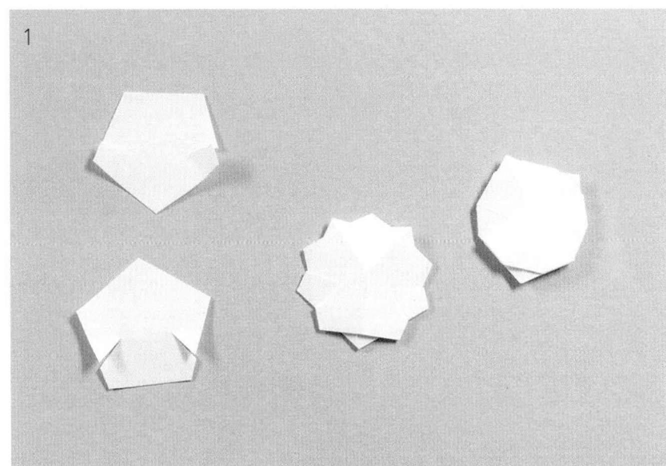

2

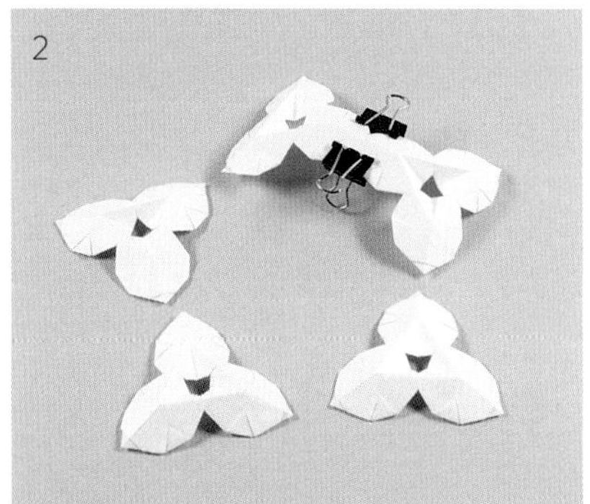

3

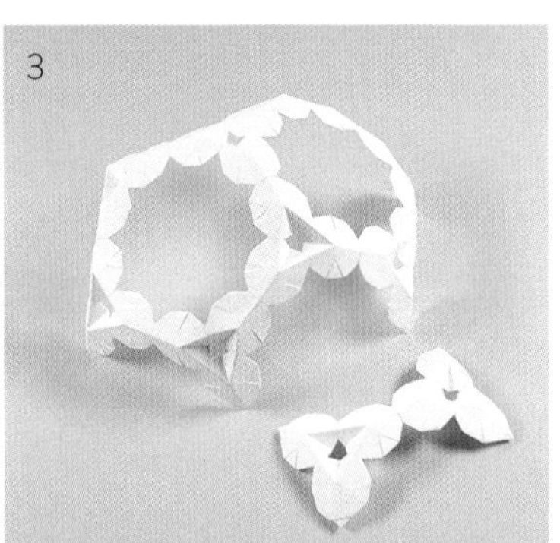

4

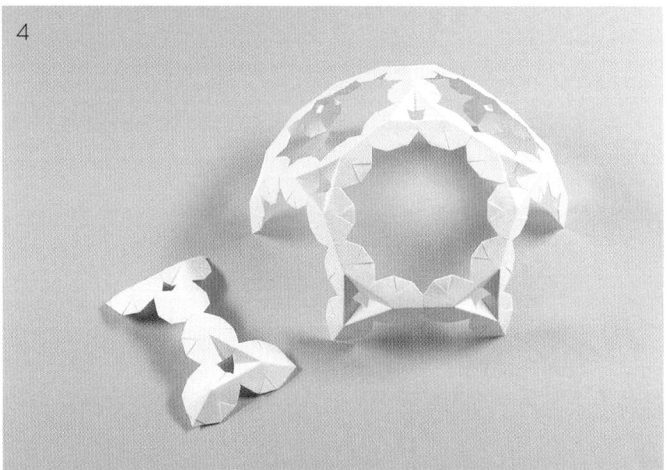

5

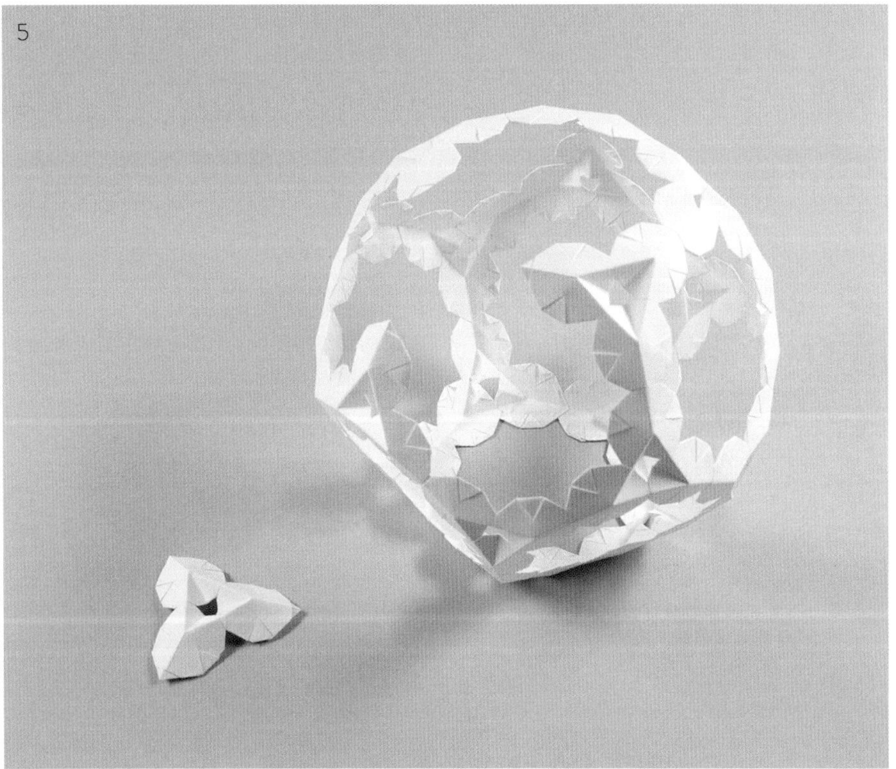

6

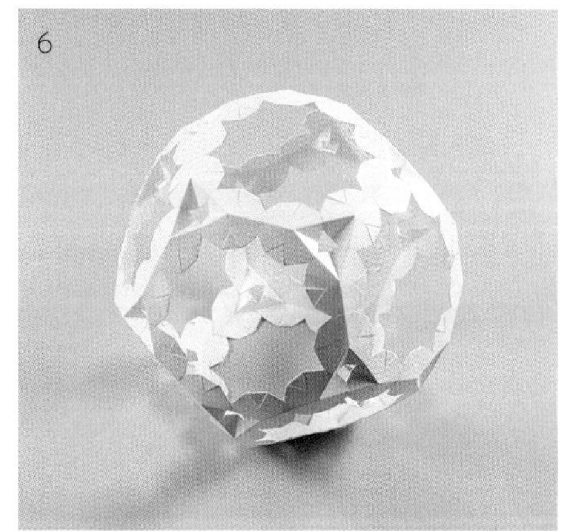

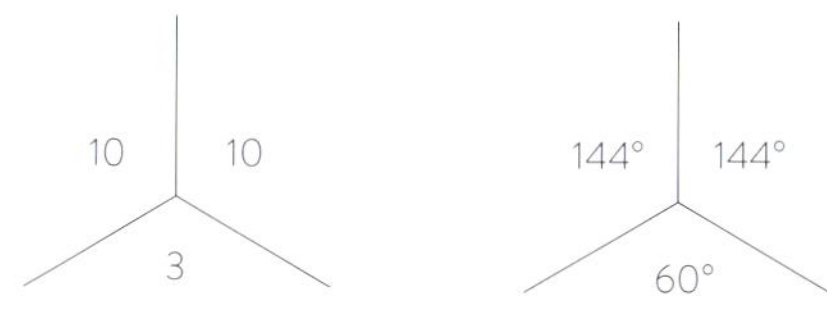

Dodekaeder-Stumpf

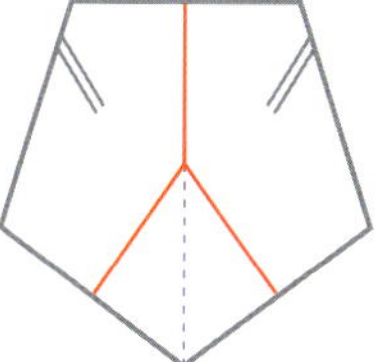

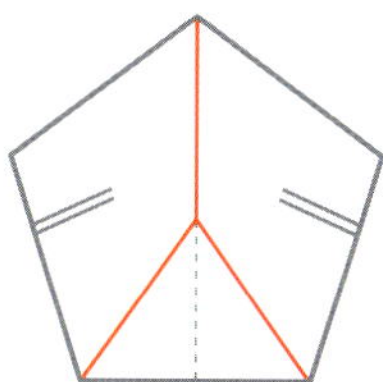

Von den Grundflächen zum Modul
Benötigt werden insgesamt 120 Fünfecke in gleicher Größe (60 Zentauren links und 60 Zentauren rechts), die jeweils von zwei Seiten eingeschnitten werden (siehe die Grafiken rechts). Berg- und Talfalten nach nebenstehenden Grafiken falten und, wie abgebildet, links (für Zentaur links) oder rechts (für Zentaur rechts) einschneiden. Setzen Sie anschließend jeweils einen Zentaur links und einen Zentaur rechts zu einem Modul zusammen (Abb. 1).

Vom Modul zum fertigen Modell
Aus drei Modulen einen ersten dreizähligen Ringschluss bilden (er ergibt ein Zwanzigstel des Modells). Dann jeweils weitere dreizählige Module zusammenfügen, es entstehen neue zehnzählige Ringschlüsse (Abb. 2 und 3). Auf diese Weise singgemäß fortfahren (Abb. 4–6) und den Dodekaeder-Stumpf zusammenbauen. An jeder Modell-Ecke des fertigen Modells treffen zwei zehnzählige und ein dreizähliges Modul aufeinander.

Schwierigkeitsgrad: sehr schwer
besondere Anforderungen durch Einschnitte, kleinteilige und komplexe Zentauren-Module, Verklebungen sowie beim Zusammenbauen; Zeitaufwand: ca. 6 Stunden

Hinweis:
Für die G-Modelle reicht ein einfacher Schnitt nicht mehr aus, um alle erforderlichen Ross- und Reiter-Funktionen auf beide Ausgangsblätter zu verteilen. Daher sind ein oder zwei weitere Einschnitte erforderlich.
Instabile Steckverbindungen können Sie mit einer geringen Menge Klebstoff sichern.

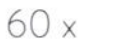

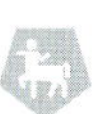

1

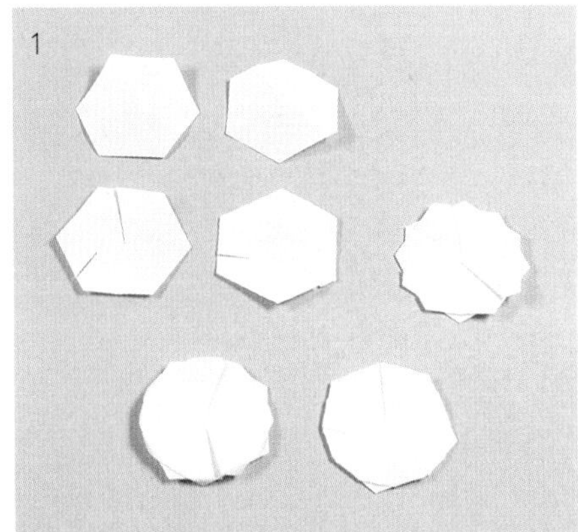

2

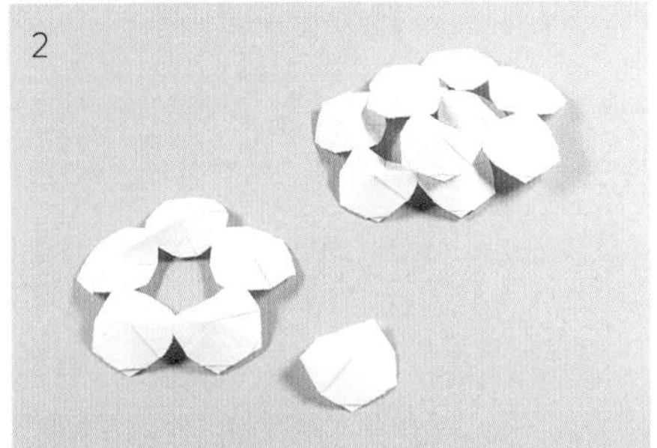

3

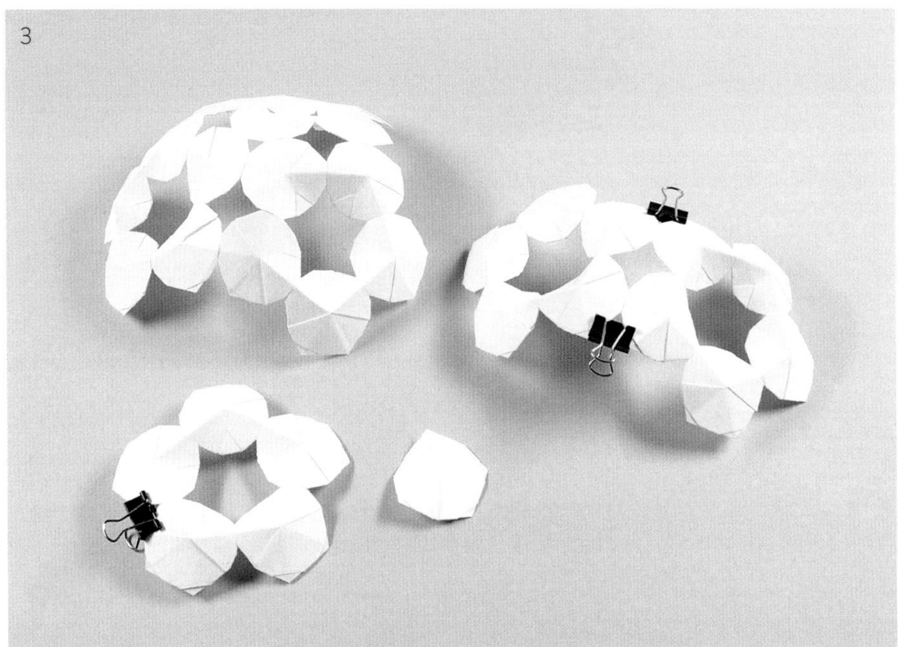

4

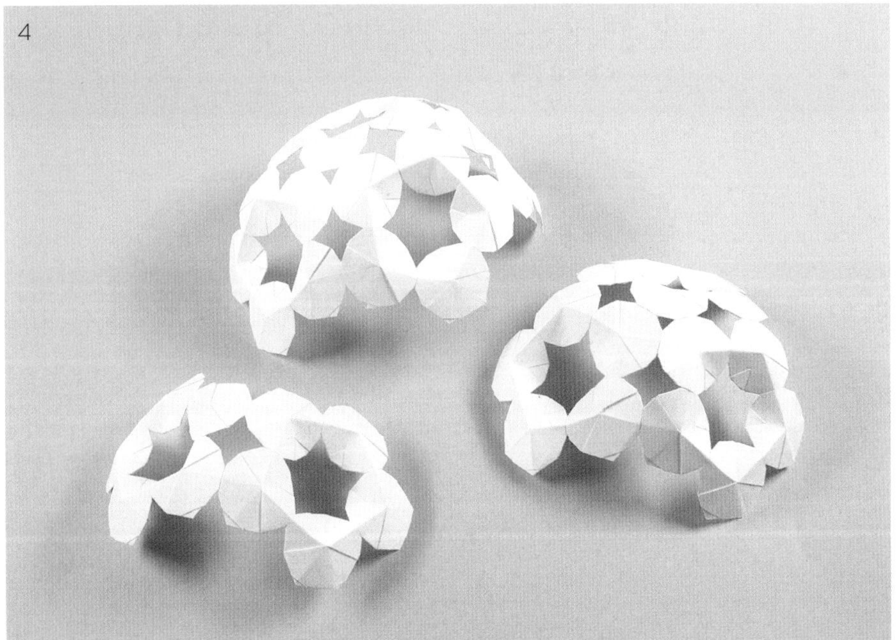

5

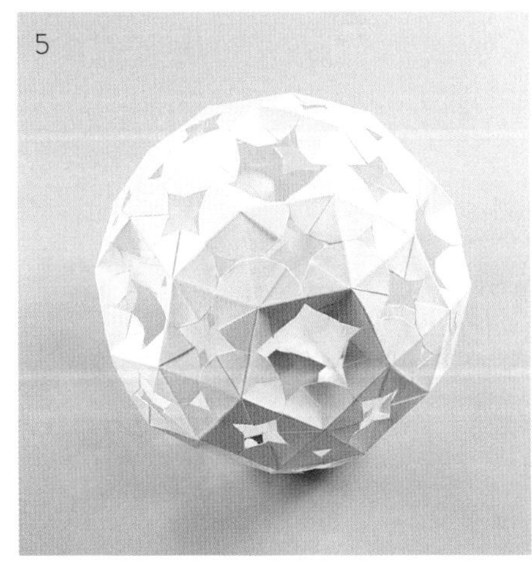

Rhomben-Ikosi-Dodekaeder

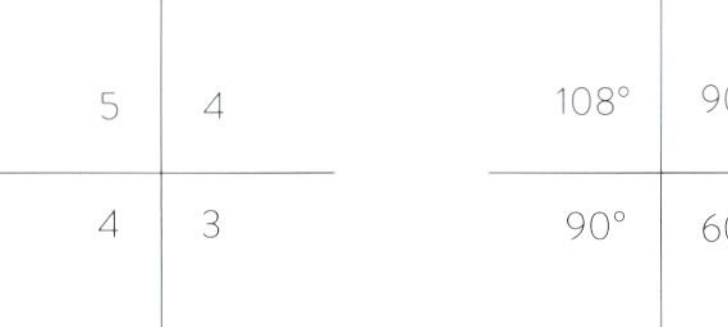

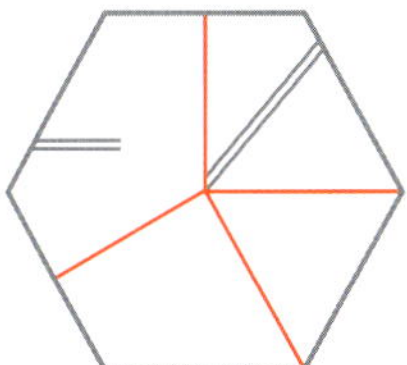

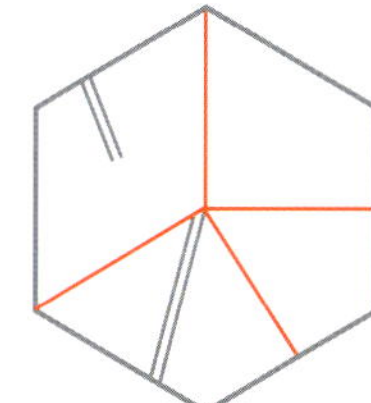

Von den Grundflächen zum Modul

Benötigt werden insgesamt 120 Sechsecke in gleicher Größe (60 Zentauren links und 60 Zentauren rechts), die jeweils von zwei Seiten eingeschnitten werden (siehe die Grafiken rechts). Berg- und Talfalten nach den nebenstehenden Grafiken falten und, wie abgebildet, links (für Zentaur links) oder rechts (für Zentaur rechts) einschneiden. Setzen Sie jeweils einen Zentaur links und einen Zentaur rechts zu einem Modul zusammen (Abb. 1).

Vom Modul zum fertigen Modell

Aus fünf Modulen jeweils dreizählige Ringschlüsse bilden (Abb. 2). Anschließend fünfzählige Module, wie abgebildet, zusammenfügen. Es entstehen neue drei- und vierzählige Ringschlüsse. Auf diese Weise sinngemäß fortfahren (Abb. 3 und 4) und das Rhomben-Ikosi-Dodekaeder zusammenbauen. An jeder Modell-Ecke des fertigen Modells (Abb. 5) treffen jeweils zwei vierzählige sowie ein drei- und ein fünfzähliges Modul aufeinander.

Schwierigkeitsgrad: sehr schwer

besondere Anforderungen durch Einschnitte, kleinteilige und komplexe Zentauren-Module, Verklebungen sowie beim Zusammenbauen; Zeitaufwand: ca. 8 Stunden

Hinweis:
Für die fünfzähligen Ringschlüsse werden vorab keine Talfalten gebildet. Bei der Montage entstehen fast von selbst „runde" Talfalten, wenn das überschüssige Material nach innen gedrückt wird.
Instabile Steckverbindungen können Sie mit einer geringen Menge Klebstoff sichern.

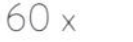

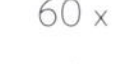

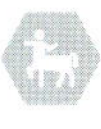

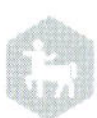

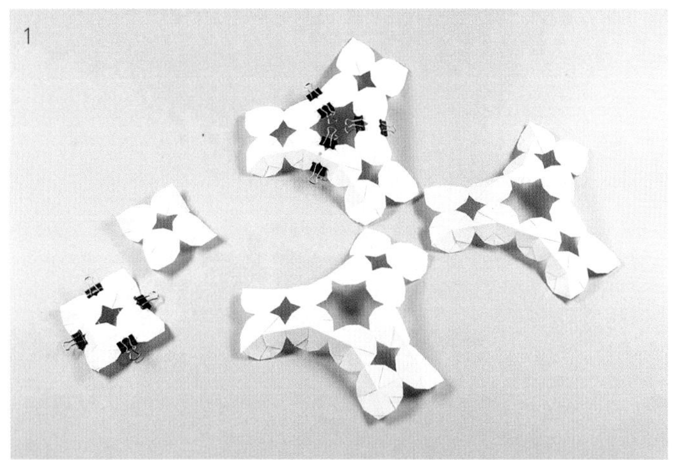
1

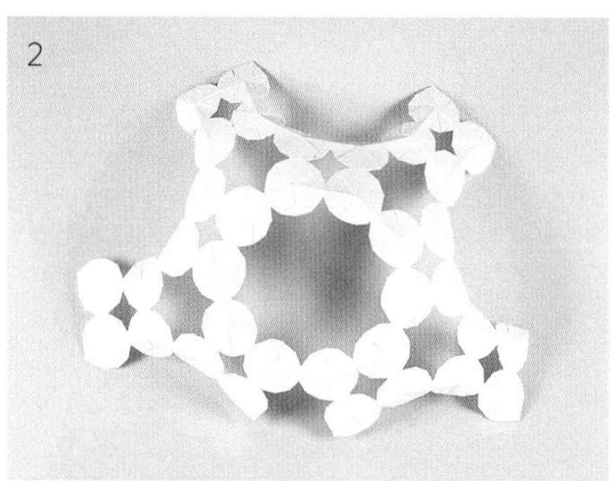
2

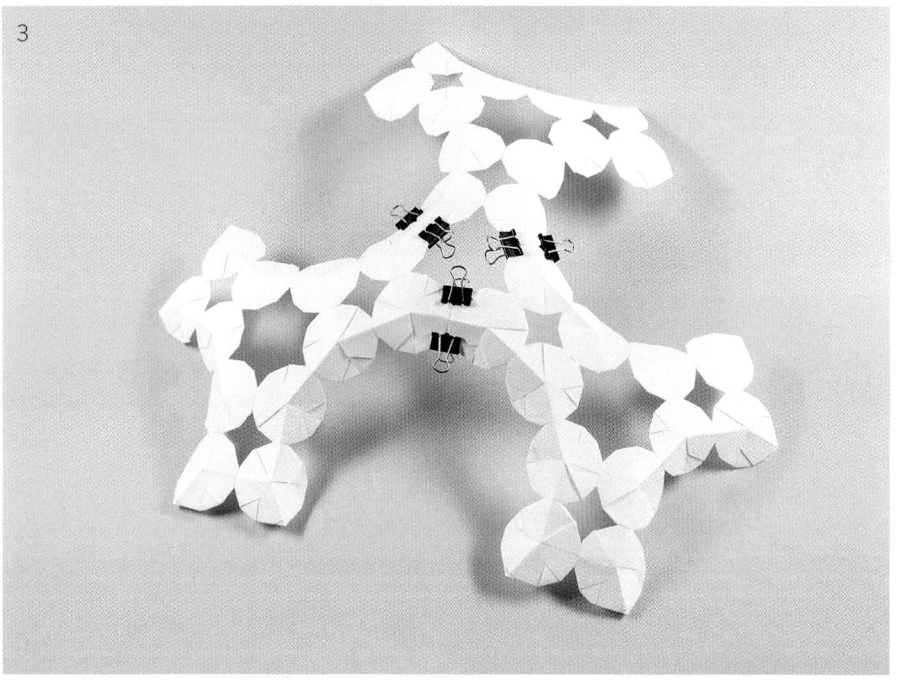
3

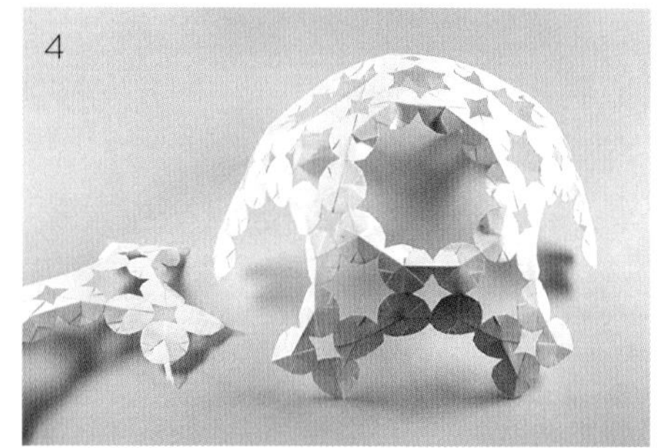
4

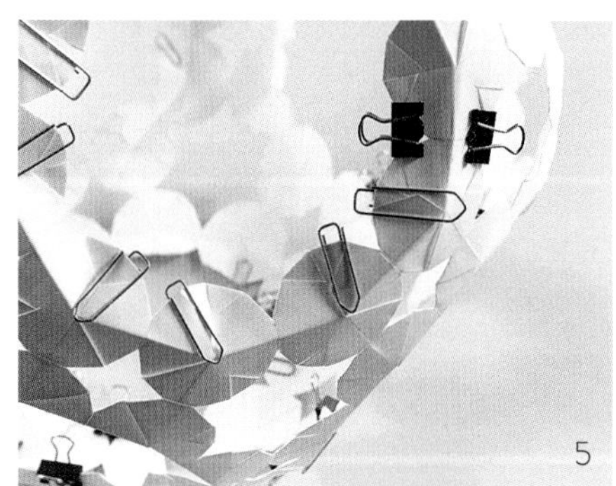
5

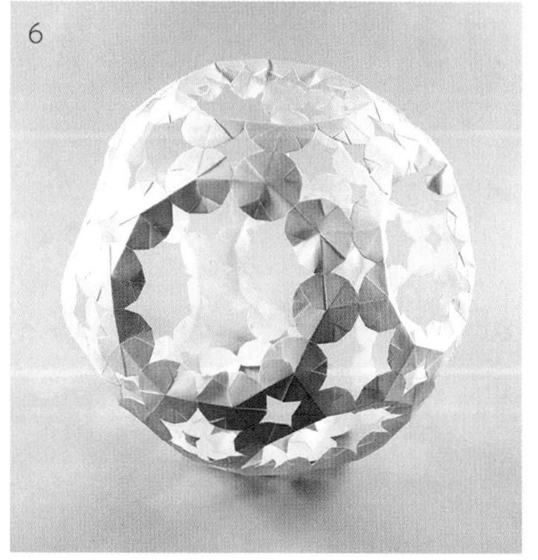
6

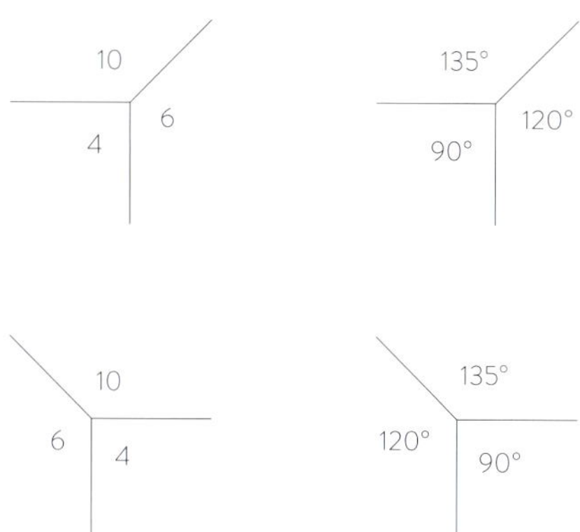

Ikosi-Dodekaeder-Stumpf

Von den Grundflächen zum Modul
Benötigt werden insgesamt 240 Sechsecke in gleicher Größe (2 x 60 Zentauren links und 2 x 60 Zentauren rechts), mit jeweils drei Einschnitten. Berg- und Talfalten nach den nebenstehenden Grafiken falten und, wie abgebildet, links (für Zentaur links) oder rechts (für Zentaur rechts) einschneiden. Setzen Sie jeweils einen Zentaur links und einen Zentaur rechts zu einem Modul zusammen. Bitte beachten Sie: Sie brauchen jeweils zwei unterschiedliche spiegelbildliche Module, die wechselweise zu insgesamt 30 vierzähligen Ringschlüssen verbunden werden (Abb. 1, links).

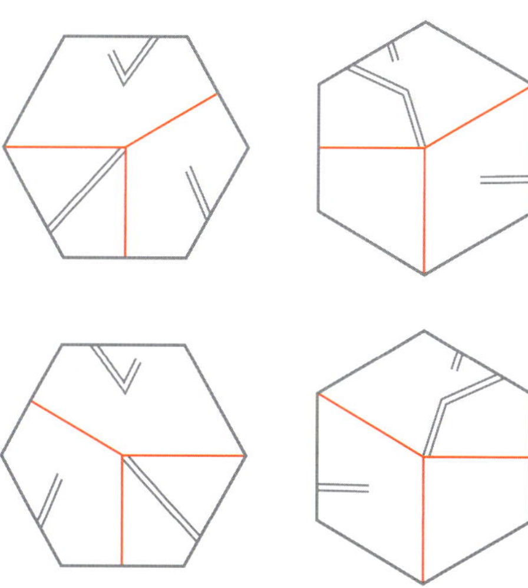

Vom Modul zum fertigen Modell
Anschließend vierzählige Ringschlüsse, wie abgebildet, miteinander verbinden (Abb. 1, rechts). Es entstehen neue sechs- und zehnzählige Ringschlüsse (Abb. 2). Auf diese Weise sinngemäß fortfahren (Abb. 3 und 4). An jeder Modell-Ecke des fertigen Ikosi-Dodekaeder-Stumpfs (Abb. 5) treffen jeweils ein vierzähliges, ein sechs- und ein zehnzähliges Modul aufeinander.

Schwierigkeitsgrad: höchste Anforderungen
besondere Anforderungen durch Einschnitte, komplexe und kleinteilige Zentauren-Module, Verklebungen sowie beim Zusammenbauen. Die Ausführung in einem größeren Maßstab ist geringfügig einfacher. Zeitaufwand: ca. 20 Stunden

Hinweis:
Bei zehnzähligen Ringschlüssen keine Talfalten bilden: Bei der Montage entstehen fast von selbst „runde" Talfalten (siehe vorangegangene Modelle). Instabile Steckverbindungen können Sie mit einer geringen Menge Klebstoff sichern sowie zusätzlich mit Stützen (siehe nachfolgende Modelle).

60 x 60 x 60 x 60 x

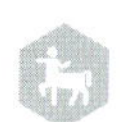

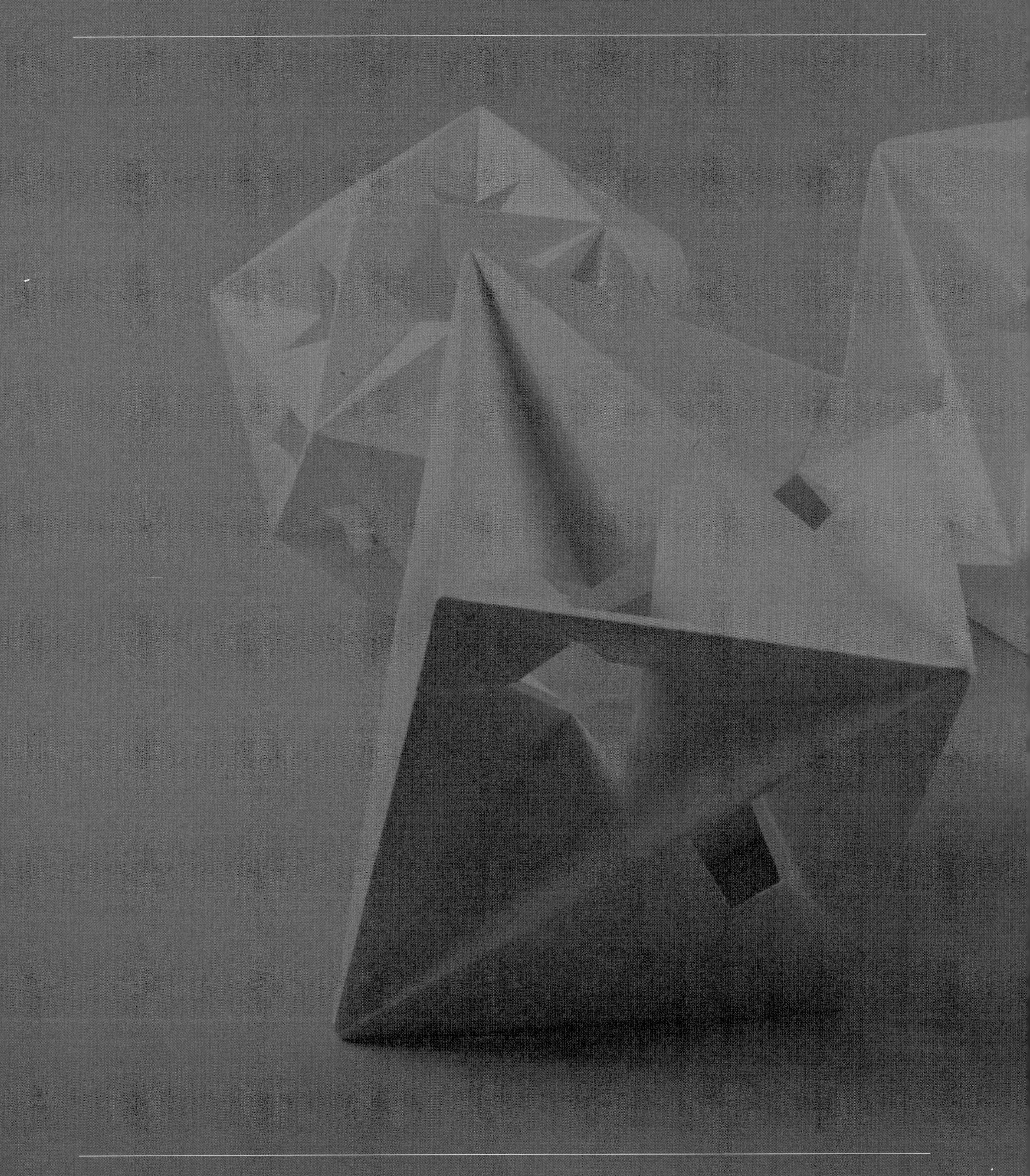

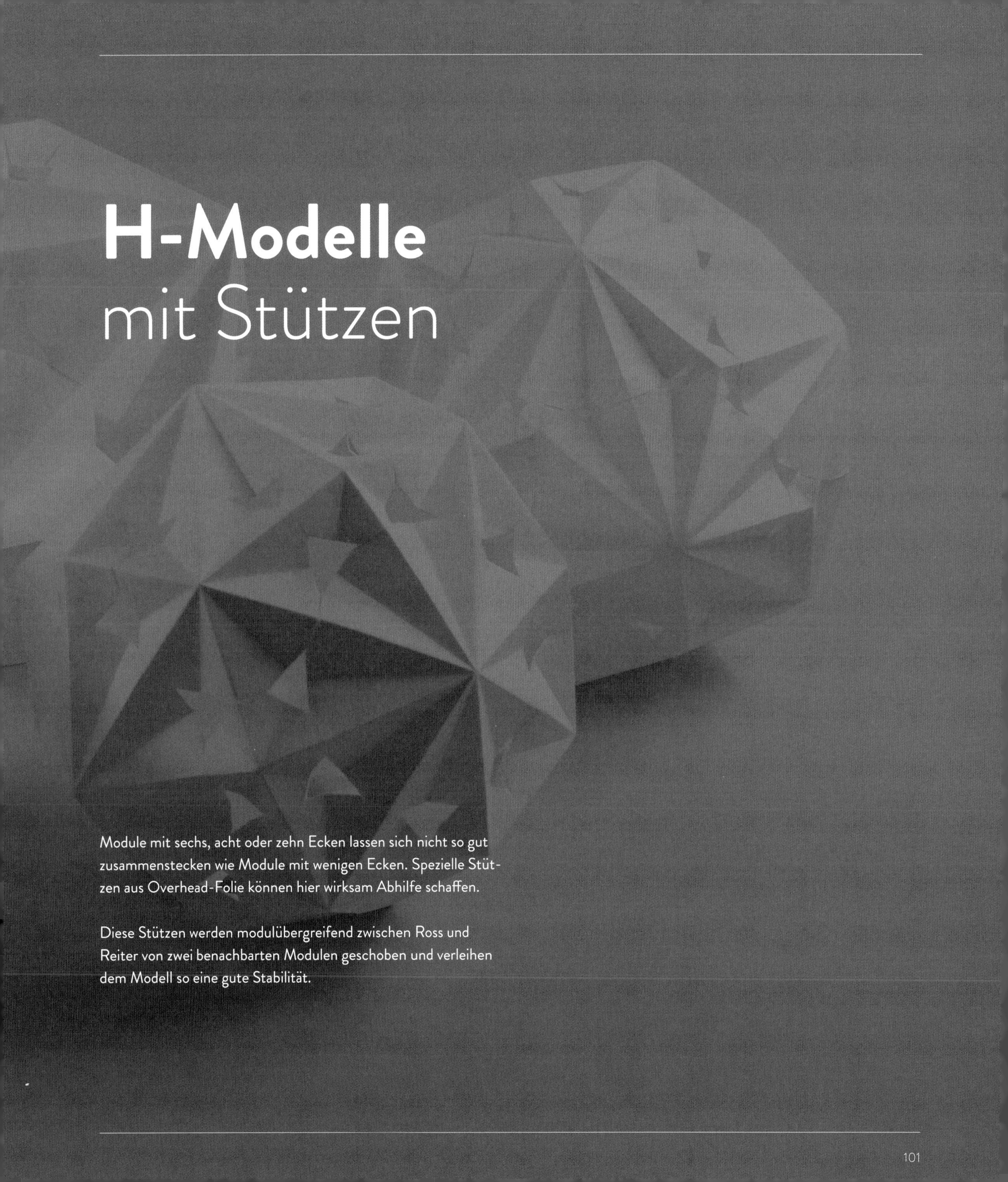

H-Modelle
mit Stützen

Module mit sechs, acht oder zehn Ecken lassen sich nicht so gut zusammenstecken wie Module mit wenigen Ecken. Spezielle Stützen aus Overhead-Folie können hier wirksam Abhilfe schaffen.

Diese Stützen werden modulübergreifend zwischen Ross und Reiter von zwei benachbarten Modulen geschoben und verleihen dem Modell so eine gute Stabilität.

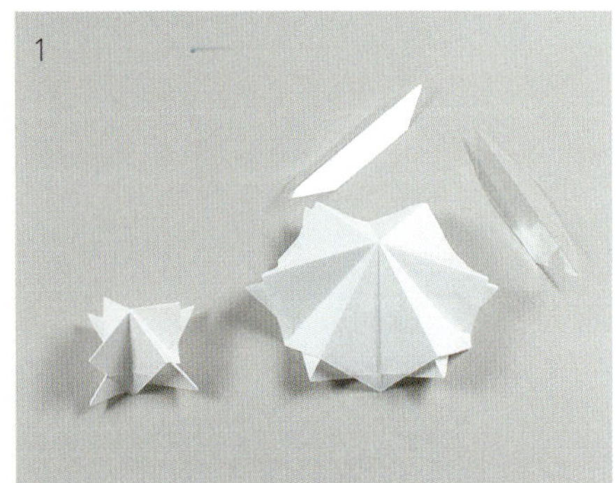
1

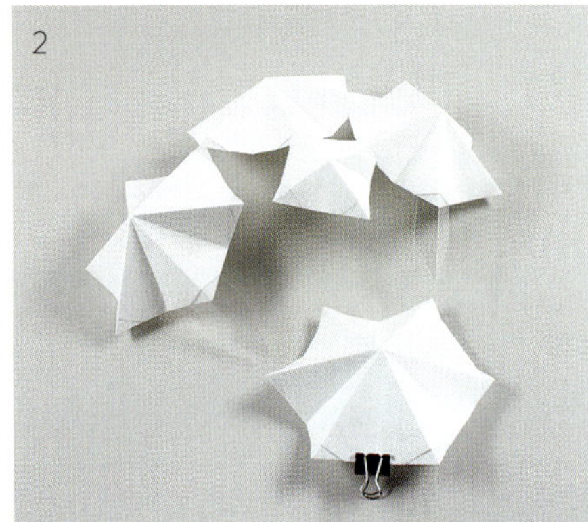
2

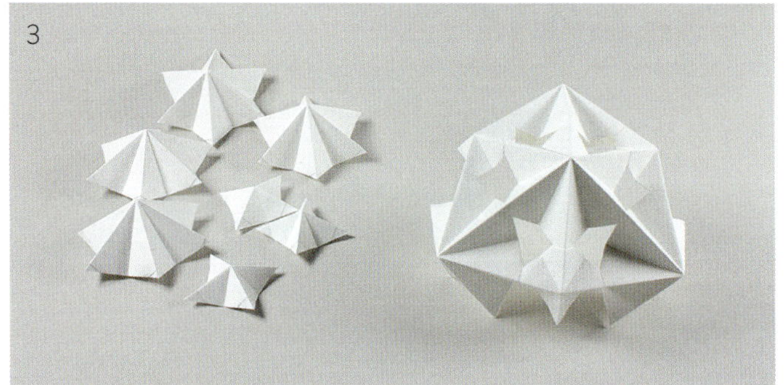
3

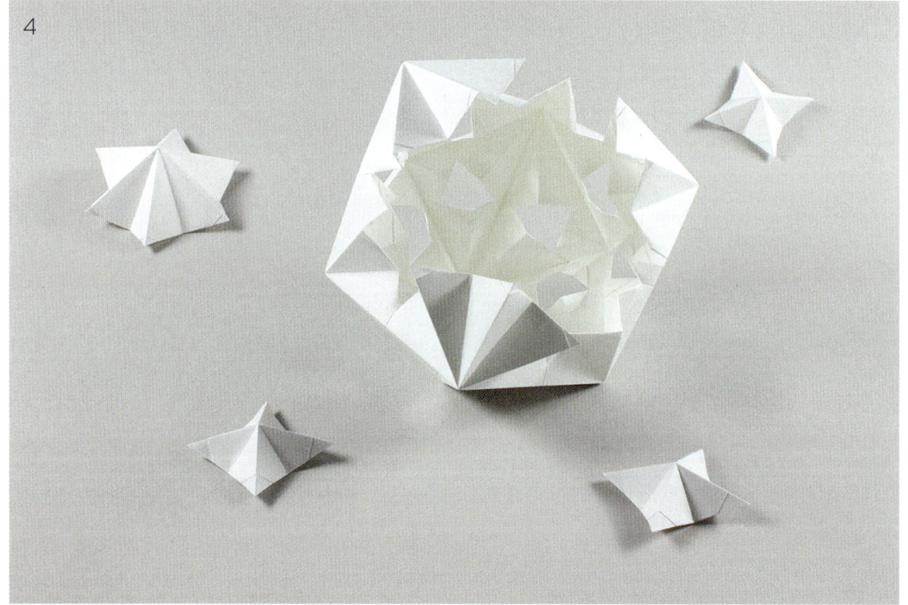
4

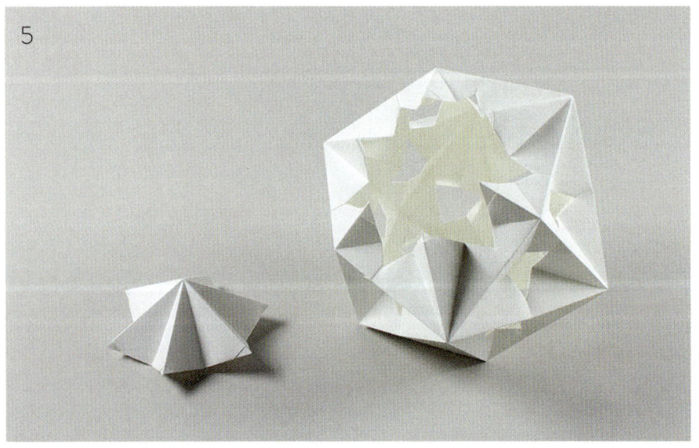
5

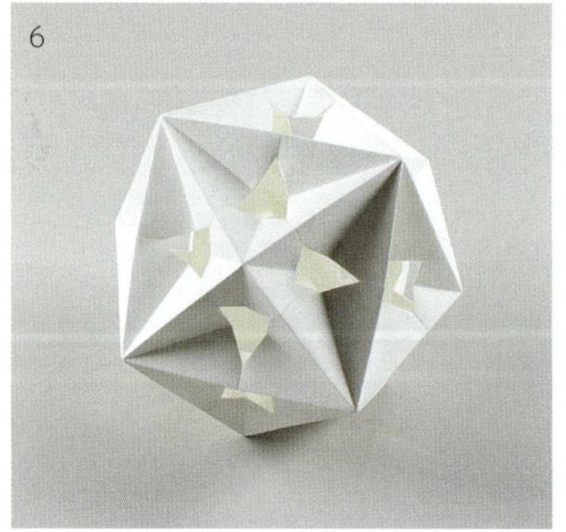
6

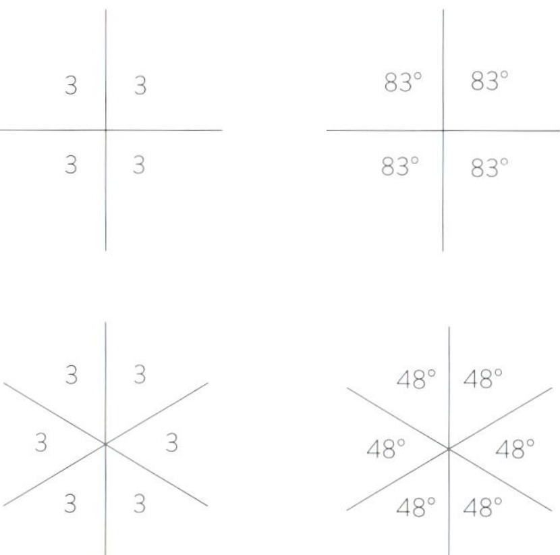

Pyramiden-Würfel

Von den Grundflächen zu den Modulen
Benötigt werden insgesamt 12 Quadrate in gleicher Größe (6 x Ross und 6 x Reiter) sowie 16 Sechsecke in unterschiedlicher Größe (8 x kleineres Ross und 8 x größerer Reiter). Dazu kommen noch 12 Stützen. Berg- und Talfalten nach den nebenstehenden Grafiken falten. Anschließend Ross und Reiter zu Modulen zusammensetzen (Abb. 1).

Von den Modulen zum fertigen Modell
Bei einem ersten sechszähligen Modul an jeder zweiten Ecke eine Stütze einbringen und ein weiteres sechszähliges Modul anfügen, dieses u. U. festkleben. An die übrigen Ecken vierzählige Module anfügen (Abb. 2–3). Auf diese Weise sinngemäß fortfahren (Abb. 4–6) und das Modell zusammenbauen. Beachten Sie dabei folgenden Grundsatz: Verbinden Sie vierzählige Module ausschließlich mit sechszähligen Modulen. An sechszählige Module schließen sich hingegen wechselweise vier- und sechszählige Module an.

Schwierigkeitsgrad: anspruchsvoll
besondere Anforderungen durch komplexe Module, Stützen und Verklebungen; Zeitaufwand: ca. 2 Stunden

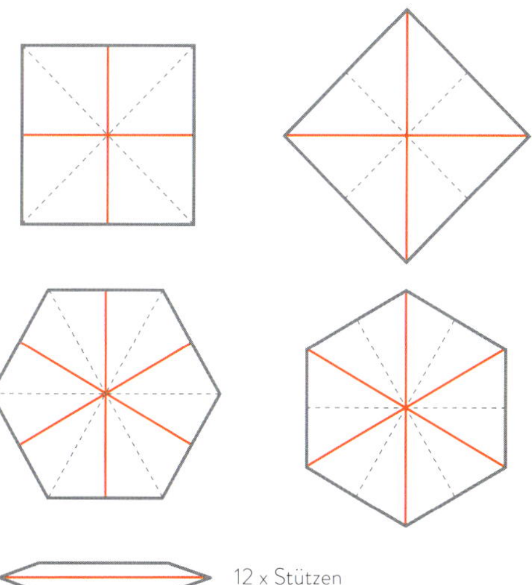

Hinweis:
Eine zwei Module verbindende Stütze im Inneren des Modells bietet eine gute Abhilfe und sorgt für mehr Stabilität. Dafür eignet sich farblose, transparente Overhead-Folie. Sie kommt nur bei den Steckverbindungen zwischen jeweils zwei Sechs-, Acht- oder Zehnecken zum Einsatz.

6 x  6 x 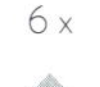 8 x  8 x 

2

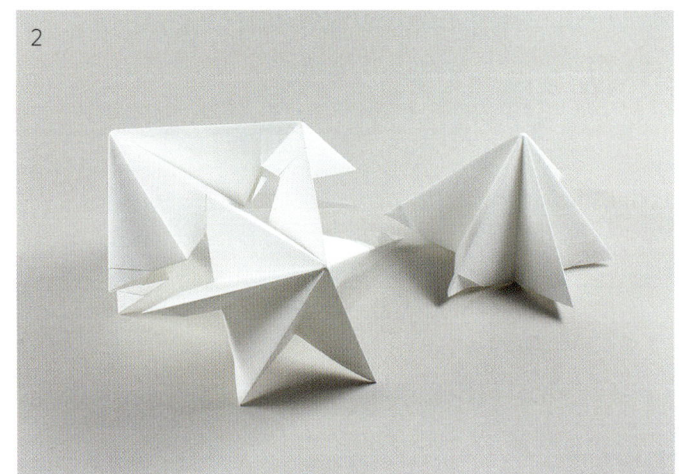

1

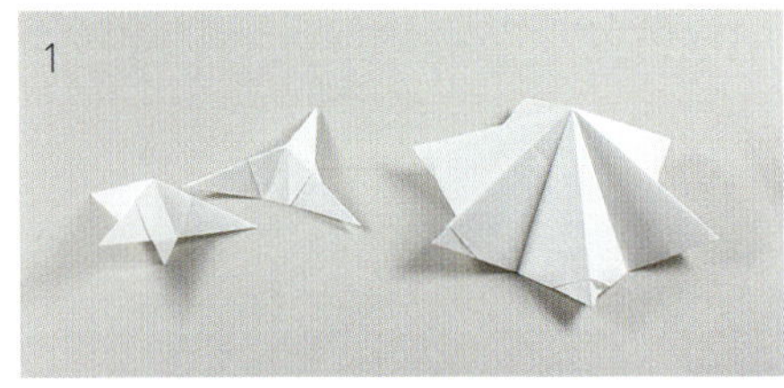

3

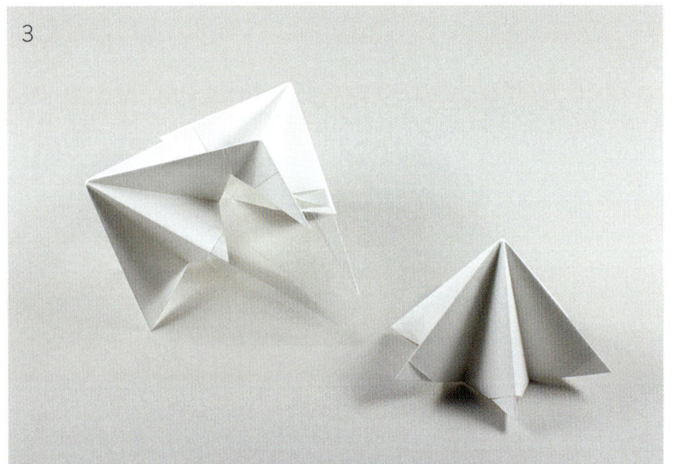

4

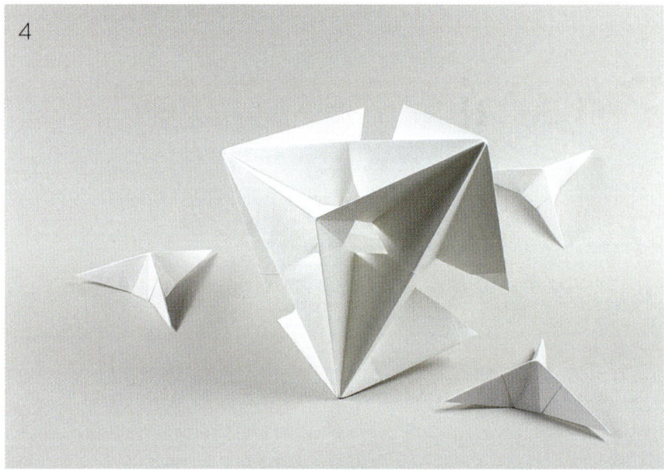

5

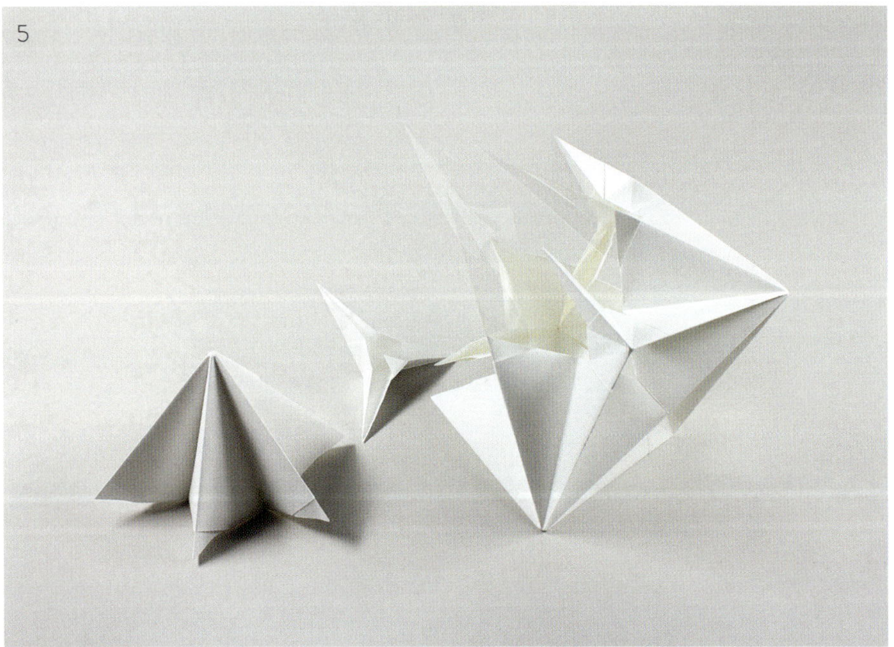

6

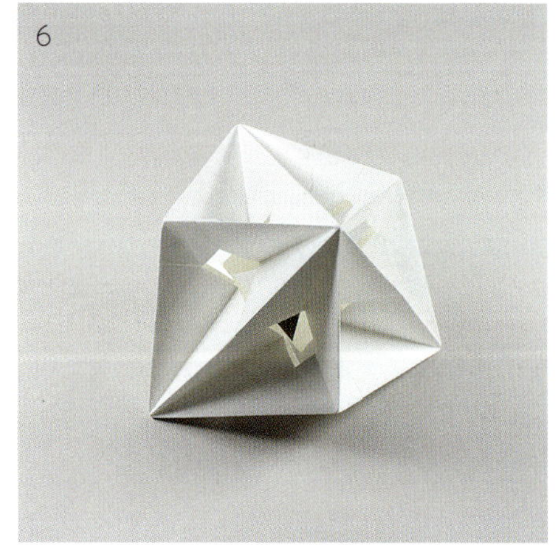

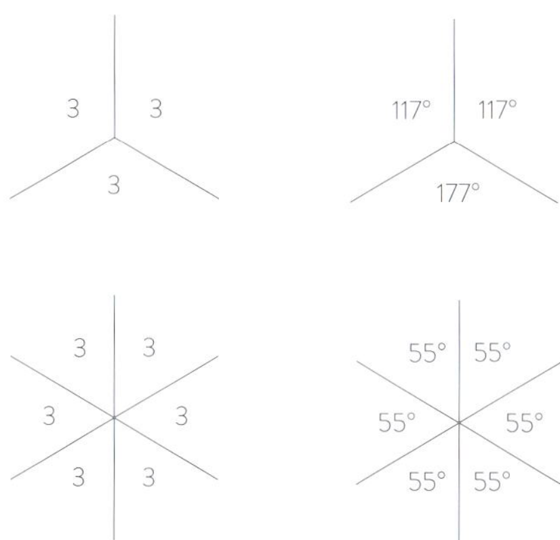

Pyramiden-Tetraeder

Von den Grundflächen zu den Modulen
Benötigt werden insgesamt 8 Dreiecke in unterschiedlicher Größe (4 x größeres Ross und 4 x kleinerer Reiter) sowie 8 Sechsecke in gleicher Größe (4 x Ross und 4 x Reiter). Dazu kommen noch 12 Stützen. Berg- und Talfalten nach den nebenstehenden Grafiken falten. Anschließend Ross und Reiter zu Modulen zusammensetzen (Abb. 1).

Von den Modulen zum fertigen Modell
Bei einem ersten sechszähligen Modul an jeder zweiten Ecke eine Stütze einbringen und ein weiteres sechszähliges Modul anfügen, dieses u. U. festkleben. An die übrigen Ecken dreizählige Module anfügen (Abb. 2–3). Auf diese Weise sinngemäß fortfahren (Abb. 4–6) und das Modell zusammenbauen. Beachten Sie dabei folgenden Grundsatz: Verbinden Sie dreizählige Module ausschließlich mit sechszähligen Modulen. An sechszählige Module schließen sich hingegen wechselweise drei- und sechszählige Module an.

Schwierigkeitsgrad: anspruchsvoll
besondere Anforderungen durch komplexe Module, Stützen und Verklebungen; Zeitaufwand: ca. 2 Stunden

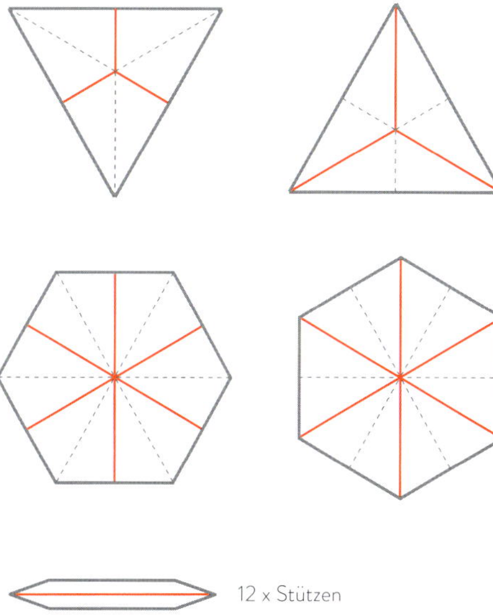

Hinweis:
Stützen sind bei diesem Modell nur zwischen zwei sechszähligen Modulen erforderlich.

4 x  4 x 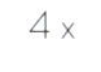 4 x 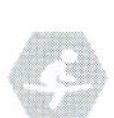 4 x 

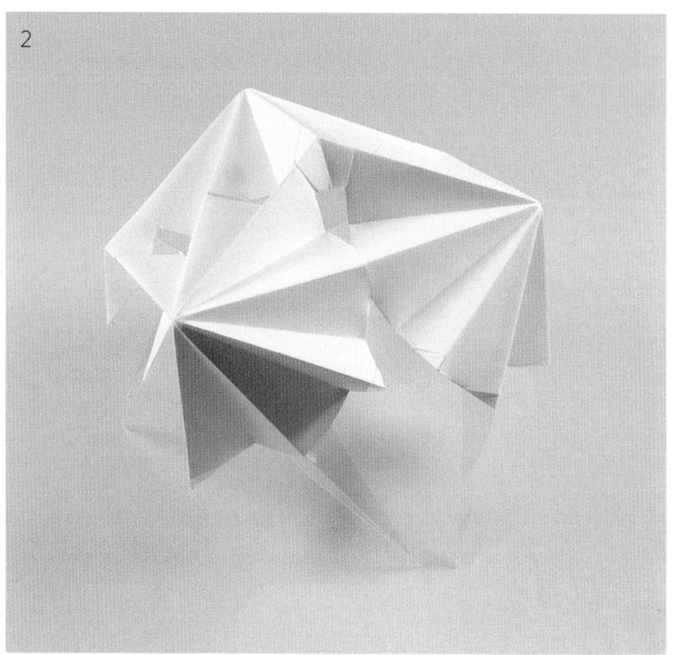
2

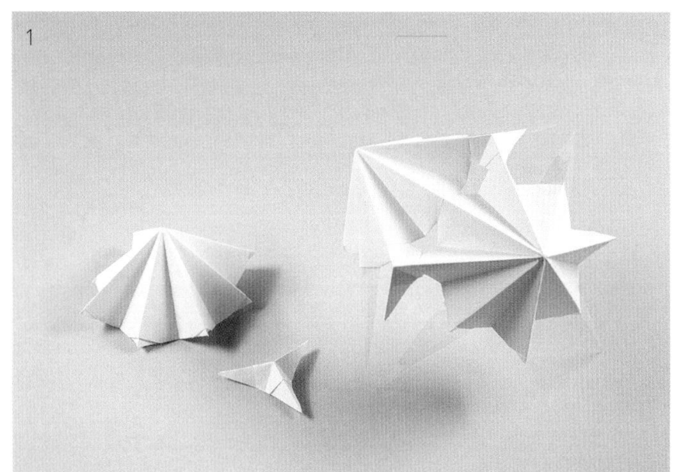
1

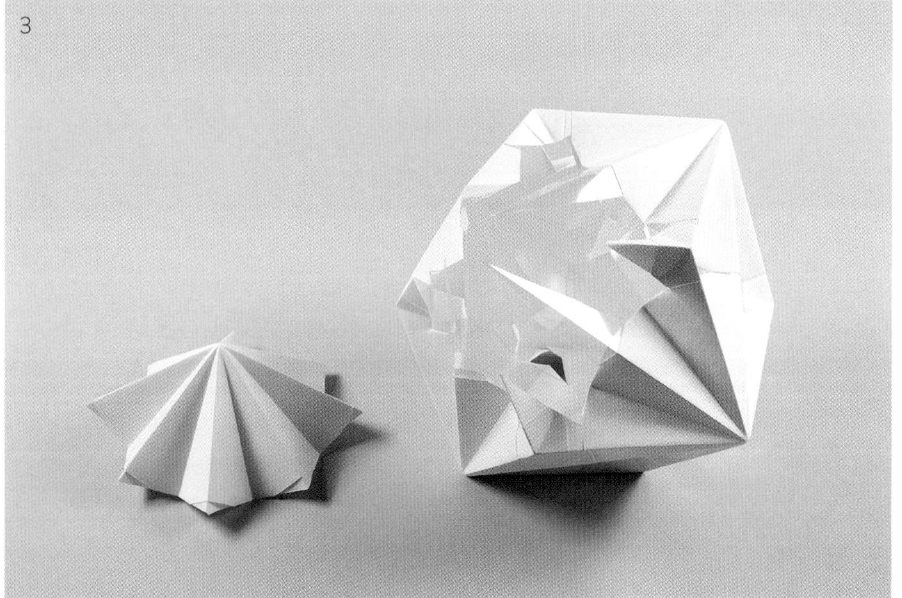
3

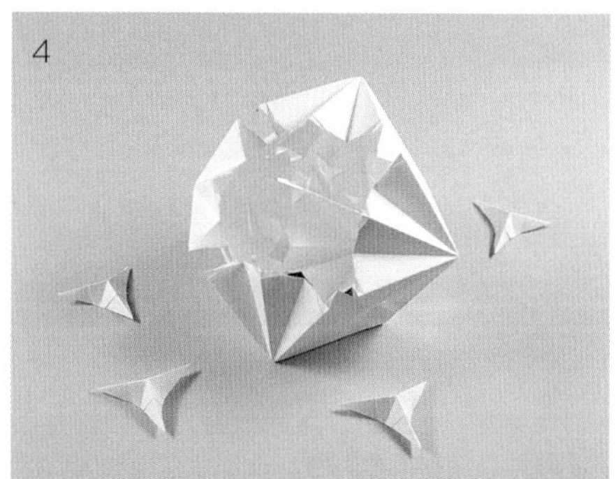
4

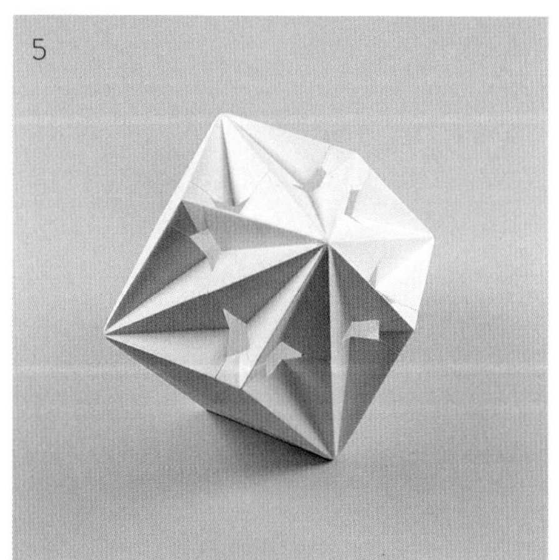
5

Pyramiden-Oktaeder
3/8

Von den Grundflächen zu den Modulen

Benötigt werden insgesamt 16 Dreiecke in unterschiedlicher Größe (8 x größeres Ross und 8 x kleinerer Reiter) sowie 12 Achtecke in gleicher Größe (6 x Ross und 6 x Reiter). Dazu kommen noch 12 Stützen. Berg- und Talfalten nach den nebenstehenden Grafiken falten. Anschließend Ross und Reiter zu Modulen zusammensetzen (Abb. 1, links).

Von den Modulen zum fertigen Modell

Bei einem ersten achtzähligen Modul an jeder zweiten Ecke eine Stütze einbringen und ein weiteres achtzähliges Modul anfügen, dieses u. U. festkleben (Abb. 1, rechts und Abb. 2). An die übrigen Ecken dreizählige Module anfügen (Abb. 2–3). Auf diese Weise sinngemäß fortfahren (Abb. 4–5) und das Modell zusammenbauen.
Beachten Sie dabei folgenden Grundsatz: Verbinden Sie dreizählige Module ausschließlich mit achtzähligen Modulen. An achtzählige Module schließen sich hingegen wechselweise drei- und achtzählige Module an.

Schwierigkeitsgrad: anspruchsvoll

besondere Anforderungen durch komplexe Module, Stützen und Verklebungen; Zeitaufwand: ca. 3 Stunden

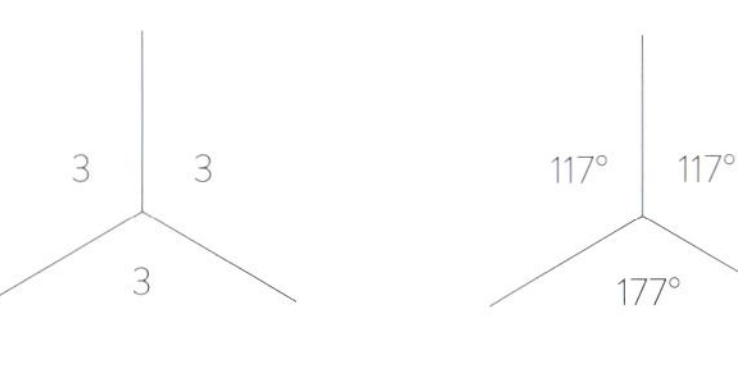

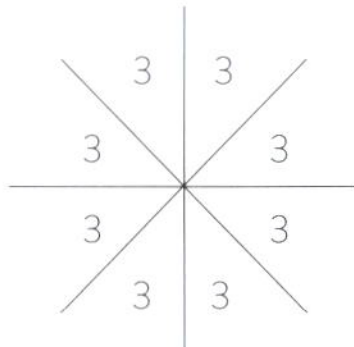

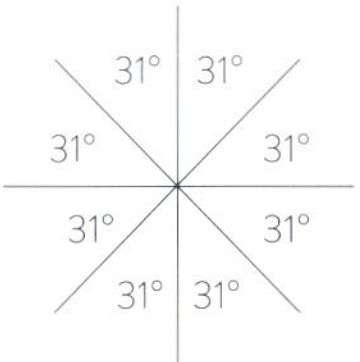

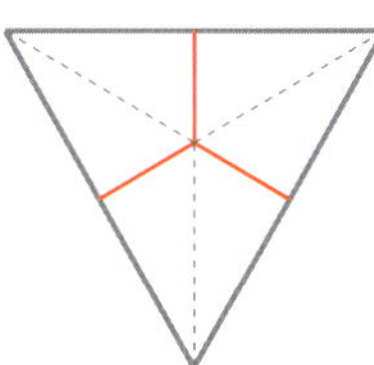

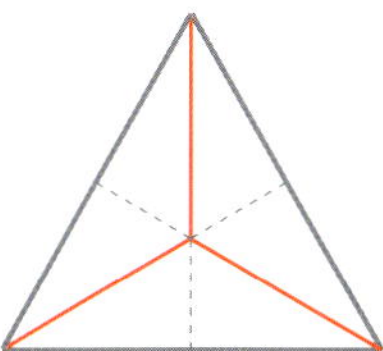

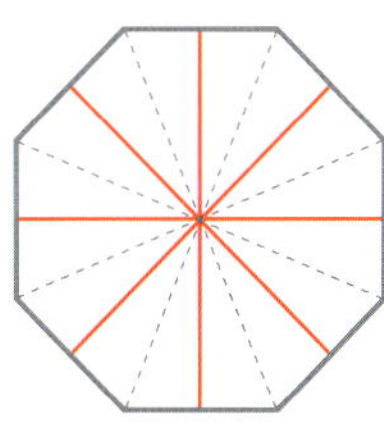

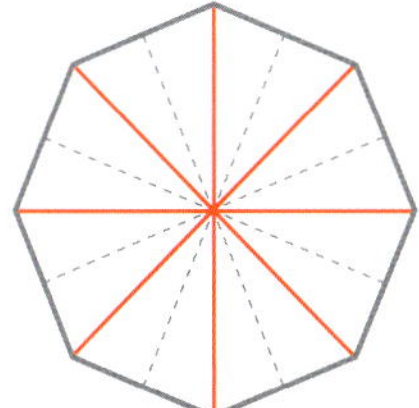

12 x Stützen

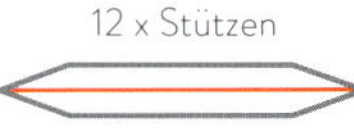

8 x 8 x 6 x 6 x

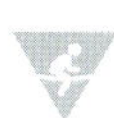

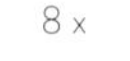

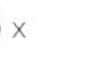

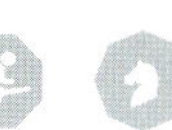

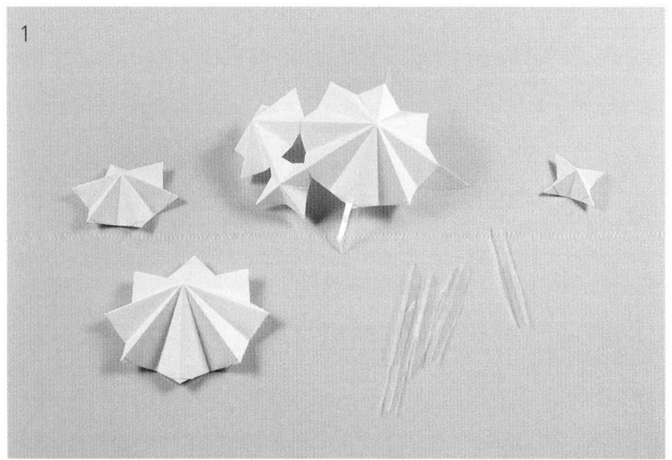

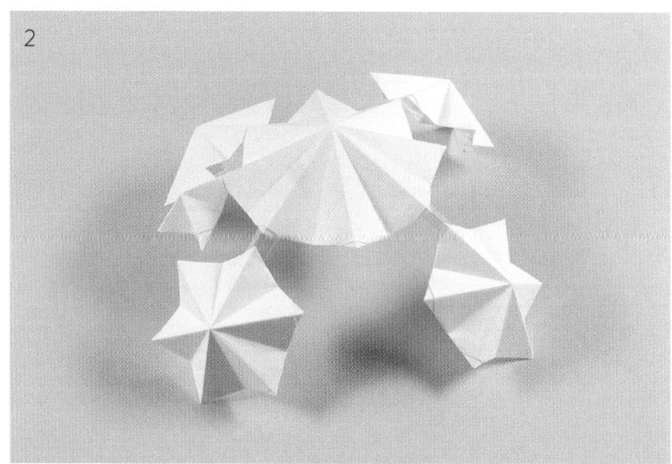

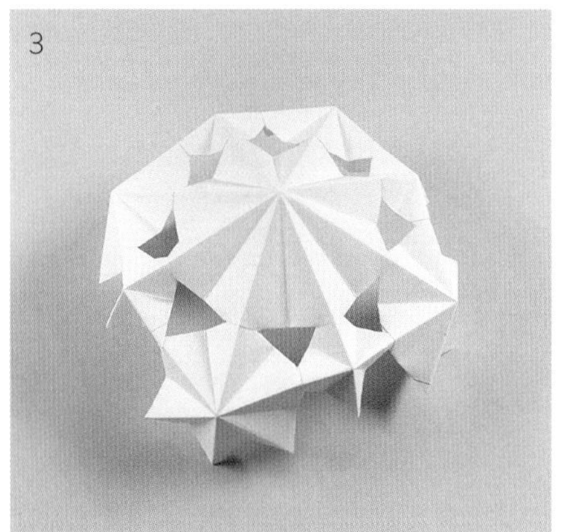

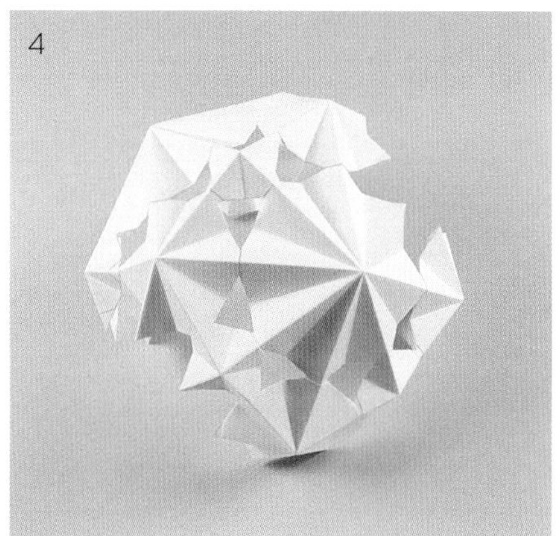

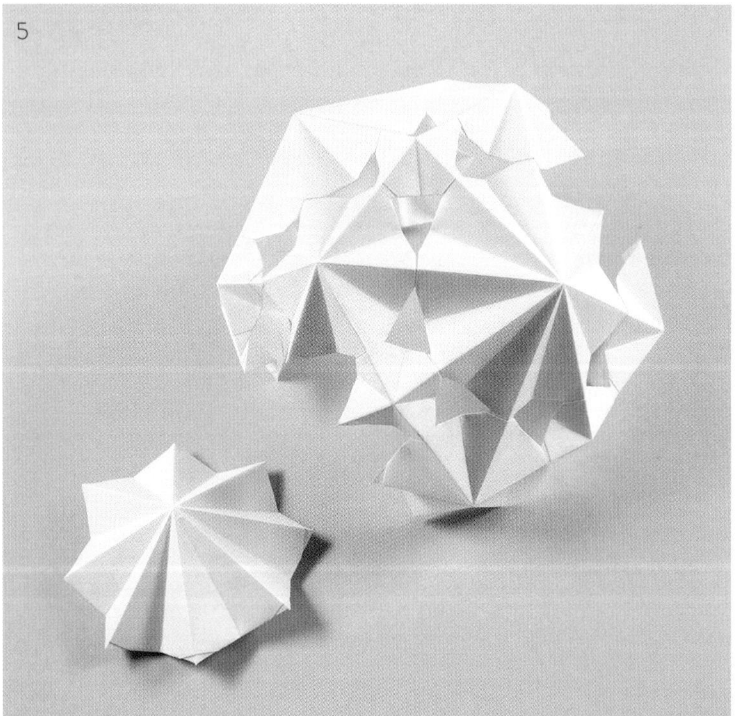

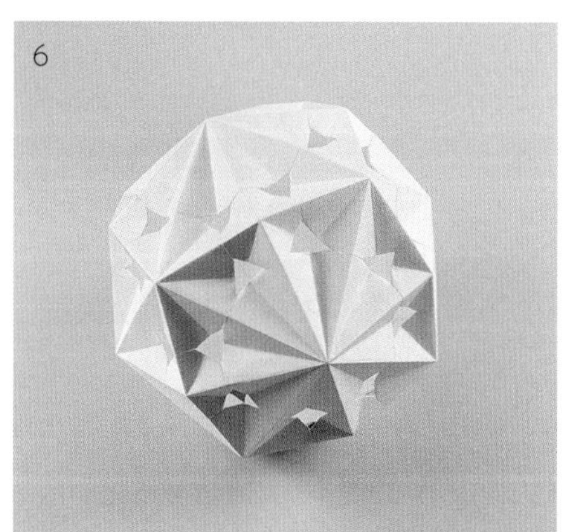

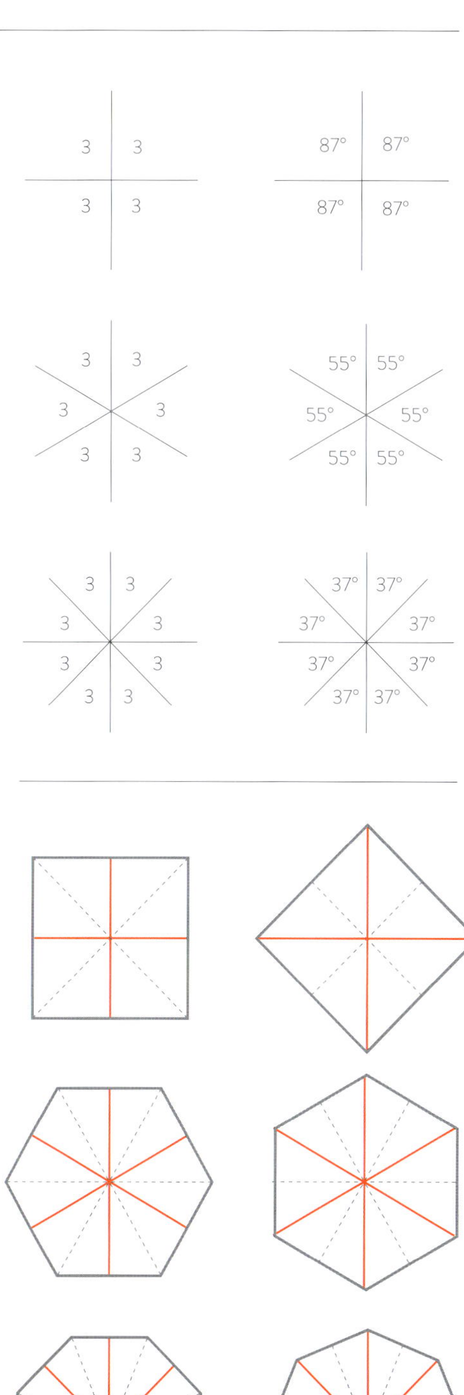

Pyramiden-Oktaeder
4/6/8

Von den Grundflächen zu den Modulen
Benötigt werden insgesamt 24 Quadrate (12 x Ross und 12 x Reiter), 16 Sechsecke (8 x Ross und 8 x Reiter) sowie 12 Achtecke (6 x Ross und 6 x Reiter). Dazu kommen noch 24 Stützen. Berg- und Talfalten nach den nebenstehenden Grafiken falten. Anschließend Ross und Reiter zu Modulen zusammensetzen (Abb. 1, links).

Von den Modulen zum fertigen Modell
Bei einem ersten achtzähligen Modul an jeder zweiten Ecke eine Stütze einbringen und ein weiteres sechszähliges Modul anfügen, dieses u. U. festkleben. An die übrigen Ecken vierzählige Module anfügen (Abb. 1, Mitte). Auf diese Weise sinngemäß fortfahren (Abb. 2–6) und das Modell zusammenbauen.
Beachten Sie dabei folgenden Grundsatz: Verbinden Sie vierzählige Module wechselweise mit sechs- und achtzähligen Modulen, sechszählige Module wechselweise mit vier- und achtzähligen Modulen sowie achtzählige Module wechselweise mit vier- und sechszähligen Modulen. Die Stützen werden zwischen den acht- und sechszähligen Modulen eingebracht.

Schwierigkeitsgrad: anspruchsvoll
besondere Anforderungen durch komplexe Module, Stützen und Verklebungen; Zeitaufwand: ca. 4½ Stunden

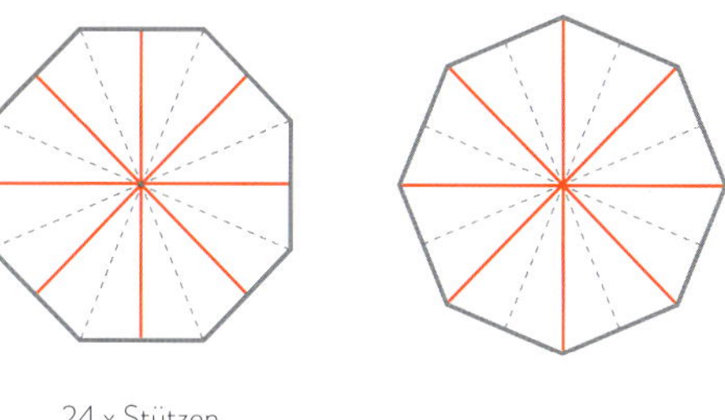

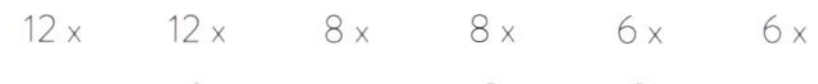

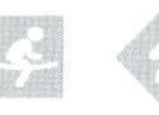

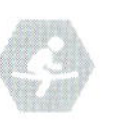
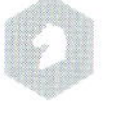

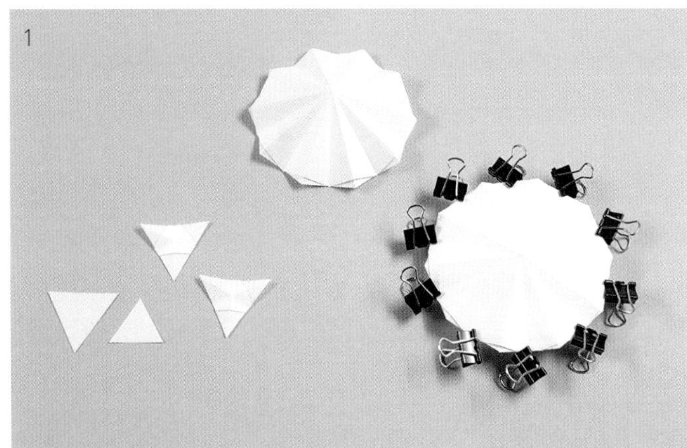
1

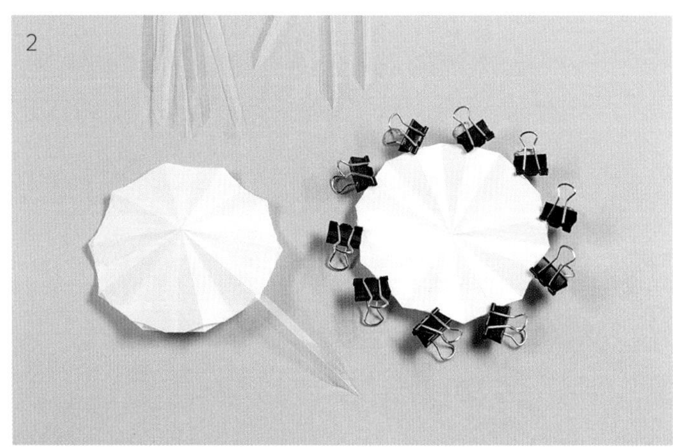
2

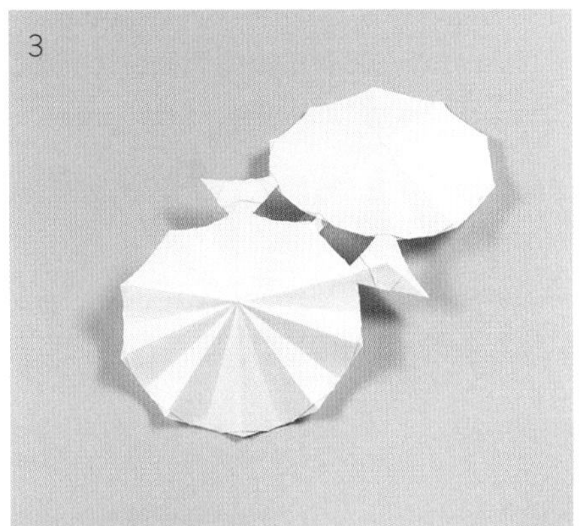
3

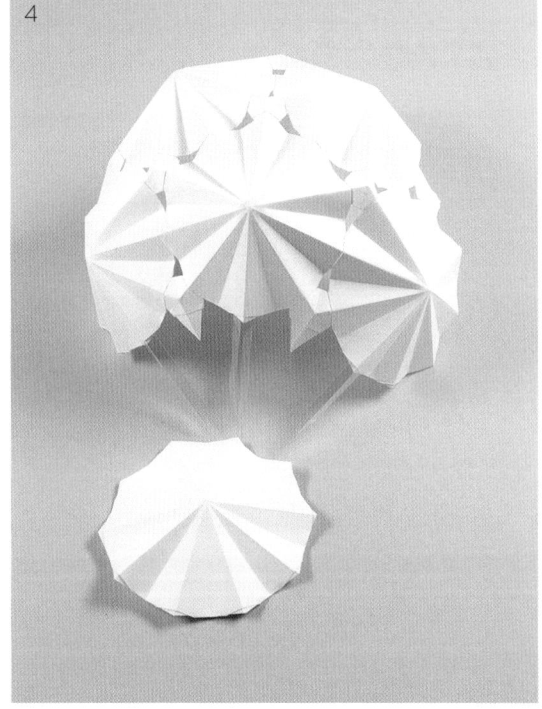
4

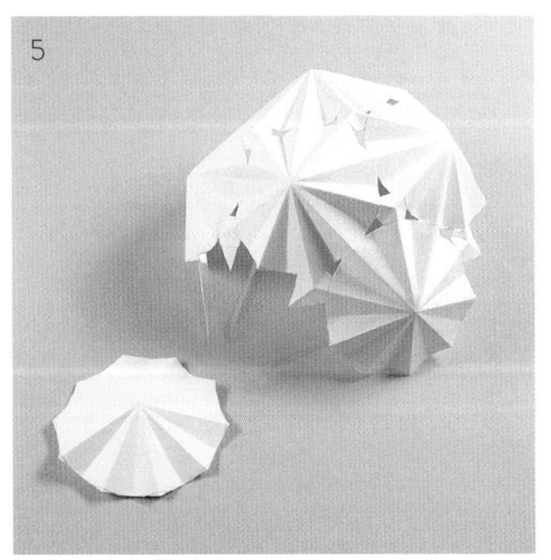
5

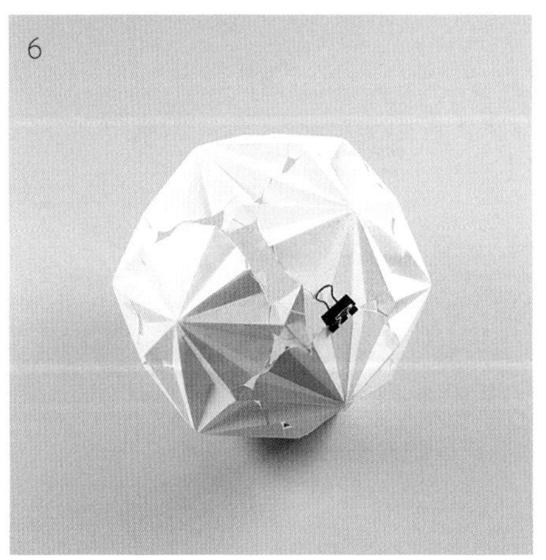
6

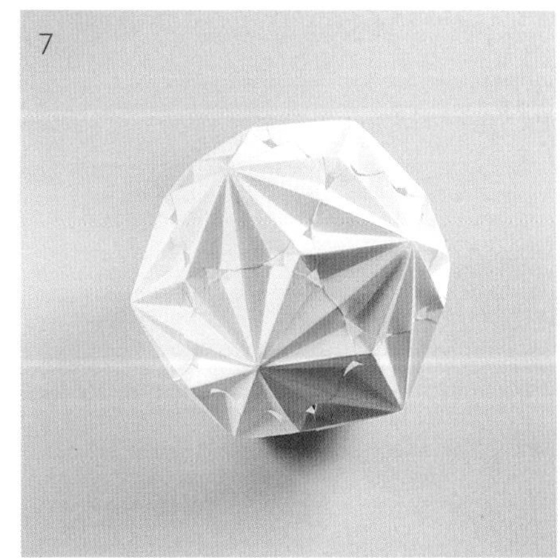
7

Pyramiden-Ikosaeder
3/10

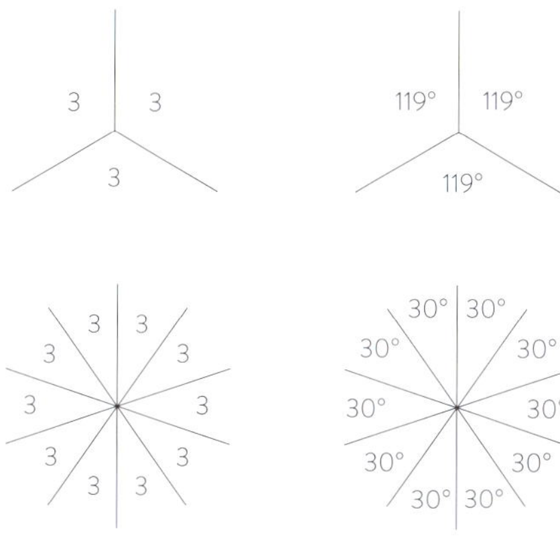

Von den Grundflächen zu den Modulen
Benötigt werden insgesamt 40 Dreiecke in zwei Größen (20 x größeres Ross und 20 x kleinerer Reiter) sowie 24 Zehnecke in gleicher Größe (12 x Ross und 12 x Reiter). Dazu kommen 30 Stützen. Berg und Talfalten nach den nebenstehenden Grafiken falten. Anschließend Ross und Reiter zu Modulen zusammensetzen (Abb. 1, links). Bei den zehngliedrigen Modulen an die Umfaltungen der Reiter-Spitzen jeweils etwas Klebstoff geben und vor dem weiteren Zusammenbau des Modells mit Klammern trocknen lassen (Abb. 1 und 2).

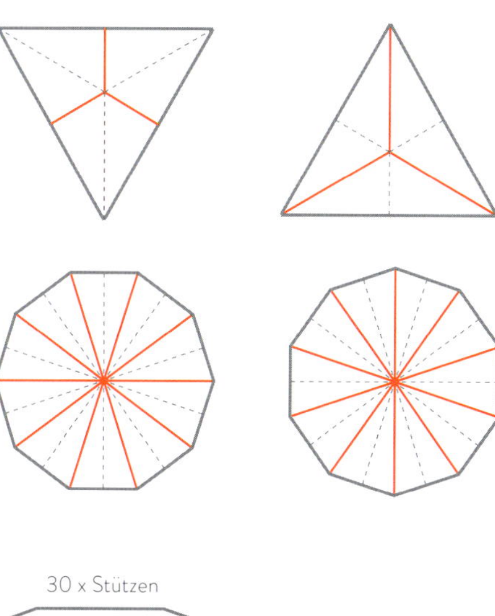

Von den Modulen zum fertigen Modell
Bei einem ersten zehnzähligen Modul an jeder zweiten Ecke eine Stütze einbringen und ein weiteres zehnzähliges Modul anfügen, dieses u. U. festkleben. An weitere Ecken dreizählige Module anfügen. Abbildung 3 zeigt jeweils zwei drei- und zehnzählige Module. Auf diese Weise sinngemäß fortfahren (Abb. 4–6) und das Modell zusammenbauen (Abb. 7). Beachten Sie dabei folgenden Grundsatz: Verbinden Sie dreizählige Module ausschließlich mit zehnzähligen Modulen. An zehnzählige Module werden hingegen wechselweise drei- und zehnzählige Module angefügt.

Schwierigkeitsgrad: sehr schwer
besondere Anforderungen durch komplexe Module, Stützen und Verklebungen; Zeitaufwand: ca. 10 Stunden

20 x 20 x 12 x 12 x

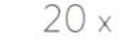
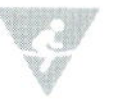
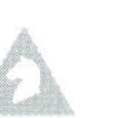
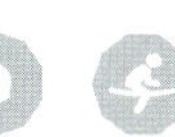

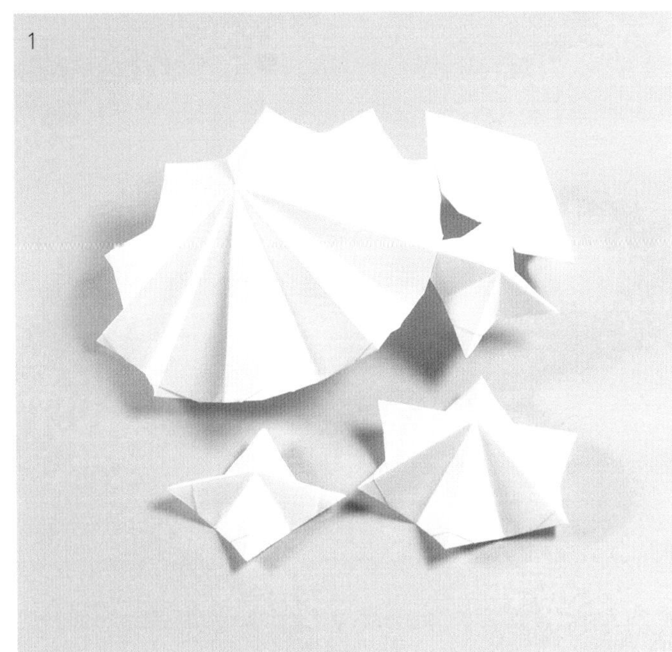
1

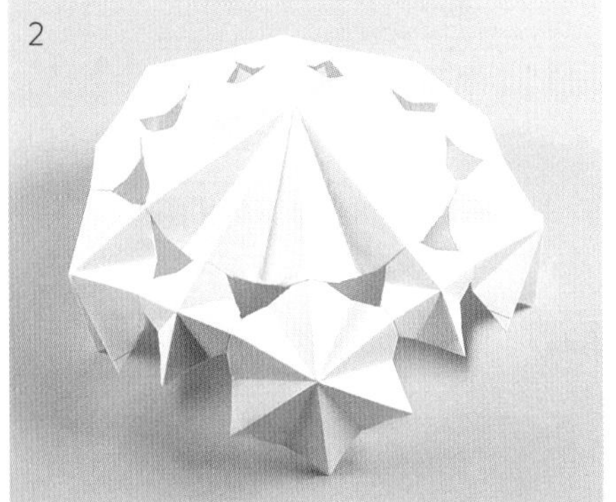
2

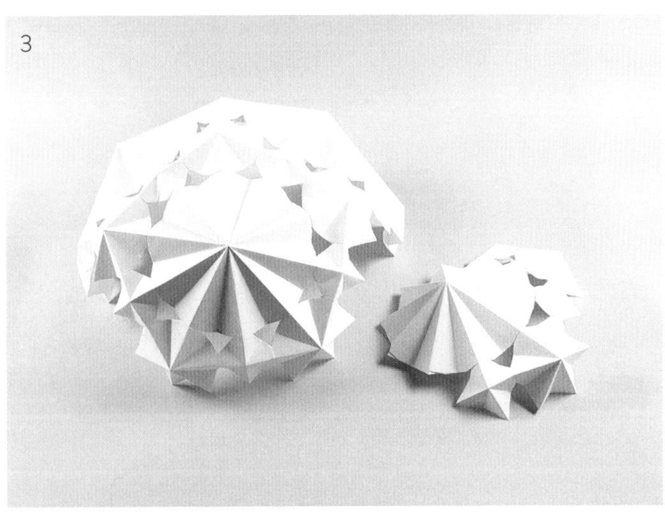
3

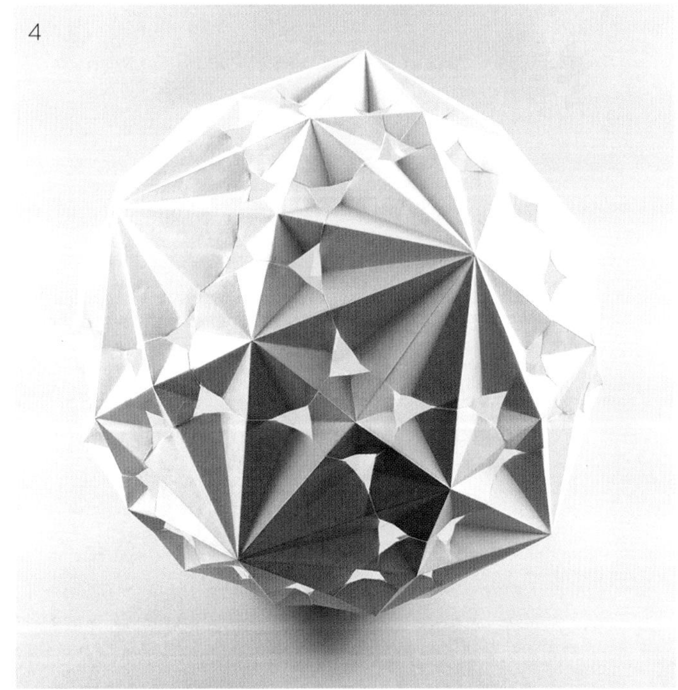
4

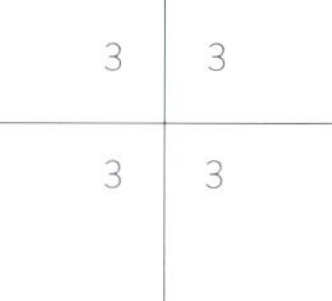

89° 89°
89° 89°

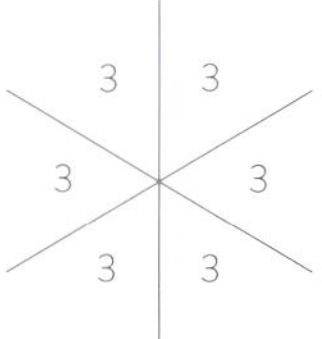

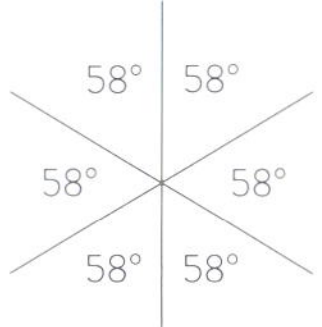

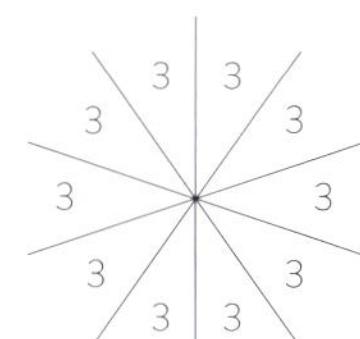

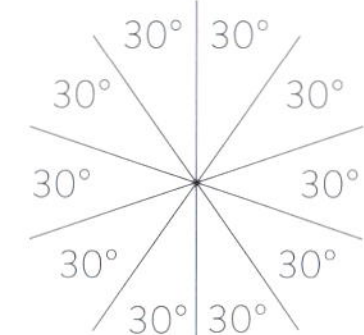

Pyramiden-Ikosaeder
4/6/10

Von den Grundflächen zu den Modulen
Benötigt werden insgesamt 60 Quadrate (30 x Ross und 30 x Reiter), 40 Sechsecke (20 x Ross und 20 x Reiter) sowie 24 Zehnecke (12 x Ross und 12 x Reiter). Dazu kommen noch 120 Stützen. Berg- und Talfalten nach den nebenstehenden Grafiken falten. Anschließend Ross und Reiter zu Modulen zusammensetzen (Abb. 1).

Von den Modulen zum fertigen Modell
Bei einem ersten zehnzähligen Modul an jeder zweiten Ecke eine Stütze einbringen und ein sechszähliges Modul anfügen, dieses u. U. festkleben. An weitere Ecken vierzählige Module anfügen. Auf diese Weise sinngemäß fortfahren (Abb. 2–4) und das Modell zusammenbauen.
Beachten Sie dabei folgenden Grundsatz: Verbinden Sie vierzählige Module wechselweise mit sechs- und zehnzähligen Modulen, sechszählige Module wechselweise mit vier- und zehnzähligen Modulen sowie zehnzählige Module wechselweise mit vier- und achtzähligen Modulen.

Schwierigkeitsgrad: höchste Anforderungen
besondere Anforderungen durch komplexe Module, Stützen und Verklebungen; Zeitaufwand: ca. 18 Stunden

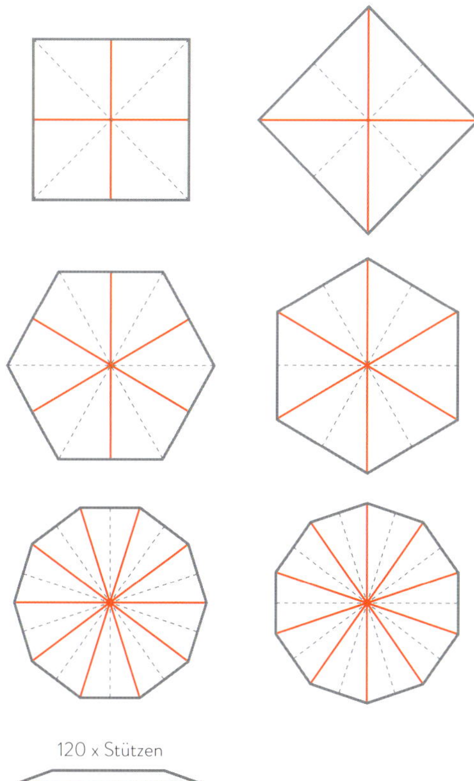

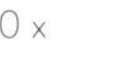
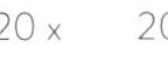
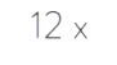
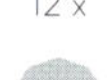

30 x 30 x 20 x 20 x 12 x 12 x

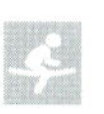
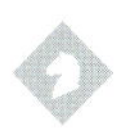

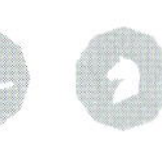

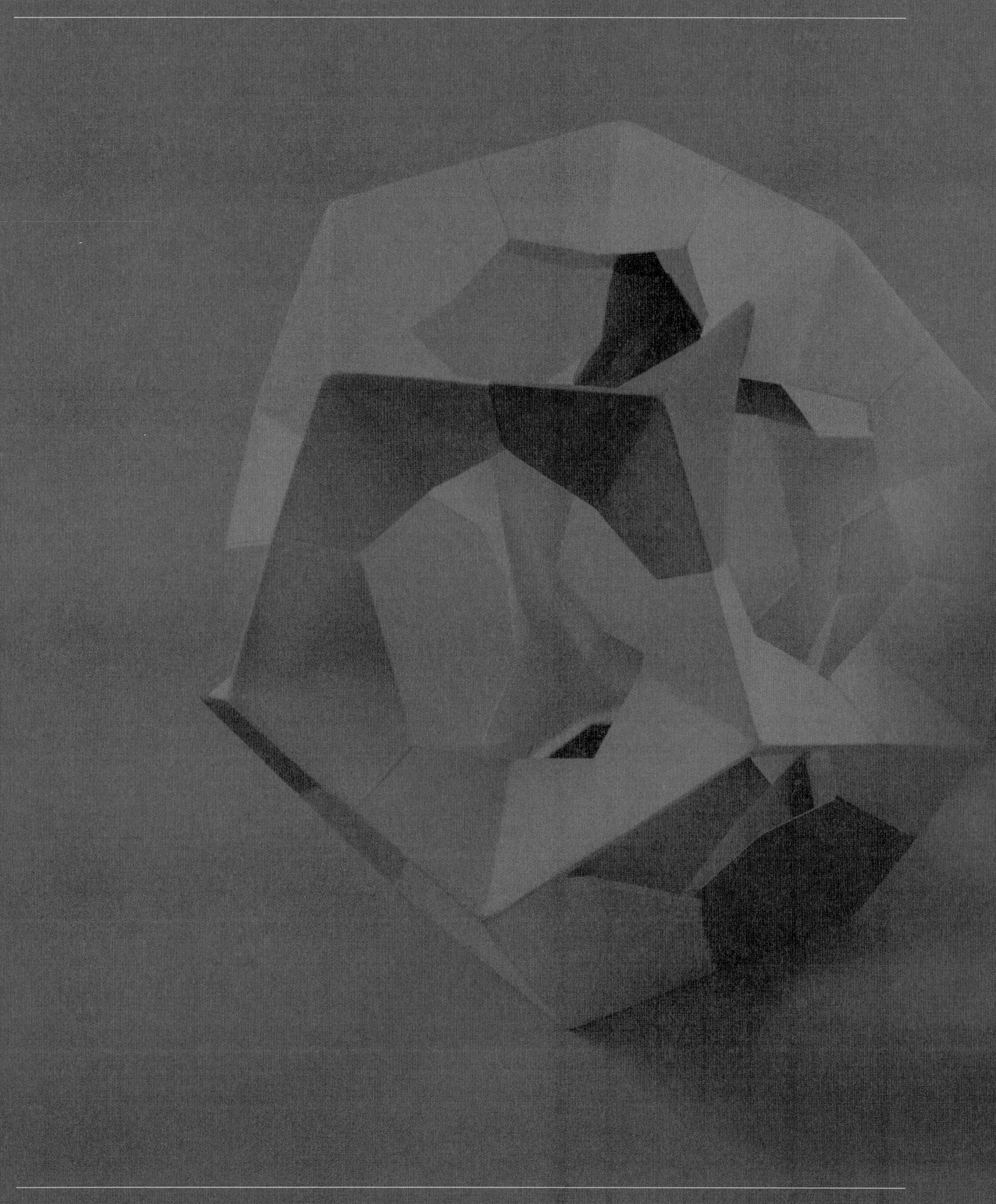

I-Modelle
Neue Chiralgebilde

Analog zum Modellen F21 (Cubus simus mit drei- und vierzähligen Ringschlüssen, siehe Seite 88) und F22 (Dodekaedron simum mit drei- und fünfzähligen Ringschlüssen, siehe Seite 90) können Sie mit den gleichen Bauteilen zwei spiegelverkehrte (chirale) Ikosaeder mit drei- und fünfzähligen Ringschlüssen zusammenbauen.

Ähnliches gilt für Modell B04 (Dodekaeder, siehe Seite 46), das mit zwei verschiedenen Dreiecken umgesetzt werden kann: aus den Dreiecken von B04 sowie den Dreiecken der E-Modelle (siehe Seite 74 ff.).

1

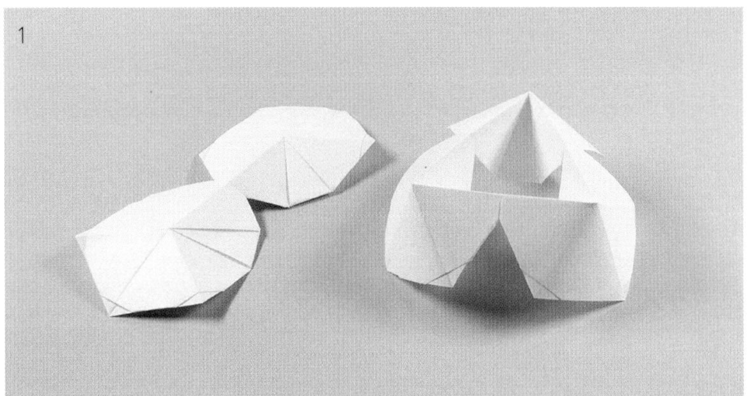

2

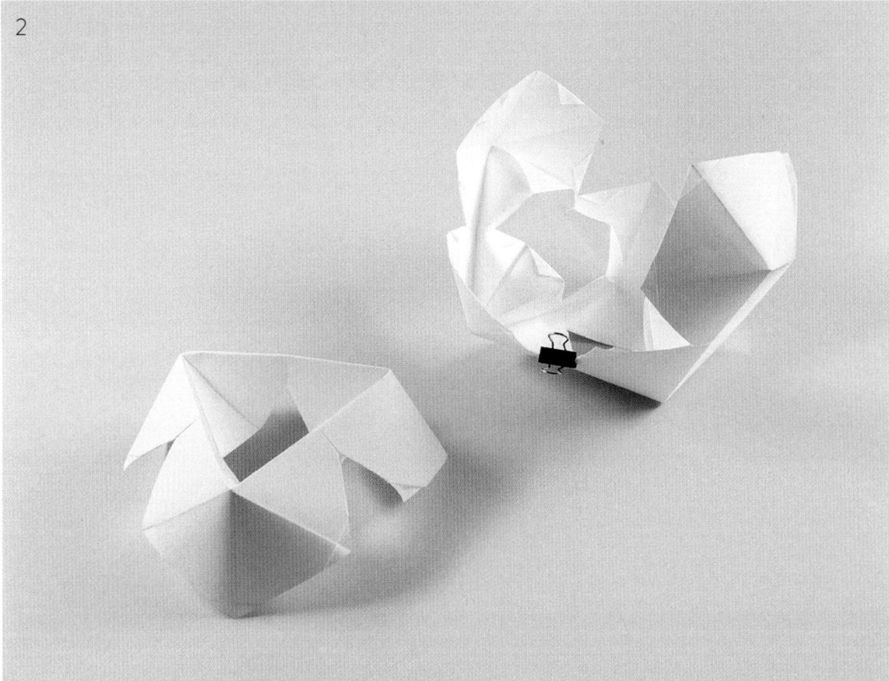

3

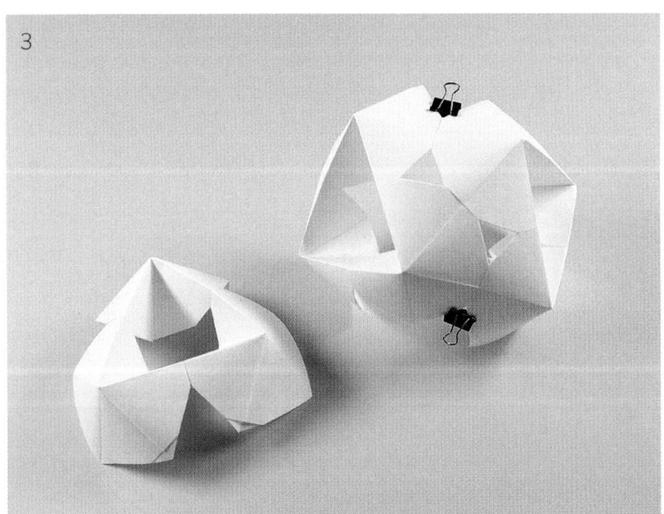

4

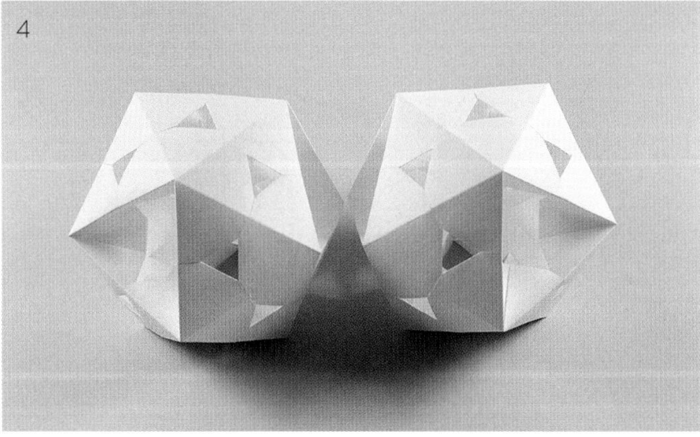

Ikosaeder
(chiral)

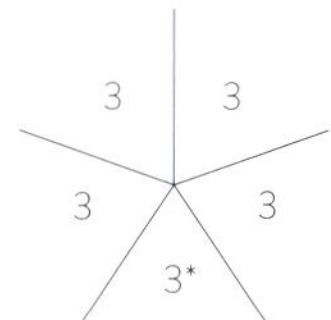

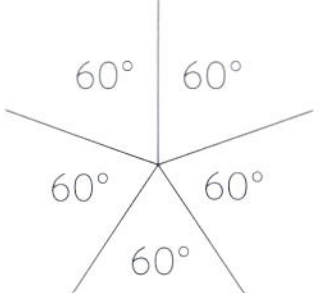

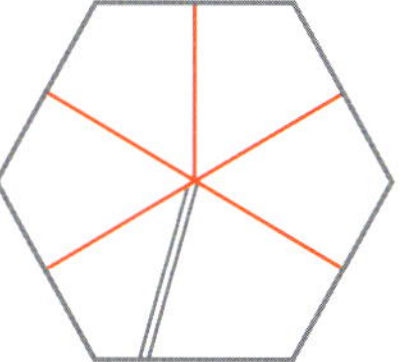

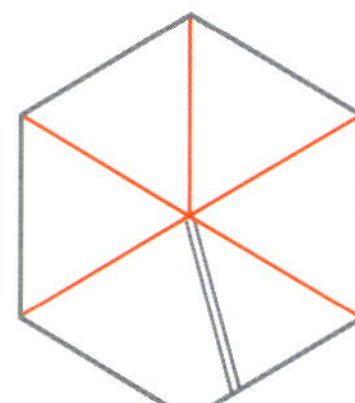

Von den Grundflächen zum Modul
Benötigt werden insgesamt 24 Sechsecke (12 Zentauren links und 12 Zentauren rechts), die jeweils von einer Seite eingeschnitten werden (siehe die Grafiken rechts). Berg- und Talfalten nach den nebenstehenden Grafiken falten und, wie abgebildet, links (für Zentaur links) oder rechts (für Zentaur rechts) einschneiden. Dann jeweils einen Zentaur links und einen Zentaur rechts und zu einem Modul zusammensetzen (Abb. 1, links; siehe auch die Modelle F21 und F22, Seite 88 ff.).

Vom Modul zum fertigen Modell
Mit den ersten drei Modulen einen ersten dreizähligen Ringschluss bilden (er ergibt ein Viertel des Modells), Abb. 1 zeigt rechts den Zwischenschritt. Weitere dreizählige Ringschlüsse bilden und diese dann schrittweise zusammensetzen (Abb. 2 und 3). Von diesem Modell sind zwei chirale Varianten möglich (Abb. 4; siehe auch die Modelle D14, D15, F21, F22 und I33, Seite 70, 72, 88, 90 sowie 118.

Schwierigkeitsgrad: anspruchsvoll
besondere Anforderungen durch Einschnitte, komplexe Zentauren-Module, Verklebungen sowie beim Zusammenbauen; Zeitaufwand: ca. 2 Stunden pro Modell

Hinweis:
Für die dreizähligen Ringschlüsse werden vorab keine Talfalten gebildet. Bei der Montage entstehen fast von selbst „runde“ Talfalten, wenn das überschüssige Material nach innen gedrückt wird.

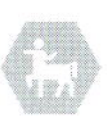

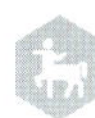

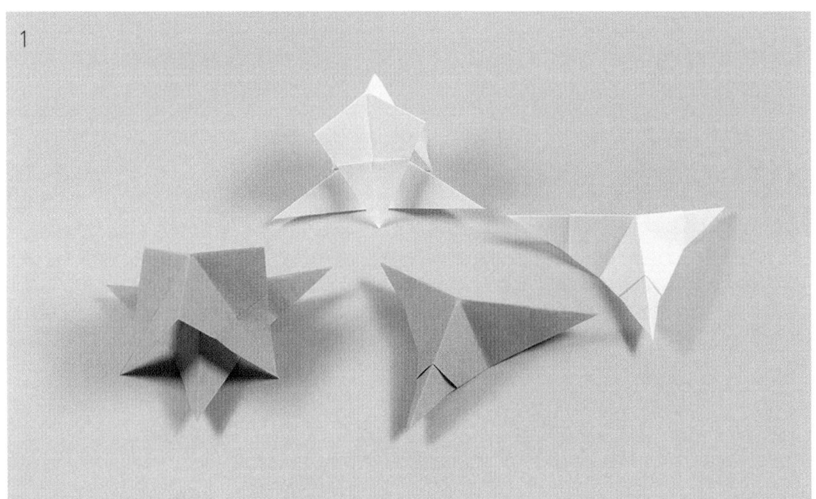
1

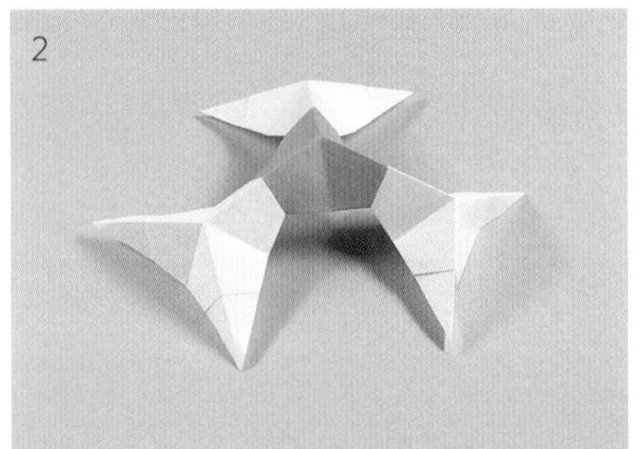
2

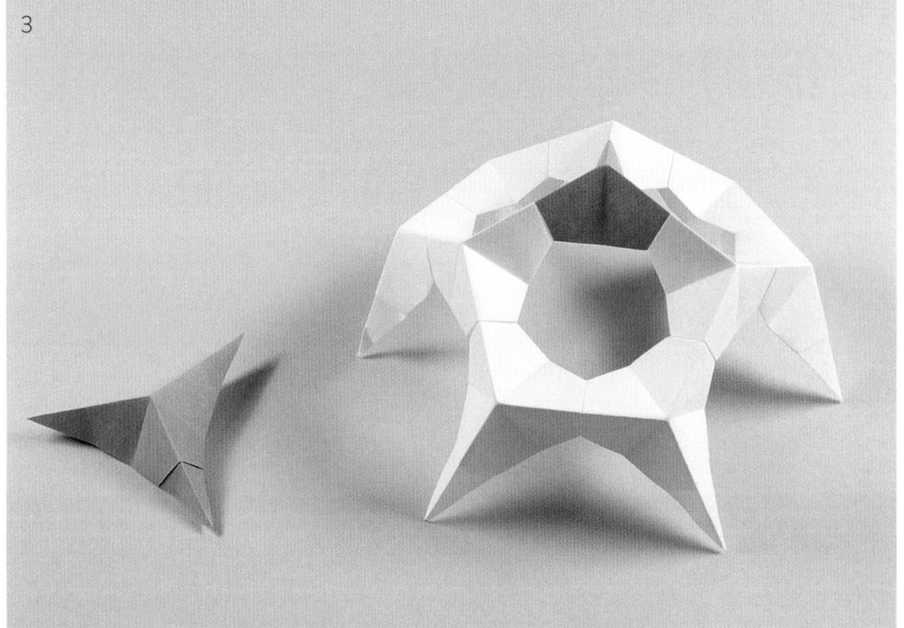
3

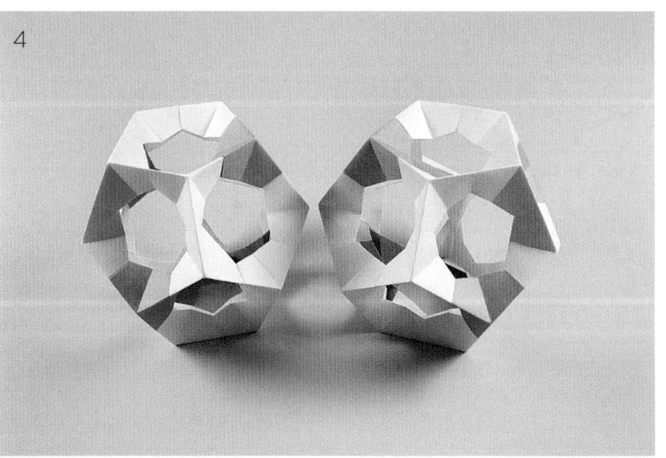
4

Dodekaeder (chiral)

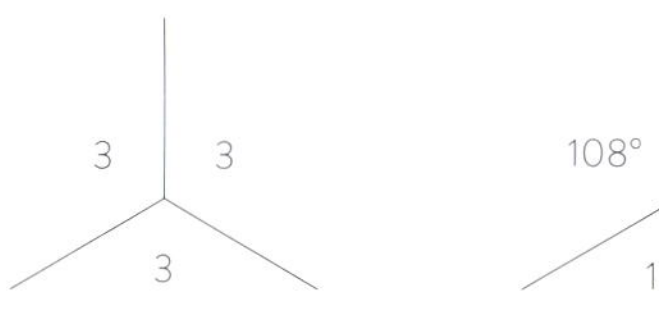

Von den Grundflächen zum Modul

Benötigt werden insgesamt 32 helle und 8 dunkle Dreiecke in gleicher Größe, bestehend aus 16 x Ross und 16 x Reiter in heller Farbe sowie 4 x Ross und 4x Reiter in dunkler Farbe. Berg- und Talfalten nach den nebenstehenden Grafiken falten und jeweils zu einfarbigen Modulen zusammensetzen (Abb. 1). Dann jedes dunkle Modul ausschließlich mit hellen Modulen verbinden (Abb. 2–4).

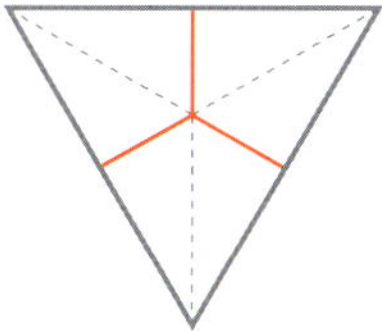

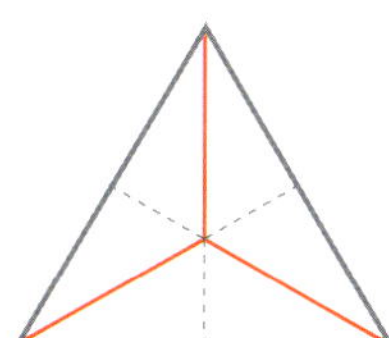

Vom Modul zum fertigen Modell

Setzen Sie alle bis zu diesem Schritt angefertigten Bauteile ähnlich wie Modell B04 zusammen (siehe Seite 46). Achten Sie dabei auf die gleichmäßige räumliche Verteilung der hellen und dunklen Module. Von diesem Modell sind zwei chirale Varianten möglich (Abb. 4; siehe auch die Modelle D14, D15, F21, F22 und I32, Seite 70, 72, 88, 90 sowie 116).

Schwierigkeitsgrad: mittel

einfacher Zuschnitt, teilweise zusätzliche Falten, einfache Montage; Zeitaufwand: ca. 1 Stunde pro Modell

16 x 16 x 4 x 4 x

Erweiterungen der Polyeder-Formen

Die in den Kapiteln A–I vorgestellten Faltpolyeder sind in ihrer Formenvielfalt begrenzt auf etwas über 30 Modelle. Lockert man jedoch die strengen zahlenmäßigen Vorgaben, die ihnen zugrunde liegen, so kann man mit derselben Falttechnik aus Ross- und Reiterelementen frei experimentieren. In den folgenden Kapiteln werden nur einfachste Modelle vorgestellt, die sich aus gleich großen Ross- und Reiterflächen bilden lassen. Dreiecke, Quadrate und Fünfecke sind also für alle folgenden Modelle gleich und untereinander frei kombinierbar.

Darstellung der Grundflächen und Module

Bei jedem Modell finden Sie rechts neben der Schritt-für-Schritt-Anleitung wieder schematische Darstellungen (Grafiken) der Grundflächen von Ross und Reiter, die zeigen, welche Grundflächen bzw. Falten für die jeweiligen Module erforderlich sind. Unterschiedliche Module sind im gesamten Abschnitt „Erweiterungen der Polyeder-Formen" zudem in verschiedenen Farben umgesetzt, wie die Fotos (Abbildungen) zu jedem Modell zeigen.

Fast alle der erweiterten Formen sind leicht nachzubauen. Dies soll Sie dazu anregen, eigenständig frei weiter zu experimentieren. Daher wurden auch die Schritt-für-Schritt-Anleitungen einfach gehalten. Wenn Ihnen die einfachen Formen in gleicher Größe nicht genügen, können Sie sich aus den bereits vorgestellten Polyeder-Anleitungen Anregungen zusammenstellen und das hier berücksichtigte Formenspektrum durch unterschiedlich große Ross- und Reiterflächen, Zentauren oder Einwicklungen bzw. Einfaltungen erweitern.

Alle Formen der folgenden Kapitel lassen sich mit einfachsten Mitteln zusammenbauen und erfordern keine nennenswerten Anstrengungen. Sie gehen nicht über die Anforderungen der A-, B- und C-Modelle (siehe Seite 36 ff.) hinaus. Lassen Sie sich anregen zu mannigfachem, spielerischem Experimentieren! Wer damit nicht ausgelastet ist, findet ab Kapitel D (siehe Seite 64 ff.) weiterreichende Kombinationsmöglichkeiten.

Einheitliche farbliche Umsetzung

Zur besseren Orientierung wurde für die folgenden Modelle eine einheitliche farbliche Kodierung verwendet. Quadratische Module sind dunkelblau umgesetzt, wenn alle Kantenparallelen und Diagonalfalten gefaltet werden. Fehlt eine Talfalte ganz, so ist das Modul in Orange dargestellt. Ein Modul mit einer einzigen halben Talfalte ist dunkelgelb. Ein Modul mit zwei halben Talfalten ist hellgrün und ein Modul mit drei halben Talfalten ist dunkelrot.

Ähnlich verhält es sich mit Drei-, Fünf- und Sechsecken. Anhand der farblichen Umsetzung ist so stets auf den ersten Blick ersichtlich, wie das jeweilige Modul gefaltet wird bzw. aus welchen Grundflächen es sich zusammensetzt.

Einheitliche Benennung der Modelle

4 = vierzähliger Ringschluss, quadratisch
4* = vierzähliger Ringschluss viereckig, aber nicht quadratisch
6‘ = sechszähliger Ringschluss mit konkavem Knick
6“ = sechszähliger Ringschluss mit zwei konkaven Knicken
3** = unvollständiges Dreieck (bei Torso)

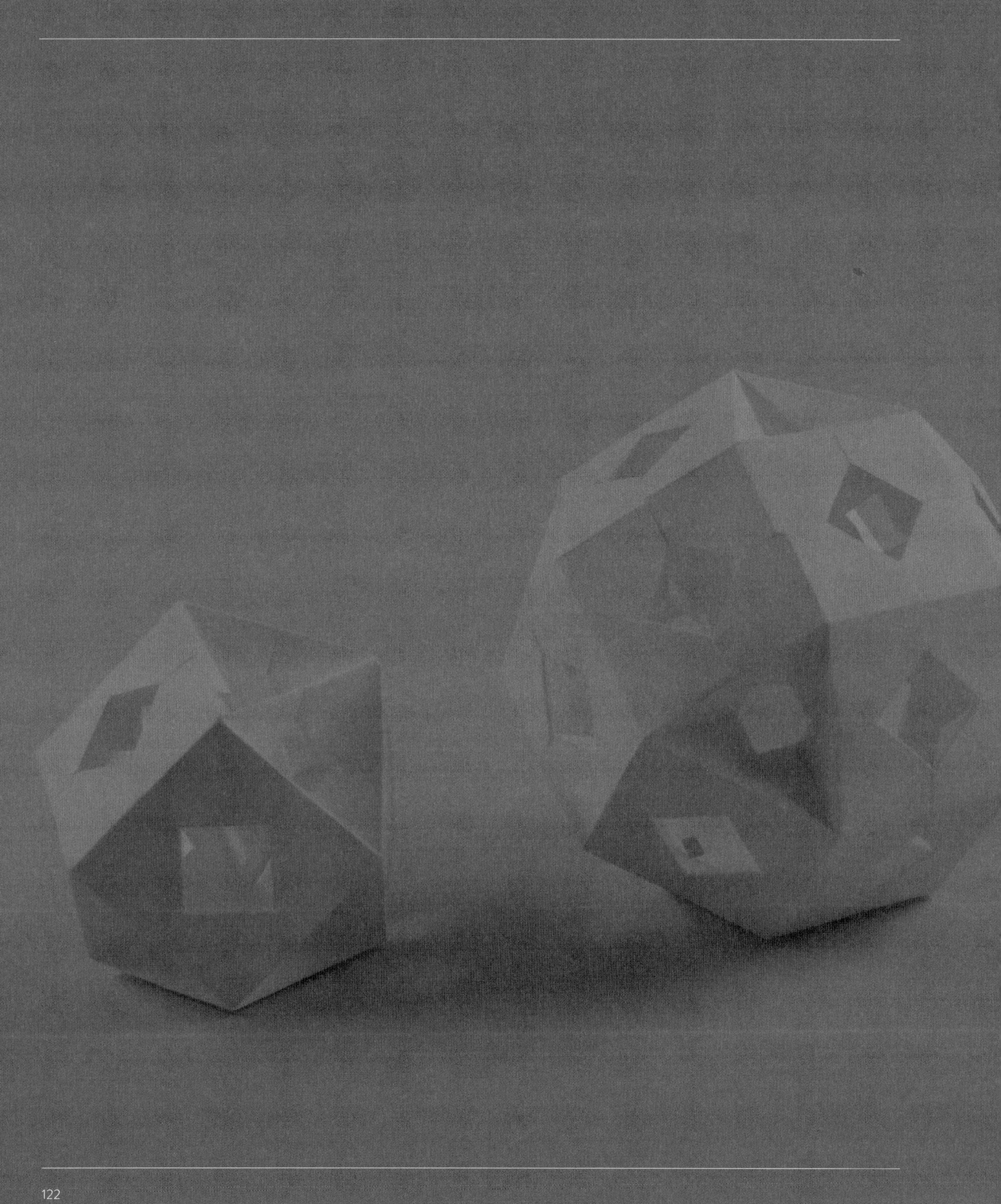

J-Modelle
Erweiterungen von Kubo-Oktaeder und Rhomben-Kubo-Oktaeder

Alle in diesem Kapitel vorgestellten Modelle beruhen auf den Polyeder-Formen Kubo-Oktaeder (Modell A02, siehe Seite 40) und Rhomben-Kubo-Oktaeder (Modell A03, siehe Seite 42). Einzelne Bauteile dieser Grundmodelle wurden bei den folgenden Modellen umgestellt oder erweitert um geringfügig veränderte Bauteile, oder es wurden Teile weggelassen. An der neuen Modellform können Sie die verwandte Polyeder-Form aus dem vorhergehenden Kapitel meist sehr deutlich erkennen.
Zur besseren Orientierung wird das betreffende Grundmodell im Anleitungstext erwähnt oder lässt sich bereits am Namen der freien Form ablesen.

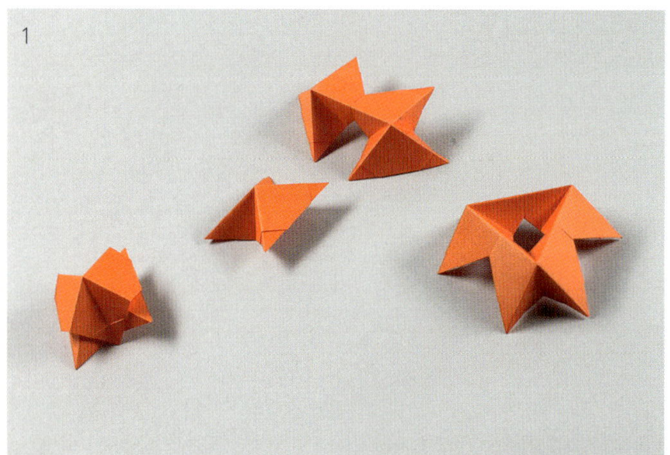
1

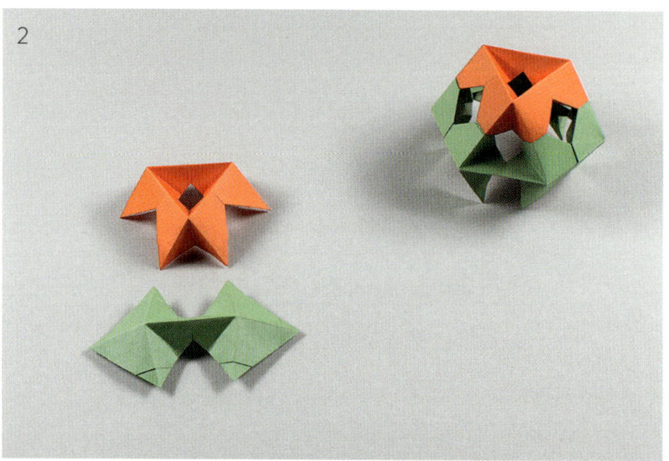
2

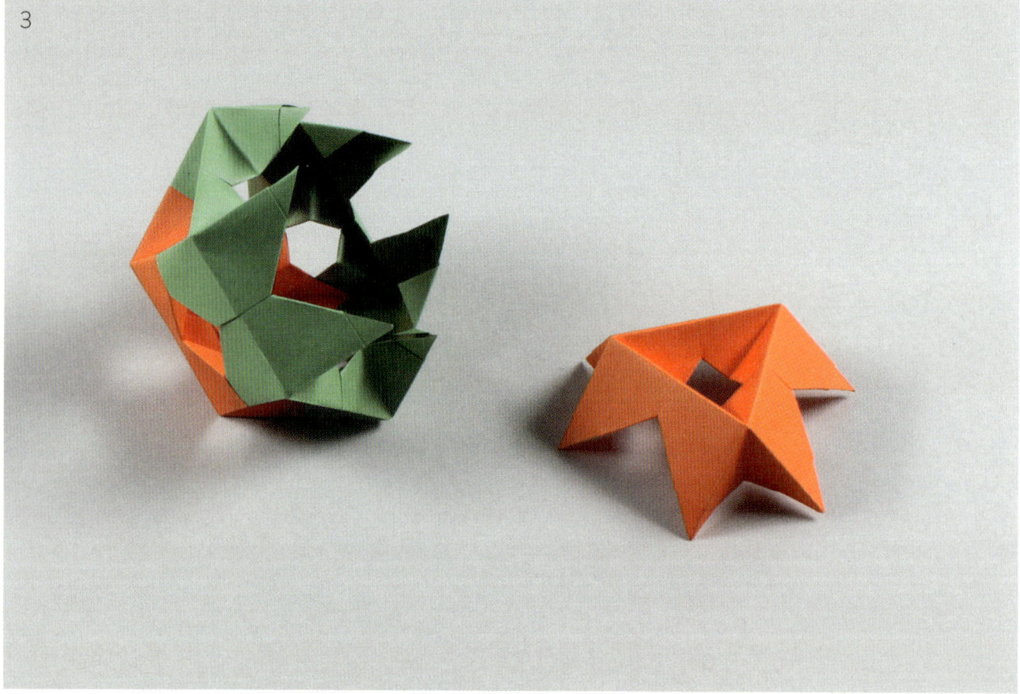
3

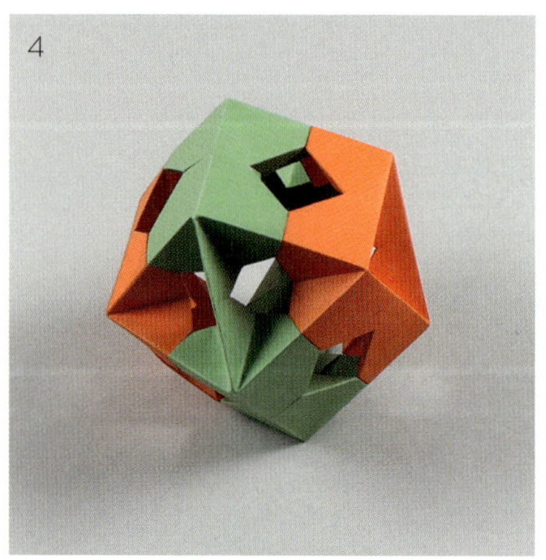
4

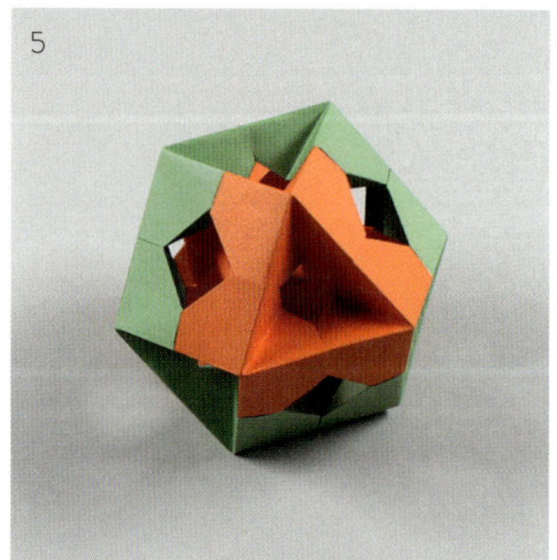
5

Verdrehtes Kubo-Oktaeder

Von der Grundfläche zum Modul

Benötigt werden insgesamt 24 Quadrate, bestehend aus 6 x Ross und 6 x Reiter in Orange sowie 6 x Ross und 6 x Reiter in Grün, – beide Grundflächen jeweils in gleicher Größe. Berg- und Talfalten nach den nebenstehenden Grafiken falten. Bitte beachten Sie: Die grünen und orangen Grundflächen haben jeweils unterschiedliche Berg-und Talfalten.
Anschließend Ross und Reiter jeweils zu einfarbigen Modulen verbinden (Abb. 1).

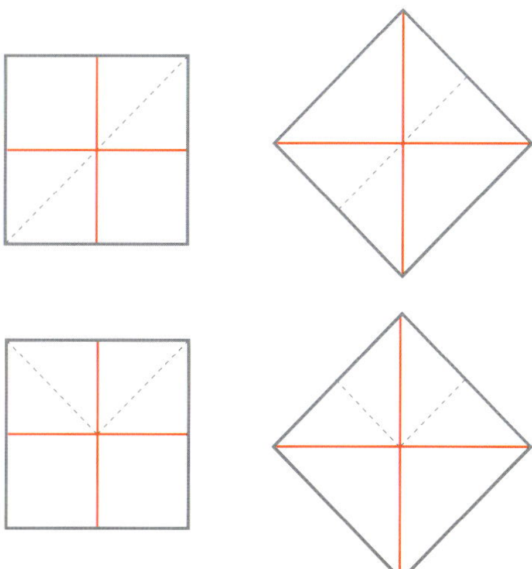

Vom Modul zum fertigen Modell

Fügen Sie die ersten drei orangen Module zu einem dreizähligen Ringschluss zusammen (Abb.2), und Sie wiederholen diesen Arbeitsschritt. Dann die grünen Module – an orange Module angefügt – zu einem grünen Band verbinden (Abb. 2). Zum Schluss einen zweiten orangen Ringschluss an die grünen Module anfügen und damit das Modell fertigstellen (Abb. 3). Die entstandene Form (Abb. 4 und 5) entspricht zwei gegeneinander verdrehten Hälften des Kubo-Oktaeders (Modell A02, siehe Seite 40).

Schwierigkeitsgrad: leicht

einfacher Zuschnitt, einfache Montage; Zeitaufwand ca. 1 Stunde

6 x 6 x 6 x 6 x

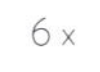
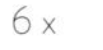

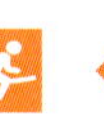

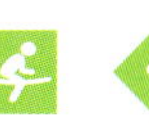

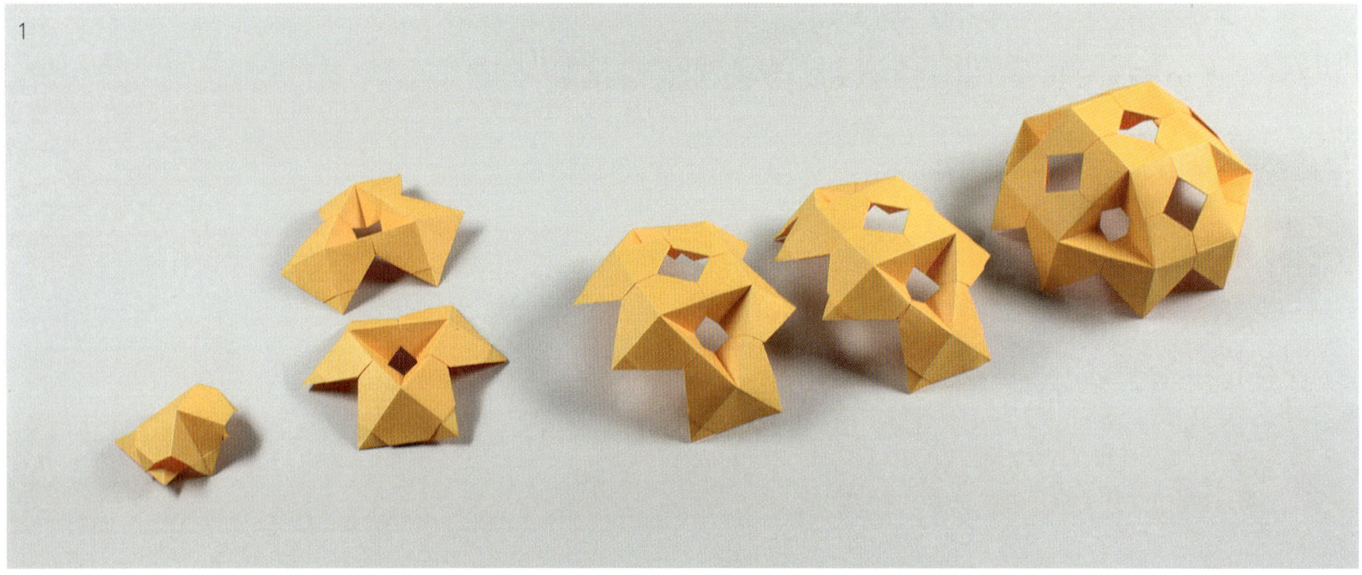
1

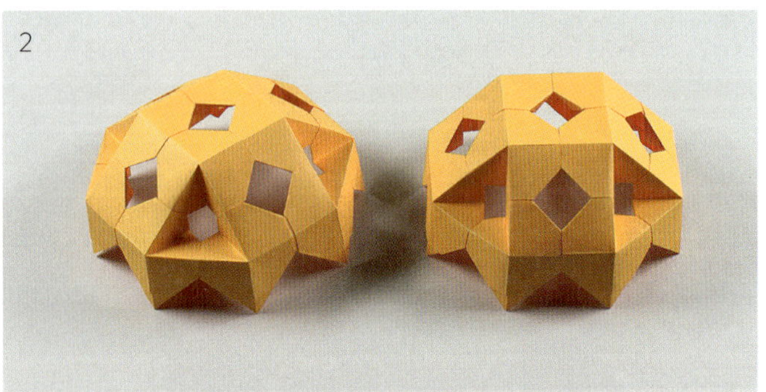
2

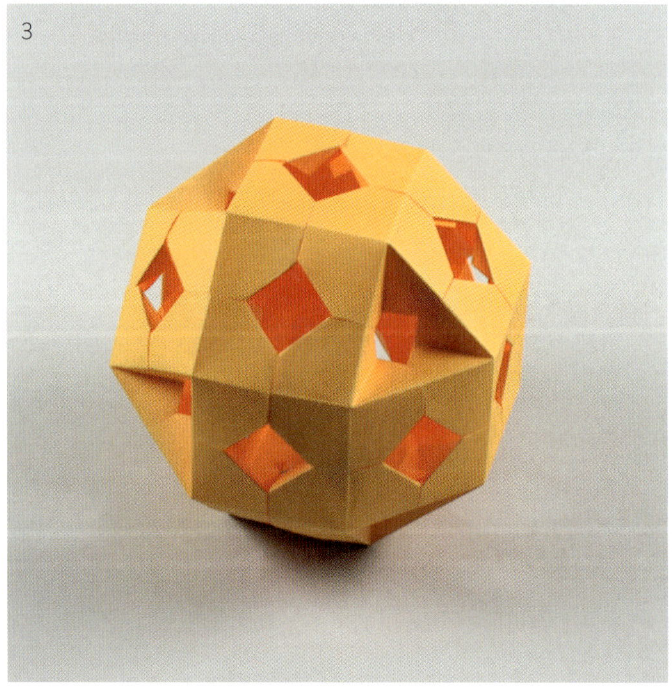
3

Verdrehtes Rhomben-Kubo-Oktaeder (3/4)

Erste Schritte
Benötigt werden insgesamt 48 Quadrate, bestehend aus 24 x Ross und 24 x Reiter in gleicher Größe. Berg- und Talfalten nach den nebenstehenden Grafiken falten. Anschließend Ross und Reiter zu Modulen verbinden und diese zu dreizähligen Ringschlüssen zusammenfügen (Abb. 1, von links nach rechts).

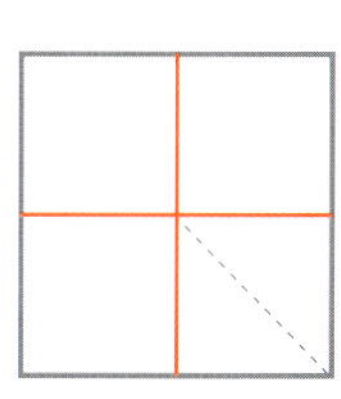

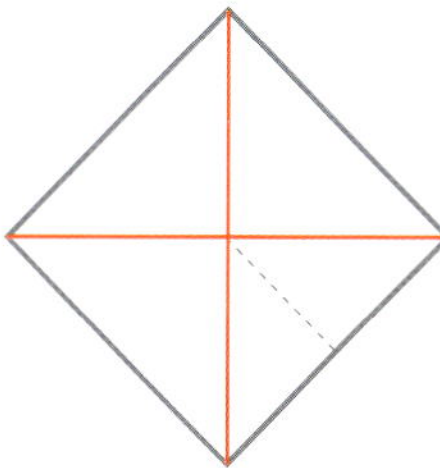

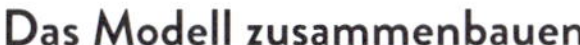

Das Modell zusammenbauen
Verbinden Sie vier dreizählige Ringe zu den Polyeder-Hälften (Abb. 1, rechts und Abb. 2), und schieben Sie diese zusammen. Die entstandene Form (Abb. 3) entspricht zwei gegeneinander verdrehten Hälften des Rhomben-Kubo-Oktaeders (Modell A03, siehe Seite 42).

Schwierigkeitsgrad: leicht
einfacher Zuschnitt, einfache Montage; Zeitaufwand: ca. 75 Minuten

24 x 24 x

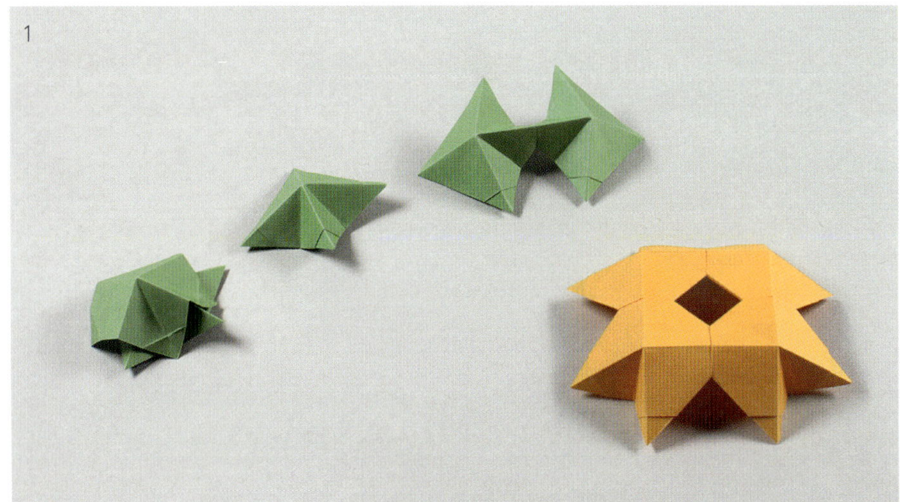
1

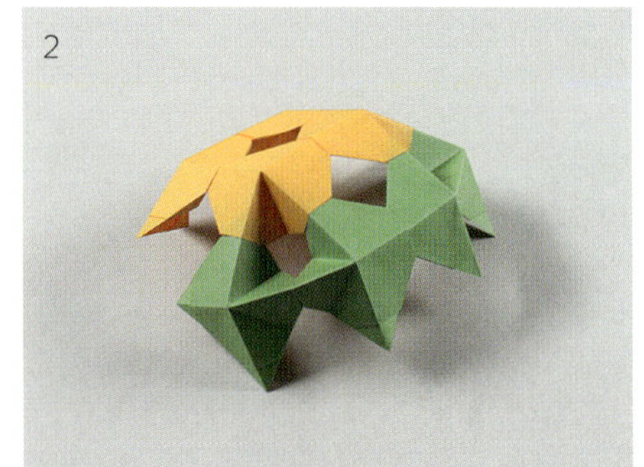
2

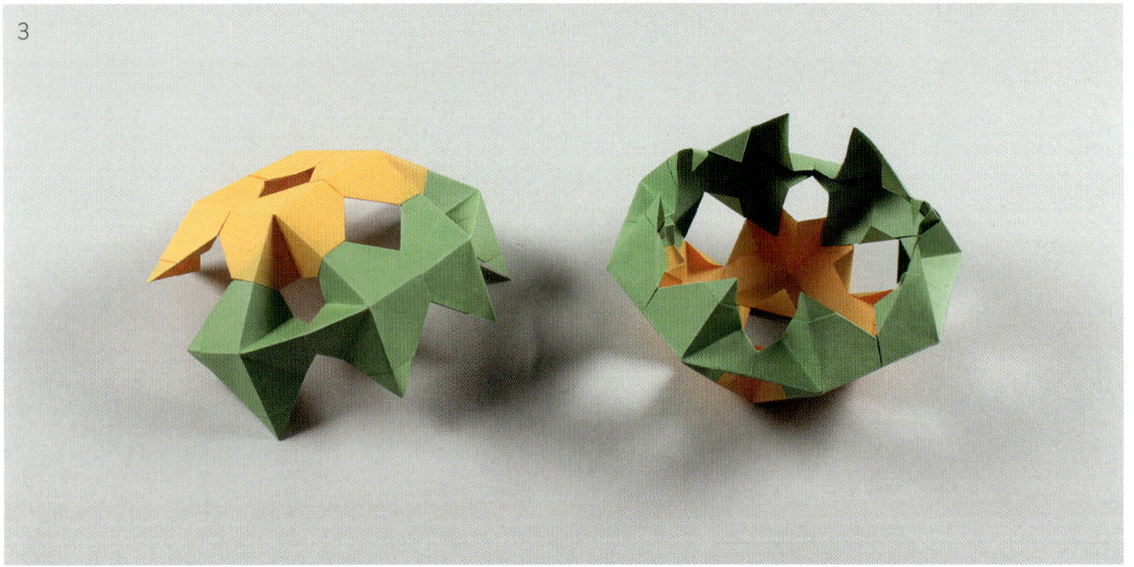
3

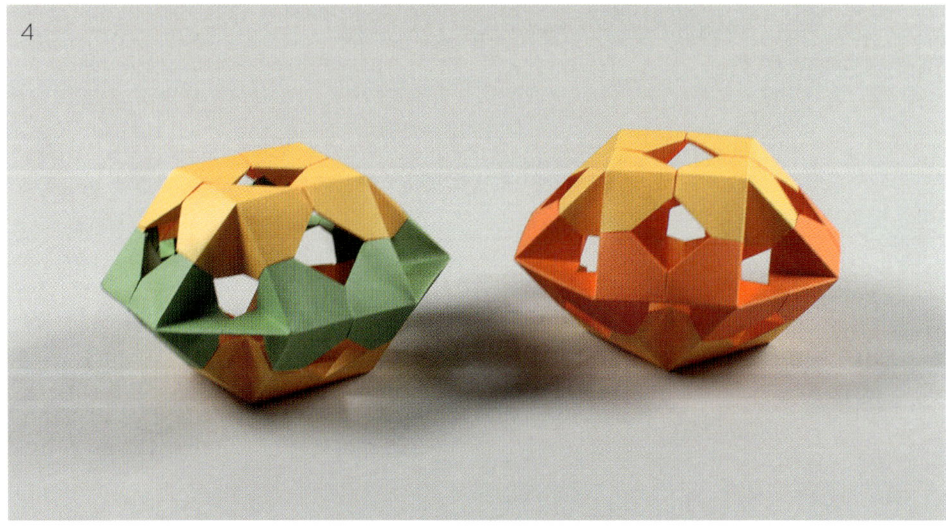
4

Rhomben-Kubo-Oktaeder-Deckel

Von der Grundfläche zum Modul
Benötigt werden insgesamt 32 Quadrate, bestehend aus 8 x Ross und 8 x Reiter in Gelb sowie 8 x Ross und 8 x Reiter in Grün, – beide Grundflächen jeweils in gleicher Größe. Berg- und Talfalten nach den nebenstehenden Grafiken falten. Bitte beachten Sie: Die gelben und grünen Grundflächen haben unterschiedliche Berg-und Talfalten.
Anschließend Ross und Reiter jeweils zu einfarbigen Modulen verbinden (Abb. 1).

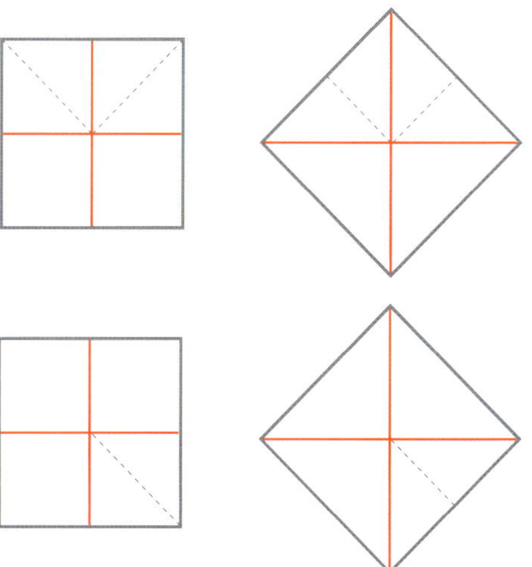

Vom Modul zum fertigen Modell
Fügen Sie die ersten vier gelben Module zu einem vierzähligen Ringschluss zusammen (Abb. 1, rechts), und wiederholen Sie diesen Arbeitsschritt. Dann die grünen Module – an gelbe Module angefügt – zu einem grünen Band verbinden (Abb. 2 und 3). Zum Schluss einen zweiten gelben vierzähligen Ring an die grünen Module stecken und damit das Modell vervollständigen.
Das entstandene Model sieht aus wie zwei zusammengesetzte Deckel bzw. Böden des Rhomben-Kubo-Oktaeders (Modell A03, siehe Seite 42). Abbildung 4 zeigt links das fertige Modell neben dem nachfolgend erläuterten „verdrehten Rhomben-Kubo-Oktaeder-Deckel“ (siehe Seite 130).

Schwierigkeitsgrad: leicht
einfacher Zuschnitt, einfache Montage; Zeitaufwand ca. 1 Stunde

8 x 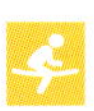 8 x 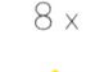 8 x 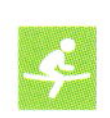 8 x 

1

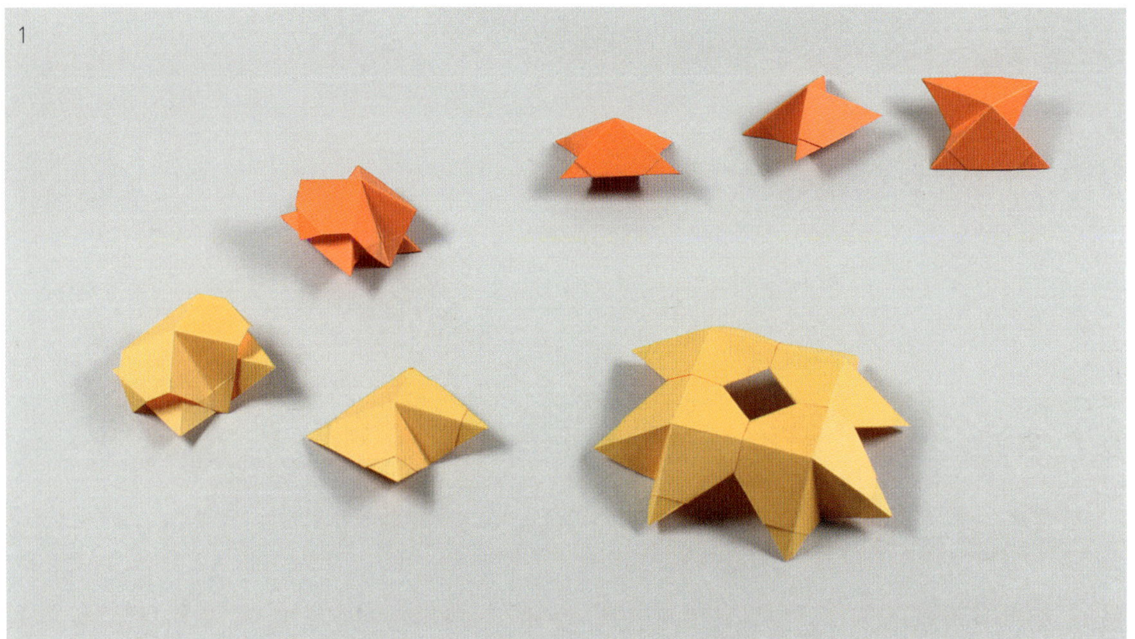

2

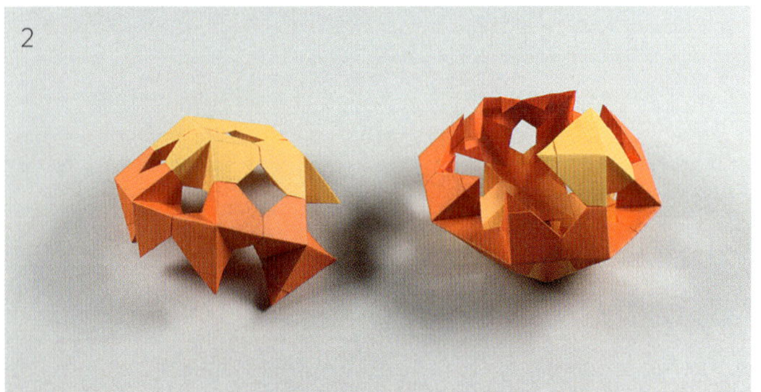

3

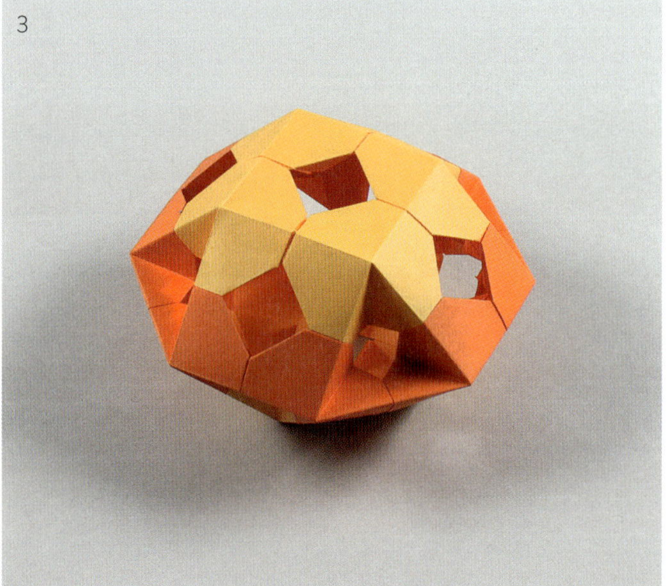

4

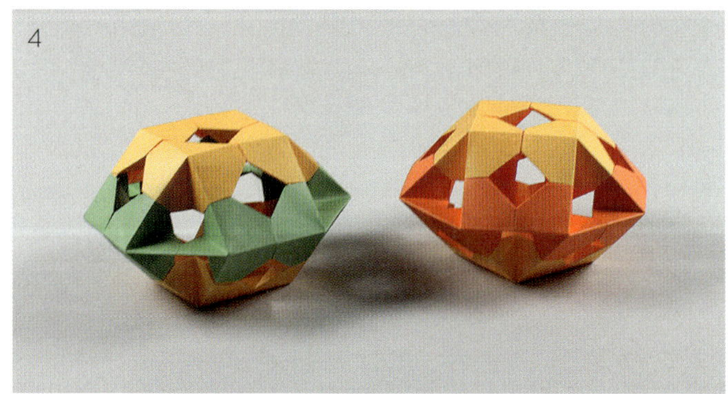

Verdrehter Rhomben-Kubo-Oktaeder-Deckel

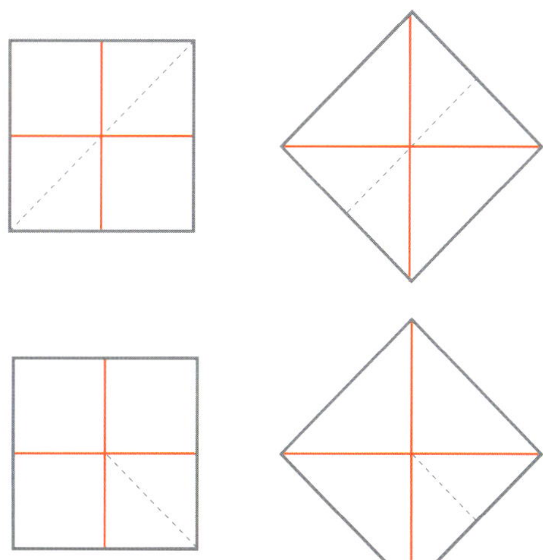

Von der Grundfläche zum Modul

Benötigt werden insgesamt 32 Quadrate, bestehend aus 8 x Ross und 8 x Reiter in Gelb sowie 8 x Ross und 8 x Reiter in Orange, – beide Grundflächen jeweils in gleicher Größe. Berg- und Talfalten nach nebenstehenden Grafiken falten. Bitte beachten Sie: Die gelben und orangen Grundflächen haben unterschiedliche Berg- und Talfalten. Ross und Reiter jeweils zu einfarbigen Modulen verbinden (Abb. 1, links und oben).

Vom Modul zum fertigen Modell

Fügen Sie die ersten vier gelben Module zu einem vierzähligen Ringschluss zusammen (Abb. 1, rechts), und wiederholen Sie diesen Arbeitsschritt. Dann die orangen Module – an gelbe Module angefügt – zu einem orangen Band verbinden. Abbildung 2 zeigt den Arbeitsfortschritt von zwei Seiten. Zum Schluss einen zweiten gelben vierzähligen Ring an die orangen Module stecken und damit das Modell vervollständigen (Abb. 3).
Das entstandene Model sieht aus wie zwei gegeneinander verdrehte, zusammengesetzte Deckel bzw. Böden des Rhomben-Kubo-Oktaeders (Modell A03, siehe Seite 42). Abbildung 4 zeigt rechts das fertige Modell neben dem bereits vorgestellten „Rhomben-Kubo-Oktaeder-Deckel“ (siehe Seite 128).

Schwierigkeitsgrad: leicht

einfacher Zuschnitt, einfache Montage; Zeitaufwand ca. 1 Stunde

8 x 8 x 8 x 8 x

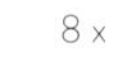

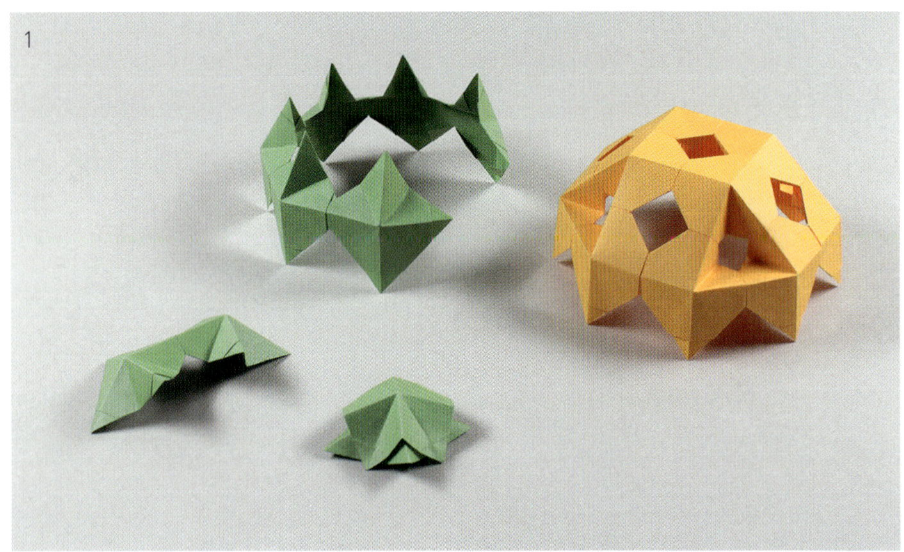
1

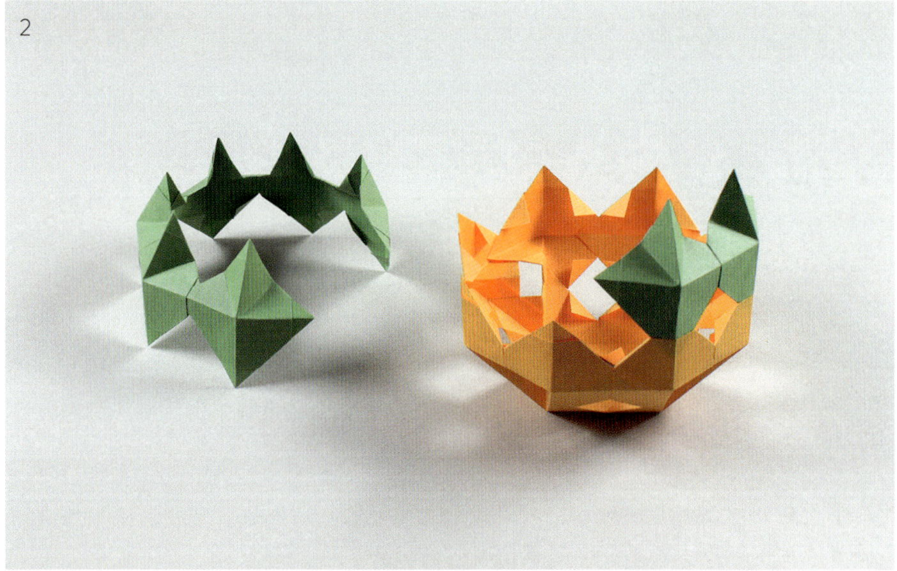
2

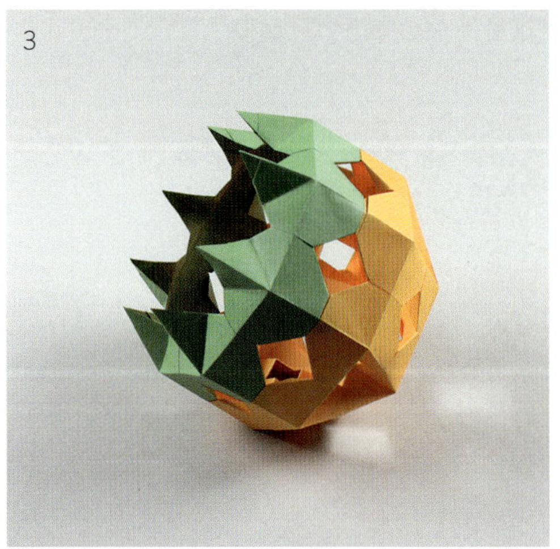
3

Rhomben-Kubo-Oktaeder, Torso (3/4/3**)

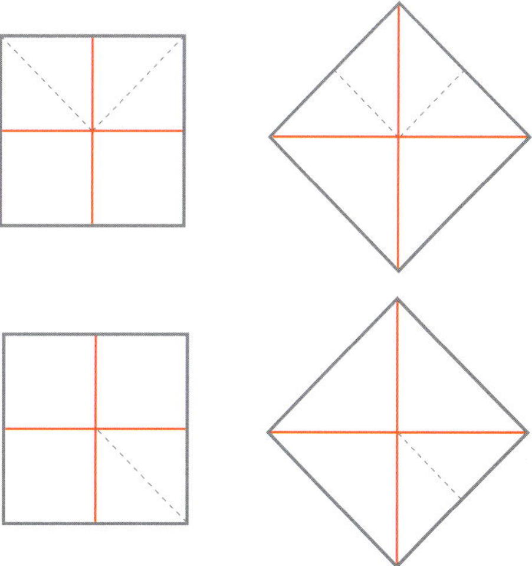

Erste Schritte

Benötigt werden insgesamt 48 Quadrate, bestehend aus 12 x Ross und 12 x Reiter in Gelb sowie 12 x Ross und 12 x Reiter in Grün – beide Grundflächen jeweils in gleicher Größe. Berg- und Talfalten nach den nebenstehenden Grafiken falten und Ross und Reiter zu Modulen verbinden. Dann die gelben Module zu dreizähligen Ringschlüssen zusammenfügen und vier dreizählige Ringe zu Polyeder-Hälften verbinden (Abb. 1).

Das Modell zusammenbauen

Ergänzen Sie die grünen Module – an gelbe Module angefügt – zu einem grünen Band (Abb. 2 und 3). Diese entstandene Form ähnelt dem Rhomben-Kubo-Oktaeder (Modell A03, siehe Seite 42). Die grünen Spitzen verweisen auf eine achtzählige Mitte. Bei diesem Torso wird das Modell jedoch nicht vervollständigt.

Schwierigkeitsgrad: leicht

einfacher Zuschnitt, einfache Montage; Zeitaufwand: ca. 75 Minuten

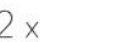

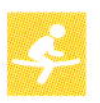
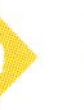

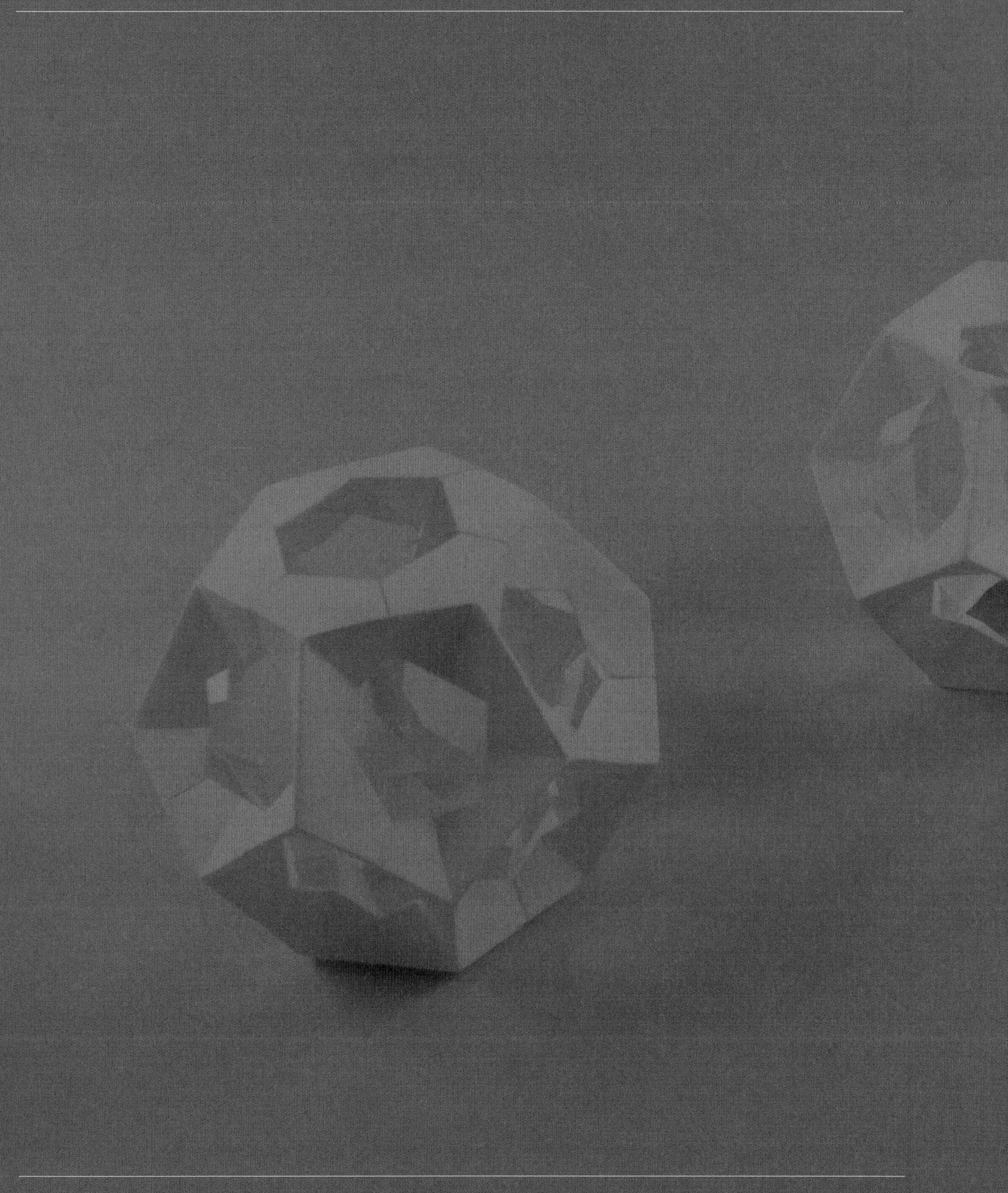

K-Modelle
Erweiterte Dodekaeder

Im Mittelpunkt aller in diesem Kapitel vorgestellten Modelle steht das Dodekaeder (Modell B04, siehe Seite 46). Einzelne Bauteile wurden übernommen und umgestellt oder um neue Bauteile erweitert. An den für die Modelle jeweils gewählten Farben können Sie die Veränderungen gut nachvollziehen.

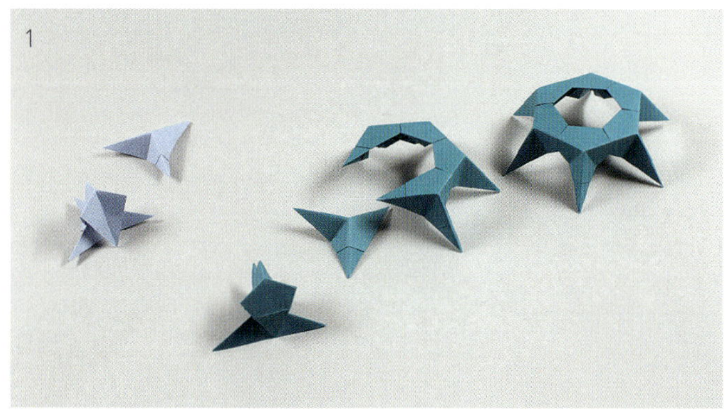

1

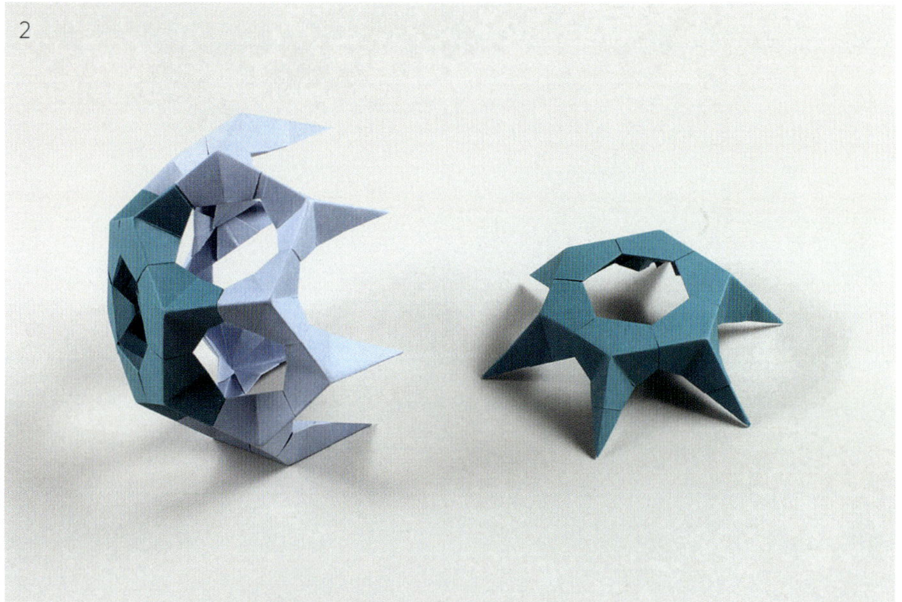

2

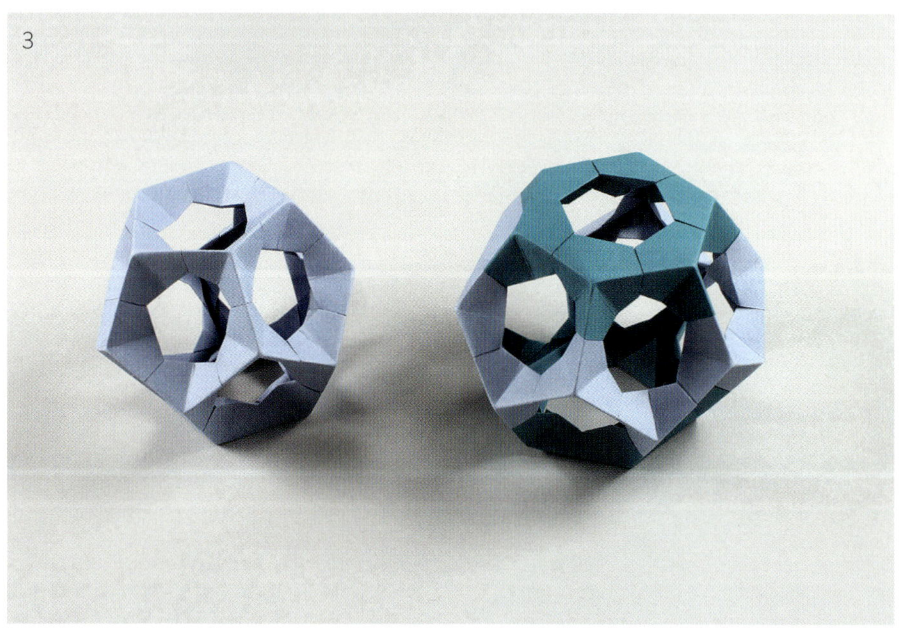

3

Erweitertes Dodekaeder

14-Flach (5/6)

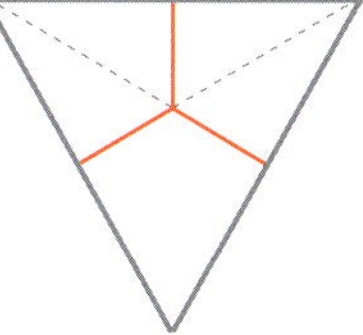
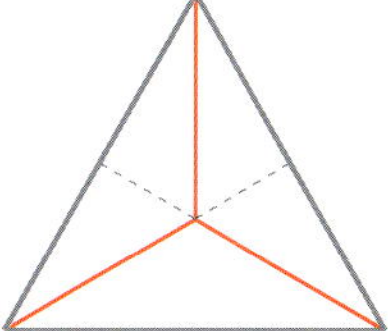
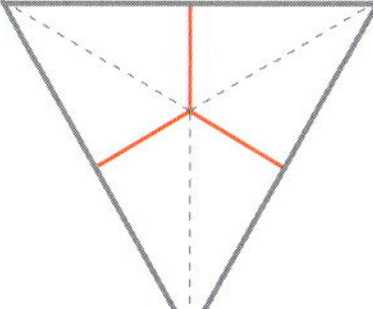
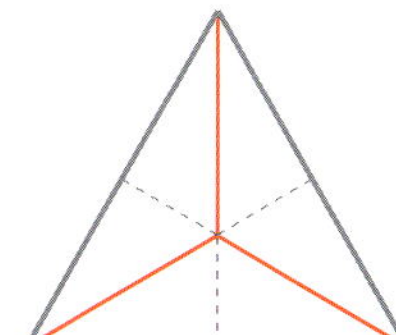

Von der Grundfläche zum Modul

Benötigt werden 24 hellblaue Dreiecke (12 x Ross und 12 x Reiter) sowie 24 türkisfarbene Dreiecke (12 x Ross und 12 x Reiter) – in gleicher Größe und jeweils mit gleicher Faltung. Berg- und Talfalten nach den nebenstehenden Grafiken bilden. Anschließend Ross und Reiter zu Modulen zusammenfügen (Abb. 1, links).

Von den Modulen zum fertigen Modell

Verbinden Sie dreizählige türkisfarbene Module jeweils zu zwei sechszähligen Ringschlüssen (Abb. 1, rechts). Dann sechs dreizählige hellblaue Module an Spitzen des ersten türkisfarbenen Ringschlusses anfügen und durch weitere sechs hellblaue Module ergänzen (Abb. 2, links). Zum Schluss den zweiten türkisfarbenen Ringschluss anbringen (Abb. 2 rechts und Abb. 3) und damit das Modell fertigstellen.

Schwierigkeitsgrad: leicht

einfacher Zuschnitt, einfache Montage; Zeitaufwand: ca. 1 Stunde

12 x 12 x 12 x 12 x

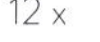
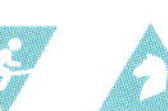

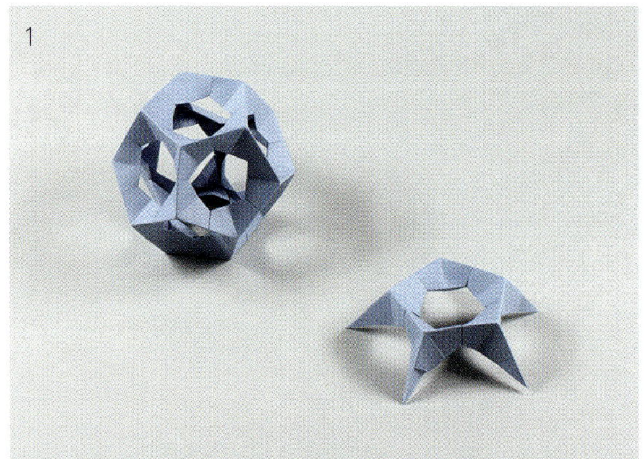
1

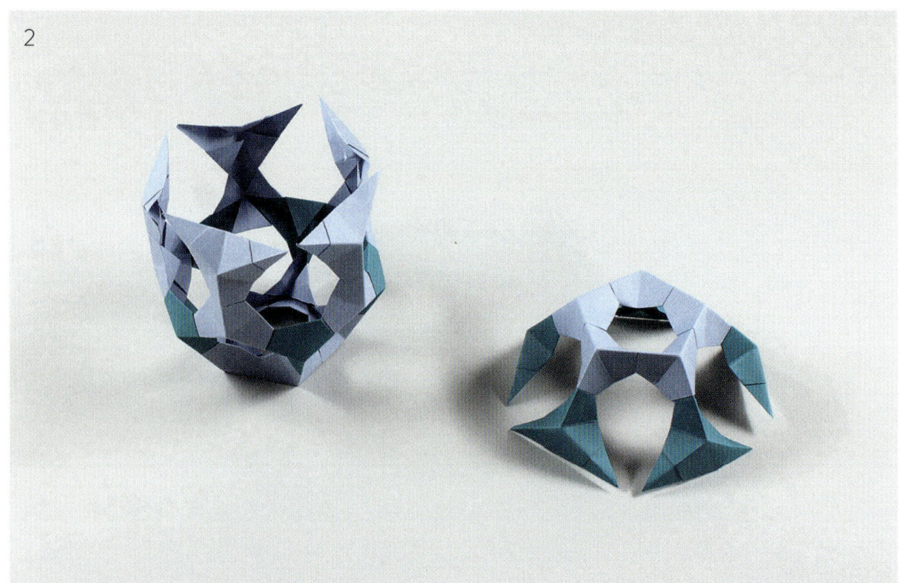
2

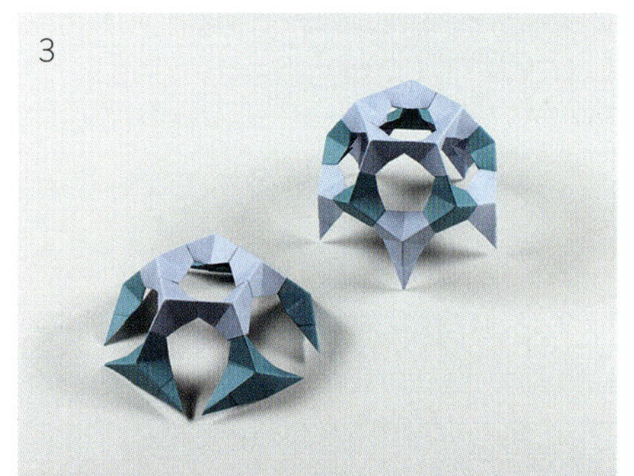
3

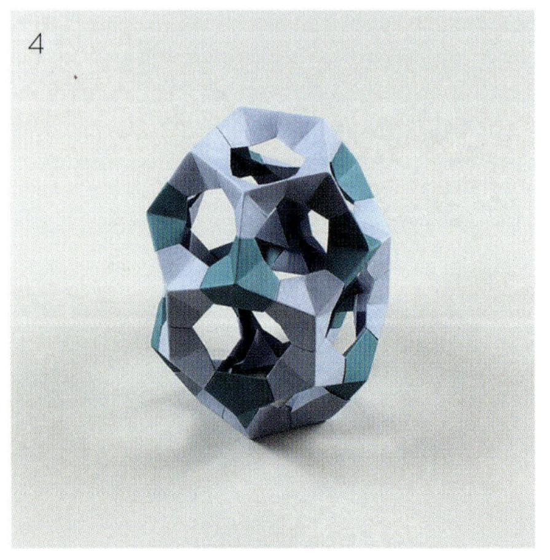
4

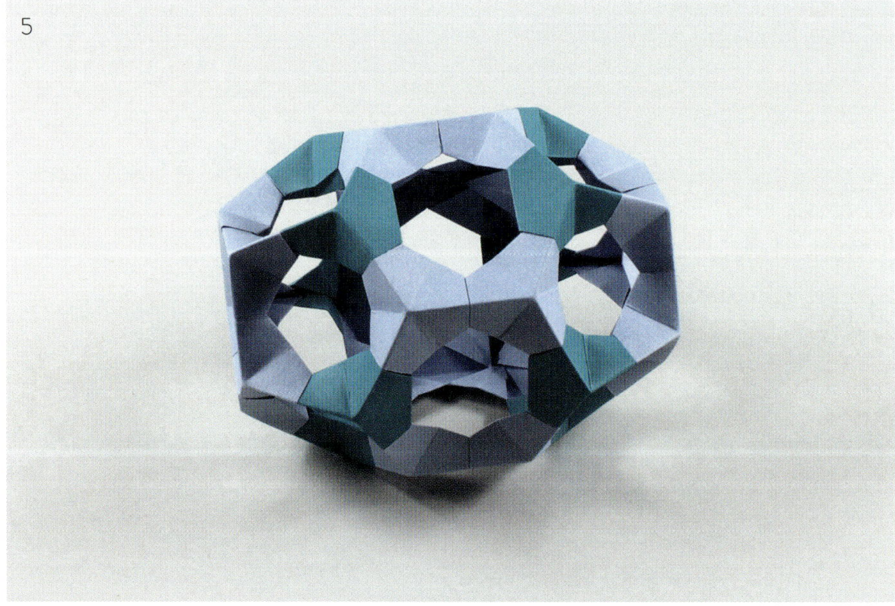
5

Erweitertes Dodekaeder

17-Flach (5/6‘)

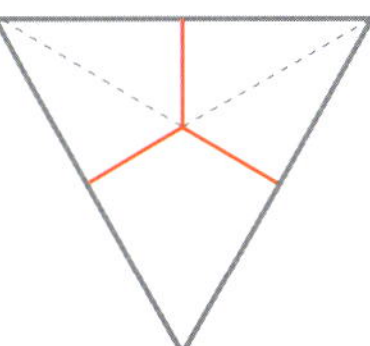
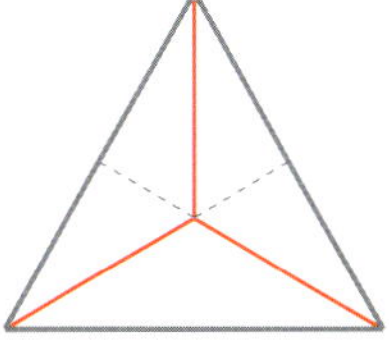
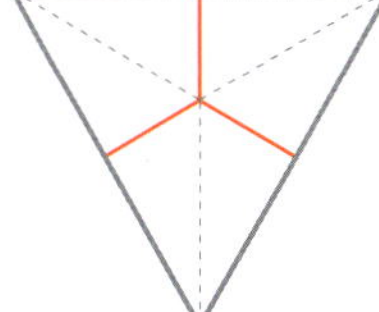
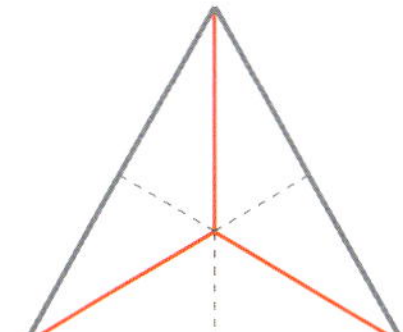

Von den Grundflächen zu den Modulen
Benötigt werden 40 hellblaue Dreiecke (20 x Ross und 20 x Reiter) sowie 20 türkisfarbene Dreiecke (10 x Ross und 10 x Reiter) – jeweils in gleicher Größe. Berg- und Talfalten nach den nebenstehenden Grafiken falten. Anschließend Ross und Reiter zu einfarbigen Modulen verbinden.

Von den Modulen zum Modell
Verbinden Sie die hellblauen Module zu fünfzähligen Ringschlüssen (Abb. 1, rechts), und fügen Sie fünf türkisfarbene Module an (sie ergeben zusammen eine Modellhälfte, Abb.2 und 3). Diesen Arbeitsschritt wiederholen und zum Schluss jeweils zwei hellblaue Module als Verbindung zwischen den beiden Modellhälften einfügen. Abbildung 4 und 5 zeigen das fertige Modell.

Schwierigkeitsgrad: mittel
Zuschnitt: erste Anforderungen; einfache Montage; Zeitaufwand: ca. 75 Minuten

20 x 20 x 10 x 10 x

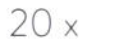
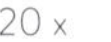

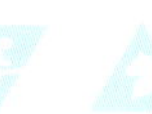
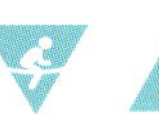
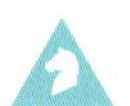

1

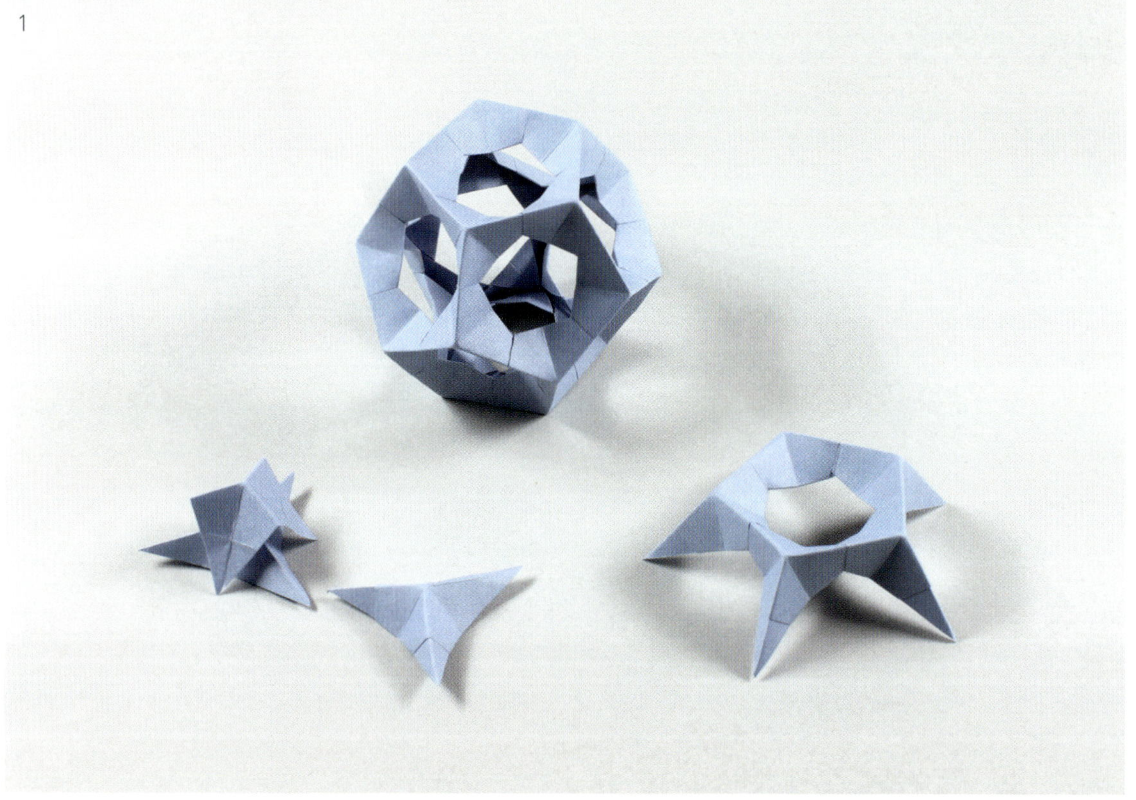

2

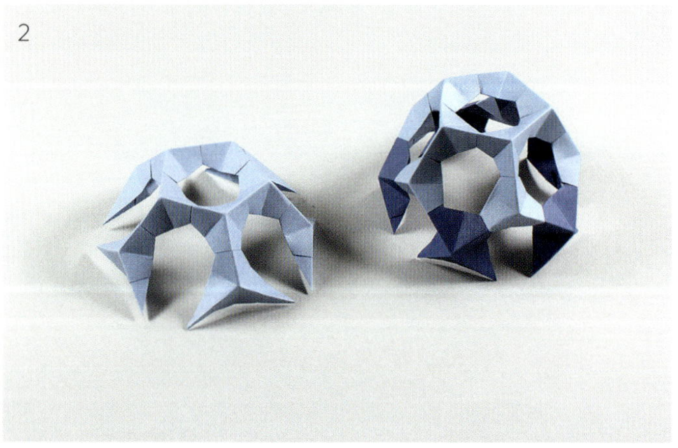

3

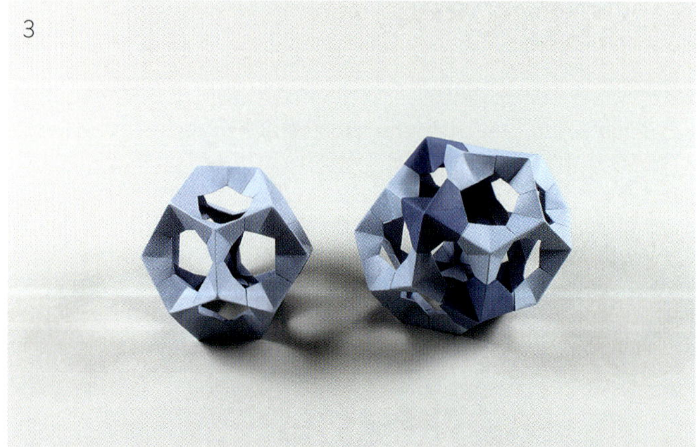

Erweitertes Dodekaeder
17-Flach (5/5*/4*)

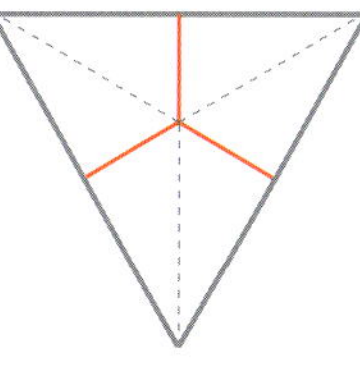
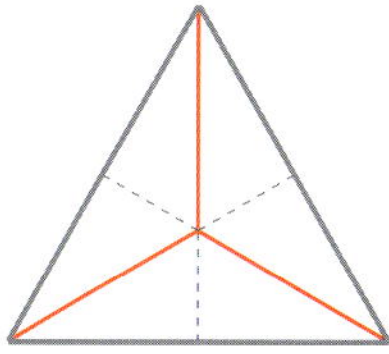
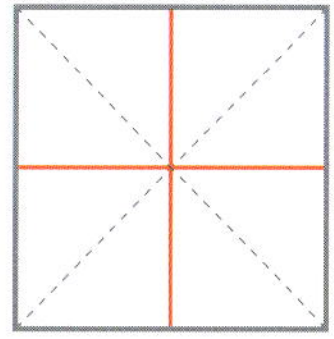
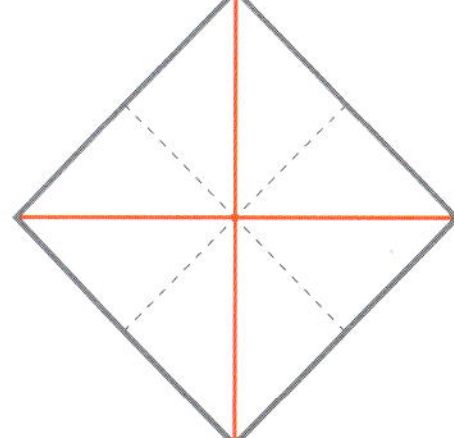

Von den Grundflächen zu den Modulen
Benötigt werden 40 hellblaue Dreiecke (20 x Ross und 20 x Reiter) sowie 10 dunkelblaue Quadrate (5 x Ross und 5 x Reiter) – jeweils in gleicher Größe. Berg und Talfalten nach den nebenstehenden Grafiken falten. Anschließend Ross und Reiter zu einfarbigen Modulen verbinden.

Von den Modulen zum Modell
Fügen Sie fünf hellblaue Module zu einem ersten fünfzähligen Ringschluss zusammen (Abb. 1, rechts; wie beim Dodekaeder, Modell B04, siehe Seite 46, Abb. 1, links). Weitere fünf hellblaue Module anfügen und diesen Arbeitsschritt wiederholen (Abb. 2, links). Dann dunkelblaue vierzählige Module als Verbindung zwischen beiden Modellhälften einfügen (Abb. 2, rechts). Zum Schluss den anderen fünfzähligen Ringschluss anfügen und zum fertigen Modell (Abb.3, rechts) vervollständigen, das große Ähnlichkeiten mit dem Dodekaeder hat (siehe Seite 46, Abb. 3, links).

Schwierigkeitsgrad: mittel
Zuschnitt: erste Anforderungen; einfache Montage; Zeitaufwand: ca. 75 Minuten

20 x 20 x 5 x 5 x

1

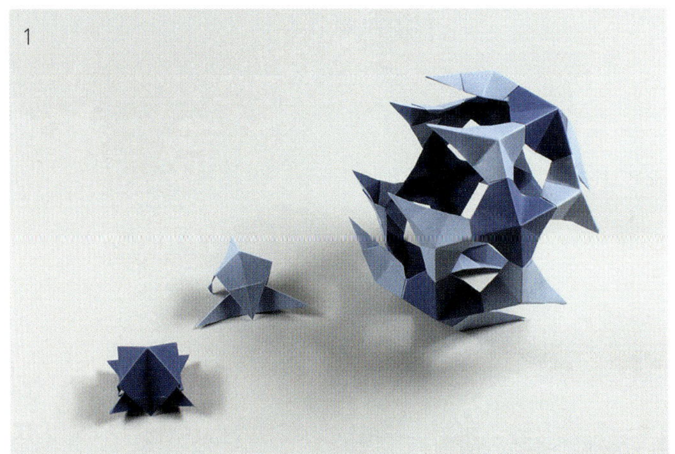

2

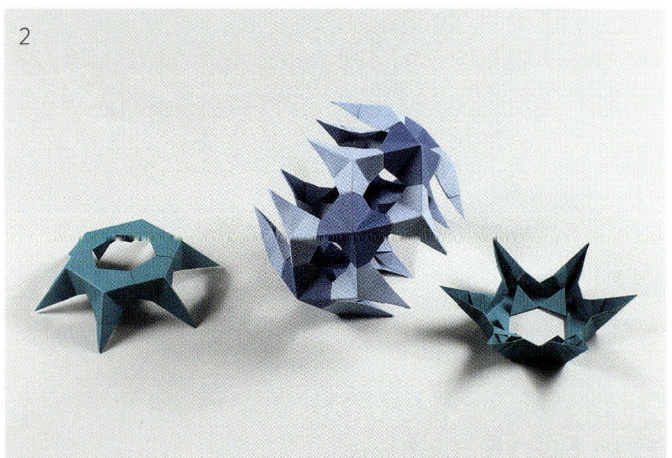

3

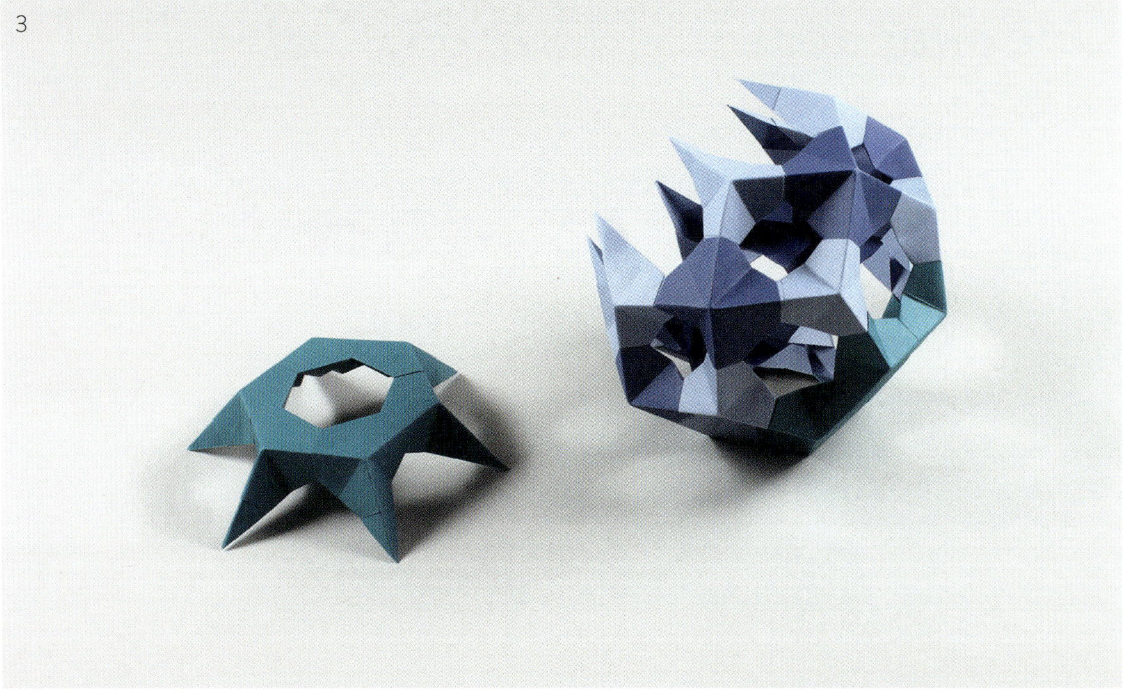

4

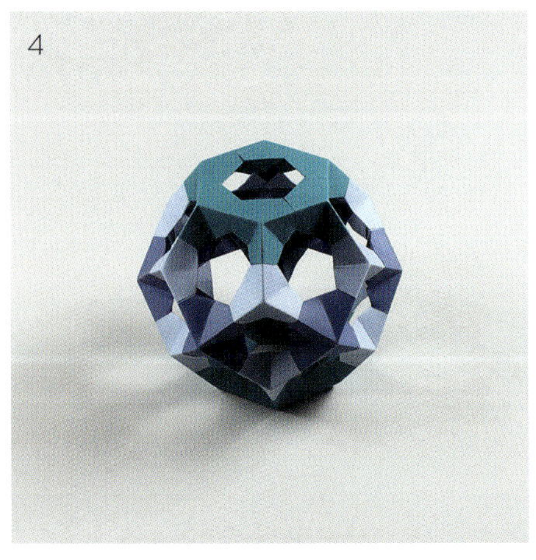

5

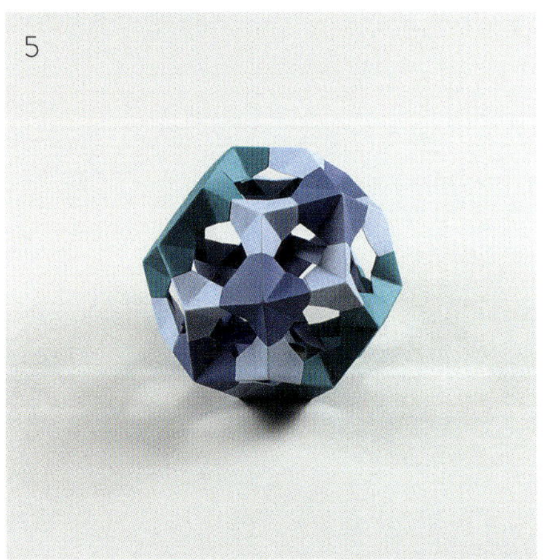

6

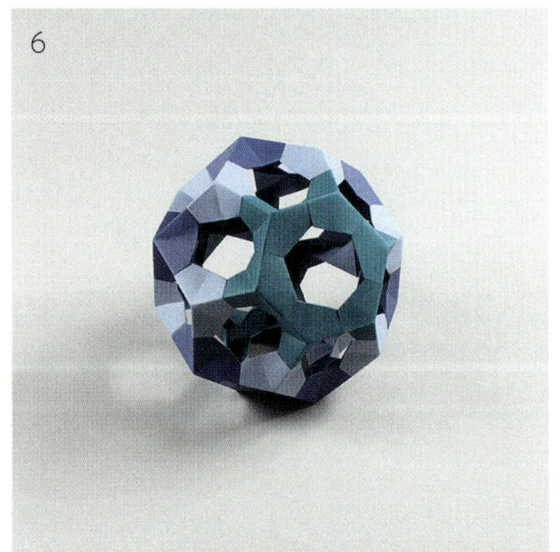

Erweitertes Dodekaeder
20-Flach (4*/5*/6)

Von der Grundfläche zum Modul
Benötigt werden 24 hellblaue Dreiecke (12 x Ross und 12 x Reiter), 24 türkisfarbene Dreiecke (12 x Ross und 12 x Reiter) sowie 12 dunkelblaue Quadrate (6 x Ross und 6 x Reiter) – in gleicher Größe und jeweils mit gleicher Faltung. Berg- und Talfalten nach den nebenstehenden Grafiken bilden. Anschließend Ross und Reiter zu Modulen verbinden (Abb. 1, links).

Von den Modulen zum Modell
Fügen Sie die hell- und dunkelblauen Module zu einem sechszähligen Band zusammen (Abb. 1, rechts), und verbinden Sie die türkisfarbenen Module zu zwei sechszähligen Ringen (Abb. 2). Zum Schluss die türkisfarbenen Ringe nacheinander an das blaue Band anbringen (Abb. 3). Die Abbildungen 4 bis 6 zeigen das fertige Modell aus unterschiedlichen Perspektiven.

Schwierigkeitsgrad: leicht
einfacher Zuschnitt, einfache Montage; Zeitaufwand: ca. 75 Minuten

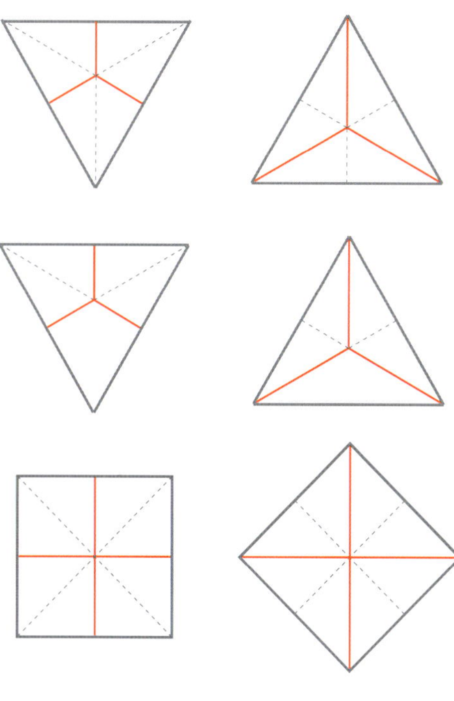

12 x 12 x 12 x 12 x 6 x 6 x

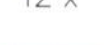
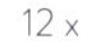

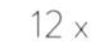
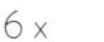

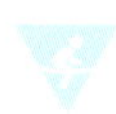
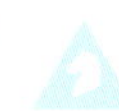
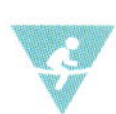
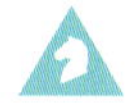

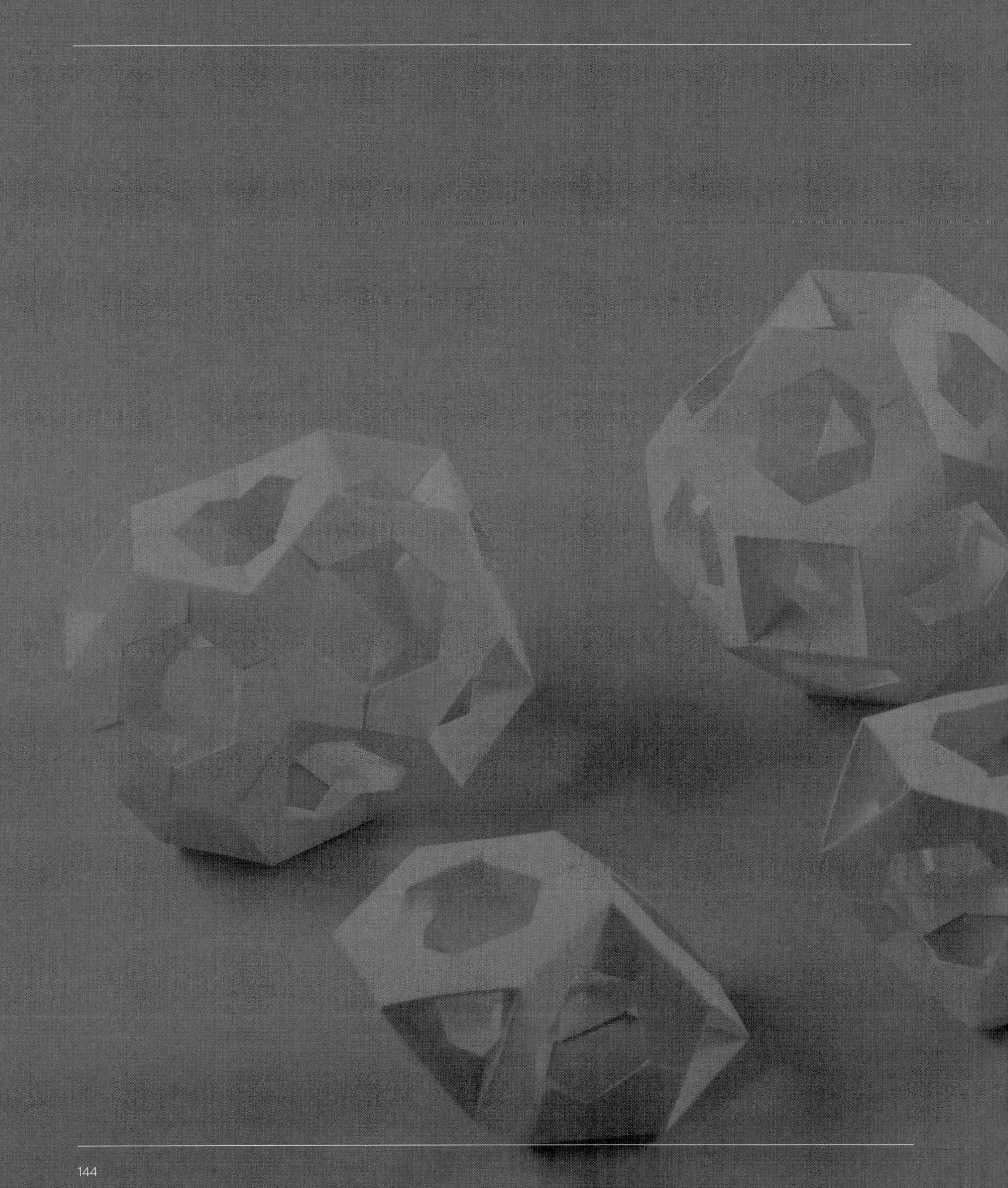

L-Modelle
Erweiterungen von Tetraeder-, Oktaeder- und Ikosaeder-Stumpf

An den drei Formen Tetraeder-Stumpf (Modell B05, siehe Seite 48), Oktaeder-Stumpf (Modell B06, siehe Seite 50) und Ikosaeder-Stumpf (Modell B07, siehe Seite 52) lassen sich sinngemäß gleiche Veränderungen vornehmen durch das Einfügen von Zwischenmodulen, wodurch deren Zwillingsformen entstehen. Alternativ können Sie aber auch mehrere Tetraeder-Stümpfe zu einer Kette verbinden.

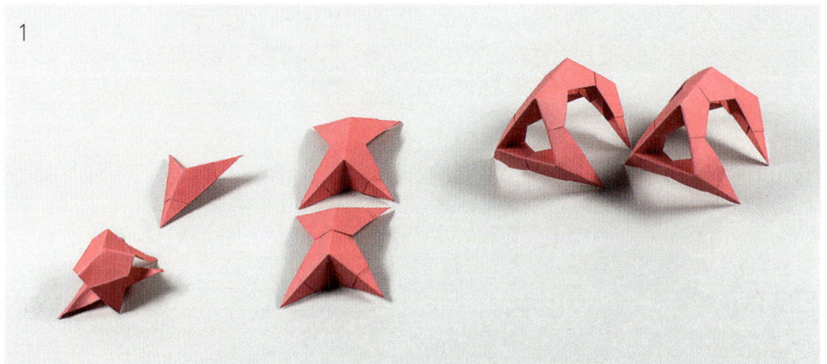
1

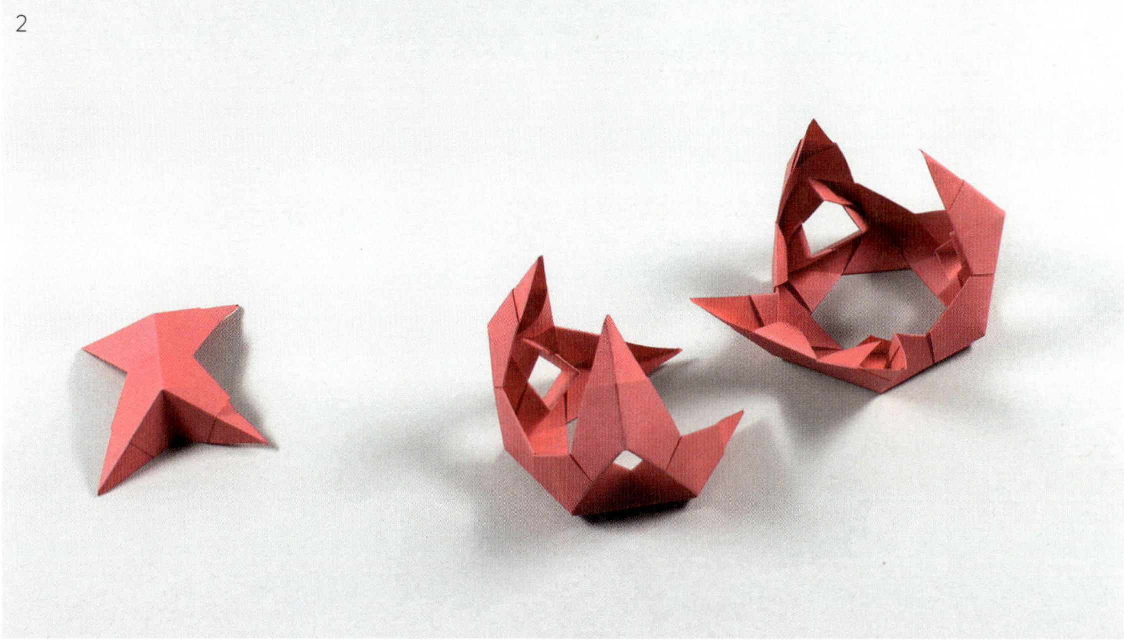
2

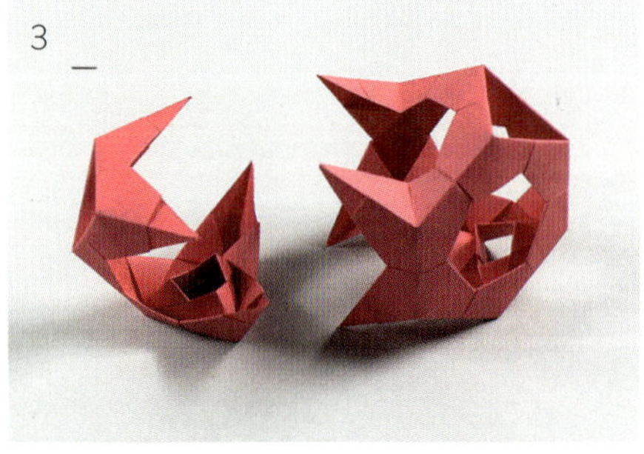
3

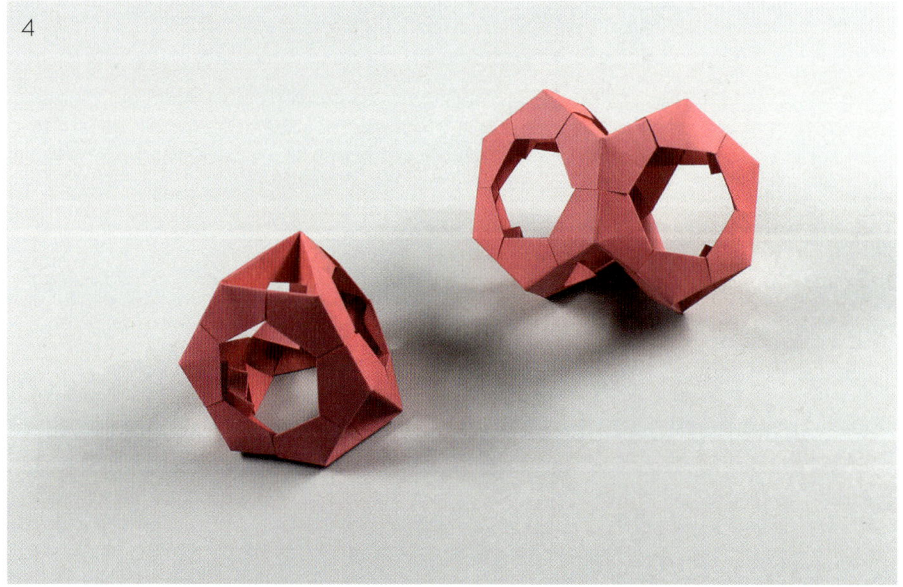
4

Zwillings-Tetraeder-Stumpf
10-Flach (3/6/6‘)

Erste Schritte
Benötigt werden insgesamt 32 pinkfarbene Dreiecke in gleicher Größe, bestehend aus 16 x Ross und 16 x Reiter. Berg- und Talfalten nach den nebenstehenden Grafiken falten. Anschließend Ross und Reiter zu einfarbigen Modulen verbinden (Abb. 1, links) und von diesen jeweils zwei zusammenfügen (Abb. 1, Mitte). Die übrigen Module zu dreizähligen Ringschlüssen verbinden (Abb. 1, rechts).

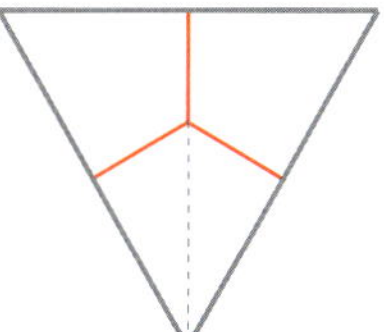

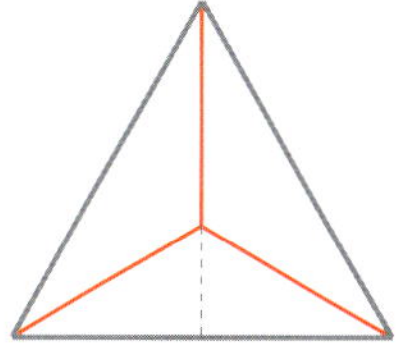

Das Modell zusammenbauen
Fügen Sie jeweils zwei dreizählige Ringschlüsse zusammen (Abb. 1 und 2). Die Zweier-Module anbringen (Abb. 3, rechts) und beide Modellhälften aus Abbildung 3 zum fertigen Modell vervollständigen (Abb. 4, rechts). Auf Abbildung 4 ist links der Tetraeder-Stumpf (Modell B05, siehe Seite 48) zu sehen.

Schwierigkeitsgrad: leicht
einfacher Zuschnitt, einfache Montage; Zeitaufwand: ca. 75 Minuten

16 x 16 x

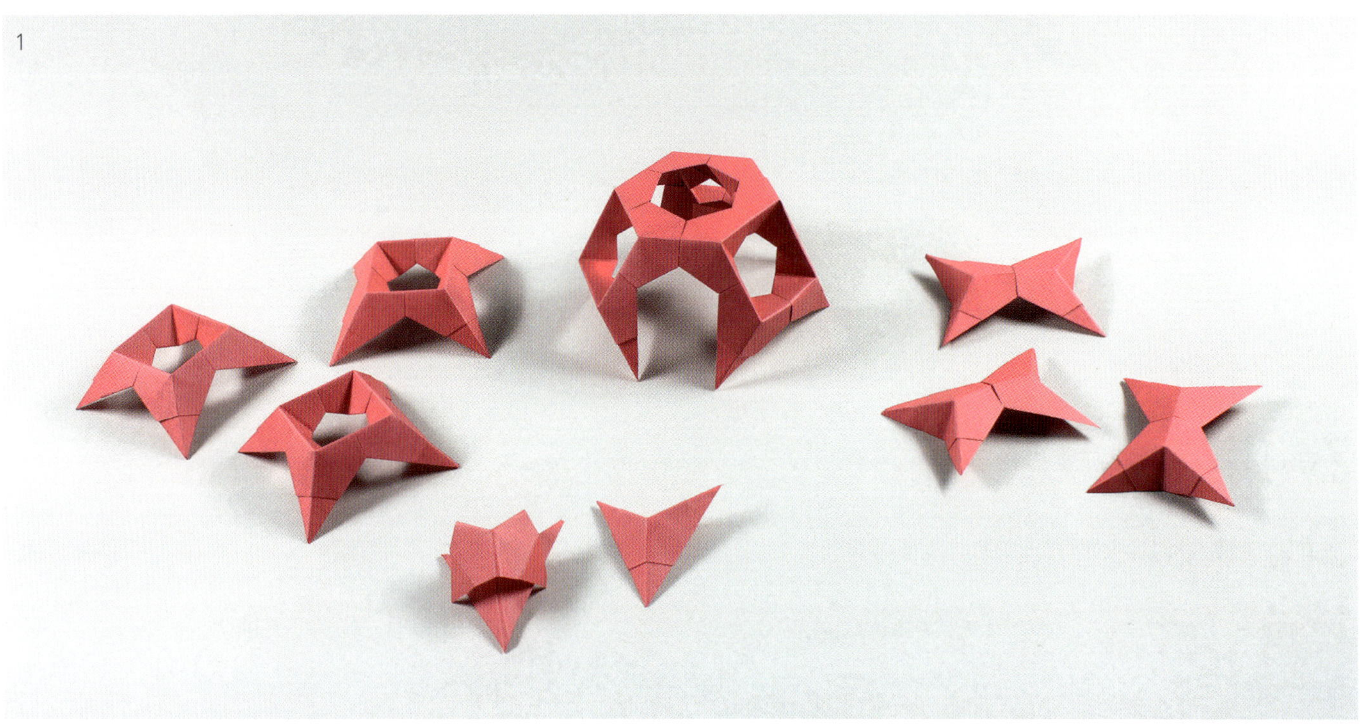
1

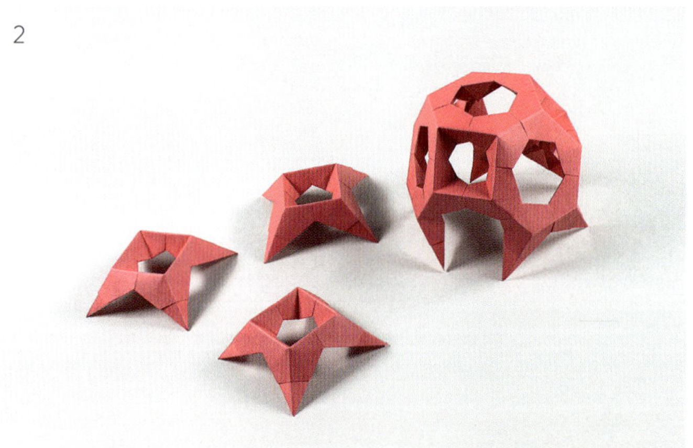
2

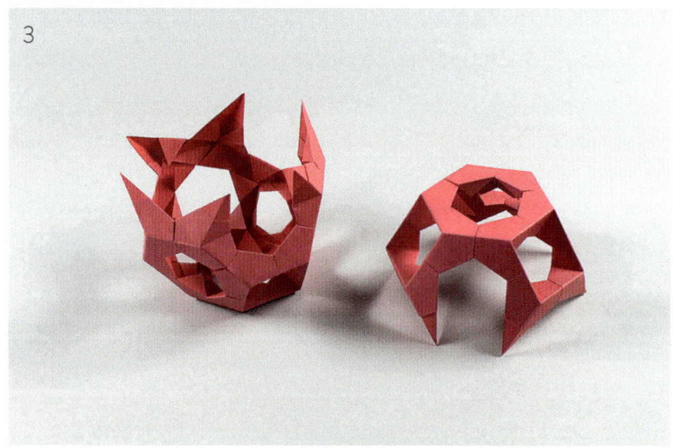
3

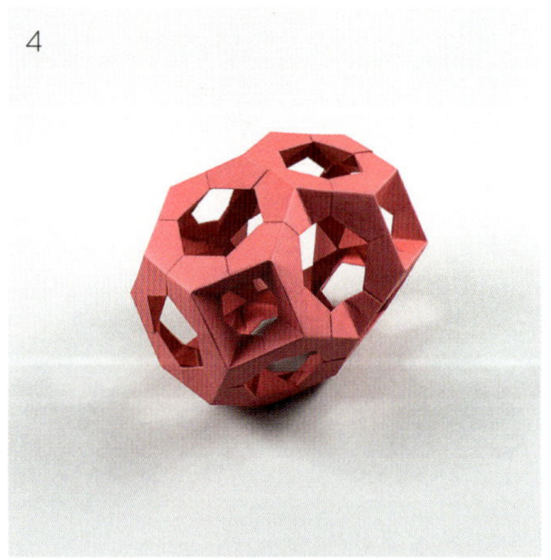
4

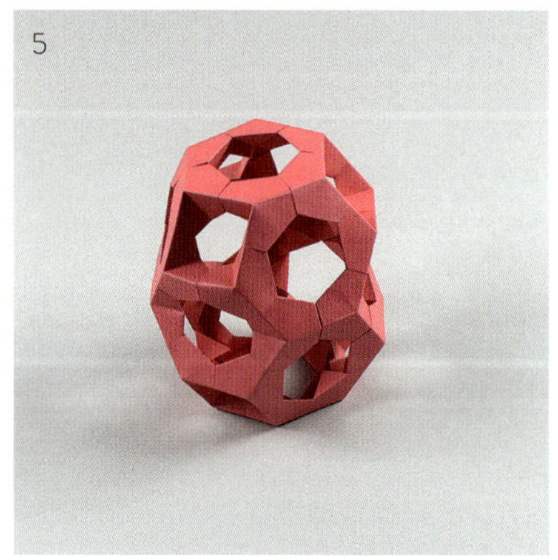
5

Zwillings-Oktaeder-Stumpf

15-Flach (4/6/6‘)

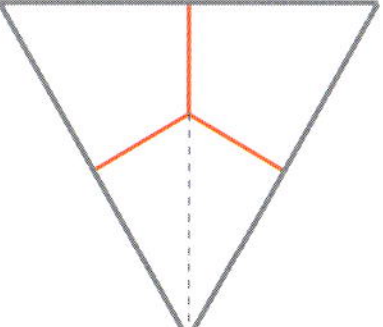

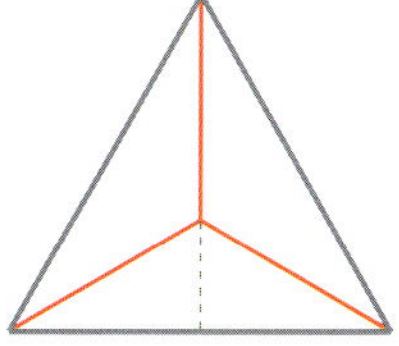

Erste Schritte

Benötigt werden insgesamt 60 pinkfarbene Dreiecke in gleicher Größe, bestehend aus 30 x Ross und 30 x Reiter. Berg- und Talfalten nach den nebenstehenden Grafiken falten. Anschließend Ross und Reiter zu einfarbigen Modulen verbinden. Sechs vierzählige pinkfarbene Ringschlüsse bilden und diese zusammenfügen (Abb. 1, links), dann drei Zweier-Module bilden (Abb. 1, rechts).

Das Modell zusammenbauen

Verbinden Sie jeweils drei vierzählige Ringschlüsse (Abb. 2, Mitte). Dabei ergeben sich zwei Modellhälften (Abb. 3). Fügen Sie diese mithilfe der Zweier-Module aus Abbildung 2 zusammen (Abb. 4). Das fertige Modell ist ein Zwillingsmodell vom Oktaeder-Stumpf (Modell B06, siehe Seite 50). Abbildung 4 und 5 zeigen es aus unterschiedlichen Perspektiven.

Schwierigkeitsgrad: leicht

einfacher Zuschnitt, einfache Montage; Zeitaufwand: ca. 1½ Stunden

30 x 30 x

1

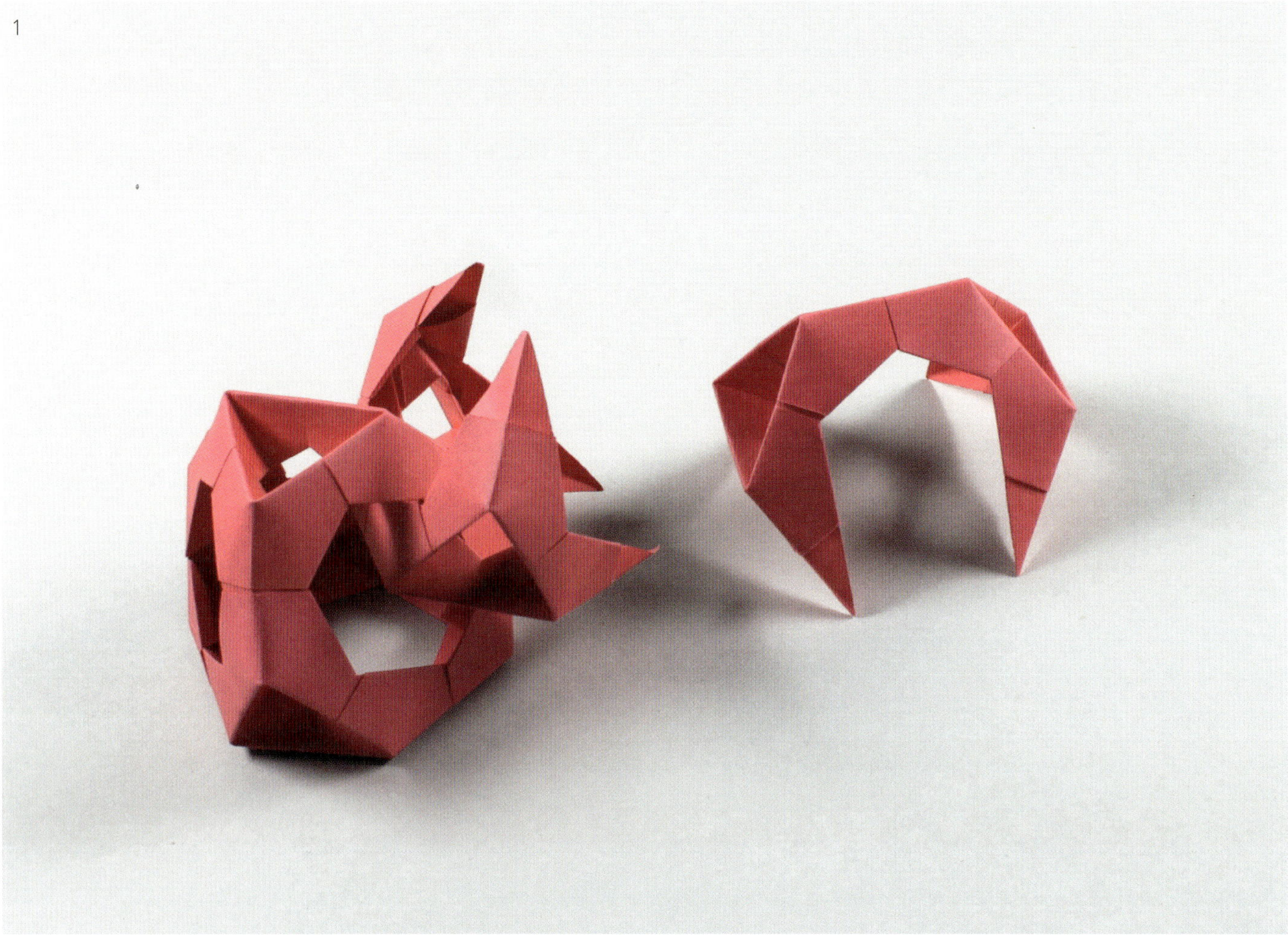

2

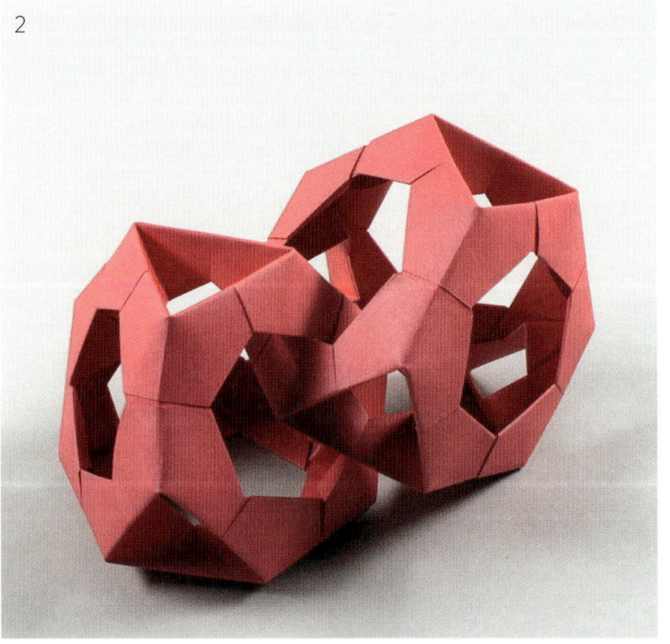

3

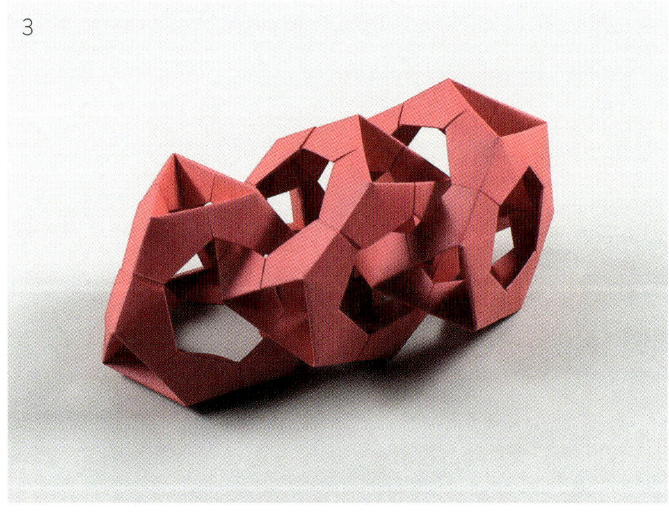

Durchdringungen: Tetraeder-Stumpf
8-Flach

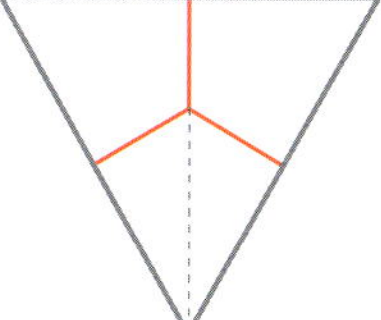
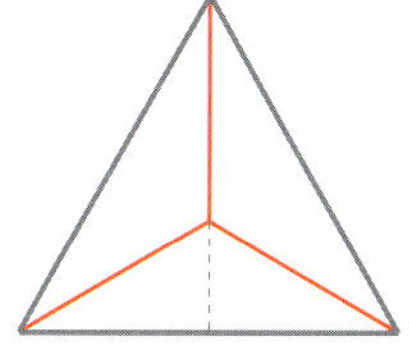

Erste Schritte
Benötigt werden insgesamt 72 pinkfarbene Dreiecke in gleicher Größe, bestehend aus 36 x Ross und 36 x Reiter (jeweils 12 x Ross und 12 x Reiter pro „Kettenglied"). Berg- und Talfalten nach den nebenstehenden Grafiken falten. Anschließend Ross und Reiter zu einfarbigen Modulen verbinden und zu vier dreizähligen pinkfarbenen Ringschlüssen zusammenfügen (Abb. 1). Dann die Ringschlüsse verbinden. Dieses Modell ist identisch aufgebaut wie der Tetraeder-Stumpf (Modell B05, siehe Seite 48).

Das Modell zusammenbauen
Fertigen Sie, wie oben beschrieben, Module und dreizählige Ringschlüsse für zweites Modell an. Die Verbindung der ersten beiden Ringschlüsse erfolgt mithilfe einer Lücke im ersten Modell (Abb. 1). Die folgenden beiden Ringschlüsse des zweiten Modells außen anfügen (Abb. 2). Diesen Arbeitsschritt können Sie für weitere „Kettenglieder" beliebig oft wiederholen. Abbildung 3 zeigt das fertige Modell mit drei „Kettengliedern".

Schwierigkeitsgrad: leicht
einfacher Zuschnitt, einfache Montage; Zeitaufwand: ca. 1 Stunde

12 x 12 x 12 x 12 x 12 x 12 x

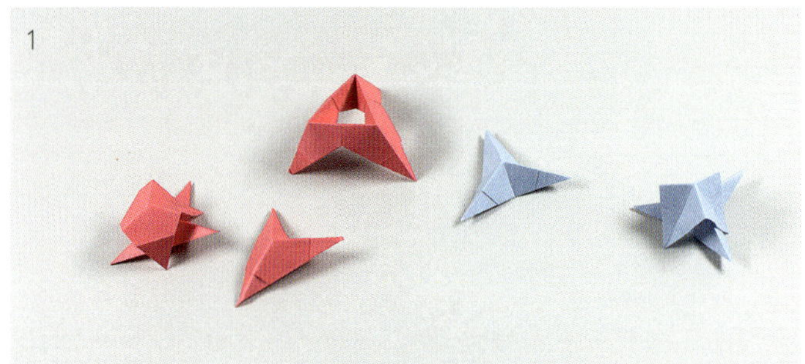
1

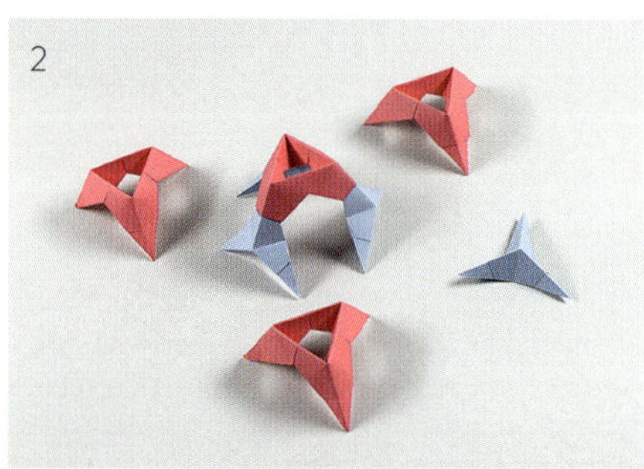
2

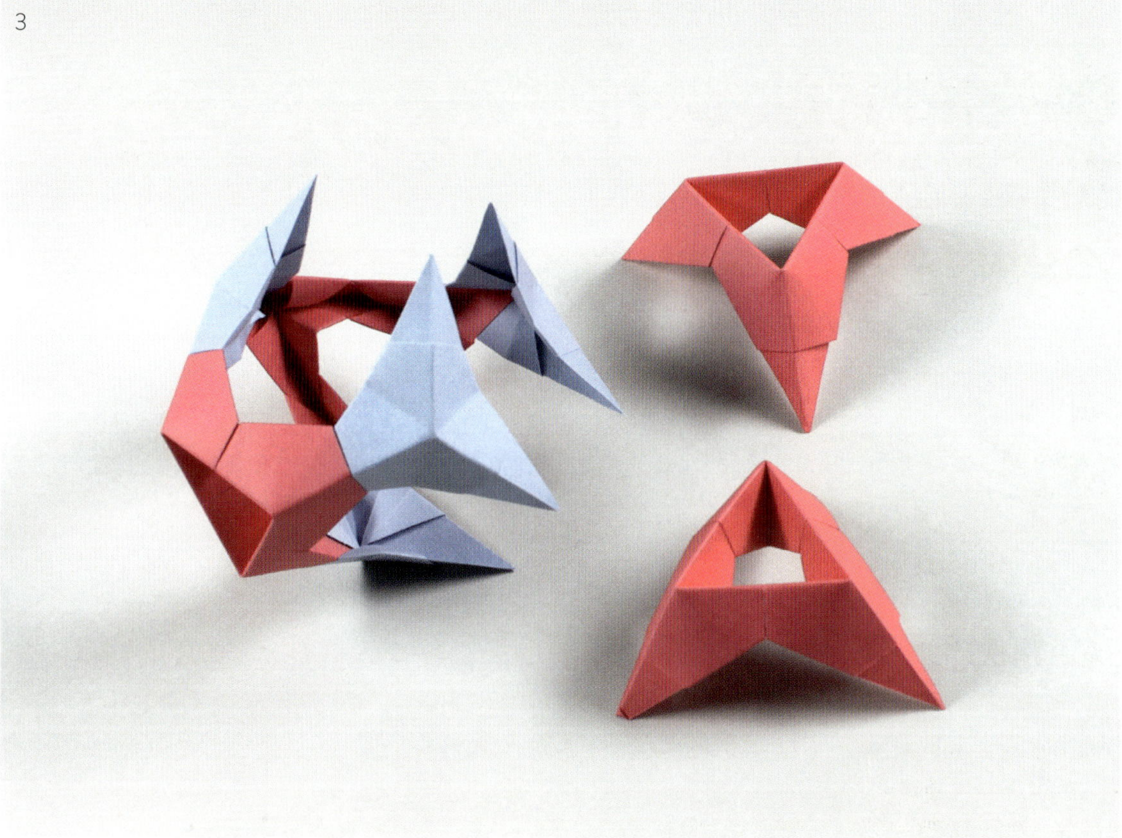
3

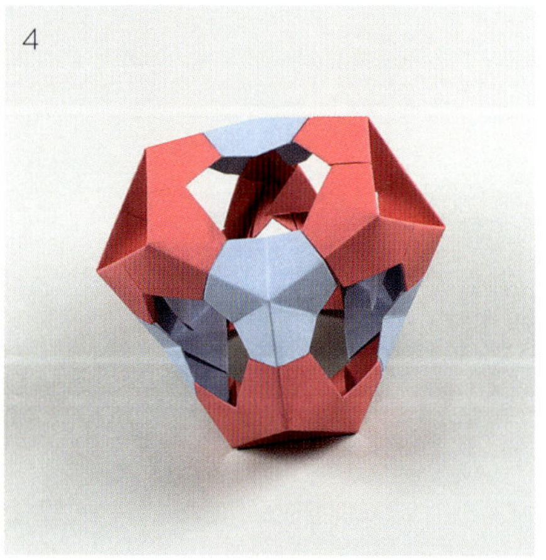
4

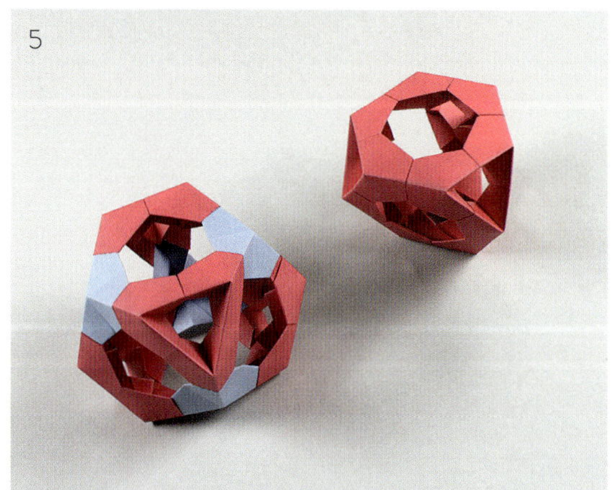
5

Erweiterter Tetraeder-Stumpf
12-Flach (3/6‘)

Erste Schritte
Benötigt werden 24 pinkfarbene Dreiecke, bestehend aus 12 x Ross und 12 x Reiter, sowie 8 hellblaue Dreiecke, bestehend aus 4 x Ross und 4 x Reiter, – jeweils in gleicher Größe. Berg- und Talfalten nach den nebenstehenden Grafiken falten. Anschließend Ross und Reiter zu einfarbigen Modulen verbinden und zu vier dreizähligen pinkfarbenen Ringschlüssen zusammenstecken (Abb. 1).

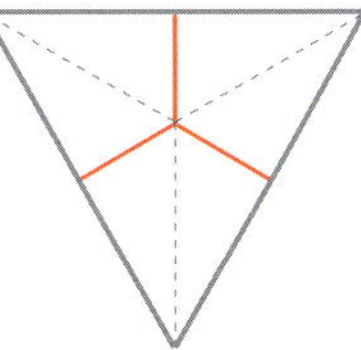
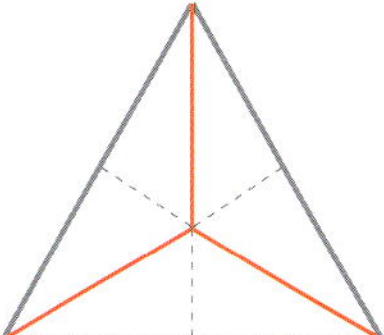
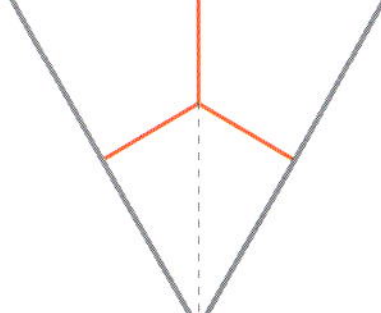
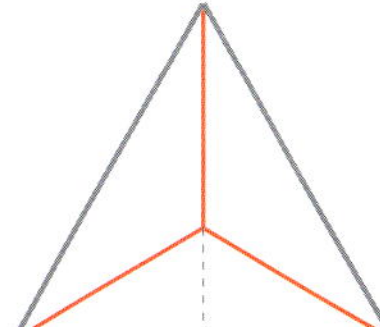

Das Modell zusammenbauen
Fügen Sie an den ersten pinkfarbenen Ringschluss einzelne hellblaue Module an (Abb. 2). Dann den nächsten pinkfarbenen Ringschluss anbringen (Abb. 3). Fortfahren und das Modell sinngemäß vervollständigen (Abb. 4). Das fertige Modell (Abb. 5) ergibt einen erweiterten Tetraeder-Stumpf (Modell B05, siehe Seite 48).

Schwierigkeitsgrad: leicht
einfacher Zuschnitt, einfache Montage; Zeitaufwand: ca. 1 Stunde

12 x 12 x 4 x 4 x

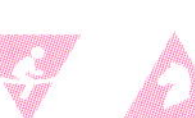
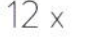

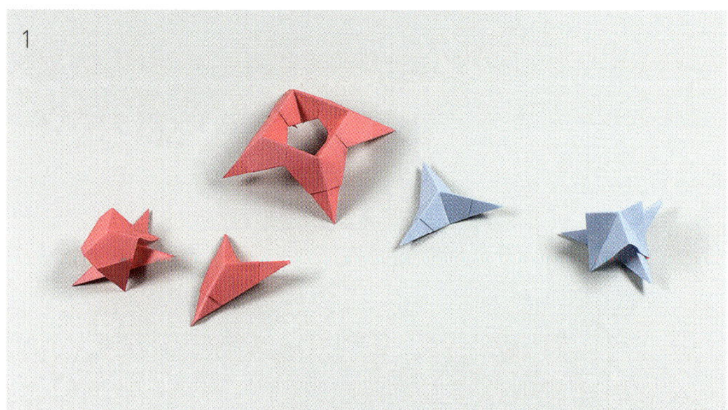
1

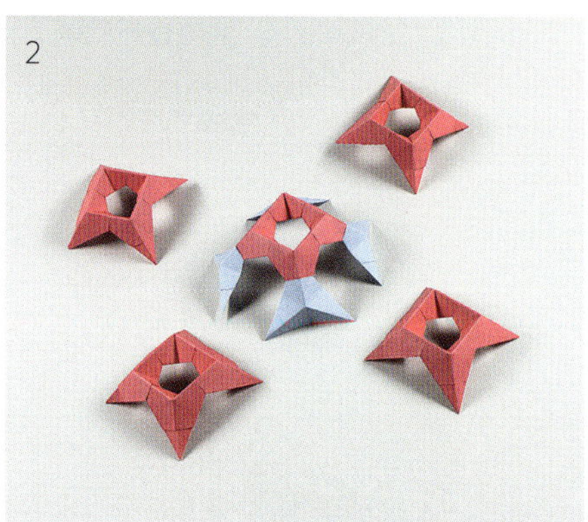
2

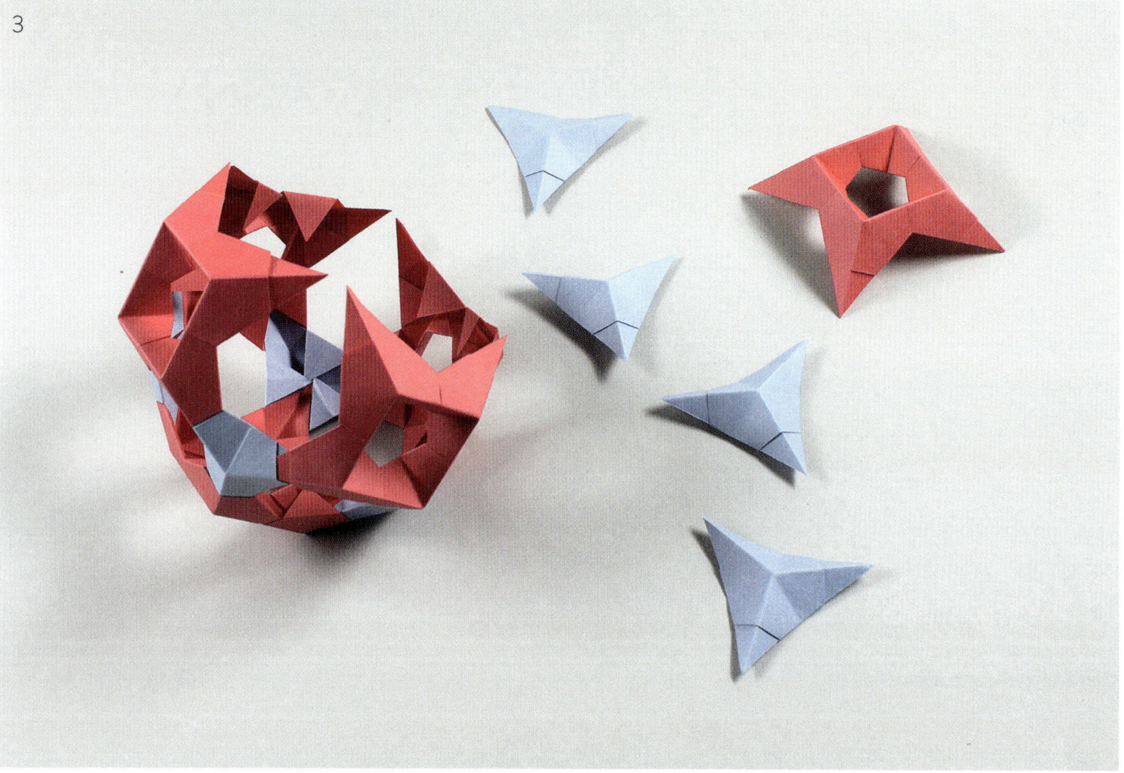
3

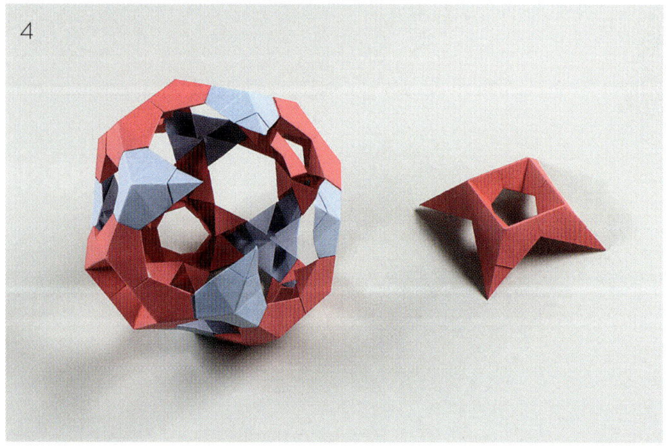
4

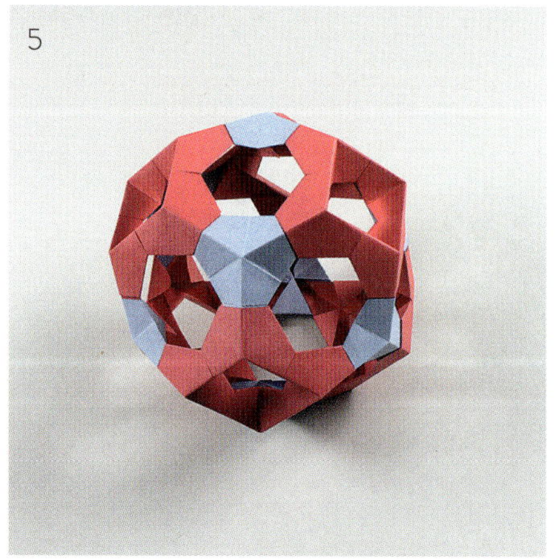
5

Erweiterter Oktaeder-Stumpf
18-Flach (4/6*)

Erste Schritte

Benötigt werden 48 pinkfarbene Dreiecke, bestehend aus 24 x Ross und 24 x Reiter, sowie 16 hellblaue Dreiecke, bestehend aus 8 x Ross und 8 x Reiter, – jeweils in gleicher Größe. Berg- und Talfalten nach den nebenstehenden Grafiken falten. Anschließend Ross und Reiter zu einfarbigen Modulen verbinden und zu sechs vierzähligen pinkfarbenen Ringschlüssen zusammenstecken (Abb. 1).

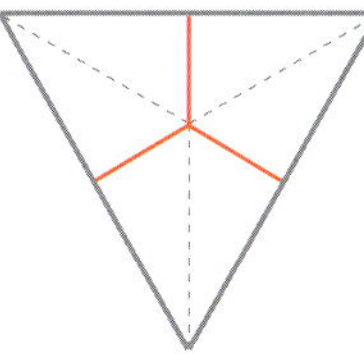
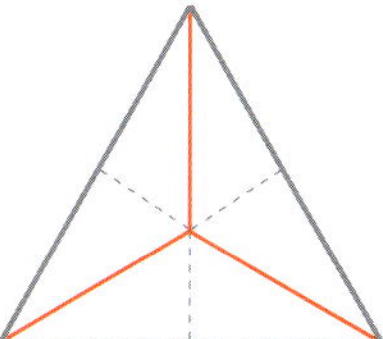
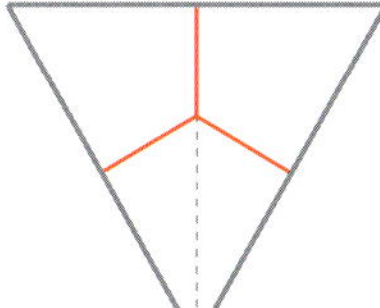
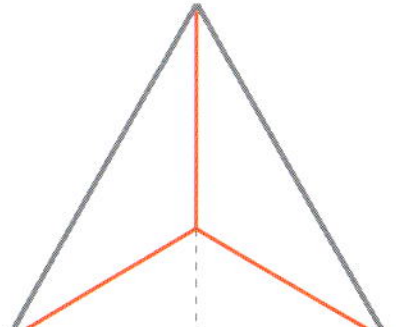

Weiterer Zusammenbau

Fügen Sie an den ersten pinkfarbenen Ringschluss einzelne hellblaue Module an (Abb. 2). Dann den nächsten pinkfarbenen Ringschluss anbringen (Abb. 3). Fortfahren und das Modell sinngemäß vervollständigen (Abb. 4). Das fertige Modell (Abb. 5) ergibt einen erweiterten Oktaeder-Stumpf (Modell B06, siehe Seite 50).

Schwierigkeitsgrad: leicht

einfacher Zuschnitt, einfache Montage; Zeitaufwand: ca. 1½ Stunden

24 x 24 x 8 x 8 x

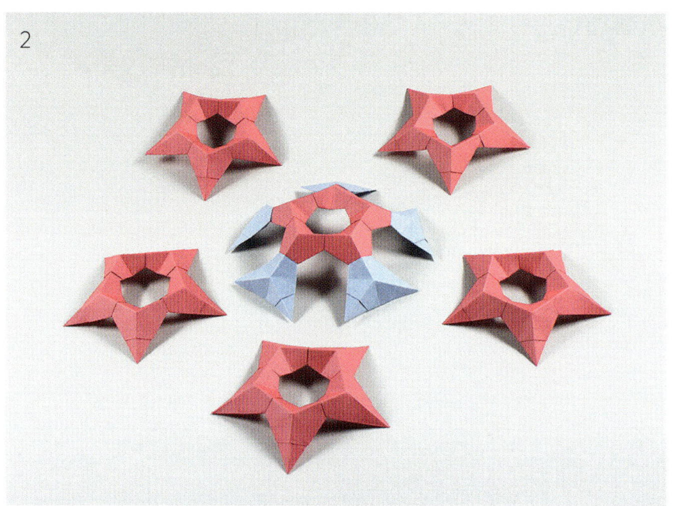
2

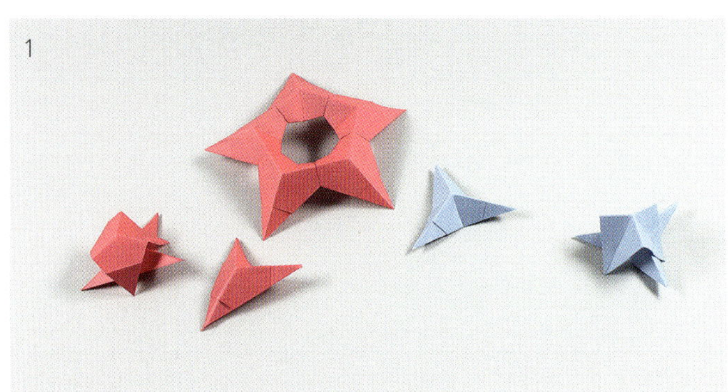
1

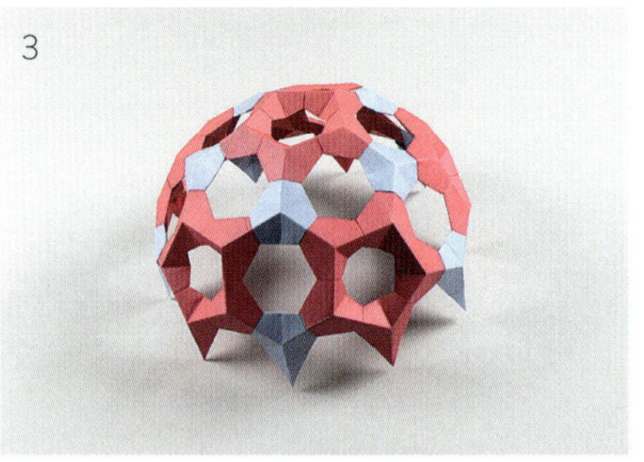
3

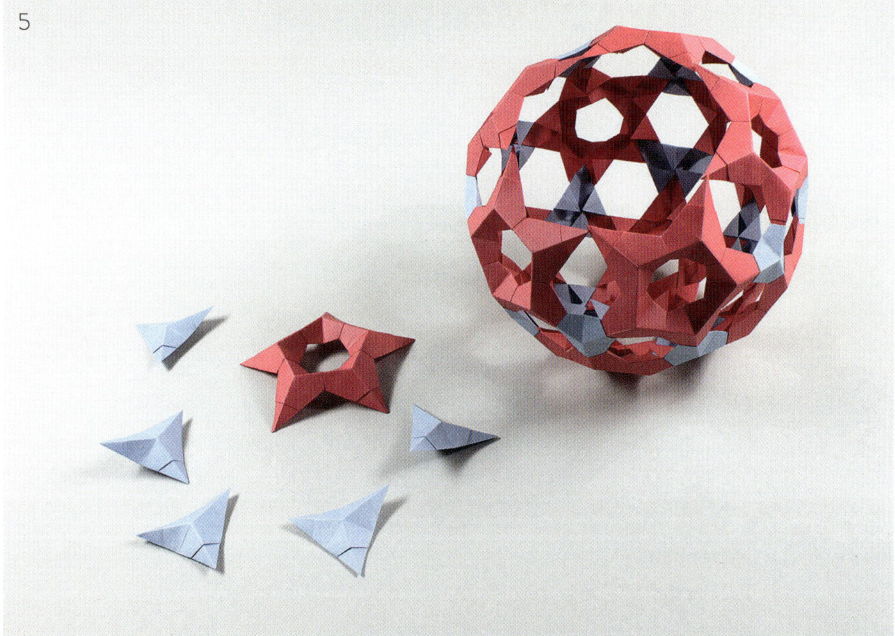
5

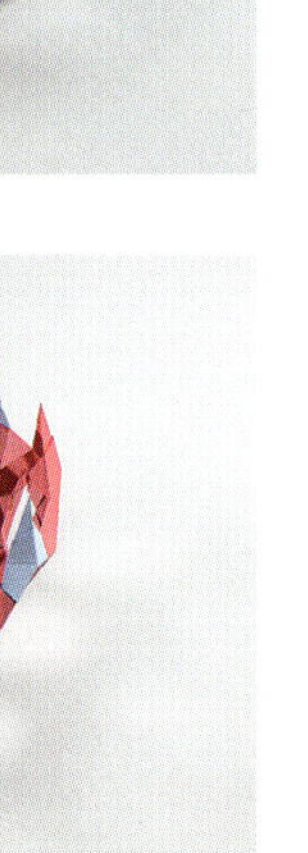
4

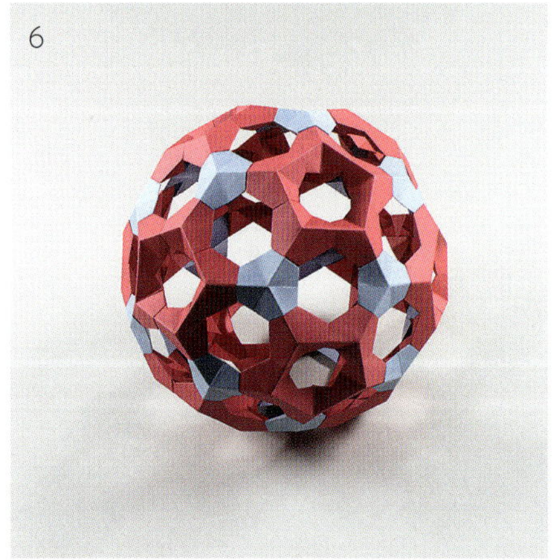
6

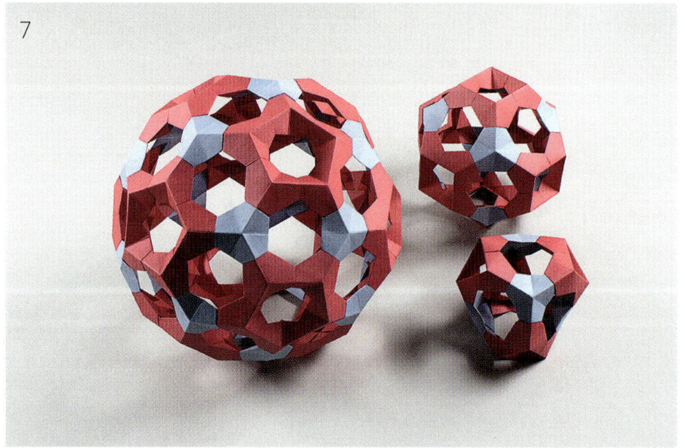
7

Erweiterter Ikosaeder-Stumpf
42-Flach (5/6*)

Erste Schritte
Benötigt werden 120 pinkfarbene Dreiecke, bestehend aus 60 x Ross und 60 x Reiter, sowie 40 hellblaue Dreiecke, bestehend aus 20 x Ross und 20 x Reiter, – jeweils in gleicher Größe. Berg- und Talfalten nach den nebenstehenden Grafiken falten. Anschließend Ross und Reiter zu einfarbigen Modulen verbinden und zu zwölf fünfzähligen pinkfarbenen Ringschlüssen zusammenstecken (Abb. 1).

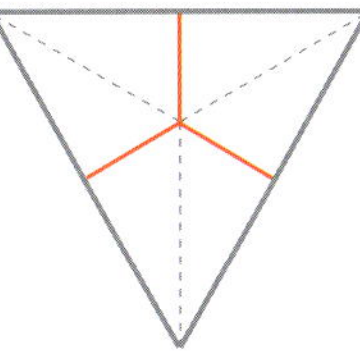
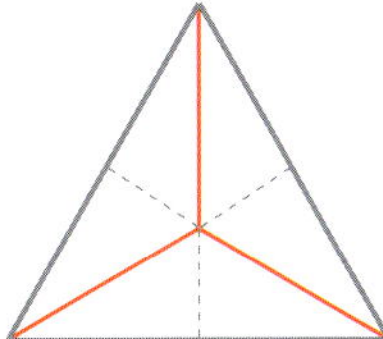
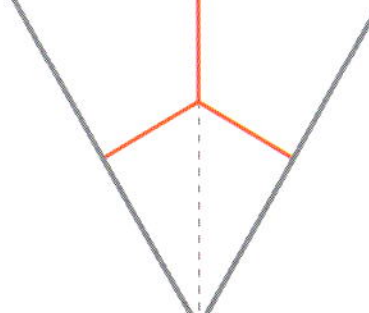
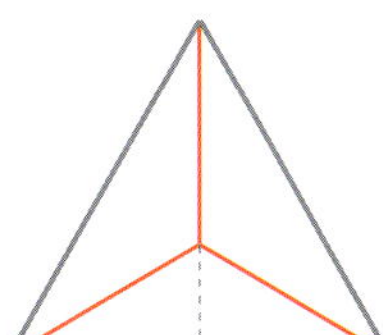

Weiterer Zusammenbau
Fügen Sie an den ersten pinkfarbenen Ringschluss einzelne hellblaue Module an (Abb. 2). Dann die nächsten fünf pinkfarbenen Ringschlüsse anbringen (Abb. 3). Fortfahren und das Modell sinngemäß vervollständigen (Abb. 4 und 5). Das fertige Modell (Abb. 6) ergibt einen erweiterten Ikosaeder-Stumpf (Modell B07, siehe Seite 52). Abbildung 7 zeigt zudem die beiden vorangegangenen Modelle (siehe Seite 152 ff.).

Schwierigkeitsgrad: leicht
einfacher Zuschnitt, einfache Montage; Zeitaufwand: ca. 3½ Stunden

60 x 60 x 20 x 20 x

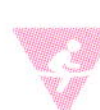
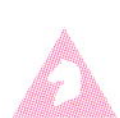
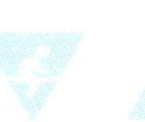

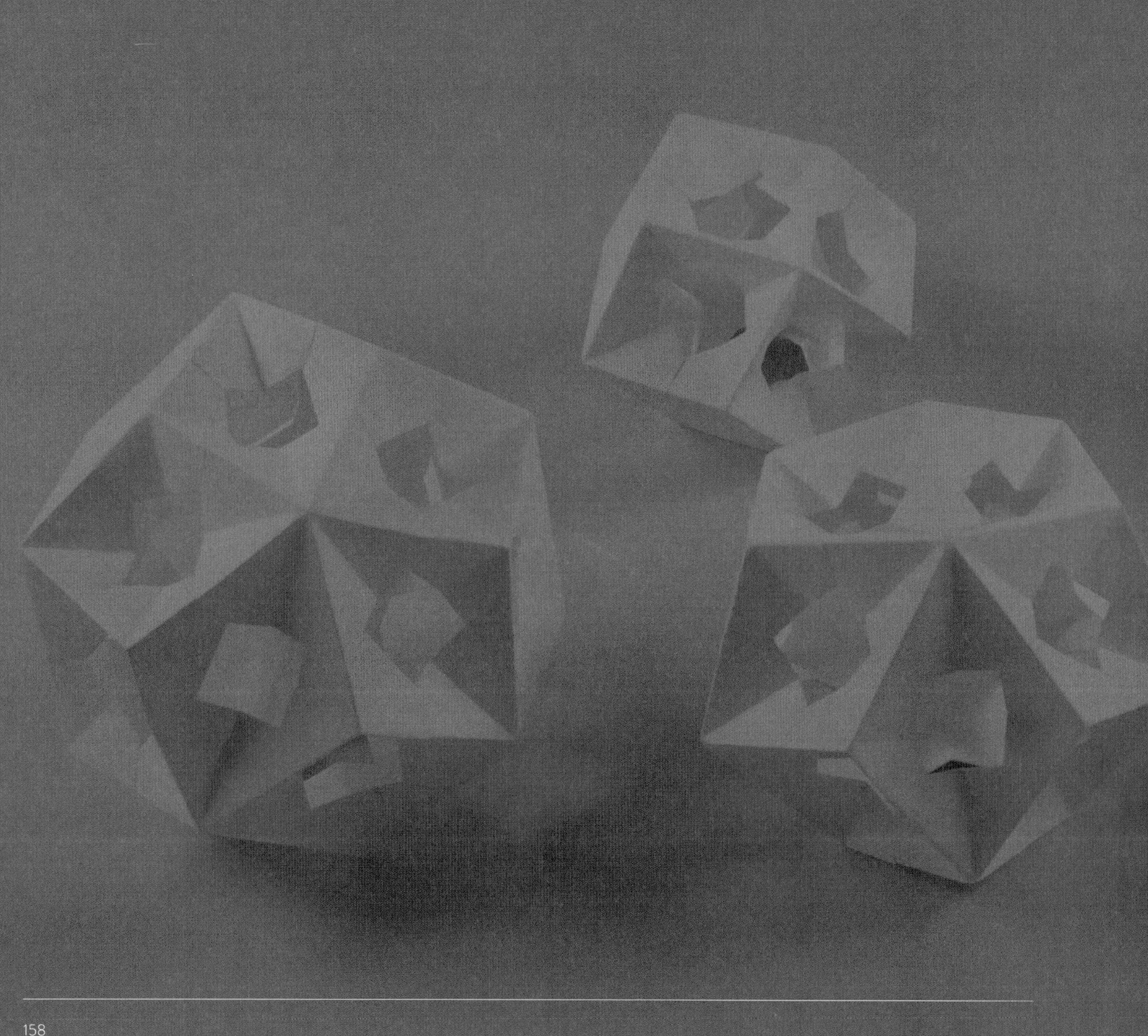

M-Modelle
Erweiterungen von Oktaeder, Ikosaeder und Rhomben-12-Flach

Drei Formen dienen in diesem Kapitel als Ausgangspunkt für weitere Variationen: Die Quadrate des Oktaeders (Modell A01, siehe Seite 38) werden teilweise ersetzt durch Fünf- oder Sechsecke. Zudem werden die Fünfecke des Ikosaeders (Modell B08, siehe Seite 54) teilweise ersetzt durch Quadrate oder Sechsecke sowie die Quadrate des Rhomben-12-Flachs (Modell C09, siehe Seite 58) durch Fünf- oder Sechsecke.

1

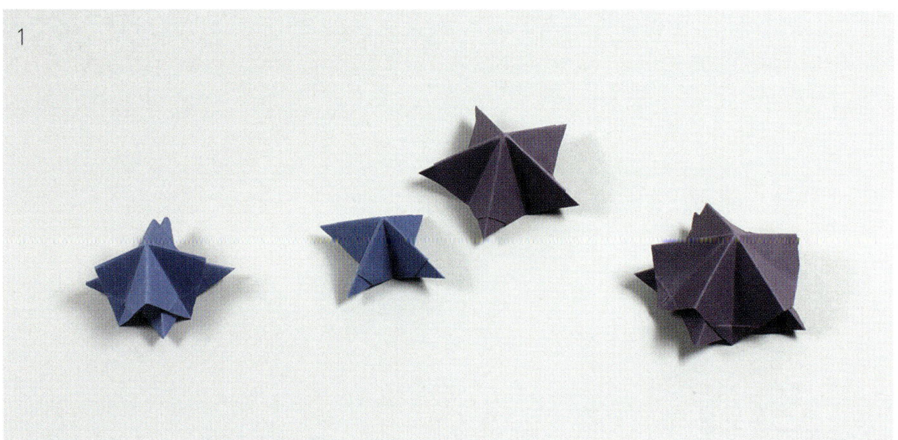

2

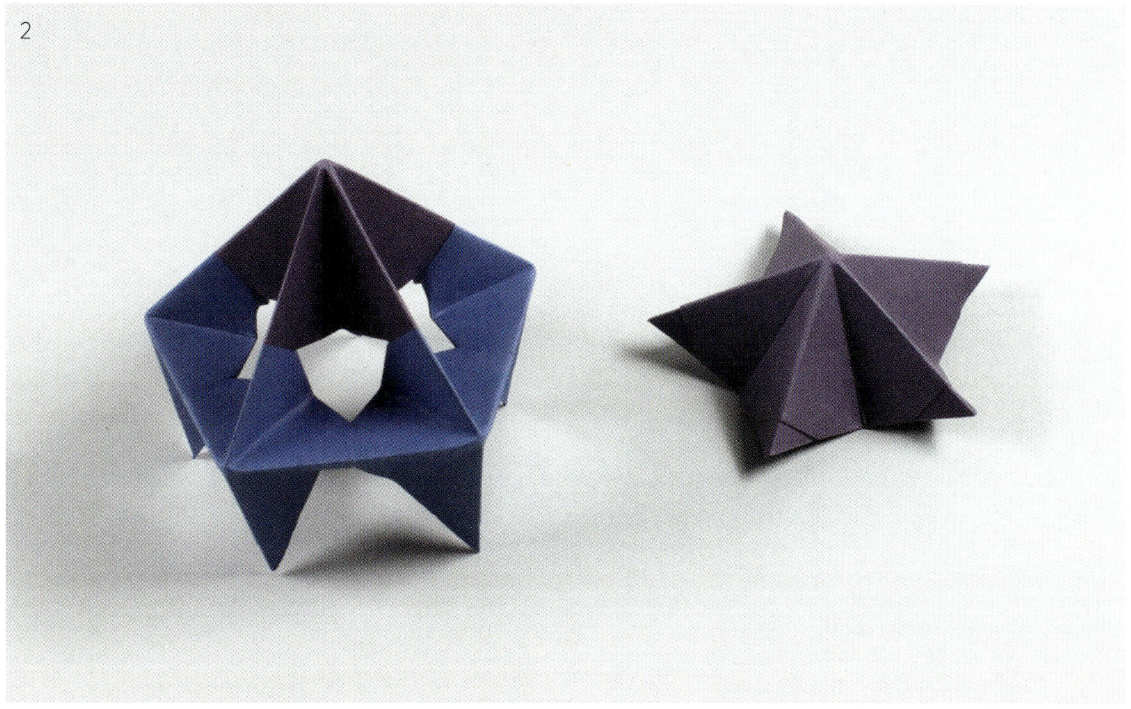

3

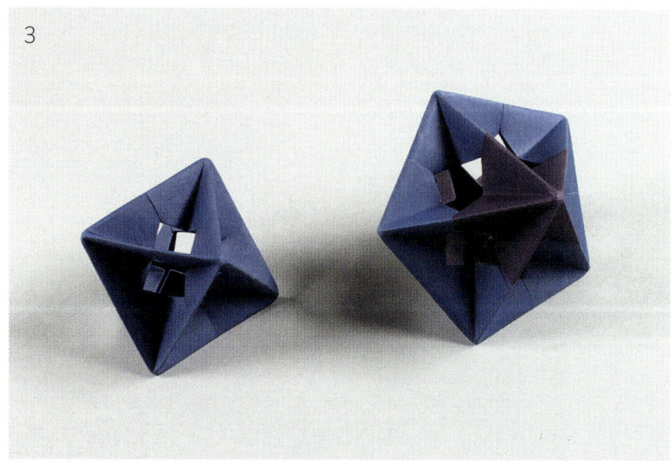

Abgewandeltes Oktaeder
10-Flach (3*)

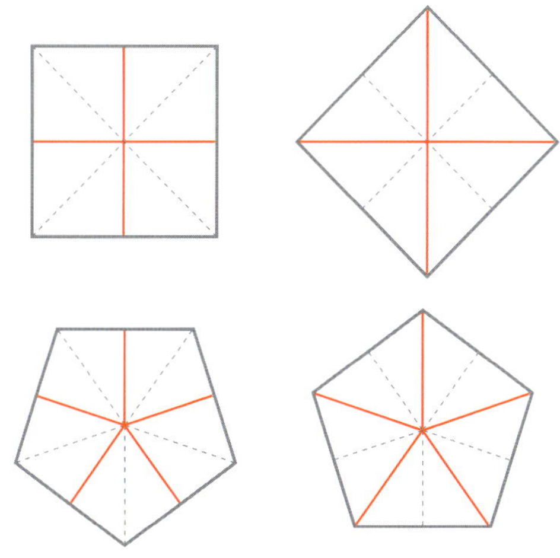

Von den Grundflächen zu den Modulen
Benötigt werden 10 dunkelblaue Quadrate, bestehend aus 5 x Ross und 5 x Reiter, sowie 4 violette Fünfecke, bestehend aus 2 x Ross und 2 x Reiter, – in gleicher Größe und jeweils mit gleicher Faltung. Berg- und Talfalten nach den nebenstehenden Grafiken bilden. Anschließend Ross und Reiter zu einfarbigen Modulen verbinden (Abb. 1).

Von den Modulen zum fertigen Modell
Fügen Sie an ein erstes violettes Modul nur dunkelblaue Module an (Abb. 2). Alle fünf dunkelblauen Spitzen mit dem zweitem violetten Modul verbinden (Abb. 3, rechts). Das fertige fünfzählige Modell ähnelt einem vierzähligen Oktaeder (Abb. 3, links; Modell A01, siehe Seite 38).

Schwierigkeitsgrad: leicht
einfacher Zuschnitt, einfache Montage; Zeitaufwand: ca. 1 Stunde

5 x 5 x 2 x 2 x

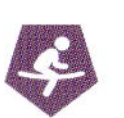
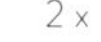

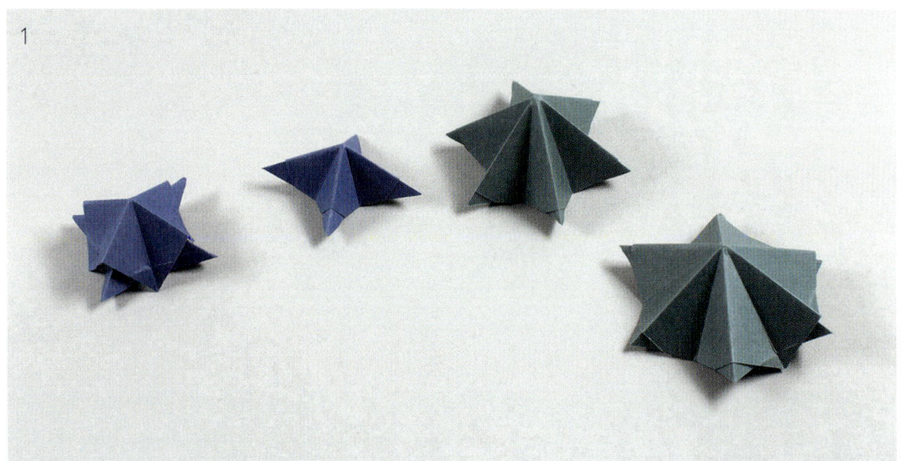
1

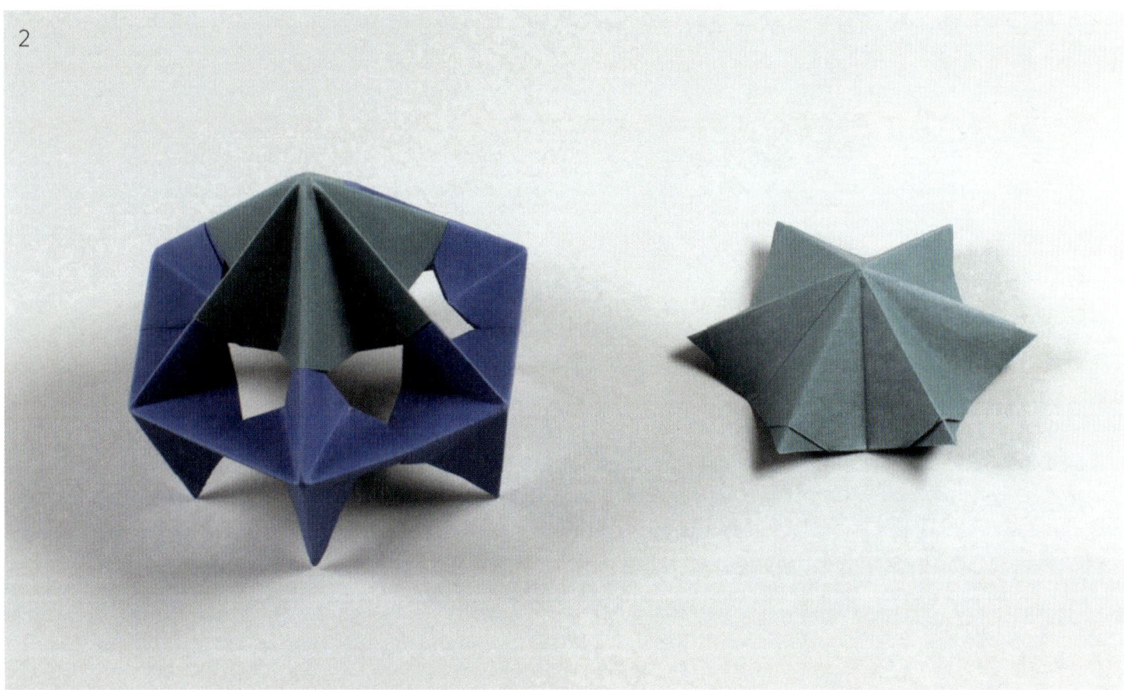
2

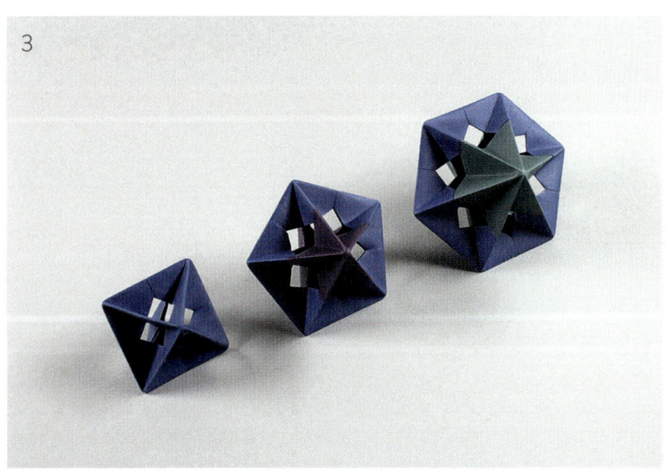
3

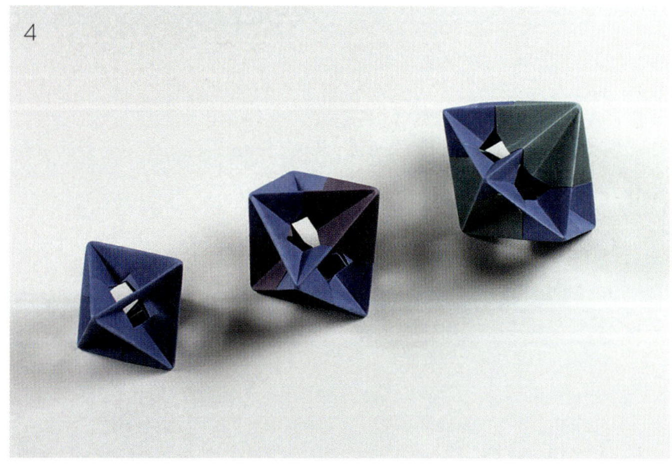
4

Abgewandeltes Oktaeder

12-Flach (3*)

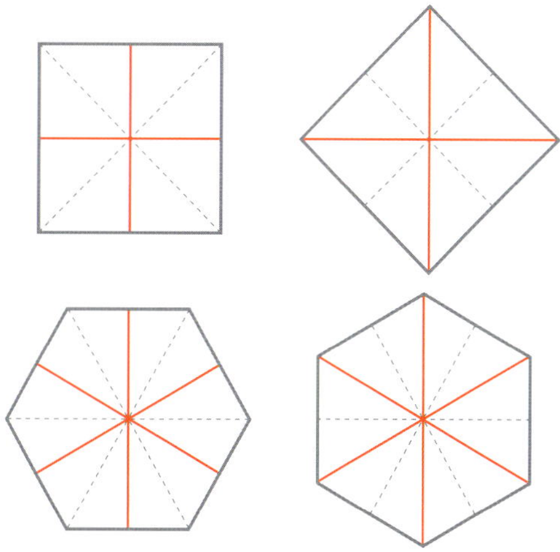

Von den Grundflächen zu den Modulen

Benötigt werden 12 dunkelblaue Quadrate, bestehend aus 6 x Ross und 6 x Reiter, sowie 4 moosgrüne Sechsecke, bestehend aus 2 x Ross und 2 x Reiter, – in gleicher Größe und jeweils mit gleicher Faltung. Berg- und Talfalten nach den nebenstehenden Grafiken bilden. Anschließend Ross und Reiter zu einfarbigen Modulen verbinden (Abb. 1).

Von den Modulen zum fertigen Modell

Fügen Sie an ein erstes moosgrünes Modul nur dunkelblaue Module an (Abb. 2). Alle sechs dunkelblauen Spitzen mit dem zweitem moosgrünen Modul verbinden (Abb. 2, rechts). Das fertige sechszählige Modell ähnelt einem vierzähligen Oktaeder (Abb. 3, links; Modell A01, siehe Seite 38) sowie dem vorangegangenen fünfzähligen Modell (Abb. 3, Mitte). Abbildung 4 zeigt alle drei Modelle aus anderer Perspektive.

Schwierigkeitsgrad: leicht

einfacher Zuschnitt, einfache Montage; Zeitaufwand: ca. 1 Stunde

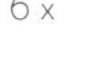

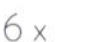

1

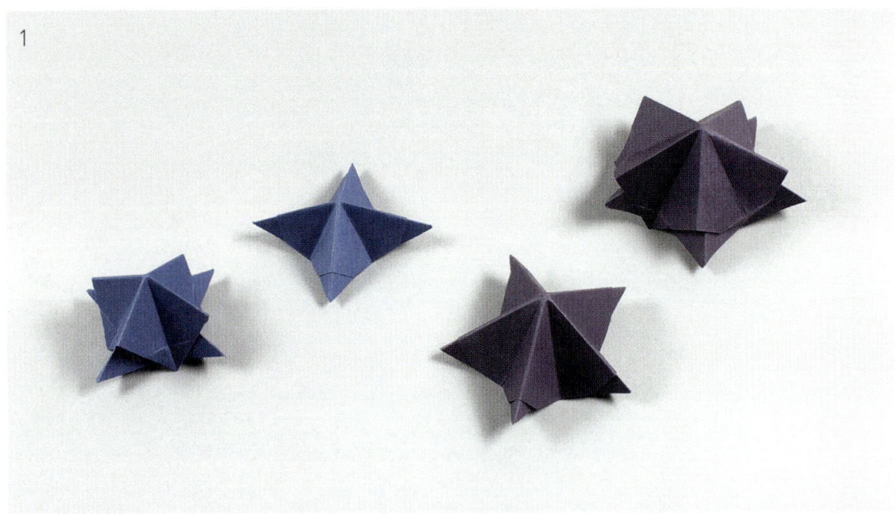

2

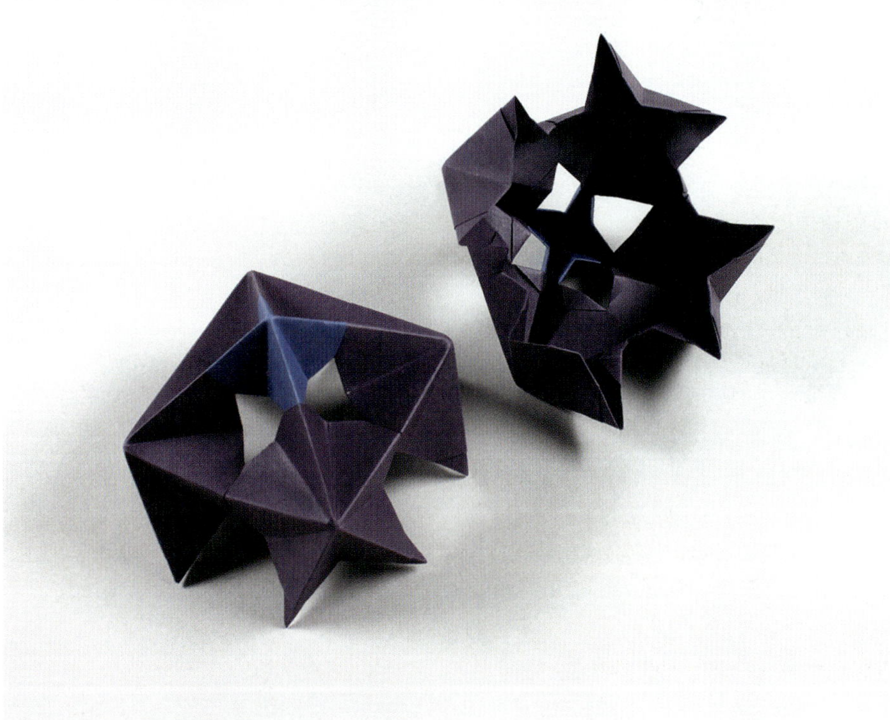

3

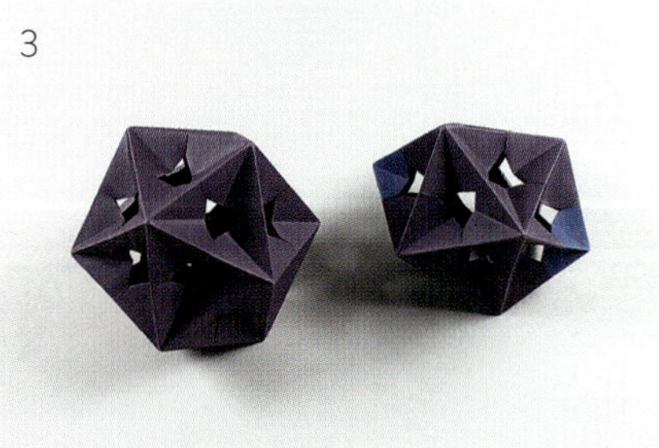

Abgewandeltes Ikosaeder
16-Flach (3/3*)

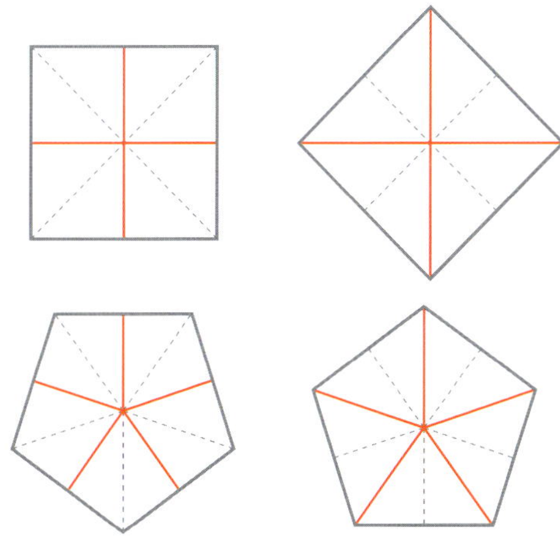

Von den Grundflächen zu den Modulen
Benötigt werden 4 dunkelblaue Quadrate, bestehend aus 2 x Ross und 2 x Reiter, sowie 16 violette Fünfecke, bestehend aus 8 x Ross und 8 x Reiter, – in gleicher Größe und jeweils mit gleicher Faltung. Berg- und Talfalten nach den nebenstehenden Grafiken falten. Anschließend aus Ross und Reiter einfarbige Module bilden (Abb. 1).

Von den Modulen zum fertigen Modell
Verbinden Sie ein blaues Modul mit vier violetten Modulen. Dabei entsteht die erste Hälfte des Modells (Abb. 2, links). Die zweite Hälfte ebenso singngemäß anfertigen (Abb. 2, rechts) und beide Hälften zusammenfügen (Abb. 3). Abbildung 3 zeigt die Verwandtschaft dieses Modells mit dem Ikosaeder (Modell B08, siehe Seite 54).

Schwierigkeitsgrad: mittel
Zuschnitt: erste Anforderungen; einfache Montage; Zeitaufwand: ca. 75 Minuten

2 x

2 x
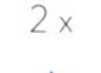
8 x
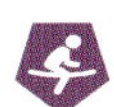
8 x

1

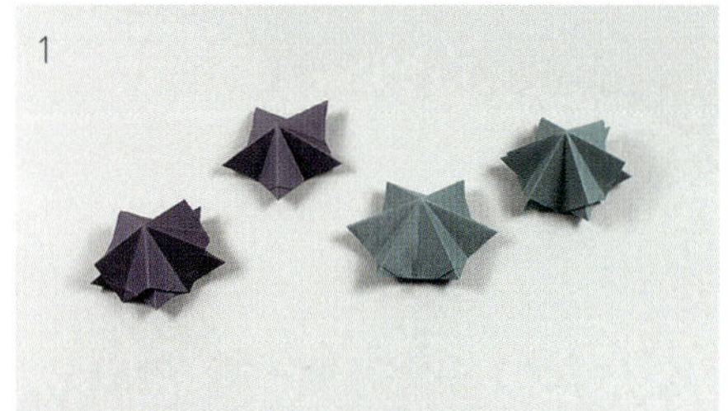

2

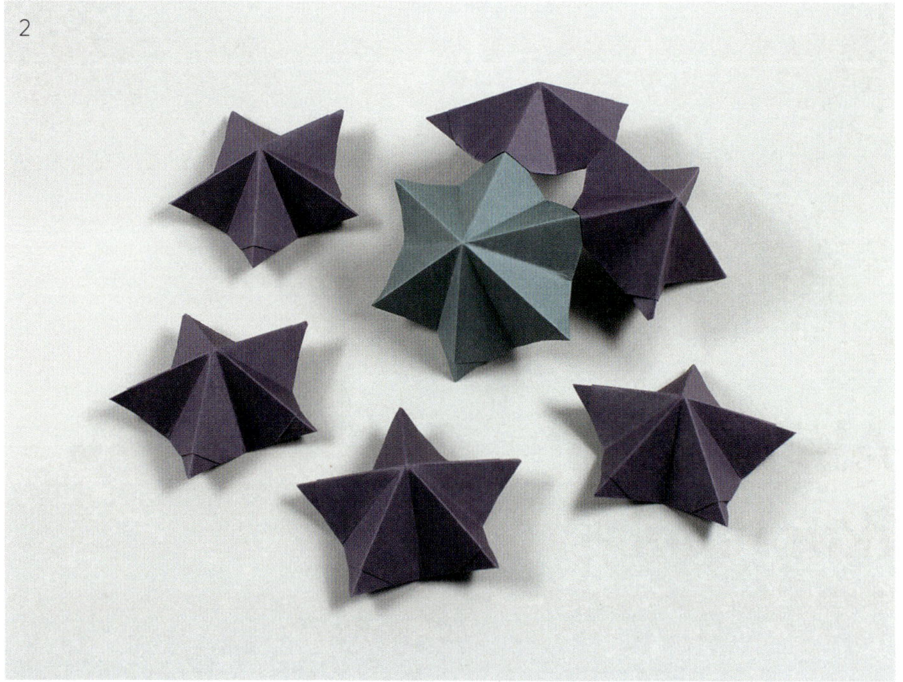

3

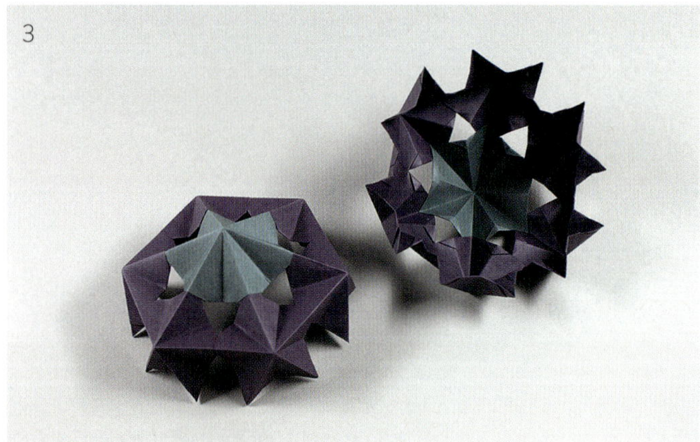

4

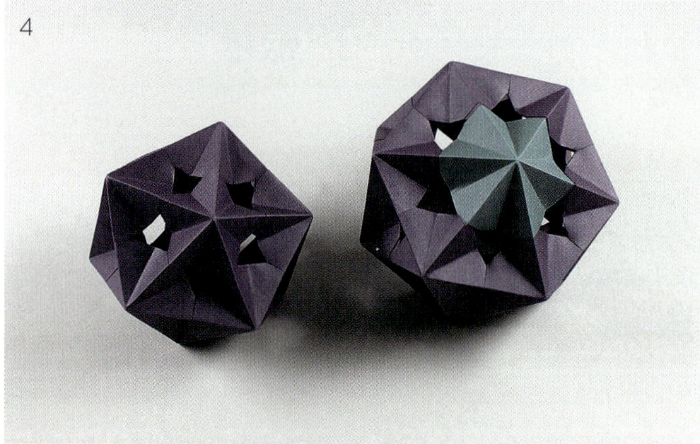

5

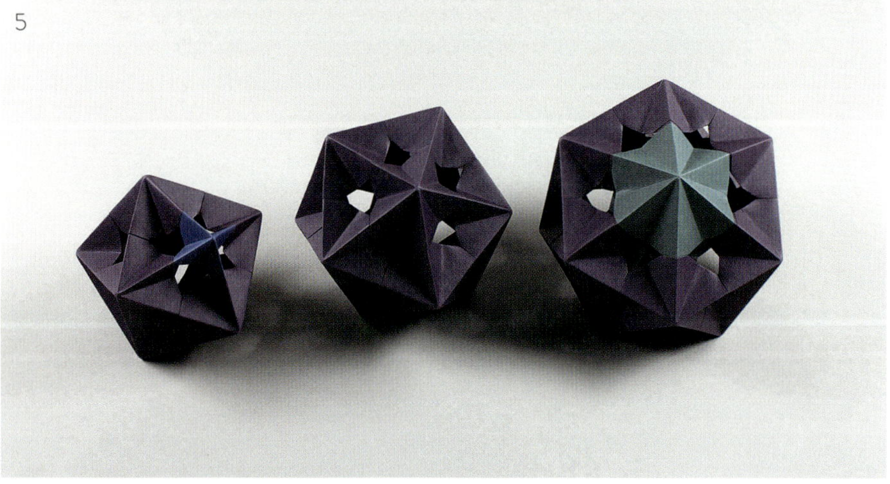

6

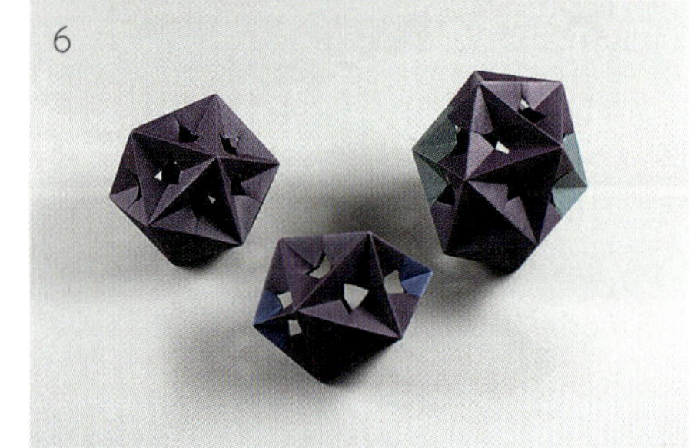

Abgewandeltes Ikosaeder
20-Flach (3/3*)

Von den Grundflächen zu den Modulen
Benötigt werden 24 violette Fünfecke, bestehend aus 12 x Ross und 12 x Reiter, sowie 4 moosgrüne Sechsecke, bestehend aus 2 x Ross und 2 x Reiter – in gleicher Größe und jeweils mit gleicher Faltung. Berg- und Talfalten nach den nebenstehenden Grafiken falten. Anschließend Ross und Reiter zu einfarbigen Modulen verbinden (Abb. 1).

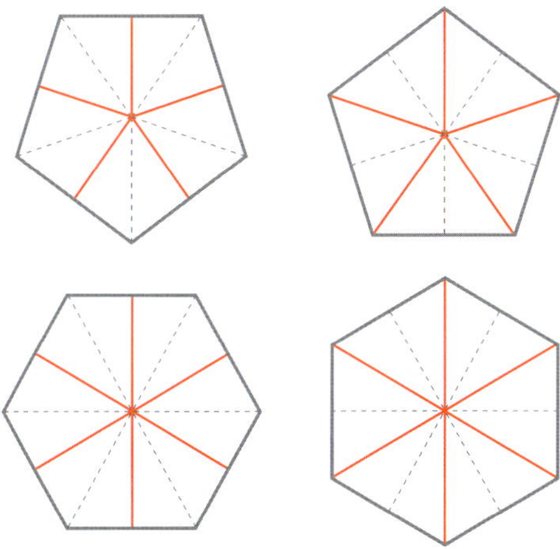

Von den Modulen zum fertigen Modell
Fügen Sie die violetten Module zu einem zwölfteiligen Band zusammen (Abb. 2 und 3), und verbinden Sie die sechs Enden auf jeder Seite mit den sechs Enden des moosgrünen sechszähligen Moduls. Die Abbildungen 4 bis 6 zeigen abgewandelte Ikosaeder: 16-Flach (Modell M03, siehe Seite 164), das Ikosaeder (Modell B08, siehe Seite 54) und das abgewandelte Rhomben-12-Flach: 18-Flach (Modell M05, siehe Seite 168).

Schwierigkeitsgrad: mittel
Zuschnitt: erste Anforderungen; einfache Montage; Zeitaufwand: ca. 75 Minuten

12 x 12 x 2 x 2 x

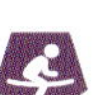
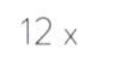
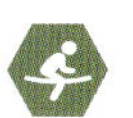

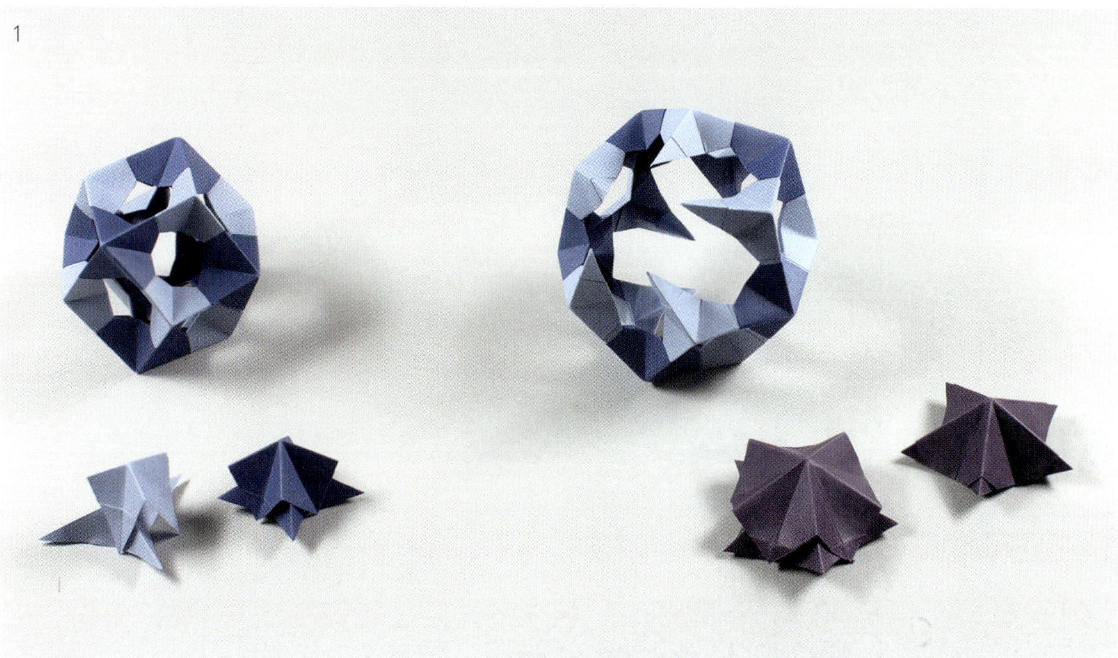
1

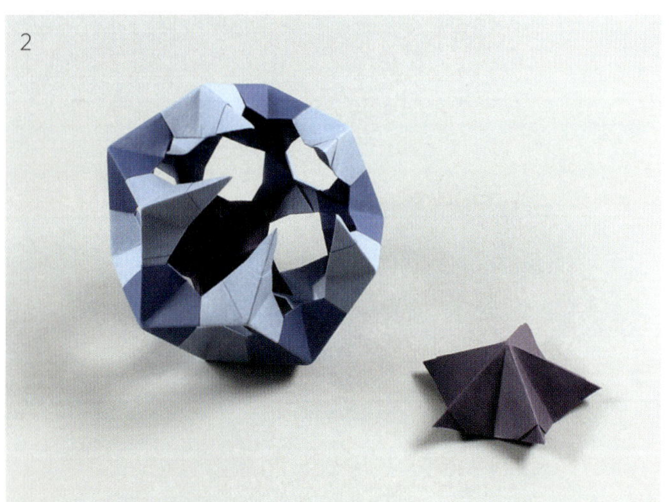
2

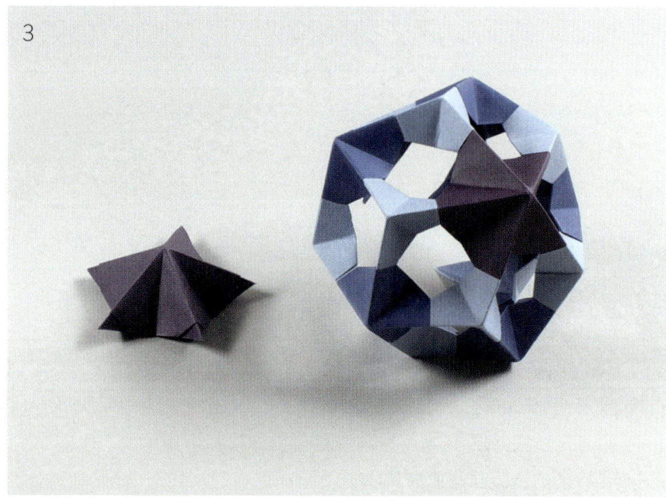
3

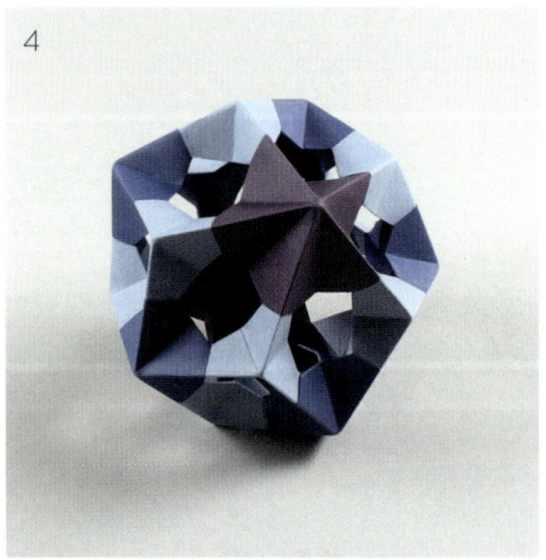
4

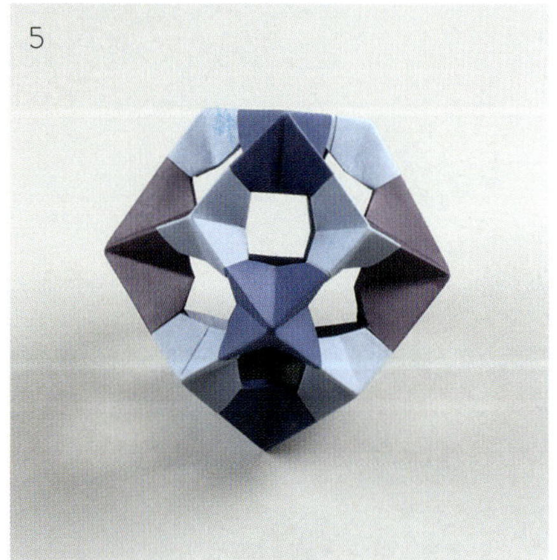
5

Abgewandeltes Rhomben-12-Flach

18-Flach (4*/4*)

Von den Grundflächen zu den Modulen

Benötigt werden 20 hellblaue Dreiecke (10 x Ross und 10 x Reiter), 10 dunkelblaue Quadrate (5 x Ross und 5 x Reiter) sowie 4 violette Fünfecke (2 x Ross und 2 x Reiter) – in gleicher Größe und jeweils mit gleicher Faltung. Berg- und Talfalten nach den nebenstehenden Grafiken bilden. Anschließend Ross und Reiter zu einfarbigen Modulen verbinden (Abb. 1, unten).

Von den Modulen zum fertigen Modell

Fügen Sie hellblaue dreieckige und dunkelblaue quadratische Module zu einem fünfzähligen Band zusammen (Abb. 1, oben rechts). Bringen Sie dann ein erstes violettes Modul auf der einen Seite an, ein zweites auf der anderen (Abb. 2 und 3). Die Abbildungen 4 und 5 zeigen das Modell aus unterschiedlichen Perspektiven. Die Verwandtschaft dieses Modells mit dem Rhomben-12-Flach (Modell C09, siehe Seite 58) wird in Abbildung 1 (links oben) deutlich.

Schwierigkeitsgrad: mittel

Zuschnitt: erste Anforderungen; einfache Montage; Zeitaufwand: ca. 75 Minuten

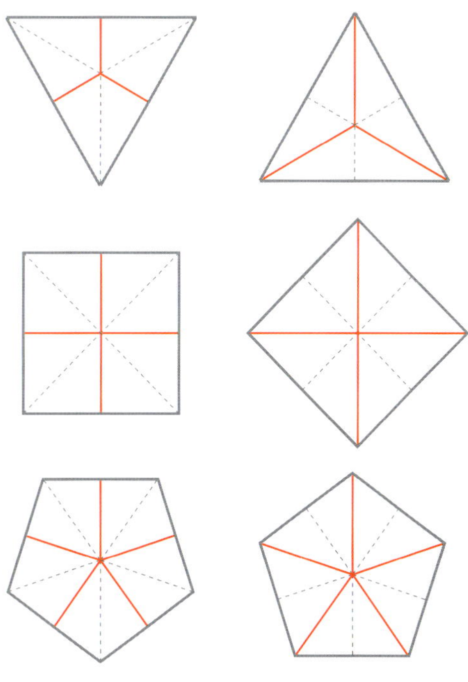

10 x	10 x	5 x	5 x	2 x	2 x
	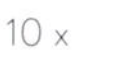	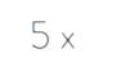	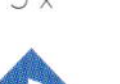	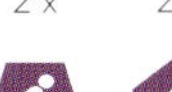	

1

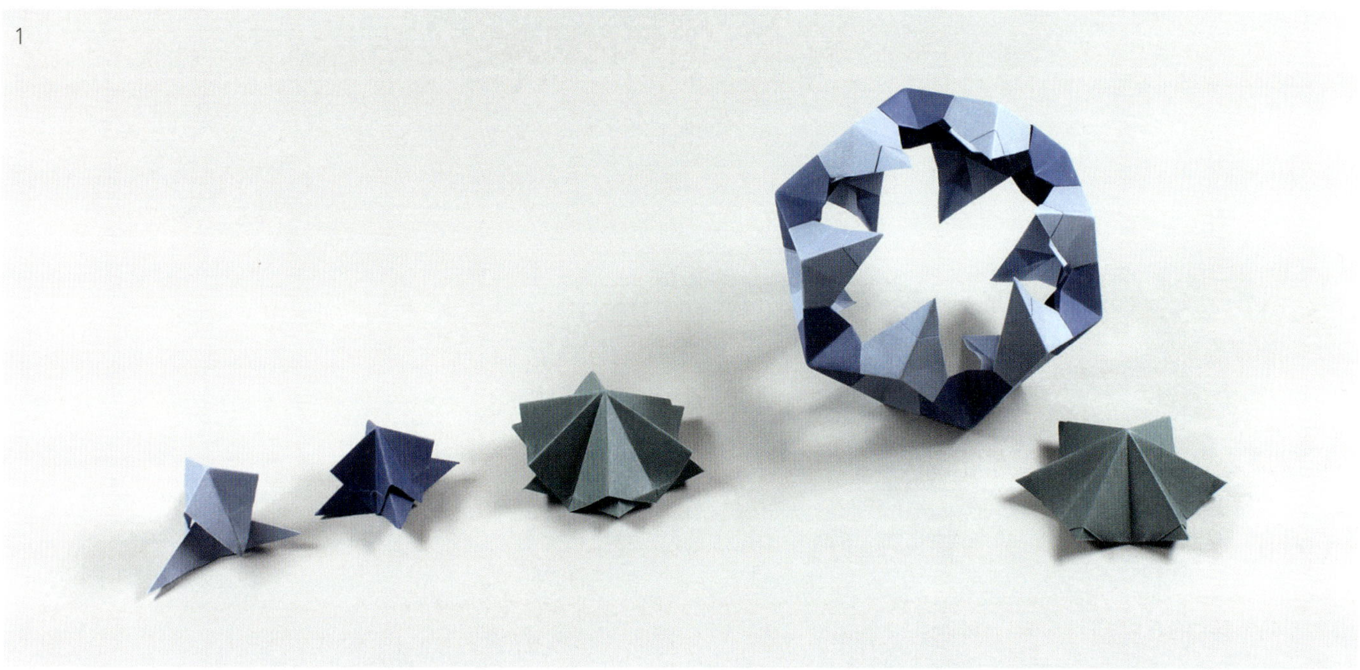

2

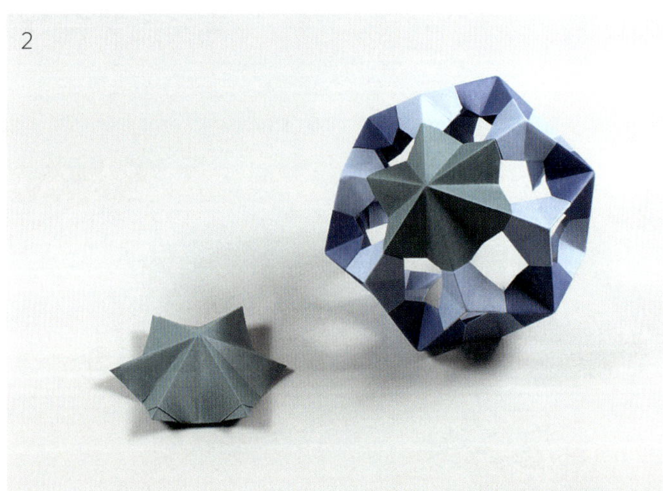

3

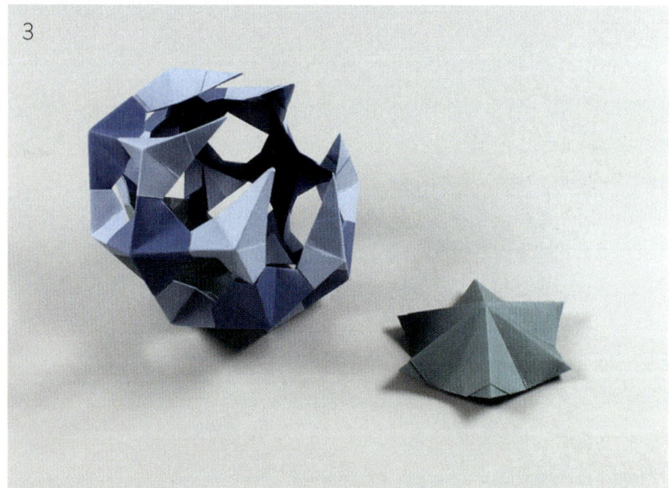

4

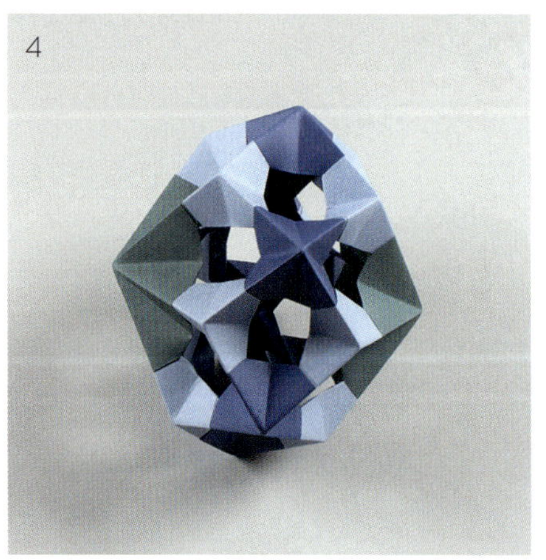

5

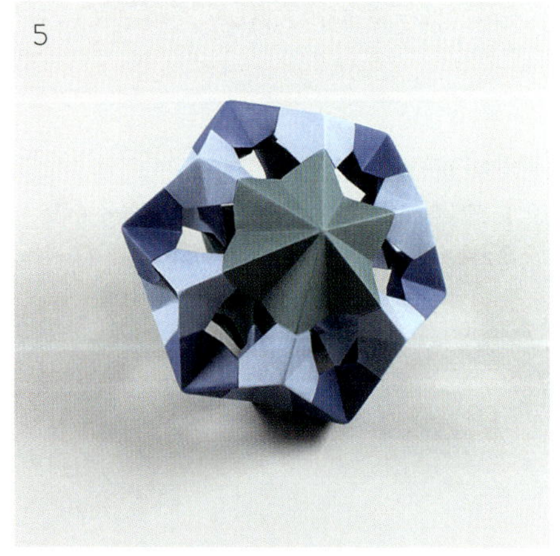

Abgewandeltes Rhomben-12-Flach

24-Flach (4*/4*)

Von den Grundflächen zu den Modulen

Benötigt werden 24 hellblaue Dreiecke (12 x Ross und 12 x Reiter), 12 dunkelblaue Quadrate (6 x Ross und 6 x Reiter) sowie 4 moosgrüne Sechsecke (2 x Ross und 2 x Reiter) – in gleicher Größe und jeweils mit gleicher Faltung. Berg- und Talfalten nach den nebenstehenden Grafiken falten. Anschließend Ross und Reiter zu einfarbigen Modulen verbinden (Abb. 1 unten).

Von den Modulen zum fertigen Modell

Fügen Sie die hellblauen dreizähligen Module mit dunkelblauen vierzähligen Modulen zu einem geschlossenen Band zusammen (Abb. 1, oben rechts). Dann an die sechs hellblauen Spitzen auf jeder Seite jeweils ein sechszähliges Modul anbringen (Abb. 2 und 3). Die Abbildungen 4 und 5 zeigen zwei verschiedene Ansichten des fertigen Modells.

Schwierigkeitsgrad: mittel

Zuschnitt: erste Anforderungen; einfache Montage; Zeitaufwand: ca. 75 Minuten

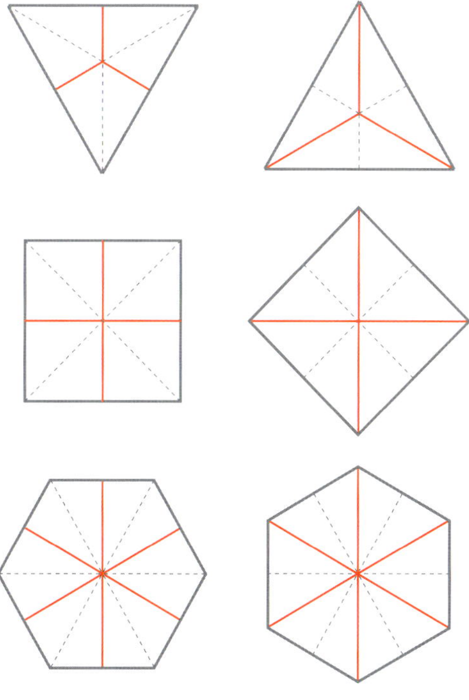

12 x 12 x 6 x 6 x 2 x 2 x

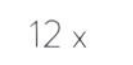
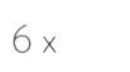
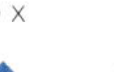
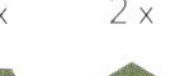

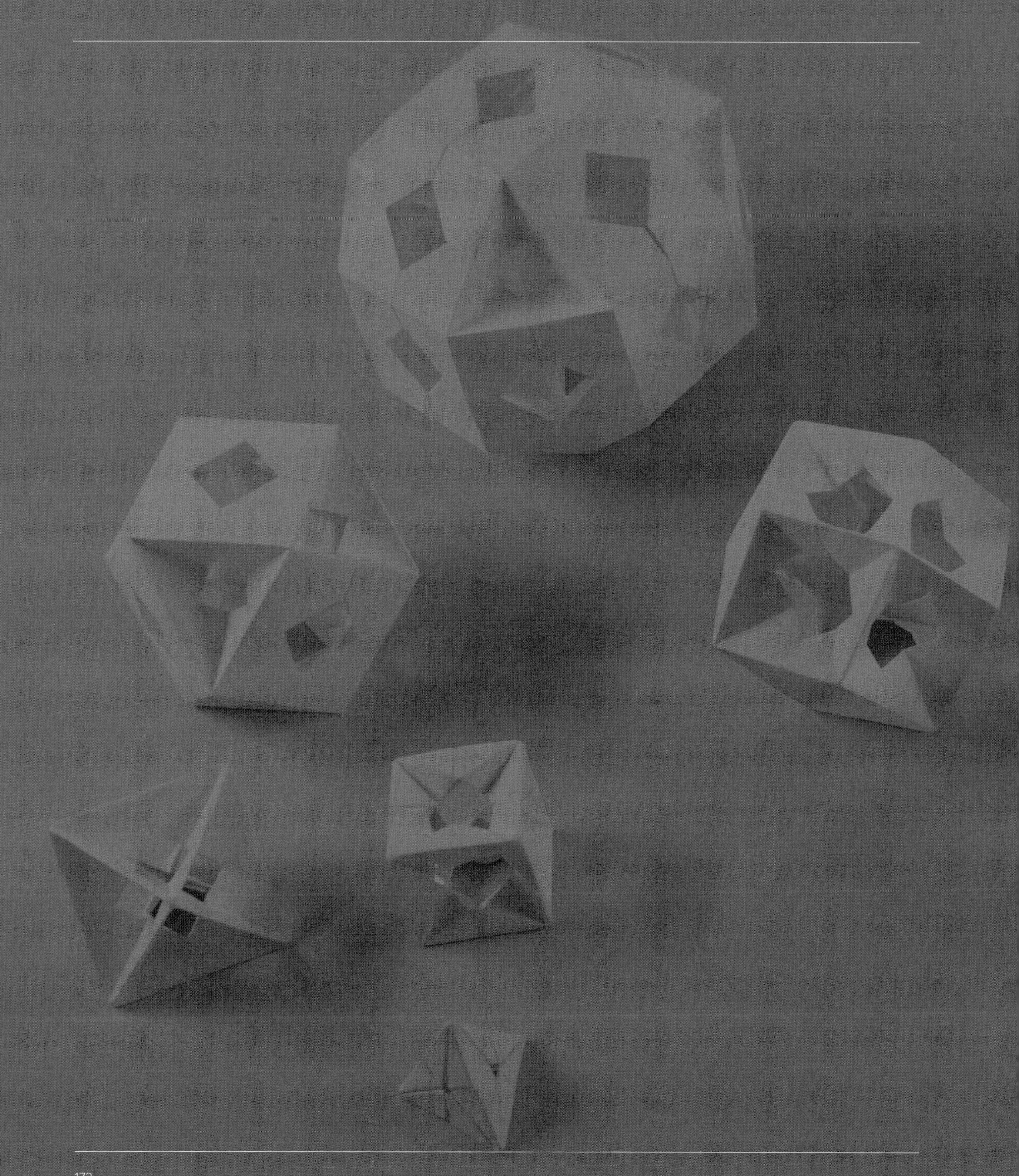

Anhang

Nachwort

Wie kommt man darauf, eine ganze Reihe von geometrischen Modellen vollständig in einer bestimmten Konstruktionsweise zu realisieren? Am Anfang stand das Oktaeder – noch in billigem, wenig geeignetem Papier. Und bei ersten Versuchen entstanden weitere Formen. Die Freude an schönen Formen und deren geheimnisvollen gesetzmäßigen Beziehungen untereinander schufen schließlich den Anlass, sich auf diese Weise an weitere Formen zu wagen. Erste technische Hürden konnten mit guten Ideen überwunden werden. Am Ende war es das Bestreben nach Vollständigkeit, das den Ansporn gab, alle regulären und halbregulären Polyeder zu realisieren.

Parallel ergaben sich erste Gelegenheiten für kleine Vorträge, Seminare und Workshops, in denen sichtbar wurde, dass Faltpolyeder ein dankbarer Gegenstand sind: einfachstes, fast voraussetzungsloses Falten, eine repetitive Arbeit, in der die Gedanken frei schweifen können. Am Ende hat man mit dem fertigen räumlichen Modell auch ästhetisch ein „Mehr" als die Summe der ebenen Einzelteile. Und: Man kann es sogar unterwegs im Zug weiter fortführen und eigenständig damit experimentieren. Erste Artikel erschienen zu den Faltpolyedern als eine Einheit von Geometrie, Handwerk und Kunst. Sogar den von Friedhelm Kürpig gestifteten Phänomena-Preis gab es 2007 zu gewinnen im Rahmen einer Tagung der *Deutschen Gesellschaft für Geometrie und Grafik* (DGfGG) in Kornelimünster bei Aachen. Bei den letzten Modellen taten sich ganz unterschiedliche Hürden auf, die sachlich und zeitlich noch einmal das Äußerste abverlangten. Dann hat es noch glücklichen Umständen bedurft und eines passenden Umfelds, das es möglich gemacht hat, schließlich auch ein Buch darüber zu verfassen.

Es hat mich erstaunt und erfreut, zu erfahren, dass auch andere sich an einer Reihe der hier behandelten Formen versucht haben und dabei zu recht brauchbaren Ergebnissen gekommen sind. Namentlich bei den „Gyroscope"-Modellen von Rona Gurkewitz und Bennett Arnstein (siehe Literaturangaben, Seite 178) wurden einige dieser Formen umgesetzt. In ihren Publikationen finden sich Oktaeder (Modell A01), Dodekaeder (Modell B04), Tetraeder-Stumpf (Modell B05), Oktaeder-Stumpf (Modell B06), Ikosaeder-Stumpf (Modell B07), Rhomben-12-Flach (Modell C09), Rhomben-30-Flach (Modell C10), Pyramiden-Dodekaeder (Modell C11), Deltoid-24-Flach (Modell D12), Deltoid-60-Flach (Modell D13), Pentagon-24-Flach (Modell D14), Pyramiden-Würfel (Modell H26), Pyramiden Tetraeder (Modell H27), Pyramiden-Oktaeder 3/8 (Modell H28), Pyramiden-Oktaeder 4/6/8 (Modell H29), Pyramiden-Ikosaeder 3/10 (Modell H30), Pyramiden-Ikosaeder 4/6/10 (Modell H31) sowie einige Erweiterungen ab Kapitel J.

Anders als bei Gurkewitz/Arnstein wurde in *FALTPOLYEDER* eine andere, intuitivere Anleitungsform gewählt. Zudem wurden im Vergleich zu der von Gurkewitz/Arnstein gezeigten Umsetzung der Modelle kleine Verbesserungen realisiert. So können einige der verwendeten Talfalten weggelassen werden (z. B. bei den Modellen B05, B06, B07). In diesem Sinne bin ich gespannt, ob sich auch an meinen eigenen Entdeckungen zukünftig weitere Verbesserungen und Erweiterungen ergeben. Diesbezügliche Vorschläge sind willkommen und an die Adresse des Verlags zu richten. Eine Antwort kann allerdings nicht in jedem Fall garantiert werden.

In Kapitel J–M sind weniger reguläre, erweiterte Formen dargestellt, die jedoch einen – zumindest auf den zweiten Blick – erkennbaren Bezug zu den Polyeder-Formen haben. Diese Formen sind fast alle sehr einfach anzufertigen und bieten einen erholsamen Ausgleich zu den schweren und sehr schweren Polyeder-Formen aus den Kapiteln E–H. Der Ansatz dieser „Erweiterungen" folgt dabei einer neuen Herangehensweise: Hier wurde mit immer gleichen Grundformen kombinatorisch experimentiert. Es entstanden dabei weit mehr Formen, als dieses Buch aufnehmen konnte – Ketten, zylinderartige Formen, prismatische Formen, Torsi und ganz freie Formen. Diese können unter günstigen Umständen einmal als Grundstock für einen Fortsetzungsband dienen. Der Formenreichtum der in *FALTPOLYEDER* realisiert wurde, ist also bei Weitem noch nicht ausgeschöpft.

Handwerk, Kunst und Wissenschaft zu verbinden, was explizit im Untertitel meines Buches genannt wird, kommt dem Wunsch vieler Menschen entgegen, fächerübergreifend und sowohl praktisch als auch theoretisch zu arbeiten. Für die praktische Umsetzung des Manuskripts stellte sich dies über weite Strecken als eine sehr komplexe Herausforderung dar, die auf sprachlicher, grafischer und fotografischer Ebene einer Vermittlungsweise bedurfte, welche von den üblichen Origami-Anleitungen stark abweicht.

Die Umsetzung ist nur durch die intensive und gute Zusammenarbeit zwischen Autor, Layout, Verlag und auch Lektorat möglich geworden. Wir hoffen, dass es uns gelungen ist, die komplexe Materie so einfach zu vermitteln, dass ihre praktische Umsetzung verständlich geworden ist und beim Nachbau im Wesentlichen die Auseinandersetzung mit der eigenen Geschicklichkeit im Vordergrund steht. Möge diese an den Aufgaben wachsen. Wir wünschen Ihnen stets ein gutes Gelingen! Der Komplexität des Themas entsprechend haben wir viel Sorgfalt aufgewendet, um inhaltliche und zahlenmäßige Fehler zu vermeiden. Dennoch kann keine Gewähr dafür übernommen werden.

Glossar

Platonische Körper. Synonym für reguläre Polyeder. Die fünf nach Platon (um 428–347 v. Chr.) benannten gleichförmigen Raumformen sind: Vierflach (Tetraeder; siehe Faltpolyeder-Modell E17, Seite 78), Würfel/Sechsflach (Hexaeder; siehe Faltpolyeder-Modell E16, Seite 76), Achtflach (Oktaeder; siehe Faltpolyeder-Modell A01, Seite 38), Zwölfflach (Dodekaeder; siehe Faltpolyeder-Modell B04, Seite 46), Zwanzigflach (Ikosaeder; siehe Faltpolyeder-Modell B08, Seite 54). Sie wurden von Platon erstmals schriftlich erwähnt (in „Timaios" und „Phaidon"). Siehe gegenüberliegende Seite, Mittelteil der Abbildung.

Archimedische Körper. Dreizehn halbreguläre Polyeder (plus zwei chirale Formen) wurden nach dem griechischen Mathematiker Archimedes (um 287–212 v. Chr.) benannt. Jeder archimedische Körper kann auf einen oder zwei platonische Körper zurückgeführt werden, woraus sich jeweils der Name des archimedischen Körpers ergibt (in diesem Buch auf den ersten Blick durch die Benennung mit Bindestrich erkennbar, z. B. Tetraeder-Stumpf). Jeder archimedische Körper hat zudem einen catalanischen Dualpartner (siehe Catalanische Körper). Nach Pappos von Alexandria hat Archimedes diese Formenreihe als erster vollständig beschrieben. In den „Elementen" des Euklid, einer mathematischen Schrift, findet sich die älteste, heute bekannte Darstellung der archimedischen Körper. Siehe gegenüberliegende Seite, linke Hälfte der Abbildung.

Catalanische Körper. Dreizehn halbreguläre Polyeder (plus zwei chirale Formen), die nach dem belgischen Mathematiker Eugène Charles Catalan (1814–1894) benannt wurden. Jeder catalanische Körper kann auf einen oder zwei platonische Körper zurückgeführt werden, woraus sich jeweils der Name des catalanischen Körpers ergibt (an der Benennung mit Bindestrich erkennbar). Jeder catalanische Körper hat einen archimedischen Dualpartner (siehe Archimedische Körper). Rund 2000 Jahre nach Archimedes hat Catalan diese Polyeder-Reihe als erster vollständig beschrieben. Siehe gegenüberliegende Seite, rechte Hälfte der Abbildung.

Polygon. (griech.: *poly*, viel, und *gon*, Kante) allgemein: Vieleck. Beispiel: Quadrat

Polyeder. (griech.: *poly*, viel, und eder, Fläche) allgemein: Vielflach oder Vielflächner. Beispiel: Würfel

Regulär. Gleichmäßig oder gleichförmig. Ein Polygon ist regulär, wenn alle Seiten gleich lang und alle Winkel zwischen den Kanten gleich groß sind. Ein Polyeder ist regulär, wenn alle Kanten gleich lang, alle Flächen gleichförmig und die Winkel zwischen benachbarten Flächen gleich groß sind. Alle platonischen Körper sind reguläre Polyeder.

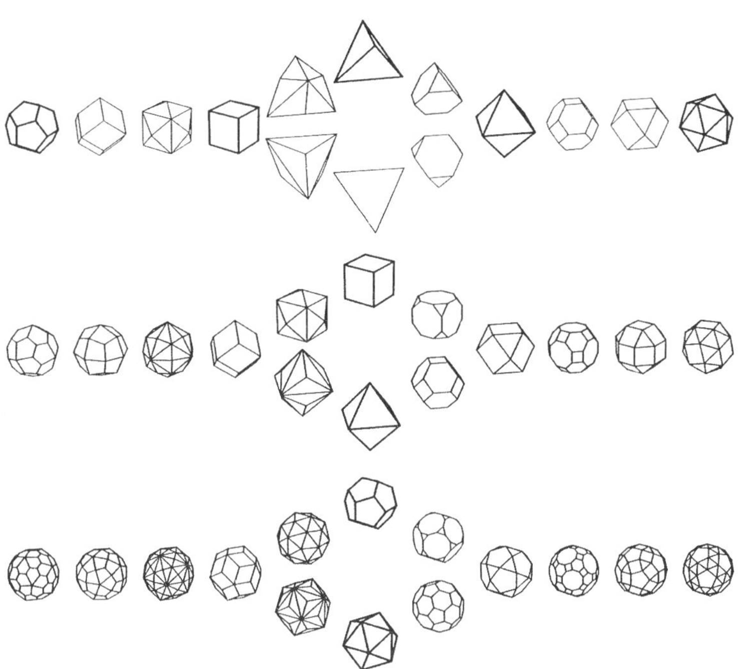

Alle Polyeder-Formen auf einen Blick: Im Mittelbereich: platonische Körper, linke Hälfte: archimedische Körper, rechte Hälfte: catalanische Körper (Abbildung von Helmut Emde, umgestellt; siehe Literaturangaben, Seite 178)

Halbregulär. Nur teilweise gleichmäßig oder gleichförmig. Ein Polyeder ist halbregulär, wenn es aus gleichen Flächen besteht, die Winkel an den Ecken sind jedoch unterschiedlich groß (catalanische Körper). Alternativ kann es aus unterschiedlichen Flächen bestehen, wobei aber alle Kanten gleich lang sind (archimedische Körper).

Chiral. Chirale Raumformen können in zwei spiegelbildlichen Versionen hergestellt werden, die sich verhalten wie die rechte Hand zur linken. Beispiel: Cubus simus (Modell F21).

Dualpartner. Er kann als „Gegenteil-Zwilling" umschrieben werden. Zwillings-Beispiel: Würfel und Oktaeder haben jeweils zwölf Kanten. Gegenteil-Beispiel: Der Würfel hat sechs Flächen und acht Ecken, umgekehrt dazu hat das Oktaeder acht Flächen und sechs Ecken.

Abwicklung. Ausbreitung der einzelnen Flächen der Raumform nebeneinander in der Ebene. Beispiel: Dodekaeder von Dürer (siehe Seite 12, Abb. rechts). Alle zwölf Pentagone liegen nebeneinander und sind nur noch mit einzelnen Nachbarflächen verbunden.

Netzspalt. Bezeichnet die Lücke in der Abwicklung zwischen zwei Polygon-Kanten, die am Raummodell zusammen eine Polyeder-Kante bilden (siehe Seite 26).

Pyramiden-Polyeder. Beispiel: Pyramiden-Würfel (Modell H26). Hier wird der Würfel als Ausgangsform genommen. Seine quadratischen Flächen werden von der Quadratmitte aus nach außen aufgezeltet (nach außen „gebeult"). Dadurch entsteht auf der Würfelfläche eine flache vierseitige Pyramide.

Polyeder-Stumpf. Beispiel: Würfel-Stumpf (Modell F18). Stutzt man die Würfelecken gleichmäßig, so entstehen dreiseitige Schnittflächen, und von den ursprünglichen Würfelflächen bleiben achteckige Rumpfflächen übrig.

Topologie. (griech.: *tópos*, Gestalt) Lehre von der Gestalt von Formen

Literatur und Abbildungen

LITERATUR

Adam, Paul und Arnold Wyss: *Platonische und Archimedische Körper, ihre Sternformen und polaren Gebilde.* 2. Auflage. Verlag Freies Geistesleben, Stuttgart 1994

Beutelspacher, Albrecht und Laila Samuel (Hrsg.): *Ecken und Kanten – Europaweit. Drei Länder – Vier Künstler – 150 Geometrische Meisterwerke.* (Ausstellungskatalog Mathematicum e. V., Gießen, mit Arbeiten von Friedhelm Kürpig, Ulrich Mikloweit, Rinus Roelofs und Ueli Wittorf, 12. April bis 11. Mai 2014)

Bindel, Ernst: *Johannes Kepler. Mathematiker der Weltgeheimnisse. Beiträge zu seinem Lebensbild.* Verlag Freies Geistesleben, Stuttgart 1971

Catalan, Eugène Charles: „Mémoire sur la théorie des polyèdres". In: Journal de l'école impériale polytechnique. Paris 1865, S. 1–71

Dürer, Albrecht: „Unterweisung der Messung mit dem Zirkel und Richtscheit." Faksimile-Neudruck der Ausgabe, Nürnberg 1525. Verlag Dr. Alfons Uhl, Nördlingen 2000

Emde, Helmut: „Zur Geometrie räumlicher Strukturen". In: Diatomeen I: „Schalen in Natur und Technik", Institut für leichte Flächentragwerke der Universität Stuttgart, IL28, S. 222–243

Euklid: *Die Elemente.* Nach Heibergs Text aus dem Griechischen übersetzt und hrsg. von Clemens Thaer. Wissenschaftliche Buchgesellschaft, Darmstadt 1975

Goethe, Johann Wolfgang von: *Werke in zwei Bänden.* Band 2. Carl Hanser Verlag, München/Wien 1981

Gurkewitz, Rona und Bennett Arnstein: *Multimodular Origami Polyhedra. Archimedeans, Buckyballs and Duality.* Dover Publications, Mineola, NY (USA) 2003

Heinz, Alexander: „Falt-Polyeder: eine west-östliche Verbindung". In: Informationsblätter der Geometrie IBDG, 2/2012, Jahrgang 31. Hrsg.: Fachverband der Geometrie (ADG, Österreich)

Heinz, Alexander: „Kulturgeschichtliche und geometrische Aspekte zur Entwicklung des Raumbewusstseins". In: Mensch und Architektur, 11/2007, Heft 60, S. 58–63

Heinz, Alexander: „Das Runde muss ins Eckige. Ballformen und ihre Grundlagen". In: Informationsblätter der Geometrie IBDG, 1/2017, Jahrgang 36. Hrsg.: Fachverband der Geometrie (ADG, Österreich)

Jamnitzer, Wenzel: „Perspectiva". Corporum Regularium, Nürnberg 1568

Kepler, Johannes: *Weltharmonik*. Übersetzt und eingeleitet von Max Kaspar. München/Berlin 1939

Kraul, Walter: *Platonische Körper und ihre Verwandlungen.* Verlag Freies Geistesleben, Stuttgart 2014

Kürpig, Friedhelm und Koos Verhoeff: *round about – über Ecken und Kanten.* (Katalog zur Ausstellung im Mathematikum, Gießen vom 06. April bis 05. Mai 2019 im Rahmen der Reihe „Moderne Mathematische Kunst")

Marshall, Dorothy N.: „Carved stone balls". In: Proceedings of the Society of Antiquaries of Scotland, Edinburgh 1976–77

Melchizedek, Drunvalo: *Die Blume des Lebens.* Band 1. Ueberreuter Buchproduktion, Burgrain 2004, S. 155–184

Pacioli, Luca: „Divine proportione" Mit Illustrationen von Leonardo da Vinci. Reprint der Originalausgabe „Divina proportione" mit französischer Übersetzung. Librairie du Compagnonnage, Paris 1988

Pauling, Linus und Roger Hayward: *Die Architektur der Moleküle.* Neckar-Verlag, Villingen 1969

Platon: *Phaidon*. Phaidon-Verlag, Essen/Stuttgart 1987

Platon: *Timaios*. In: Sämtliche Werke VIII, Timaios, Kritias. Insel-Verlag, Frankfurt am Main/Leipzig 1991

Schläfli, Ludwig: *Theorie der vielfachen Kontinuität.* Hrsg.: H. J. Graf, im Auftrag der Denkschriften-Kommission der Schweizer. Naturforschenden Gesellschaft. Zürcher und Furrer, Zürich 1901

Schlegel, Victor: Theorie der homogen zusammengesetzten Raumgebilde. Nova Acta Leop. Carol. (Verhandlungen der Kaiserlichen Leopoldinisch-Carolinischen Deutschen Akademie der Naturforscher), Band XLIV, Nr. 4, W. Engelmann, Leipzig 1883

Schuré, Edouard: *Die großen Eingeweihten. Geheimlehren der Religionen* (im französischen Original 1889 erschienen). Anaconda, Köln 2006

Teichmann, Frank: *Der Mensch und sein Tempel*. Urachhaus Verlag, Stuttgart; Band: *Chartres. Schule und Kathedrale*. 1999, Band: *Megalithkultur in Irland, England und der Bretagne*. 1999, Band: *Ägypten*. 2003, Band: *Griechenland*. 2003

Williams, Robert: *The Geomerical Foundation of Natural Structure. A Source Book of Design*. Dover Publications, Mineola, NY (USA) 1979

Ziegler, Renatus: *Platonische Körper. Verwandtschaften, Metamorphosen, Umstülpungen*. Verlag am Goetheanum, Dornach 2008

ABBILDUNGEN

Seite 11

oben
http://www.ancient-wisdom.com/scotlandballs.htm

oben rechts
© Alexander Heinz, eigene Zeichnung nach Abbildungen aus Drunvalo Melchizedek, Seite 161–163

Seite 12

links
© Wikimedia Commons, Kleon3, CC-SA-4.0 International

Mitte
Aus: Pacioli, *Luca: Divina proportione*, Tafel XXVII und XXVVIII, Mailand 1509

rechts
Aus: Dürer, Albrecht: *Unterweisung der Messung mit dem Zirkel und Richtscheit*, Viert Büchlein, Tafel 33. Nürnberg 1525

Seite 13

links
Aus: Kepler, Johannes: *Harmonices Mundi.* Linz 1619.

Mitte
Aus: Kepler, Johannes: *Mysterium Cosmographicum. Tabula III: Orbium planetarum dimensiones, et distantias per quinque regularia corpora geometrica exhibens.* Tübingen 1596.

rechts
Aus: Catalan, Eugène Charles, *Mémoire sur la théorie des polyèdres.* Paris 1865. Pl. V

Seite 14

links
© Friedhelm Kürpig

rechts
Aus: Schlegel, Victor: *Theorie der homogen zusammengesetzten Raumgebilde.* Halle 1883. Tab. XIV

Seite 15

rechts
© Wikimedia Commons, Benjah-bmm27 (PD)

Seite 20/21
Aus: Adam/Wyss: *Platonische und archimedische Körper, ihre Sternformen und polaren Gebilde*, Bern 1994, Seite 66, 67, 76

Seite 177
Abbildung nach Helmut Emde (nachgezeichnet und umgestellt), aus: Emde, Helmut: *Zur Geometrie räumlicher Strukturen.* Stuttgart 1984, Seite 228

Alle übrigen Abbildungen
© Alexander Heinz

HINWEIS
Der Haupt Verlag hat sich bemüht, alle Rechteinhaber zu ermitteln und ihre Erlaubnis zur Verwendung des Copyright-Materials zu erhalten. Der Verlag bittet für etwaige Irrtümer oder Auslassungen um Entschuldigung; bei entsprechenden Nachweisen werden die jeweiligen Angaben in zukünftigen Ausgaben selbstverständlich korrigiert.

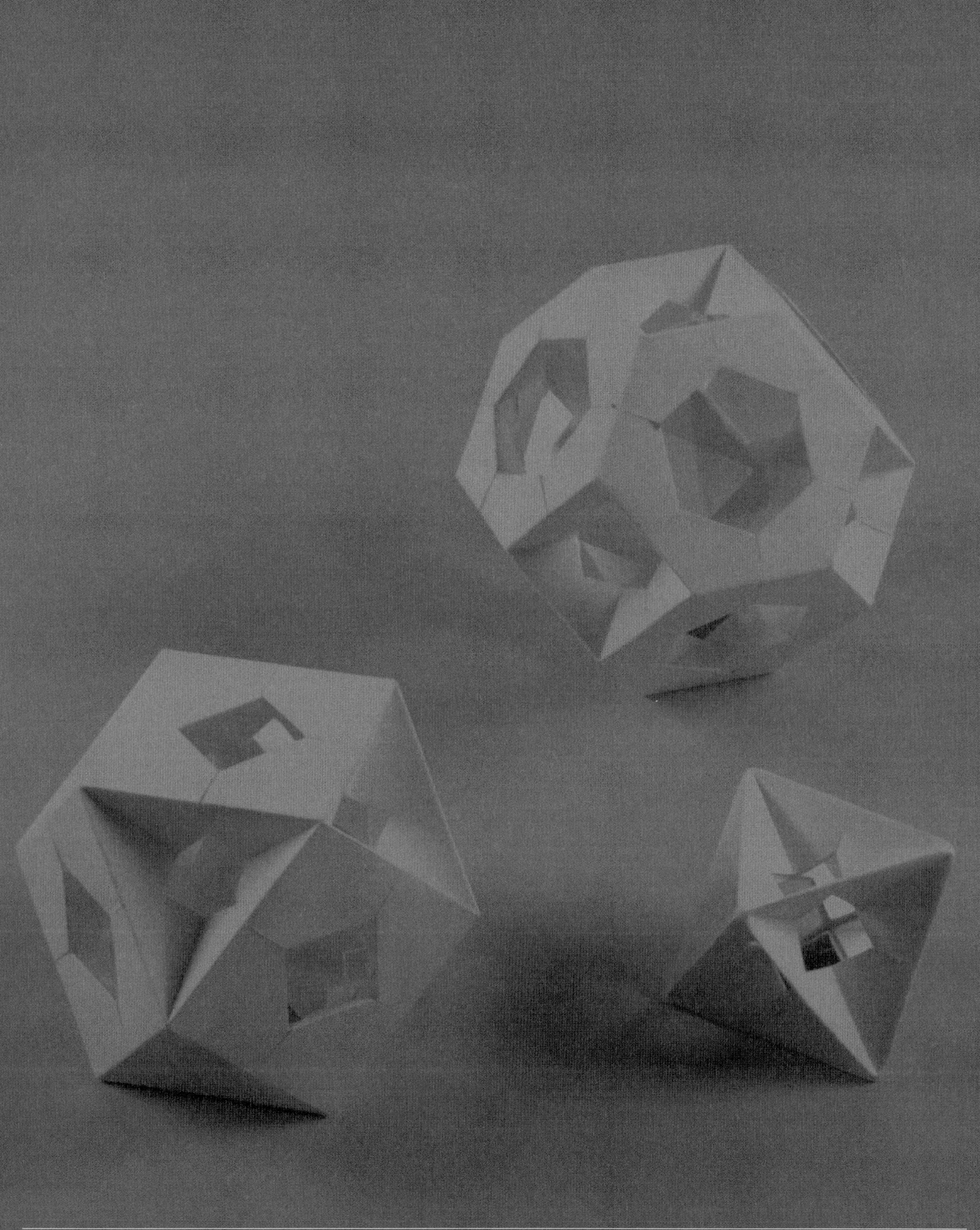

Danksagung

Dieses Buch wäre nicht zustande gekommen ohne den Haupt Verlag. Namentlich möchte ich mich bedanken bei Frau Heidi Müller für ihre professionelle Betreuung und ihr reges Interesse an dem Projekt. Frank Georgy bin ich sehr dankbar für das gediegene und dennoch luftige Layout, seinen unermüdlichen Einsatz in Gestaltungsfragen und seine Hilfestellung beim Erstellen der Grafiken. Dem Foto-Team im Fachbereich Kunst der TU Dortmund danke ich für Rat und Tat, was mir das professionelle Fotografieren der Modelle erst möglich gemacht hat. Den Mitarbeitern und Mitstudenten der Plastik im Fachbereich „Kunst" bin ich dankbar für fruchtbare Erörterungen über das Verhältnis von Kunst, Wissenschaft und Handwerk anhand der Modelle.

Der langjährigen Zusammenarbeit mit den Kollegen des österreichischen Fachverbands der Geometrie (ADG) verdanke ich wertvolle Anregungen, insbesondere im Rahmen der jährlichen Strobl-Tagung – mit intensiven Gesprächen und viel Freiraum, in dem sich dieses Projekt entwickeln konnte –, ferner auch an der TU in Graz und der Universität Innsbruck. Mein besonderer Dank geht an Georg Glaeser (Universität für angewandte Kunst Wien) für das Vorwort. Für verschiedene hilfreiche Anregungen und Hilfestellungen bedanke ich mich bei Georg Fuchs (Wien), Rudi Neuwirt (Graz), Friedhelm Kürpig (Kornelimünster), Anuschka Pauluhn (Paul Scherrer Institut, Villigen) und besonders Günter Maresch (Universität Salzburg).

Auch die Begegnungen mit Dozenten und Fachlehrern für Mathematik waren für mich stets eine Bereicherung an der Universität Karlsruhe (heute KIT), der TU Dresden sowie der TU München, der Universität Freiburg im Breisgau und der PH Fribourg/CH. Hier danke ich namentlich Benedikt Finger und Yves Schubnel.

Ein ganz besonderer Dank geht an meine Familie und an meine Freunde, ohne deren wohlwollendes Verständnis dieses Projekt sicherlich nicht hätte gedeihen können. Michael Doman (Kampen/Sylt) hat mein Vorhaben über Jahre mit ungebrochenem Interesse unterstützt, auch durch wertvolle Hinweise und regen Gedankenaustausch zur Polyeder-Geometrie. Dafür herzlichen Dank! Gert Hansen (Kopenhagen), Ueli Wittorf (Zürich), Fred Voss (Hannover), Jürgen Blasberg (Hagen), Michael von der Lohe (Hattingen) und Ernst Lehr † (Erdmannhausen) danke ich für interessierte Gespräche und andere hilfreiche Begegnungen. Schließlich bin ich sehr dankbar, dass mir die noch lebenden und bereits verstorbenen Lehrerinnen und Lehrer aus meiner Schulzeit an der Rudolf-Steiner-Schule in Dortmund erste reiche Grundlagen der Geometrie vermittelt haben. Ich danke auch meinen Kolleginnen und Kollegen an dieser Schule, die das Werden meines Buches mit regem Interesse begleitet haben.

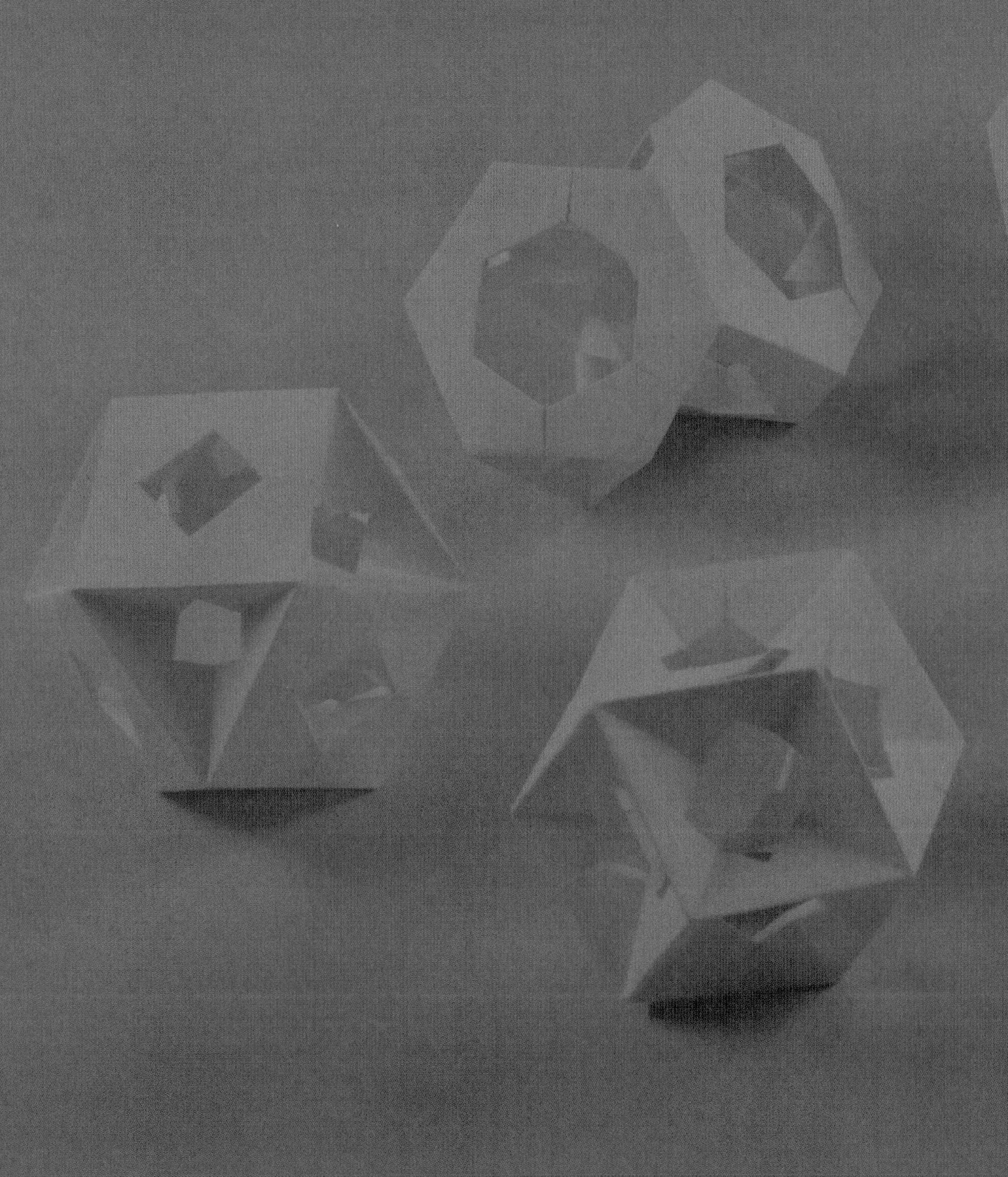

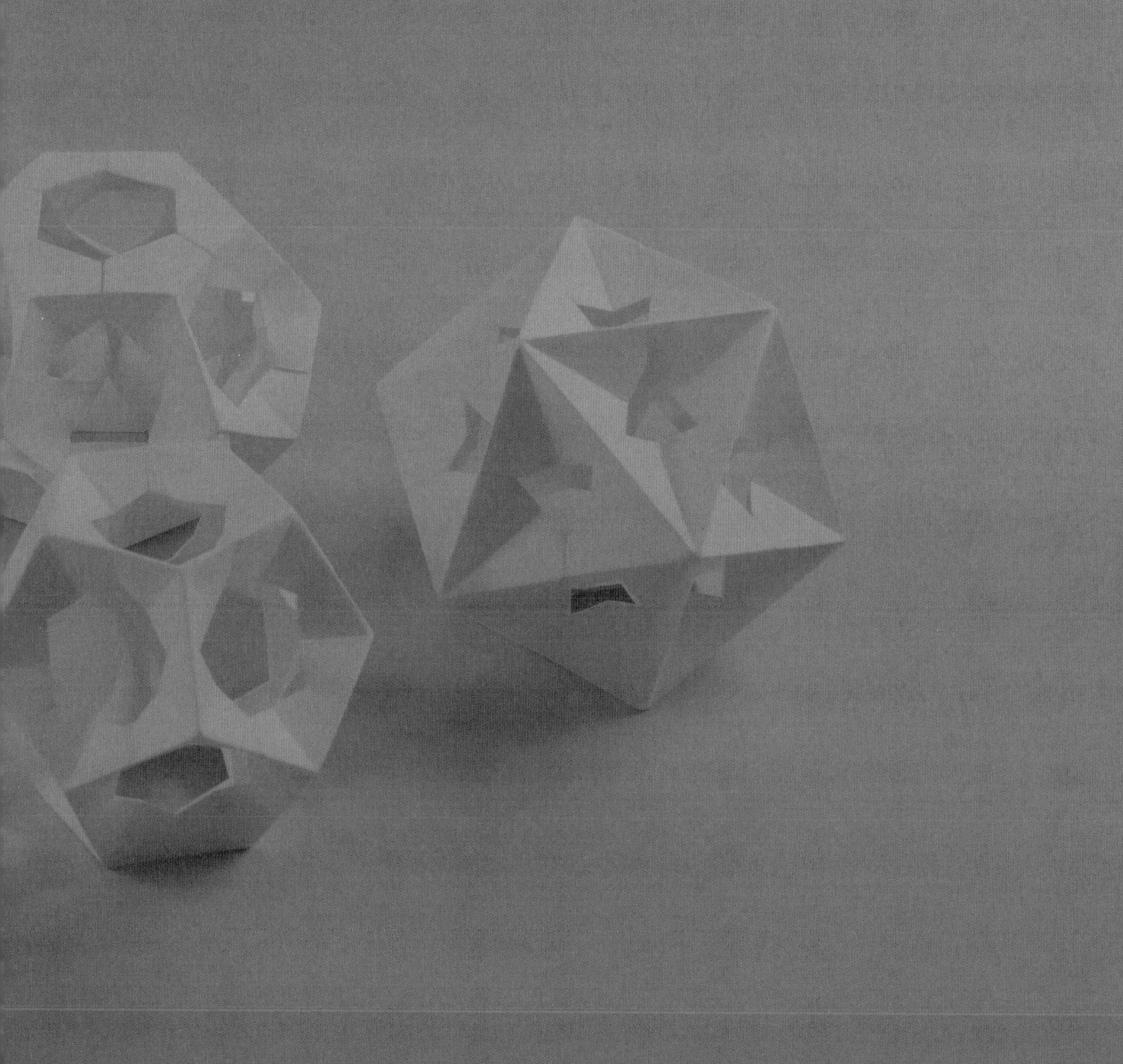

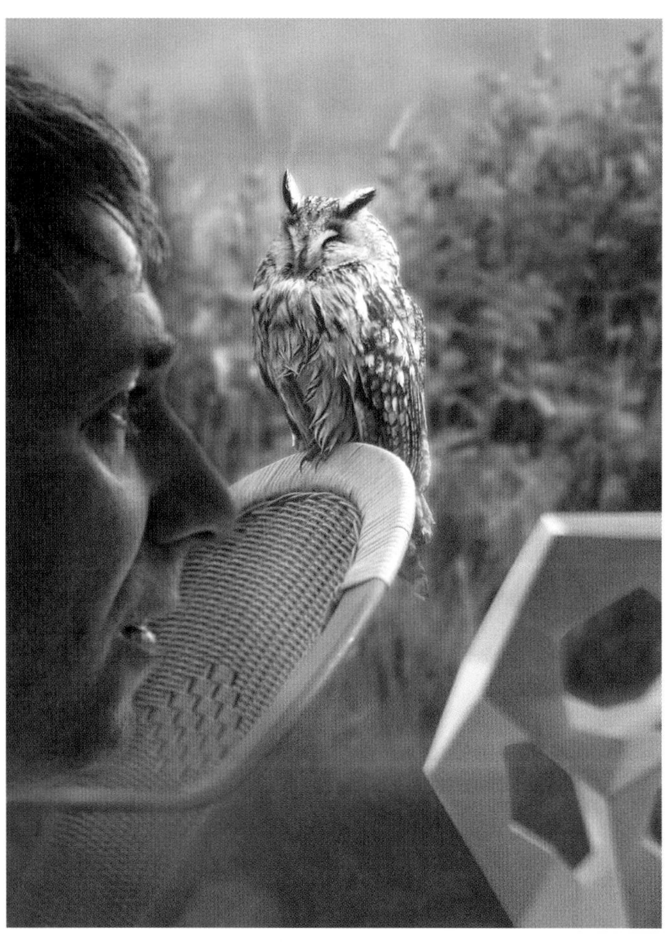

Alexander Heinz (*1968). Buchbinder-Meister und Kunst-Studium (LA) an der TU Dortmund. Er unterrichtet Buchbinden und Geometrie an einer Schule in Nordrhein-Westfalen, leitet Workshops für Jugendliche und Erwachsene, hält Vorträge im Hochschulbereich und in der Erwachsenenbildung in Deutschland, Österreich und der Schweiz. Alexander Heinz ist Autor zahlreicher Artikel über Polyeder-Formen und andere Themen der Geometrie. Mit seinen freien Modellbau-Projekten will er Handwerk, Kunst und Geometrie verbinden.

Veröffentlichungen (Artikel):

- „Ein Stein kommt ins Rollen. Oloid-Woche in Basel" (IBDG, 2/2009, Informationsblätter der Geometrie, Mitteilungsorgan des Österreichischen Fachverbands der Geometrie, ADG)
- „Geometrie in Bewegung: 80 Jahre Schatz'sche Umstülpung" (IBDG, 1/2010)
- „Faltpolyeder: eine west-östliche Verbindung" (IBDG, 2/2012)
- „Sonne, Monde, Wandelsterne: Ein Planetarium aus astronomischen Bastelbogen" (IBDG, 2/2013)
- „Das Runde muss ins Eckige: Ballformen und ihre Grundlagen" (IBDG, 1/2017)
- „Ist die Erde ein Stern? Geometrische und Geologische Sicht auf die Erdform" (IBDG, 2/2017)

Alexander Heinz

- „Nach den Sternen greifen: Räumliche Sternbilder" (IBDG, 1/2018)
- „Platonische Körper erleben. Gast-Unterricht in einer 8. Klasse" (erziehungsKUNST, 7/8/2007, S. 812–815)
- „Kulturgeschichtliche und geometrische Aspekte zur Entwicklung des Raumbewusstseins" (Mensch und Architektur, 11/2007, S. 58–63)
- „Mit Krummen und Geraden auf der Überholspur" (erziehungsKUNST, 3/2011, S. 32–35)

Inhaltliche Schwerpunkte:

- Aus der Zeit gefallen: Reguläre und halbreguläre Polyeder als Stationen von Verwandlungs-Prozessen (Polyeder-Morphogenese)
- Ein Spiel mit Perspektive und Entgegenkommen: Retro-Perspektive
- Umstülpung und umstülpbare Modelle
- Thema und Variationen: Das Oloid und andere Raum-Zeit-Formen
- Camera obscura/Laterna magica
- Impossibles (optische Täuschungen)
- Polyeder im Alltag und Kulturgeschichte der Polyeder-Formen

Modellbau:

- Reguläre und halbreguläre Polyeder, Kugelpolyeder, Oloid und ähnliche Formen
- Bewegliche und umstülpbare Modelle
- Begehbare Formen
- Handmodelle (Pädagogik)
- Präsentations-Modelle (Didaktik, Messe)
- Bastelbogen
- Bewegliche Bilder

Kurse, Vorträge und Ausstellungen:

Sternwarte Recklinghausen, Roemer-und-Pelizaeus-Museum Hildesheim. Universität Freiburg im Breisgau, PH Fribourg, Universität Innsbruck, PH Steiermark/Graz, TU Graz, PH Salzburg, PH Kärnten/Klagenfurt. OLMA-Messe St Gallen

Im Rahmen von Tagungen der DGfGG (Deutsche Gesellschaft für Geometrie und Grafik): TU München, TU Dresden, Karlsruher Institut für Technologie (KIT, vormals Universität Karlsruhe)

Mehr Informationen unter:

www.geomenta.com

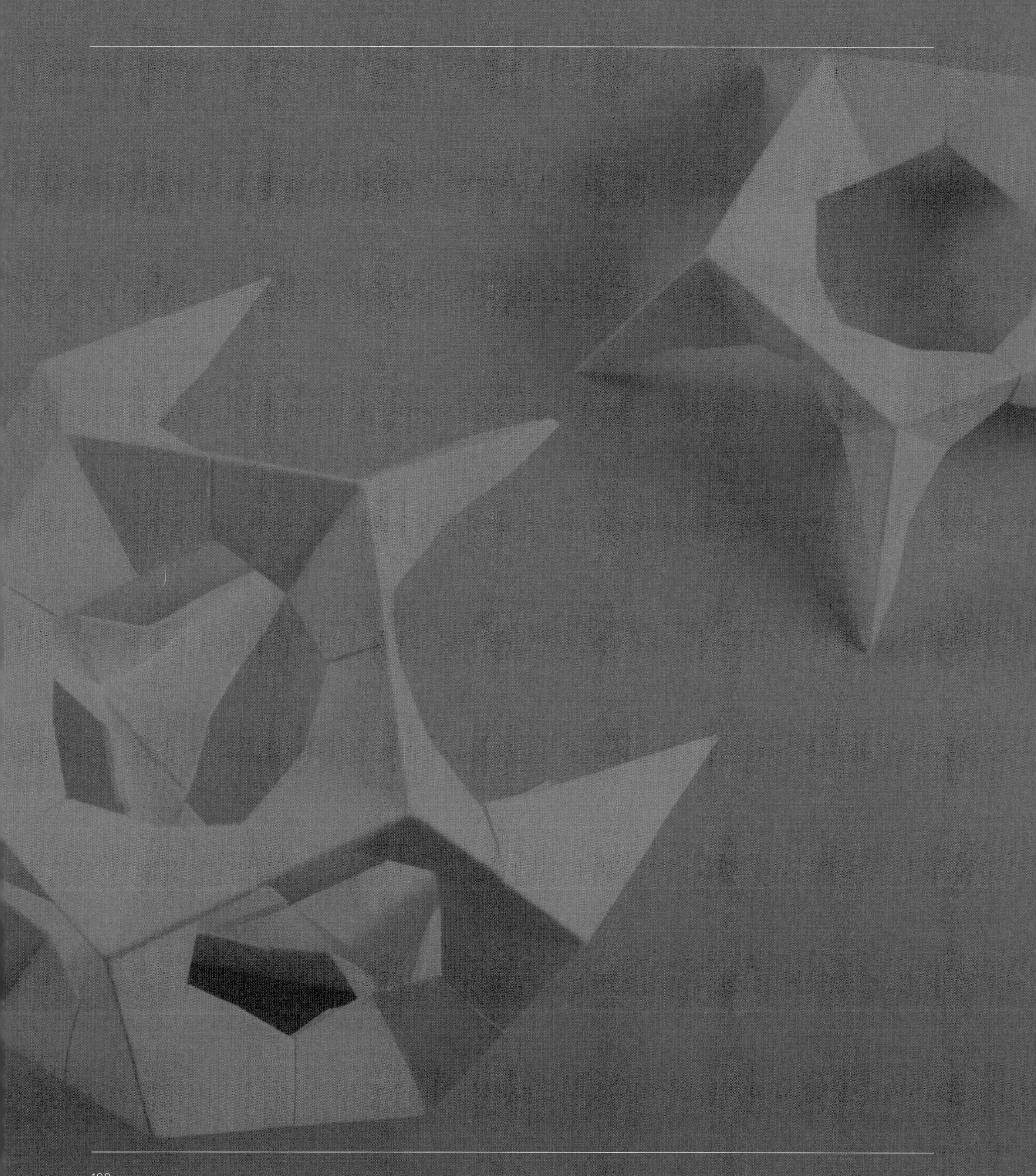

Bezugsquellen

Der in *FALTPOLYEDER* dargestellte Modellbau mit Ross und Reiter stellt ans Papier besondere materielle Anforderungen. Es empfiehlt sich glattes, formsteifes und hartes Papier; falls eine farbige Sorte gewählt wird, sollte es durchgefärbt sein. Das Papiergewicht sollte bei etwa 120 g/m² liegen. Nachfolgende Papiersorten entsprechen diesen Anforderungen und sind jeweils über die angegebene Bezugsquelle lieferbar.

Es muss mit einem Kleinstmengenzuschlag von etwa CHF/EUR 15.00 gerechnet werden, wenn nur einzelne Bogen bestellt werden.

SURBALIN GLATT

115 g/m², Bogen 70 x 100 cm

Schweiz
peyer graphic ag
Weststraße 10, 5426 Lengnau
www.peyergraphic.ch, info@peyergraphic.ch

Deutschland
peyer graphic gmbh
Mollenbachstraße 33-35, 71229 Leonberg
cover@peyergraphic.de

Österreich
Nebel KG
Otto-Bauer-Gasse 4–6, 1060 Wien
www.nebel.co.at, office@nebel.co.at

F.COLOR GLATT

120 g/m², Bogen 102 x 70 cm. Für das Vorsatz- und Nachsatzpapier dieses Buches wurde dieses Papier verwendet.

Gebr. Schabert GmbH & Co. KG
Laurenzistraße 15–17, 96129 Strullendorf
www.gebr-schabert.de, verkauf@schabert.eu

EFALIN GLATT

120 g/m², Bogen 102 x 70 cm

Schmedt – Die Welt des Buchbindens
Dwengerkamp 1, 21035 Hamburg
www.schmedt24.de

Unter Umständen kann eine Buchbinderei oder Druckerei vor Ort auch weiterhelfen.

Franz Zeier
Papier
Versuche zwischen Geometrie und Spiel

6. Auflage 2013
320 Seiten, 698 Abbildungen, 171 Zeichnungen, gebunden
ISBN 978-3-258-60095-6

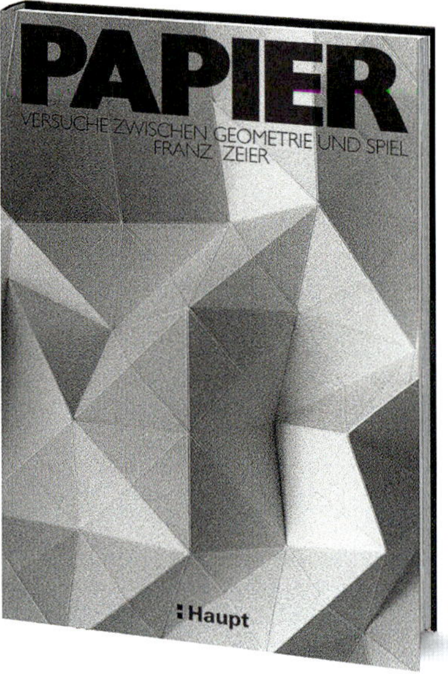

Das Buch eröffnet einen faszinierenden Gestaltungsbereich. Es regt an, begeistert durch die Fülle an Material und die Qualität, in der dieses bearbeitet und vorgestellt wird. Ein Lehr-, Werk- und Schulbuch, das nicht nur begeistert, sondern auch zu eigenen Arbeiten anregt!

Paul Jackson
Von der Fläche zur Form
Falttechniken im Papierdesign

3. Nachdruck 2017
224 Seiten, 575 Schwarzweisszeichnungen, mit CD-ROM, gebunden
ISBN 978-3-258-60019-2

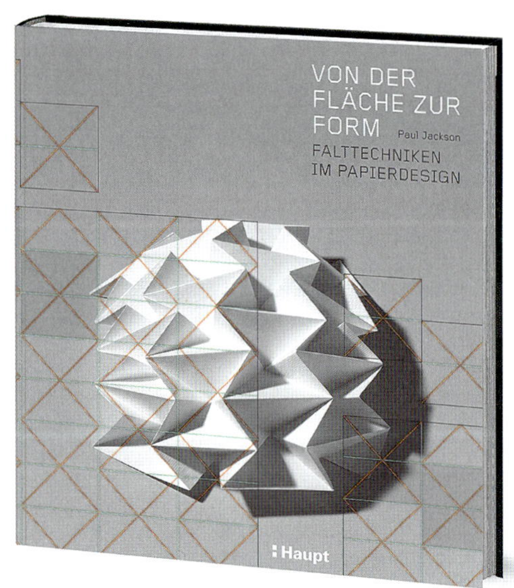

Viele Designer/innen nutzen Falttechniken beim Entwerfen von dreidimensionalen Formen aus Stoff, Karton, Kunststoff, Metall oder anderen Materialien. Falten finden sich in so verschiedenen Bereichen wie der Architektur, Keramik, Mode, Inneneinrichtung, Schmuckherstellung und auch im Produkt- oder Textildesign. Dieses einzigartige, praktische Handbuch vermittelt das Grundwissen zum Thema Papierfalten: von linearen Ziehharmonikafalten über verdrehte Falten bis hin zu geknitterten Oberflächen. Über 70 Techniken werden anhand von klaren Schritt-für-Schritt-Anleitungen vorgestellt, die mit Faltdiagrammen und vielen Fotos ergänzt werden.

Paul Jackson
Vom Faltobjekt zum Werbeträger
Schneide- und Falttechniken im Papierdesign

1. Auflage 2013
128 Seiten, 175 Abbildungen, gebunden,
ISBN 978-3-258-60070-3

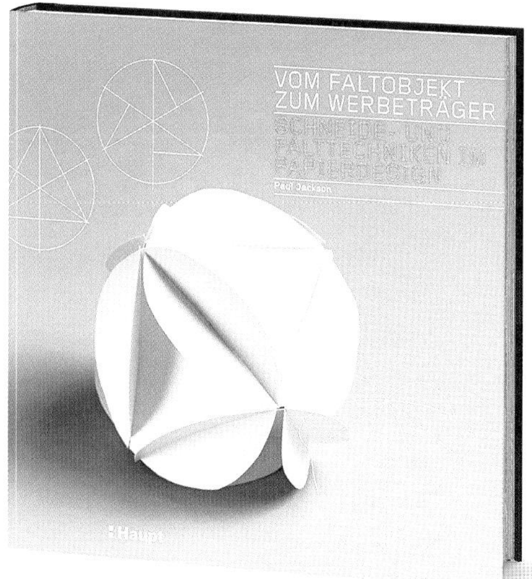

Sich mit der eigenen Werbebotschaft von der visuellen Informationsflut abzuheben, ist heutzutage schwierig. Paul Jackson stellt über 40 elegante und vor allem bemerkenswerte Papierkonstruktionen vor, mit denen man von Kunden besser wahrgenommen wird und in deren Erinnerung haften bleibt.
Die vorgestellten Projekte zum Nacharbeiten reichen von Klassikern wie dem Flexicube über Umschläge, CD-Hüllen, Puzzles, Knobeleien bis zum Faltbuch. Alle diese kleinen Meisterstücke der Papierkunst wurden nach dem Kriterium ausgewählt, Erstaunen zu wecken und zu unterhalten.

Paul Jackson
Von der Idee zum Pop-up
Schneide- und Falttechniken im Papierdesign

1. Nachdruck 2018
128 Seiten, 125 Abbildungen, gebunden
ISBN 978-3-258-60092-5

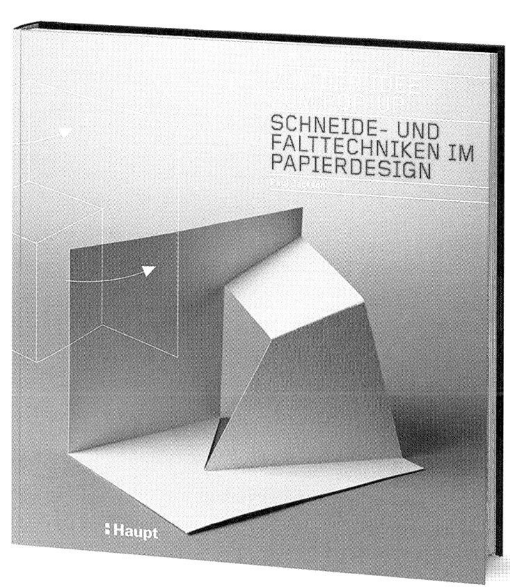

Aus zweidimensionalen Buchseiten dreidimensionale Objekte machen: «Von der Idee zum Pop up» gibt Einblick in die Grundlagen des Pop up-Designs. Pro Kapitel wird dabei jeweils eine Technik eingeführt, in all ihren Variationen erläutert und durch zahlreiche Fotos und Schritt-für-Schritt-Anleitungen illustriert. Der Einstieg ins eigene Pop-up-Falten wird durch Faltdiagramme und zahlreiche nützliche Tipps zu den Arbeitsmaterialien und den Werkzeugen erleichtert. Hinweise auf Variationen und Kombinationsmöglichkeiten illustrieren die Vielfalt des Pop-up-Designs und laden zur kreativen Papierarbeit ein.

IMPRESSUM

Text und Fotos, wo nicht anders angegeben:
Alexander Heinz, D-Herdecke, geomenta.com

Gestaltung und Satz: Frank Georgy (kopfsprung.de), D-Köln
unter Mitarbeit von Alexander Heinz

Illustrationen: Alexander Heinz

Lektorat: Ute Orth, D-Freiburg i. Br.

1. Auflage: 2019

Diese Publikation ist in der Deutschen Nationalbibliografie verzeichnet. Mehr Informationen dazu finden Sie unter http://dnb.dnb.de

ISBN 978-3-258-60198-4

Gedruckt in Österreich

Der Haupt Verlag wird vom Bundesamt für Kultur mit einem Strukturbeitrag für die Jahre 2016–2020 unterstützt.

Wünschen Sie regelmäßig Informationen über unsere neuen Titel zum Gestalten?
Möchten Sie uns zu einem Buch ein Feedback geben?
Haben Sie Anregungen für unser Programm? Dann besuchen Sie uns im Internet auf www.haupt.ch.
Dort finden Sie aktuelle Informationen zu unseren Neuerscheinungen und können unseren Newsletter abonnieren.

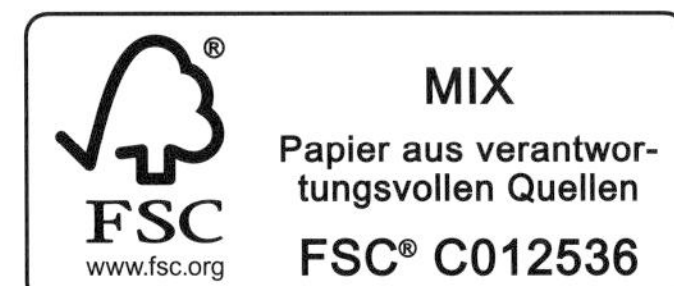

www.haupt.ch